A Nino,
recuerdos

Cette nouvelle édition 1991 comporte 440 adresses, dont 80 nouvelles. Nous avons dû, par ailleurs, en supprimer 25 qui ne répondaient plus à nos critères de sélection : charme, qualité de l'accueil et de la restauration, goût de la tradition.

Conformément à ces critères, les auberges sélectionnées sont de catégories diverses, allant d'un confort simple à un grand confort ; nous nous sommes attachés à ce que la lecture du texte permette toujours de situer facilement la catégorie de l'auberge. Nous vous demandons d'y être attentifs avant de réserver ; on ne peut en effet avoir le même niveau d'exigence pour une chambre à 150 F que pour une chambre à 400 F et plus. D'autre part, nous vous signalons que les prix communiqués étaient ceux en vigueur à la fin de 1990 et sont, bien entendu, susceptibles d'être modifiés par les hôteliers en cours d'année.

Nous vous recommandons, lors de votre réservation, de vous faire préciser les prix de demi-pension et de pension qui peuvent varier suivant le nombre de personnes et la durée du séjour. A signaler que la demi-pension est souvent obligatoire lors d'une étape et que les chambres ne sont réservées que jusqu'à 18-19 heures. Si vous deviez être retardés, il convient de prévenir l'hôtelier.

Nous vous proposons dans cette nouvelle édition deux nouveautés, une sélection d'hôtels de charme dans les villes et une sélection de restaurants regroupés par grandes régions touristiques. Notre sélection de restaurants comprend, d'une part, les adresses "obligatoires" qui figurent dans d'autres guides, mais aussi une sélection de restaurants de charme à des prix beaucoup plus raisonnables. (La fourchette de prix donnée tient compte d'un repas complet, boisson non comprise.)

Mode d'emploi de ce guide :

Nous avons procédé à un classement par régions et à l'intérieur de chaque région, à un classement alphabétique des départements et localités. De plus, le numéro de la page correspond au numéro de l'auberge tel qu'il figure sur la carte de la région, dans le sommaire et dans l'index alphabétique.

Si vous êtes séduit par une auberge ou un petit hôtel qui ne figure pas dans notre guide 1991 et dont vous pensez qu'il mériterait d'être sélectionné, veuillez nous le signaler afin que l'auteur de ce guide puisse s'y rendre. Si par ailleurs vous êtes déçu, faites le nous savoir aussi.

S O M M A I R E

AQUITAINE

Dordogne

Gironde

Landes

Lot-et-Garonne

Pyrénées-Atlantiques

AUVERGNE - LIMOUSIN

Allier

Cantal

Haute-Loire

Corrèze

Creuse

Haute-Vienne

Puy-de-Dôme

BOURGOGNE

Côte-d'Or

Nièvre

BRETAGNE
Côtes-d'Armor

Finistère

Ille-et-Vilaine

Morbihan

CENTRE
Cher

Eure-et-Loir

Indre

Indre-et-Loire

Loir-et-Cher

Loiret

CHAMPAGNE - PICARDIE
Aisne

ILE-DE-FRANCE

LANGUEDOC-ROUSSILLON

Lozère

Pyrénées-Orientales

MIDI-PYRÉNÉES

Ariège

Aveyron

Gers

Haute-Garonne

Hautes-Pyrénées

Lot

Tarn

PAYS DE LA LOIRE
Loire-Atlantique

Maine-et-Loire

Mayenne

Sarthe

Vendée

POITOU-CHARENTES
Charente

Charente-Maritime

Deux-Sèvres

PROVENCE-COTE D'AZUR
Alpes-de-Haute-Provence

Alpes-Maritimes

Bouches-du-Rhône

Var

Vaucluse

RHONE-ALPES

Ain

Ardèche

Drôme

Isère

Rhône

Savoie

Haute-Savoie

Les prix indiqués entre parenthèses correspondent au prix d'une chambre double, parfois en demi-pension. Pour plus de précision, reportez-vous à la page mentionnée.

1

ROUEN ∎

HAUTE-NORMANDIE

8

CAEN ∎

7

BASSE-NORMANDIE

6

BRETAGNE

4

5

RENNES ∎

PAYS DE LA LOIRE

NANTES ∎

14

15

16

CENTRE

POITIERS ∎

POITOU-CHARENTES

LIMOGES ∎

22

23

BORDEAUX ∎

AQUITAINE

TOULOUSE ∎

28

29

30

MIDI-PYRENEES

CORSE

BASTIA ∎

36

AJACCIO ∎

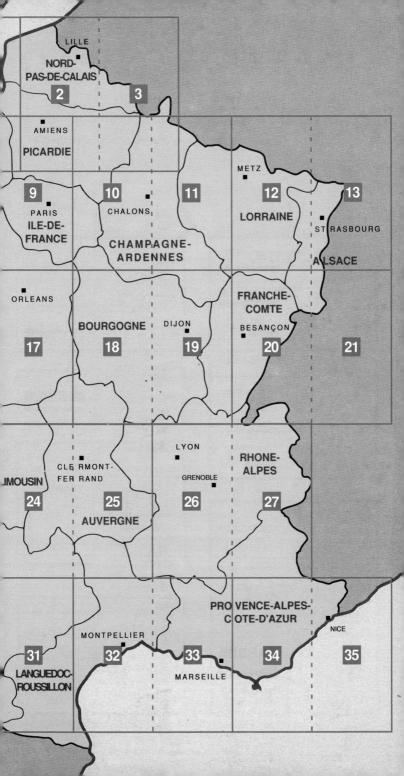

L E G E N D E   D E S   C A R T E S

échelle : 1/1.000.000
cartes 30 et 31 : échelle 1/1180.000

AUTOROUTES

❶ Échangeur complet
❷ Demi-échangeur
❸ Barrière de péage

Kilométrage
❶ global
❷ partiel

Autoroute
❶ en construction
❷ en projet

IMPORTANCE DES ROUTES

Route à chaussées indépendantes

Route à grande circulation

Route secondaire de bonne viabilité

Autre route

Route : ❶ en construction
        ❷ en projet

CLASSIFICATION DES VILLES

❶ Par la population

− moins de 10.000 habitants   ○
− de 10.000 à 30.000   ○
− de 30.000 à 50.000   ◉
− de 50.000 à 100.000   ●
− plus de 100.000   ●
− agglomération urbaine de plus de 50.000 hab

❷ Administrative

− Chef-lieu de département   **TARBES**
− Chef-lieu d'arrondissement   **CARPENTRAS**
− Chef-lieu de canton   **Combeaufontaine**
− Commune, hameau   Andrézieux-Bouthéon

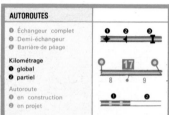

LARGEUR DES ROUTES

4 voies

3 voies ou
2 voies larges

2 voies normales

Route étroite

Kilométrage
❶ global
❷ partiel

LIMITES

Limite d'État

Limite de département

TOURISME

Localité intéressante   Chenonceaux

Localité très intéressante   **Amboise**∗

Site ou curiosité naturelle importante   Roches de Ham

Château intéressant

Ruine importante

Abbaye

Parc naturel

DIVERS

Aéroport

Barrage

Canal

Bac (pour autos)

Transport de voitures par rail

Col

Sommet   ▲ 2392

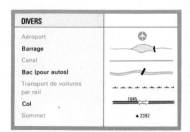

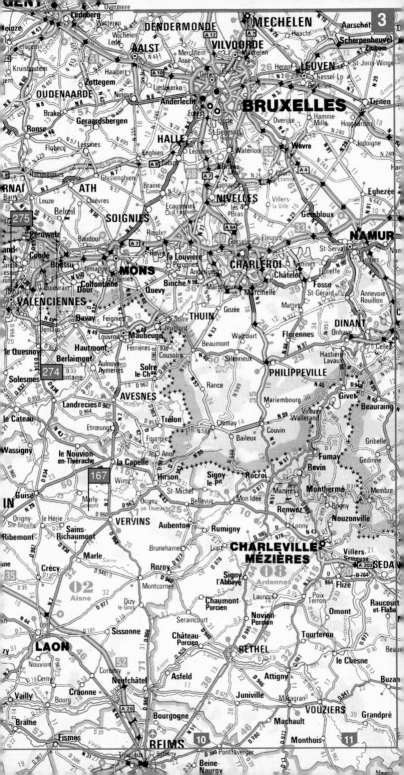

4

Île
Plouguerneau

Ploudalmézeau 17
D 28

Î. d'Ouessant
Lampaul
PARC
Lampaul- **St-Renan** Gouesn
Plouarzel
D 5 12 Gullers
D'ARMORIQUE D 67 Plouzané **BREST**
I. Molène le Conquet
Plouzané
Pnte St-Mathieu D 789

Camaret Îe
pnte de Pen-H. **Crozon**
Morgat
Grotte
Cap de la Chèvre

pnte ✳ **Dou**
I. de Sein du Raz **Pont-Croix**
D 784 Audierne Pl
Plozévet
Pould

N.-D.-de-Tr

Pen
pnte de Penmar

Cap de la Hague ✱

Rochers

Nez de Jobourg

Beaumont

Équeurdreville
Octeville

CHE

Diélette

les Pieux

D 904

Que

I. of Guernsey

St-Peter-Port

I. of Sark

Carteret

Barneville-
Carteret

Portbe

la Ha
du Pu

I. of Jersey

St-Hélier

St-Ma
de-V

Coutainville

Agor

Montmar

I. Bréhat

l'Arcouest

Paimpol

Iles Chausey

Granville

Bré

Plouha

Côte d'Émeraude

115 **109**

134

St-Quay-Portrieux

Cap Fréhel ✱

135

136

pte du Grouin

Étables

Erquy

St-Cast

St-MALO

Cancale

AV

Pléneuf-
Val-André

Matignon

St-Briac

St-Lunaire

Servan

le Mont
St-Michel

AMP

le-Val-André

St-Briac

Dinard

le Vivier

Châtelaudren

Hénanbihen

le Guildo

Ploubalay

Dol-
de-Bretagne

Plérin

St-BRIEUC

le Guildo

la Motte

Châteauneuf

Ple
Fou

Ploufragan

Langueux

Plancoët

Trans

5

Plédran

114

la Motte

Antra

Côtes-du-Nord

Lamballe

Plélan-le-Pit

DINAN

Lanvalla

116

Jugon

Évran

Combourg

Bazouges-
la Pérouse

St-Rémy
du-Plain

Plœuc

Moncontour

le Gouray

Broons

108

Tinténiac

Hédé

St-Aubin-
d'Aubigné

Uzel

Collinée
Plouguenast

Caulnes

St-Jouan

Bécherel

les Ifs

Gos

110

St-Caradec

Merdrignac

Quédillac

Montauban

Bettor

Mûr-
tagne

Loudéac

St-Méen-
le-Grand

132

Médéé

Montfort

RENNE

PONTIVY

la Chèze

la Trinité-
Porhoët

Gaël

Mordelles

Rohan

Mauron

133

Plélan-le-Grand

St-Jacques

Bruz

Châteaugiro

Josselin

14

le Bourg-Neuf

Paimpont

Campénéac

Maxent

Guichen

Corps
Nuds

Ploërmel

Phoër

Guichen

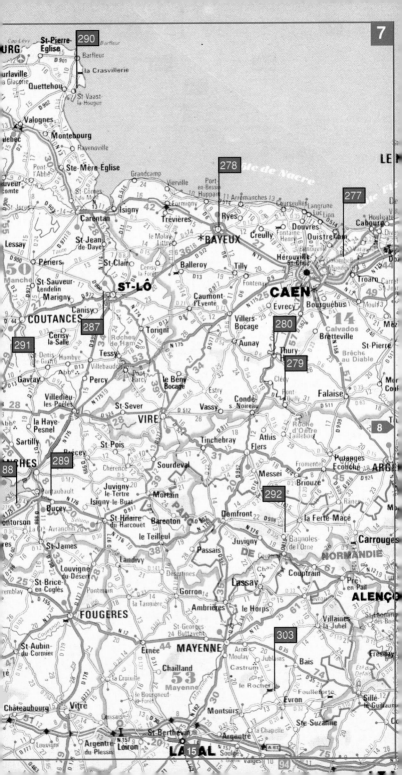

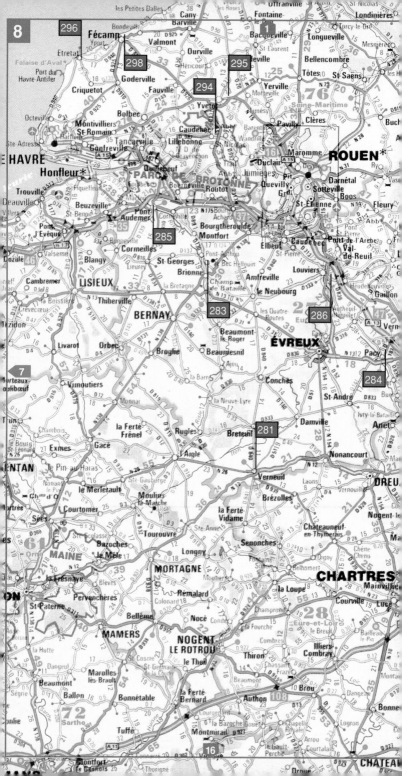

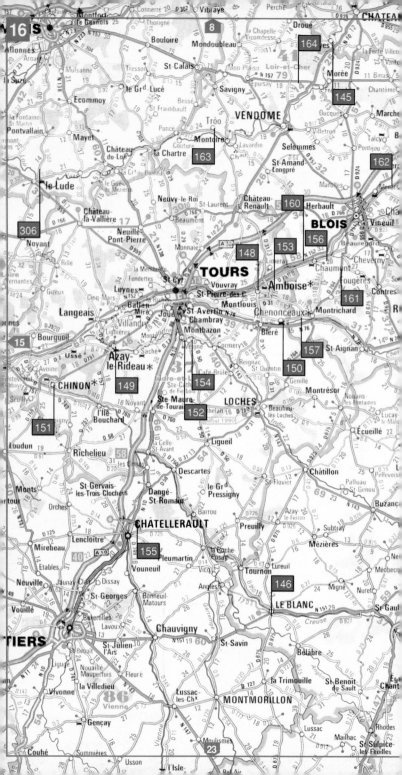

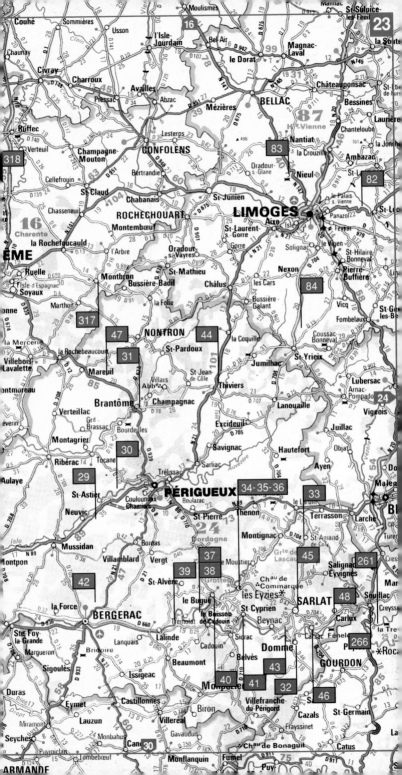

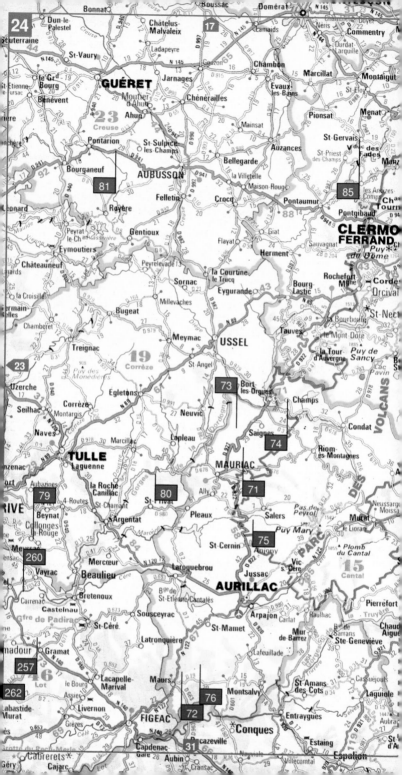

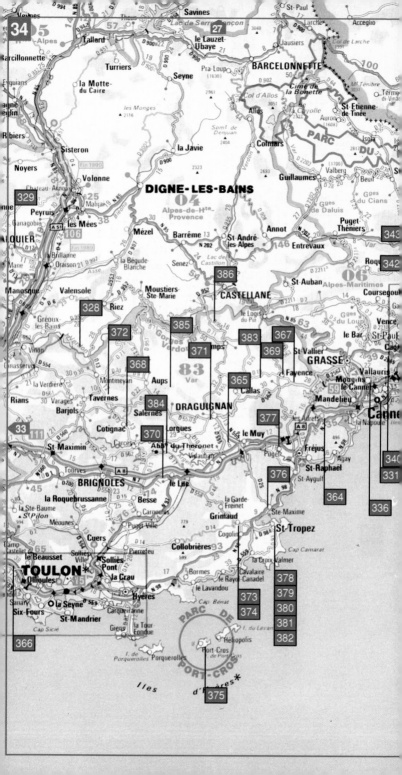

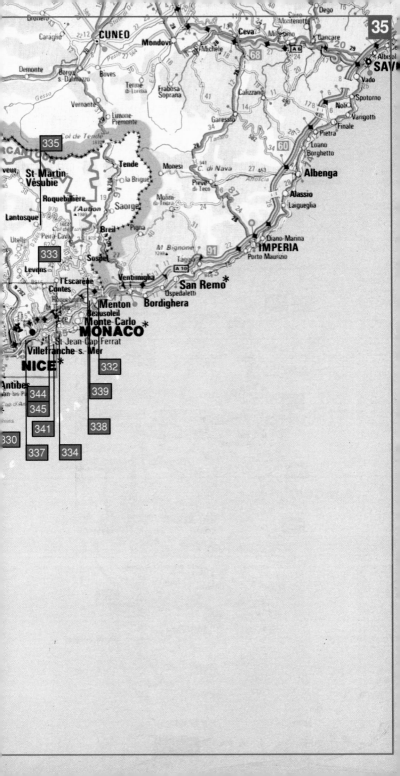

Cap Corse
188
Ile de la Giraglia
Rogliano
Pino
Luri
Sta-Sévera
Canari
189
Nonza
Brando
Erbalunga
San-Martino-di-Lota
BASTIA
Désert des Agriates
St-Florent
Oletta
Etg de Biguglia
Santo-Pietro-di-Tenda
Ste-Michèle
Lama
Murato
Borgo
la Canonica
Campitello
Casamozza
Vescovato
Campile
Folelli
la Porta
Pero-Casevecchie
Morosaglia
San-Lorenzo
Piedicroce
San-Nicolao
Omessa
2B HAUTE-CORSE
Cervione
Valle-d'Alesani
Pietra-di-Verde
Sermano
Moïta
Piedicorte
Vezzani
Vivario
Ghisoni
Aleria
187
190
182-183-184
l'Ile-Rousse
Algajola
St-Antonino
Belgodère
*CALVI
Aregno
Muro
Olmi-Cappella
Calenzana
186
Asco
Castifao
Ponte Leccia
Gorges
Popolasca
Francardo
Mt Cinto
2707
178
181
*Girolata
Calacuccia
CORTE
177
PARC
DE
LA
CORSE
Casamaccioli
Vergio
Porto*
Evisa
185
Venaco
Piana*
Calanche
Soccia
Guagno-les-Bains
179
Vico
Cargèse
Sagone
Salice
Cruzzini
Mt d'Oro 2391
Vizzavona
Sari-d'Orcino
Bocognano
Mt Renoso
2351
Sarrola-Carcopino
2A CORSE-DU-SUD
Bastelica
Prunelli-di-Fiumorbo
180
la Punta
AJACCIO
Gravone
Prunelli
Frasseto
Zicavo
Cauro
Iles Sanguinaires
173
Sta-Maria Siché
2136
l'Incudine
*Col de Bavella
Solenzara
Petreto
Bicchisano
Chiavari
Aullène
Acqua Doria
Filitosa
Ortolo
Serra-di-Scopamène
Zonza
Porto Pollo
Olmeto
Levie
San-Gavino-di-Carbini
176
Propriano
Ste-Lucie-de-Tallano
Ospedale
Campomoro
SARTENE
Porto-Vecchio
Iles Cerbicale
Cauria
Figari
*Bonifacio
Ile de Cavallo
Ile de Lavezzi
174-175
S. Teresa Gallura
Ile Maddalena

CARTES RECTA FOLDEX

POUR VOYAGER EN FRANCE ET DANS LE MONDE ENTIER

france
ROUTIERE et TOURISTIQUE
AVEC RÉPERTOIRE DES NOMS CITÉS

Hôtel Marchal★★

67140 Le Hohwald (Bas-Rhin)
Tél. 88.08.31.04 - M. Marchal

♦ *Ouverture du 10 mars au 5 novembre et du 30 novembre au 3 mars - Fermeture le mardi en b.s.* ♦ *16 chambres avec tél. direct, (12 avec s.d.b. et w.c.) - Prix des chambres doubles : 160 à 240 F - Petit déjeuner 28 F - Prix de la demi-pension et de la pension : 230 à 240 F, 270 à 280 F (par pers., 3 j. min.)* ♦ *Carte bleue, Eurocard, MasterCard et Visa* ♦ *Chiens admis avec 10 F de supplément - Sauna à l'hôtel* ♦ *Possibilités alentour : tennis à 500 m, ski de fond à 8 km ; mont Sainte-Odile, route des vins* ♦ *Restaurant : service de 12 h à 13 h 30, 19 h à 20 h 30 - Fermeture le mardi - Menus : 80 à 150 F - Carte - Spécialités : civet d'épaule de chevreuil, sandre aux petits légumes.*

Les maisons du village du Hohwald sont dispersées dans un bassin de prairies entouré de belles forêts de sapins et de hêtres. Un peu en hauteur se trouve le Marchal, sympathique petit hôtel où règne une ambiance amicale et tranquille. Les chambres profitent toutes d'une jolie vue. Avec leur plafond bas aux poutres apparentes, les chambres du second étage sont les plus douillettes. La numéro 10 a trois fenêtres plein sud, et la 6 un petit balcon. Leur décoration est simple et quatre d'entre elles n'ont qu'un lavabo, mais leurs qualités sont nombreuses : clarté, intimité et chaleur du bois. La salle à manger est charmante ; les bouquets disposés sur les tables ont été amoureusement choisis par Mme Marchal. Son mari prépare une bonne cuisine. C'est un parfait petit hôtel de campagne, qui devrait combler les citadins à la recherche de calme champêtre.

♦ *Itinéraire d'accès (voir carte n° 12) : à 25 km au sud d'Obernai par A 352 ; N 422 direction Barr, puis D 62 direction Andlau, et D 425.*

Hôtel Arnold★★★

67140 Itterswiller (Bas-Rhin)
Tél. 88.85.50.58 - Télex 870 550 - Fax 88.85.55.54 - M. Arnold

♦ *Ouverture toute l'année* ♦ *28 chambres avec tél. direct, s.d.b. ou douche, w.c. et t.v. - Prix des chambres doubles : 360 à 450 F en b.s., 415 à 495 F en h.s. - Petit déjeuner 40 F, servi de 7 h 30 à 10 h 30 - Prix de la demi-pension et de la pension : 430 F, 550 F (par pers., 3 j. min.)* ♦ *Carte bleue, Eurocard, MasterCard et Visa* ♦ *Chiens non admis* ♦ *Possibilités alentour : piscine, tennis, équitation ; visite des caves* ♦ *Restaurant : service de 11 h 45 à 14 h, 18 h 45 à 21 h - Fermeture le dimanche soir et le lundi - Menus : 115 à 290 F - Carte - Spécialités : cuisine alsacienne, gibier, poisson, foie gras, choucroute.*

C'est au cœur du vignoble alsacien, au pied de la chaîne des Vosges, que se trouve l'hôtel Arnold. Il se compose de trois bâtiments construits dans le plus pur style alsacien. Fenêtres et balcons débordent de fleurs. L'aménagement intérieur est très chaleureux et les chambres récemment rénovées offrent toutes un grand confort. Plusieurs possèdent des balcons ouvrant sur la vallée et les vignobles. La famille Arnold, soucieuse de conserver les traditions alsaciennes, vous invite à déguster les spécialités régionales au restaurant ou à les emporter : une boutique propose vins, foie gras et autres produits de la propriété.

♦ *Itinéraire d'accès (voir carte n° 12) : à 41 km au sud de Strasbourg par A 35 sortie Obernai, puis, N 422 direction Sélestat ; à Epfig D 335 (route des vins).*

Hôtel Anthon★★

67510 Obersteinbach (Bas-Rhin)
Tél. 88.09.55.01 - Mme Flaig

♦ *Ouverture du 1er février à fin décembre - Fermeture le mardi et le mercredi* ♦ *9 chambres avec tél., s.d.b. (1 avec douche) et w.c. - Prix des chambres doubles : 190 à 220 F - Petit déjeuner 35 F, servi jusqu'à 10 h* ♦ *Carte bleue, Eurocard, MasterCard et Visa* ♦ *Chiens admis* ♦ *Possibilités alentour : ferme équestre, randonnées dans les Vosges du Nord ; vestiges féodaux, musées* ♦ *Restaurant : service de 12 h à 14 h, 18 h 30 à 21 h - Fermeture le mardi et le mercredi - Menus : 215 et 285 F (95 F en semaine) - Carte - Spécialités : foie gras frais de canard, noisette de chevreuil.*

L'hôtel-restaurant Anthon est situé à Obersteinbach, petit village pittoresque, au cœur du parc naturel des Vosges du Nord. Il dispose de sept chambres bien équipées, très calmes, et donnant toutes sur les prés de la campagne environnante jusqu'aux pentes boisées des Vosges. Sa salle à manger est spacieuse ; son architecture en rotonde et ses grandes baies vitrées offrent un panorama exceptionnel et rendent encore plus séduisante une table généreuse et appréciée. L'hôtel dispose aussi d'une "winstub" animée et d'un salon très calme. A l'extérieur, un parc fait de cet hôtel un lieu idéal pour séjours de repos et week-ends.

♦ *Itinéraire d'accès (voir carte n° 13) : à 66 km au nord de Strasbourg par A 4 sortie Haguenau, puis D 44 et D 27 direction Lembach, et D 3.*

Hostellerie des Châteaux★★★
11, rue des Châteaux
67530 Ottrott-le-Haut (Bas-Rhin)
Tél. 88.95.81.54 - Télex 870 439 - Fax 88.95.95.20
M. et Mme Schaetzel

♦ *Ouverture du 15 février au 15 janvier - Fermeture le mardi en b.s.* ♦ *65 chambres avec tél., s.d.b., w.c. et t.v. - Prix des chambres simples et doubles : 200 à 320 F, 320 à 550 F - Prix des suites : 550, 850 et 950 F - Petit déjeuner 40 F, servi de 7 h à 10 h - Prix de la demi-pension et de la pension : 285 à 435 F, 405 à 555 F (par pers., 3 j. min.)* ♦ *Amex, Carte bleue, Diners et Visa* ♦ *Chiens admis avec supplément - Piscine couverte, spa, sauna, hammam, solarium à l'hôtel* ♦ *Possibilités alentour : tennis, équitation ; promenades en forêt* ♦ *Restaurant : service de 12 h à 14 h 30, 19 h à 21 h - Fermeture le mardi en b.s. - Menus : 130 à 350 F - Carte - Spécialités : foie gras, saumon au roux Ottrott, gibier et champignons des bois (en saison).*

L'hostellerie des Châteaux est une ancienne maison du village, restaurée et agrandie. Du crépi rose de la façade abondamment fleurie au confort de l'intérieur sans oublier la cuisine, tout y est parfait ; l'aménagement des salons et des chambres est particulièrement soigné et raffiné. Il en est de même dans la salle à manger, où Ernest Schaetzel propose une cuisine traditionnelle repensée, fine et légère, accompagnée de bons vins d'Alsace. Bien situé au pied du mont Sainte-Odile, l'hôtel peut consituter le point de départ d'agréables promenades en forêt. Il va s'agrandir prochainement mais son extension ne devrait pas nuire à sa qualité.

♦ *Itinéraire d'accès (voir carte n° 12) : à 37 km au sud-ouest de Strasbourg par A 352 sortie Obernai, puis N 422 direction Obernai et D 426.*

Auberge d'Imsthal★★

67290 La Petite-Pierre (Bas-Rhin)
Tél. 88.70.45.21 - Fax 88.70.40.26 - M. Michaely

♦ *Ouverture toute l'année* ♦ *23 chambres (dont 2 avec salon), avec tél. direct, s.d.b. ou douche, (20 avec w.c.) et t.v. - Prix des chambres simples et doubles : 160 à 300 F, 180 à 400 F - Prix des suites : 480 à 600 F - Petit déjeuner 38 F (buffet), servi de 8 h à 10 h - Prix de la demi-pension et de la pension : 200 à 300 F, 260 à 360 F (par pers., 3 j. min.)* ♦ *Amex, Carte bleue, Diners, Eurocard et Visa* ♦ *Chiens admis avec supplément - Spa, sauna, hammam et salle de jeux à l'hôtel* ♦ *Possibilités alentour : piscine, tennis, golf, équitation, pêche, possibilité de chasse ; parc régional des Vosges du Nord* ♦ *Restaurant : service de 12 h à 14 h, 19 h à 21 h - Fermeture le mardi et du 20 novembre au 20 décembre, sauf pour les résidents - Menus : 65 à 240 F - Carte - Spécialités : truites, gibier, foie gras et spécialités régionales.*

L'auberge d'Imsthal est située en bordure d'étang, dans un cadre exceptionnel, celui de la pittoresque bourgade de La Petite-Pierre et des forêts des Vosges du Nord. Après avoir goûté aux multiples activités d'une région très riche en possibilités de toutes sortes, vous apprécierez le confort de cette auberge : le salon, son piano et sa grande cheminée où l'on allume un bon feu ; la salle à manger disposée en plusieurs petites salles ayant chacune son cachet particulier ; les chambres au mobilier rustique, très calmes et de bon confort. Cette adresse est une invite à goûter dans d'excellentes conditions les charmes de la contrée.

♦ *Itinéraire d'accès (voir carte n° 12) : à 20 km au nord de Saverne par A 4 sortie Phalsbourg, puis N 4 direction Saverne, D 122 et D 178.*

Hôtel Neuhauser★★

Les Quelles
67130 Schirmeck (Bas-Rhin)
Tél. 88.97.06.81 - M. Neuhauser

♦ *Ouverture toute l'année sauf du 15 au 30 novembre et du 15 au 31 janvier - Fermeture le mercredi sauf en juillet et août* ♦ *14 chambres avec tél., s.d.b. ou douche, w.c. (6 avec t.v.) - Prix des chambres doubles : 220 à 300 F - Petit déjeuner 30 F, servi de 8 h à 10 h - Prix de la demi-pension et de la pension : 250 à 270 F, 300 à 350 F (par pers., 3 j. min.)* ♦ *Cartes de crédit acceptées* ♦ *Chiens admis avec supplément - Piscine chauffée à l'hôtel* ♦ *Possibilités alentour : pêche, randonnées pédestres et à vélo (location)* ♦ *Restaurant : service de 12 h à 14 h, 19 h à 21 h - Fermeture le mercredi sauf en juillet et août - Menus : 125 à 280 F - Carte - Spécialités : saumon tartare, sandre en robe de saumon, noisette de chevreuil forestière.*

L'hôtel Neuhauser et les quelques maisonnettes du tout petit village qu'ils constituent sont cernés de toutes parts par la forêt environnante. Cet isolement garantit une très grande tranquillité que les chambres de l'hôtel permettent de bien apprécier ; peu nombreuses, elles disposent d'un assez bon confort pour un prix raisonnable, et sont aménagées avec goût dans le style traditionnel (meubles rustiques, poutres apparentes...). La cuisine est variée et bien préparée ; et si la carte des vins vaut elle aussi toute votre attention, vous n'oublierez pas de goûter plus particulièrement les eaux de vie et les liqueurs du propriétaire.

♦ *Itinéraire d'accès (voir carte n° 12) : à 50 km au sud-ouest de Strasbourg par A 352, puis N 420 ou D 392 jusqu'à Schirmeck, puis direction Les Quelles.*

Hôtel Baumann - Maison Kammerzell★★★
16, place de la Cathédrale
67000 Strasbourg (Bas-Rhin)
Tél. 88.32.42.14 - Télex 891 012 - Fax 88.23.03.92 - M. Baumann

♦ *Ouverture toute l'année* ♦ *9 chambres avec tél. direct, s.d.b., w.c. et t.v. - Prix des chambres simples et doubles : 420 F, 580 à 630 F - Petit déjeuner 45 F, servi de 7 h à 10 h* ♦ *Amex, Carte bleue, Diners, Eurocard et Visa* ♦ *Chiens admis* ♦ *Possibilités alentour : piscine, golf ; musées, institutions européennes* ♦ *Restaurant : service de 12 h à 15 h 30, 19 h à 1 h - Menus : 180 à 250 F - Carte - Spécialités : gastronomie régionale.*

La Maison Kammerzell est avec la cathédrale un des plus beaux monuments de Strasbourg. Gravée sur le linteau de la porte, la date de 1467 témoigne de la construction en pierre du rez-de-chaussée ; les trois étages en bois richement sculptés, percés de soixante-quinze fenêtres datent de 1589. C'est ici que Guy-Pierre Baumann, déjà célèbre à Paris pour sa choucroute aux poissons, décida de s'installer quand il voulut revenir au pays. Le cadre du restaurant, installé dans les salles voûtées de cette maison historique, ne peut qu'ajouter au plaisir de votre soirée. (La meilleure table a la vue sur la cathédrale.) La "Kam" abrite aujourd'hui un hôtel très confortable, de conception moderne dont les chambres mansardées donnent sur les toits d'ardoise de la vieille ville. Meubles tubes, camaïeu de bleu et de gris, éclairages halogènes, salles de bains très confortables ; rien ne manque au confort de cette maison historique.

♦ *Itinéraire d'accès (voir carte n° 13) : en face de la cathédrale.*

Hôtel du Dragon★★★
2, rue de l'Ecarlate
67000 Strasbourg (Bas-Rhin)
Tél. 88.35.79.80 - Télex 871 102 - Fax 88.25.78.95
M. Iannarelli

♦ *Ouverture toute l'année* ♦ *32 chambres avec tél. direct, s.d.b., w.c. et t.v. - Prix des chambres simples et doubles : 380 F, 460 à 500 F - Prix des suites : 700 F - Petit déjeuner 45 F, servi de 6 h 45 à 10 h* ♦ *Carte bleue, Eurocard, MasterCard et Visa* ♦ *Chiens non admis* ♦ *Possibilités alentour : piscine, golf ; musées, institutions européennes* ♦ *Pas de restaurant à l'hôtel.*

On a tendance à attribuer le charme au pittoresque ; l'hôtel du Dragon qui, dans les murs d'une maison du XVIIe siècle, a opté pour un décor résolument moderne, n'en manque pourtant pas. Les camaïeux de gris pour la décoration intérieure et les meubles contemporains créent une atmosphère un peu froide que le service aimable et accueillant fait vite oublier. Bon confort dans les chambres qui donnent sur une des rues calmes du quartier historique. Pas de restaurant mais d'agréables petits déjeuners dans la jolie vaisselle du café Coste.

♦ *Itinéraire d'accès (voir carte n° 13) : dans le centre ville par le quai St Nicolas et le quai Ch. Frey.*

Parc Hôtel★★★
39, rue du Général de Gaulle
67710 Wangenbourg (Bas-Rhin)
Tél. 88.87.31.72 - M. Gihr

♦ *Ouverture du 20 mars au 4 novembre et du 22 décembre au 1er janvier* ♦ *34 chambres avec tél. direct, s.d.b. (8 avec douche), w.c., (t.v. sur demande) - Prix des chambres simples et doubles : 215 à 239 F, 288 à 328 F - Petit déjeuner 27,50 F, servi de 7 h 30 à 10 h - Prix de la demi-pension et de la pension : 258 à 287 F, 278 à 307 F (par pers., 3 j. min.)* ♦ *Carte bleue, Eurocard et Visa* ♦ *Chiens non admis - Jeu d'échecs géant, piscine couverte, tennis, sauna, salle de musculation à l'hôtel* ♦ *Possibilités alentour : pêche, chasse, promenades en forêt ; châteaux de Wangenbourg et du Haut-Koenigsbourg, rocher de Dabo* ♦ *Restaurant : service de 12 h à 13 h 30, 19 h à 20 h 30 - Menus : 98 à 210 F - Carte - Spécialités : foie gras frais aux pommes, terrine de saumon au gingembre, chevreuil à la forestière (en saison).*

L'hôtel est au cœur même du village, mais situé dans un parc d'un hectare avec son propre sentier botanique. Cette maison, gérée par la même famille depuis six générations, s'est peu à peu agrandie, privilégiant toujours le confort de ses hôtes. Pas une chambre n'est identique mais toutes sont agréables et bien équipées ; une préférence pour celles, plus grandes, ayant un balcon sur le jardin. La cuisine est soignée et le service raffiné. L'accueil attentionné, les installations de loisirs à l'intérieur même de l'hôtel, le grand panneau de la réception proposant excursions et visites touristiques dans les alentours font du Parc Hôtel un agréable lieu de séjour.

♦ *Itinéraire d'accès (voir carte n° 12) : à 46 km à l'ouest de Strasbourg par A 4 sortie Saverne, puis N 4 direction Wasselonne, D 224 et D 218.*

Le Moulin de La Wantzenau★★
27, route de Strasbourg
67610 La Wantzenau (Bas-Rhin)
Tél. 88.96.27.83 - Fax 88.96.68.32 - Mmes Dametti et Wolff

♦ *Ouverture du 2 janvier au 23 décembre* ♦ *20 chambres avec tél., s.d.b. ou douche, w.c. et t.v. - Prix des chambres doubles : 247 à 340 F - Prix des suites : 450 F - Petit déjeuner 36 F, servi de 7 h à 11 h* ♦ *Amex, Carte bleue, Eurocard, MasterCard et Visa* ♦ *Chiens admis avec 40 F de supplément* ♦ *Possibilités alentour : piscine, tennis* ♦ *Restaurant : service de 12 h 15 à 13 h 45, 19 h 15 à 21 h 15 (tél. 88.96.20.01) - Fermeture le mercredi, et le soir dimanche et jours fériés ; la 2ème semaine de janvier et la 3ème semaine de juin - Menus : 140 à 250 F - Carte.*

Tout en étant à proximité de Strasbourg, on est ici à la campagne, loin de tout bruit. Cet ancien moulin a été bien restauré et son aménagement est sobre et confortable. Les chambres aux meubles de bois clair sont spacieuses et disposent d'équipements sanitaires irréprochables. Les services offerts, comme le petit déjeuner apporté avec le quotidien régional ou le repassage des vêtements, sont très appréciables. Le salon avec sa grande cheminée et ses larges fauteuils invite d'autant plus à la détente qu'une bibliothèque est mise à votre disposition (on y trouve même des livres pour enfants). Le restaurant est indépendant de l'hôtel mais se trouve juste en face. La table y est très bonne et les vins qui pourront accompagner des spécialités locales vous seront judicieusement conseillés. Cadre accueillant et stylé.

♦ *Itinéraire d'accès (voir carte n° 13) : à 12 km au nord de Strasbourg par A 4 sortie Reichstett, D 63 et D 301 direction Z.I. La Wantzenau puis D 468 ; à 1 km de La Wantzenau.*

Hostellerie Le Maréchal★★★
4-6, place des Six Montagnes Noires
68000 Colmar (Haut-Rhin)
Tél. 89.41.60.32 - Télex 880 949 - Fax 89.24.59.40
M. et Mme Bomo

♦ *Ouverture toute l'année* ♦ *31 chambres avec tél. direct, s.d.b. ou douche, w.c. et t.v. - Prix des chambres simples et doubles : 350 à 450 F, 400 à 750 F - Prix des suites : 800 à 1 200 F - Petit déjeuner 45 F, servi de 7 h à 10 h 30 - Prix de la demi-pension et de la pension : 450 à 600 F, à partir de 600 F (par pers., 3 j. min.)* ♦ *Cartes de crédit acceptées* ♦ *Chiens admis avec supplément* ♦ *Possibilités alentour : piscine, tennis, golf* ♦ *Restaurant : service de 12 h à 14 h 30, 19 h à 22 h 30 - Menus : 160 à 400 F - Carte - Spécialités : choucroute en feuilleté au foie de canard frit, carré d'agneau en feuilleté à la purée d'olives et jambon fumé.*

Agréablement située dans le quartier historique de la Petite Venise à Colmar, l'hostellerie Le Maréchal occupe une des anciennes maisons à colombage qui bordent les canaux. A l'intérieur, même charme. Poutres et pierres s'accordent bien au mobilier de style Louis XIII qui meuble le salon et la salle à manger. Les chambres sont joliment décorées, douillettes et bien agencées. Préférez celles sur les canaux. Les repas aux chandelles dans la longue salle à manger qui borde la Lauch, les bonnes spécialités que l'on vous y servira, l'accueil chaleureux et attentionné font de l'hostellerie Le Maréchal l'étape la plus agréable de Colmar.

♦ *Itinéraire d'accès (voir carte n° 12) : dans le centre du vieux Colmar.*

Hôtel Goldenmatt★★
Route des Crêtes
68760 Goldbach (Haut-Rhin)
Tél. 89.82.32.86 - Mme Butterlin

♦ *Ouverture de Pâques au 15 novembre* ♦ *12 chambres et 1 chalet avec tél. direct, douche (1 avec s.d.b.), w.c. - Prix des chambres simples et doubles : 180 F, 300 à 350 F - Prix du chalet : 450 F - Petit déjeuner 45 F, servi de 8 h à 10 h 30 - Prix de la demi-pension : 350 F (par pers., 3 j. min.)* ♦ *Carte bleue, Eurocard, MasterCard et Visa* ♦ *Chiens admis dans les chambres - Pêche dans l'étang à l'hôtel* ♦ *Possibilités alentour : promenades pédestres* ♦ *Restaurant : service de 12 h à 14 h, 19 h à 21 h - Menus : 110 à 250 F - Carte - Spécialités : truite chaude fumée, foie gras d'oie.*

L'hôtel Goldenmatt domine un magnifique paysage de montagnes, de forêts et de pâturages, à l'écart de tout bruit. Depuis les grandes fenêtres de la salle à manger, on peut, par beau temps, distinguer au-delà d'un exceptionnel panorama, le Jura et même le mont Blanc. Là, dans un cadre rustique et chaleureux, sont servis des menus préparés avec soin. Les chambres disposent d'un confort suffisant mais valent surtout par leur grand calme et leur panorama. Vous pouvez aussi loger dans un petit chalet aménagé. Le matin vous attend un copieux et délicieux petit déjeuner avec œuf coque, kouglof, tarte, pain grillé ou pain au levain ; de quoi donner les forces nécessaires avant l'une des nombreuses promenades pédestres que réserve cette contrée.

♦ *Itinéraire d'accès (voir carte n° 20) : à 23 km à l'ouest de Mulhouse par N 66 jusqu'à Willer-sur-Thur, puis D 13bv1 et D 431 direction le Grand-Ballon.*

Hôtel La Clairière★★★
50, route d'Illhaeusern
68970 Illhaeusern (Haut-Rhin)
Tél. 89.71.80.80 - Fax 89.71.86.22 - M. Loux

♦ *Ouverture du 1er mars au 31 décembre* ♦ *25 chambres et 3 appartements avec tél., s.d.b., w.c. et t.v. - Prix des chambres simples et doubles : 425 F, 470 F - Prix des suites : 1 000 à 1 400 F - Petit déjeuner 50 F, servi de 7 h 30 à 10 h* ♦ *Carte bleue, Eurocard, MasterCard et Visa* ♦ *Chiens admis - Tennis à l'hôtel* ♦ *Possibilités alentour : promenades dans la campagne* ♦ *Pas de restaurant à l'hôtel.*

A l'écart de la route départementale et en lisière de forêt, l'hôtel La Clairière propose vingt-cinq chambres de style rustique, belles, confortables avec pour la plupart une belle vue sur la plaine et les Vosges. De bons fauteuils et de belles flambées font du salon un lieu accueillant et reposant. Il n'y a pas de restaurant dans l'hôtel mais à proximité se trouve une excellente étape gastronomique, l'auberge de l'Ill (400 à 500 F environ). L'hôtel, qui dispose d'un terrain de tennis privé, est aussi le point de départ de nombreuses promenades et randonnées. Les propriétaires vous réserveront un accueil chaleureux.

♦ *Itinéraire d'accès (voir carte n° 12) : à 17 km au nord de Colmar par N 83 direction Sélestat, à Guémar D 106 direction Marckolsheim.*

Auberge Les Alisiers★★

68650 Lapoutroie (Haut-Rhin)
Tél. 89.47.52.82 - M. et Mme Degouy

♦ *Ouverture du 1er janvier au 1er décembre - Fermeture le lundi soir et le mardi, sauf d'avril à octobre ♦ 13 chambres avec tél., s.d.b. et w.c. - Prix des chambres simples et doubles : 180 F, 270 F - Petit déjeuner 35 F, servi de 8 h à 10 h ♦ Carte bleue et Visa ♦ Chiens admis ♦ Possibilités alentour : piscine, golf, parapente et vélo tout terrain ♦ Restaurant : service de 12 h à 13 h 30, 19 h à 21 h - Fermeture le lundi soir et le mardi - Menus : 110 à 195 F - Carte - Spécialités : choucroute à l'ancienne, truite au pinot noir.*

L'auberge Les Alisiers se trouve dans un site de montagne, à 700 m d'altitude. Le panorama sur le massif des Hautes-Vosges et sur la vallée de la Béhine y est splendide. L'établissement lui-même est agréable. Ses chambres au mobilier de bois clair sont toutes différentes, intimes et confortables ; quelques-unes récemment rénovées assurent un meilleur équipement sanitaire dans les chambres. Une belle salle à manger panoramique s'ouvre sur les massifs vosgiens. La cuisine est bonne et variée (excellente choucroute). L'ambiance intime et décontractée de cette auberge doit beaucoup à l'amabilité de ses propriétaires.

♦ *Itinéraire d'accès (voir carte n° 12) : à 19 km au nord-ouest de Colmar par N 415 ; à Lapoutroie, prendre à gauche devant l'église et suivre le fléchage pendant 3 km.*

Hôtel Le Clos Saint-Vincent★★★★

68150 Ribeauvillé (Haut-Rhin)
Tél. 89.73.67.65 - Télex 871 377 - Fax 89.73.32.20 - M. Chapotin

♦ *Ouverture du 15 mars au 15 novembre* ♦ *12 chambres et 3 appartements avec tél. direct, s.d.b., w.c., t.v. et minibar - Prix des chambres simples et doubles : 540 F, 600 à 770 F - Prix des suites : 880 à 1 115 F (3 pers.) - Petit déjeuner compris, servi de 8 h 15 à 10 h 30* ♦ *Carte bleue, Eurocard et Visa* ♦ *Chiens admis avec 30 F de supplément - Piscine couverte à l'hôtel* ♦ *Possibilités alentour : tennis, équitation ; promenades dans les vignes et dans la forêt, route des vins* ♦ *Restaurant : service de 12 h à 13 h 30, 19 h à 20 h 30 - Fermeture le mardi et le mercredi - Menus : 140 à 250 F - Carte - Spécialités : rognons de veau au pinot noir, saumon à l'oseille ; gâteau au chocolat Saint-Vincent.*

La situation du Clos Saint-Vincent est magique : au cœur des vignes qui donneront le riesling, il domine le plateau d'Alsace tandis qu'au loin se dessinent la Forêt Noire et plus à l'est, les Alpes. L'endroit est d'un calme parfait. L'hôtel est construit sur trois niveaux. Au premier étage se trouvent la réception et la vaste salle de restaurant aux grandes baies vitrées. Presque toutes les chambres profitent de la vue. Leur décoration est tout à fait conventionnelle, peut-être un peu formelle, mais elles sont confortables, et leur clarté les rend très agréables.

♦ *Itinéraire d'accès (voir carte n° 12) : à 19 km au nord de Colmar par N 83 et D 106 direction Ribeauvillé, puis D 1b direction Bergheim (suivre fléchage).*

Hostel de la Pépinière★★★
**Route de Sainte-Marie-aux-Mines
68150 Ribeauvillé (Haut-Rhin)
Tél. 89.73.64.14 - Mme Weiss**

♦ *Ouverture de Pâques au 30 novembre* ♦ *19 chambres avec tél. direct, s.d.b. ou douche, w.c. - Prix des chambres simples et doubles : 200 à 250 F, 280 à 320 F - Petit déjeuner 28 F, servi de 8 h à 10 h - Prix de la demi-pension et de la pension : 300 à 320 F, 365 à 380 F (par pers., 3 j. min.)* ♦ *Carte bleue et Visa* ♦ *Chiens admis* ♦ *Possibilités alentour : piscine, tennis, équitation, pêche, randonnées ; route des vins* ♦ *Restaurant : service de 12 h à 14 h, 19 h à 21 h - Fermeture à midi le mardi et le mercredi ; le mardi soir d'avril à juin et en novembre - Menus : 140 à 340 F - Carte - Spécialités : foie gras, poissons de rivière, cuisine de saison.*

L'hôtel mérite bien son nom car il est situé au cœur d'une magnifique pépinière naturelle : la forêt vosgienne. Toutes les chambres ont leur cachet particulier et disposent de salles de bains spacieuses et bien équipées. Vous pouvez vous détendre dans l'un des salons ou aller prendre un apéritif au bar qu'agrémente un feu de bois. La salle de restaurant enchante par son cadre et sa table. Son atmosphère, à la fois lumineuse et feutrée, doit beaucoup aux tableaux, aux bouquets odorants, aux nappes et aux serviettes blanches et soyeuses. La cuisine proposée est légère et raffinée. En été, vous pouvez vous installer sur de petites terrasses, à l'ombre d'arbres aux essences les plus diverses.

♦ *Itinéraire d'accès (voir carte n° 12) : à 19 km au nord de Colmar par N 83 et D 106 direction Ribeauvillé puis D 416.*

Hôtel de la Rochette★★

La Rochette
68910 Labaroche (Haut-Rhin)
Tél. 89.49.80.40 - M. et Mme Preiss

♦ *Ouverture de février à décembre - Fermeture le dimanche soir et le mercredi en b.s.* ♦ *8 chambres avec tél. direct, douche, w.c. - Prix des chambres doubles : 230 F - Prix des suites : 380 à 390 F - Petit déjeuner 40 F, servi de 8 h à 9 h 30 - Prix de la demi-pension : 265 à 285 F + 185 F (par pers. suppl.)* ♦ *Amex, Carte bleue, Eurocard, Mastercard et Visa.* ♦ *Chiens non admis - Piscine, tennis à l'hôtel* ♦ *Possibilités alentour : golf, équitation, ski, randonnées* ♦ *Restaurant : service de 12 h 30 à 13 h 30, 19 h 30 à 21 h - Fermeture le dimanche soir et le mercredi en b.s. - Menus : 105 à 190 F - Carte - Spécialités : foie gras maison, bouillabaisse, boudin aux pommes (l'hiver), cuisine alsacienne traditionnelle.*

Situé sur un plateau, au cœur des forêts verdoyantes des Vosges, l'hôtel de la Rochette se trouve un peu à l'écart du village. On ne peut être que séduit par cette petite maison, hôtel depuis cinquante ans. Partout charme absolu des meubles anciens, des parquets cirés, des collections d'art populaire et de faïences régionales. Les chambres sont ravissantes, dans l'esprit de la maison, toutes sont confortables mais la 8 est plus spacieuse. L'accueil est sympathique. Dès qu'il fait beau, un service bar et snack est assuré sur la terrasse.

♦ *Itinéraire d'accès (voir carte n° 12) : à 25 km de Colmar par D 417 jusqu'à Turckheim puis D 11 direction Orbay.*

Hôtel Au Moulin★★

68420 Sainte-Croix-en-Plaine (Haut-Rhin)
Tél. 89.49.31.20 - M. et Mme Wœlffle

♦ *Ouverture de fin mars au 11 novembre* ♦ *14 chambres avec tél. direct, s.d.b. et w.c. - Prix des chambres doubles : 160 à 270 F - Lit supplémentaire : 60 F - Petit déjeuner 30 F, servi de 7 h 30 à 10 h* ♦ *Chiens admis* ♦ *Possibilités alentour : tennis, équitation ; route des vins* ♦ *Pas de restaurant à l'hôtel.*

Cet ancien moulin céréalier est situé sur la vieille Thur, aussi appelée canal des douze moulins, dont deux fonctionnent encore. Il fut construit au XVIIe siècle par une colonie de mennonites (secte protestante) et transformé en hôtel à partir de 1982. C'est une grande bâtisse blanche aux fenêtres égayées de géraniums. La famille Wœlffle habite des maisons mitoyennes ; l'ensemble crée une jolie cour intérieure dont les buissons fleuris entourent un beau puits en pierre. Réparties sur trois étages, les chambres donnent soit à l'est, c'est-à-dire sur les Vosges, soit sur des champs. La plupart sont spacieuses et toutes bénéficient d'une salle de bains très complète. Vous ne trouverez aucune télévision, dans le souci de préserver le calme. Enfin, trois autres chambres, aménagées dans un autre bâtiment, donnent sur la cour, où il fait bon prendre le petit déjeuner au son de l'eau qui coule. C'est un hôtel à l'accueil tout à fait aimable dont les prix sont très intéressants.

♦ *Itinéraire d'accès (voir carte n° 12) : à 6 km au sud de Colmar par N 422, puis D 1.*

Auberge de Thierenbach★★★

Thierenbach
68500 Jungholtz (Haut-Rhin)
Tél. 89.76.93.01 - M. et Mme Vonesch

♦ *Ouverture de février à décembre - Fermeture le lundi*
♦ *16 chambres avec tél.direct, s.d.b., w.c. et t.v. - Prix des chambres doubles : 360 F à 450 F - Petit déjeuner 45 F - Prix de la demi-pension et de la pension : 350 F à 390 F, 380 F à 450 F (par pers.)* ♦ *Amex, Carte bleue, Diners, Eurocard et Visa* ♦ *Chiens admis avec supplément - Piscine à l'hôtel* ♦ *Possibilités alentour : pêche, tennis, promenades à cheval en forêt* ♦ *Restaurant : service de 12 h à 14 h 30, 19 h 30 à 21 h 30 - Fermeture le lundi - Menus : 140 à 300 F - Carte - Spécialités : cuisine renommée.*

C'est dans un cadre très campagnard, avec prés, vergers et bois où les chevaux évoluent en toute liberté que se trouve la solide auberge de Thierenbach. La salle à manger, où l'on sert une bonne cuisine maison, est particulièrement accueillante avec ses grandes tables, sa vaisselle raffinée, ses plantes vertes, ses tableaux et ses gravures. Un bel escalier ouvragé conduit aux chambres de l'étage supérieur au beau mobilier rustique. Au deuxième étage se trouvent les chambres les plus accueillantes avec des charpentes apparentes et des murs de bois clair. Toutes cependant possèdent des salles de bains équipées confortablement. L'installation de la piscine est un peu sommaire, mais reste appréciable par grande chaleur. L'endroit est très calme et le chant des oiseaux pourra y faire office de réveille-matin.

♦ *Itinéraire d'accès (voir carte n° 20) : à 25 km au sud de Colmar par N 83 sortie Soultz-Haut-Rhin puis D 5 direction Jungholtz et Thierenbach.*

Hôtel Au Riesling★★
3, route du Vin
Zellenberg
68340 Riquewihr (Haut-Rhin)
Tél. 89.47.85.85 - Fax 89.47.92.08 - Mme Rentz

♦ *Ouverture du 1er février au 15 décembre - Fermeture le dimanche soir et le lundi* ♦ *36 chambres avec tél. direct, s.d.b. ou douche et w.c. - Prix des chambres doubles : 260 à 380 F - Petit déjeuner 30 F, servi de 8 h à 10 h - Prix de la demi-pension et de la pension : 250 F, 330 F (par pers., 2 j. min.)* ♦ *Amex, Carte bleue, Eurocard et Visa* ♦ *Chiens non admis* ♦ *Possibilités alentour : piscine, tennis ; promenades, route des vins* ♦ *Restaurant : service de 12 h à 14 h, 19 h à 21 h - Fermeture le dimanche soir et le lundi - Menus : 90 à 200 F - Carte - Spécialités : choucroute, coq au riesling.*

Situé en bordure d'une petite route au cœur du vignoble, le Riesling est une bâtisse un peu massive qui offre les services d'un établissement moderne alliant confort et tradition. C'est dans une salle à manger rustique et spacieuse que vous pourrez savourer la cuisine traditionnelle alsacienne et déguster de nombreux crus ; il est même possible d'emporter des vins de la propriété. De la salle à manger et de plusieurs chambres, la vue sur la plaine d'Alsace et ses vignobles est splendide. La partie de l'hôtel la plus moderne est d'un grand confort avec des doubles vitrages et de nombreux balcons. Les chambres sont agréables et bien équipées.

♦ *Itinéraire d'accès (voir carte n° 12) : à 9 km au nord de Colmar par D 10 direction Sélestat jusqu'à Ostheim, puis D 3.*

Grand Hôtel de la Reine★★★★
2, place Stanislas
54000 Nancy (Meurthe-et-Moselle)
Tél. 83.35.03.01 - Télex 960 367 - Fax 83.32.86.04 - M. Algan

♦ *Ouverture toute l'année* ♦ *51 chambres avec tél., s.d.b. ou douche, w.c., t.v. câblée et minibar - Prix des chambres : 550 à 1 000 F - Prix des suites : 1 000 à 1 600 F - Petit déjeuner 55 à 80 F* ♦ *Amex, Carte bleue, Diners, Eurocard et Visa* ♦ *Chiens admis* ♦ *Restaurant : service de 12 h à 14 h 30, 19 h 30 à 22 h - Menus : 240 à 270 F - Carte - Spécialités : nage de sandre vapeur au coulis d'herbes, caille des Vosges vrai jus, nougat glacé à la bergamote.*

Hôtel de luxe que cet ancien palais (aujourd'hui classé) d'Emmanuel Héré, architecte royal, qui se trouve sur la non moins célèbre place Stanislas, autre merveille architecturale du XVIIIe siècle. A l'intérieur, on ne pouvait que donner aux salons et aux chambres le même style. Décoration Louis XV donc, sauf dans le bar décoré par Slavik. Grand confort dans toutes les chambres, claires et spacieuses, mais si vous avez le choix, prenez une de celles qui ont la vue sur la place.
Le restaurant a été confié à Michel Douville, un bon professionnel qui marie bien la cuisine traditionnelle avec les spécialités régionales. Le menu du déjeuner permet de goûter à moindres frais son délicieux savoir-faire.

♦ *Itinéraire d'accès (voir carte n° 12) : dans le centre ville.*

Château d'Adoménil★★★

54300 Rehainviller (Meurthe-et-Moselle)
Tél. 83.74.04.81 - Fax 83.74.21.78 - M. Million

♦ *Ouverture toute l'année sauf en février - Fermeture le dimanche soir et le lundi* ♦ *8 chambres avec tél., s.d.b., w.c., t.v. et minibar - Prix des chambres doubles : 500 à 600 F - Petit déjeuner 55 F, servi à partir de 8 h* ♦ *Amex, Carte bleue, Diners, Eurocard et Visa* ♦ *Chiens admis* ♦ *Possibilités alentour : tennis, équitation ; promenades, pêche en rivière ; château de Lunéville, cristallerie de Baccarat* ♦ *Restaurant : service de 12 h à 13 h 45, 20 h à 21 h 30 - Fermeture le dimanche soir et le lundi - Menus : 190 à 400 F - Carte - Spécialités : selon la saison, salade de grenouilles à la menthe, sandre aux petits lardons et au gris de Toul.*

C'est il y a un peu plus de dix ans que M. Million eut le coup de foudre pour ce château du XVIIe siècle, rénové au siècle dernier. Délaissant son restaurant de Lunéville, il vint s'installer ici, à seulement quelques kilomètres de la ville. Devant le succès du restaurant, cinq chambres de grandes dimensions ont été aménagées dans les anciennes écuries. Beaux carrelages, meubles et objets modernes à l'italienne, salles de bains particulièrement luxueuses : elles sont toutes très soignées et donnent sur un ancien potager transformé en verger. Dans le château se trouvent trois autres chambres au charme plus classique. Dehors s'étend un beau parc de 7 hectares, et la petite ligne de chemin de fer à proximité ne dérange qu'épisodiquement le calme des lieux. La salle de restaurant située au premier étage est vaste et confortable, la cuisine servie mérite amplement sa réputation et les petits déjeuners aux nombreuses viennoiseries sont délicieux.

♦ *Itinéraire d'accès (voir carte n° 12) : à 3 km au sud de Lunéville par D 914.*

Auberge du Kiboki★★

57560 Turquestein (Moselle)
Tél. 87.08.60.65 - Fax 87.08.65.26 - M. Schmitt

♦ *Ouverture toute l'année sauf en février - Fermeture le mardi et 15 jours en octobre et à Noël* ♦ *15 chambres avec tél., s.d.b. ou douche, w.c., (8 avec t.v.) - Prix des chambres doubles : 240 à 350 F - Prix des suites : 420 F - Petit déjeuner 30 F, 35 F dans les chambres - Prix de la demi-pension : 260 à 320 F (par pers., 3 j. min.) ; supplément single 65 F* ♦ *Carte bleue, Eurocard, MasterCard et Visa* ♦ *Chiens non admis - Piscine et tennis à l'hôtel* ♦ *Possibilités alentour : randonnées pédestres ; rocher du Dabo, cristalleries, faïenceries de Niderviller* ♦ *Restaurant : service de 12 h à 13 h 30, 19 h à 21 h - Fermeture le mardi et 15 jours en octobre et à Noël - Carte - Spécialités : jambon de biche, champignons, soufflés, gibier, sandre, saumon, grenouilles fraîches.*

C'est dans la vallée du Turquestein-Blancrupt, en pleine forêt, que l'on trouve cette authentique et traditionnelle auberge du Kiboli. Le décor rustique crée une ambiance très douillette à l'intérieur de l'hôtel. Les salles à manger sont très accueillantes : décor de poupée pour l'une avec ses nappes à carreaux, ses rideaux et abat-jour assortis, décor plus intime pour l'autre avec son grand vaisselier garni de faïences régionales. Les chambres confortablement aménagées sont dans le même esprit : camaïeu de beige et de brun pour la décoration, lit à baldaquin, armoire ancienne... Cette authentique maison forestière est le lieu idéal pour un séjour de repos. Cuisine familiale de terroir.

♦ *Itinéraire d'accès (voir carte n° 12) : à 60 km au sud-ouest de Strasbourg par A 352 et D 392 direction Saint-Dié ; à Schirmeck D 392 direction Donon et D 993 direction Turquestein-Blancrupt.*

Hostellerie des Bas-Rupts★★★

Les Bas-Rupts
88400 Gérardmer (Vosges)
Tél. 29.63.09.25 - Télex 960 992 - Fax 29.63.00.40 - M. Philippe

♦ *Ouverture toute l'année* ♦ *32 chambres avec tél., s.d.b. (5 avec douche), w.c., (25 avec t.v.) - Prix des chambres simples et doubles : 300 F, 400 à 700 F - Prix des suites : 800 F - Petit déjeuner 50 F, servi de 7 h 30 à 10 h - Prix de la demi-pension et de la pension : 320 à 550 F, 460 à 700 F (par pers., 3 j. min.)* ♦ *Amex, Carte bleue, Diners, Eurocard et Visa* ♦ *Chiens admis avec supplément - Tennis à l'hôtel* ♦ *Possibilités alentour : ski à La Bresse, équitation, randonnées ; lacs* ♦ *Restaurant : service de 12 h à 14 h, 19 h à 21 h 30 - Menus : 130 à 380 F - Carte - Spécialités : cuisine du marché.*

Gérardmer fut autrefois une villégiature cossue où Alsaciens et Lorrains fortunés venaient passer le temps et perdre quelque argent au casino. Terriblement détruite à la fin de la dernière guerre, la ville a perdu son charme et ses palaces à grooms. La beauté du lac et des forêts alentour ne peut atténuer le côté nostalgique que la ville a désormais acquis. Un peu en dehors de celle-ci se trouve cet hôtel et son chalet fleuri, restaurant renommé et dûment "roseté" par le guide Michelin. Les fleurs sont en effet ici chez elles : peintes sur les poutres, portes et têtes de lits, en bouquets, fraîches ou séchées sur les tables et les murs. Elles ajoutent beaucoup au charme et au grand confort des chambres de l'annexe. Dans l'hôtel même, des chambres plus ordinaires sont cédées à moindre prix. Le service allie au professionnalisme une grande gentillesse.

♦ *Itinéraire d'accès (voir carte n° 12) : à 3 km au sud de Gérardmer par D 486, direction La Bresse.*

Auberge du Spitzemberg★★

La Petite-Fosse
88490 Provenchères-sur-Fave (Vosges)
Tél. 29.51.20.46 - M. et Mme Mathis

♦ *Ouverture du 15 mars au 15 novembre - Fermeture le mardi*
♦ *9 chambres avec tél., s.d.b. ou douche, w.c. (4 avec t.v.) - Prix des chambres doubles : 210 à 240 F - Petit déjeuner 24 F, servi de 7 h à 9 h - Prix de la demi-pension et de la pension : 210 à 220 F, 245 à 255 F (par pers., 3 j. min.)* ♦ *Cartes de crédit acceptées* ♦ *Chiens admis* ♦ *Possibilités alentour : minigolf, promenades pédestres, pêche* ♦ *Restaurant : service de 12 h à 14 h, 19 h à 21 h - Fermeture le mardi - Menus : 60 à 105 F ; 95 à 120 F le dimanche - Carte - Spécialités : escalope à la crème et aux morilles, filet de sole aux coquilles saint-jacques, noisette d'agneau à la Chartres.*

Au milieu de la forêt vosgienne, l'auberge du Spitzemberg est une ancienne ferme transformée en un charmant petit hôtel. Au cœur même de la nature, on a de toutes parts une vue exceptionnelle sur la campagne. La décoration des chambres est assez simple, mais toutes sont confortablement équipées. La salle à manger est très gaie et on y déguste une bonne cuisine traditionnelle. Un minigolf installé dans un grand champ devant l'hôtel permet de passer d'agréables après-midi à moins que l'on préfère partir en excursion dans les environs.

♦ *Itinéraire d'accès (voir carte n° 12) : à 17 km au nord-est de St Dié par N 420 direction Provenchères-sur-Fave, puis D 45.*

Hôtel de la Fontaine Stanislas★★

**Fontaine Stanislas
88370 Plombières-les-Bains (Vosges)
Tél. 29.66.01.53 - Mme Lemercier**

♦ *Ouverture du 1er avril au 30 septembre* ♦ *19 chambres avec tél. direct, (14 avec s.d.b., 11 avec w.c., 5 avec t.v.) - Prix des chambres simples et doubles : 100 F, 250 F - Petit déjeuner 24 F, servi de 7 h 30 à 9 h 30 - Prix de la demi-pension et de la pension : 180 à 225 F, 225 à 290 F (par pers., 3 j. min.)* ♦ *Amex, Carte bleue et Visa* ♦ *Chiens admis (25 F de supplément pour les gros chiens)* ♦ *Possibilités alentour : piscine, tennis et équitation à 4 km ; promenades en forêt* ♦ *Restaurant : service de 12 h à 13 h 30, 19 h à 20 h 30 - Menus : 75 à 210 F - Carte - Spécialités : cassolette d'escargots aux cèpes, poulet aux morilles, darne de saumon à l'estragon.*

L'hôtel est sublimement situé en plein milieu des bois, à proximité de la fontaine qui porte le nom du roi de Pologne. Outre le calme et le charme de ce site formidable, on est conquis par le caractère vieille France de l'établissement décoré de meubles des années 50. Les chambres sont dans le même esprit. Nous avons surtout aimé les deux chambres de l'annexe et les numéros 2, 3 et 11, qui possèdent des petites terrasses. Le jardin est bien aménagé pour profiter de l'environnement. On peut y prendre un verre ou s'y détendre en découvrant la vue sur les bois et sur la vallée. L'accueil est chaleureux, la cuisine du terroir est honnête ; et les quatre générations qui se sont succédé à la tête de l'affaire depuis 1933 garantissent le professionnalisme

♦ *Itinéraire d'accès (voir carte n° 20) : à 30 km au sud d'Epinal par D 434 jusqu'à Xertigny puis D 3, D 63 et D 20 ; à Granges-de-Plombières prendre la route forestière sur la gauche.*

Chalets des Ayes
Chemin des Ayes
88160 Le Thillot (Vosges)
Tél. 29.25.00.09 - M. Marsot

♦ *Ouverture toute l'année* ♦ *2 chambres et 7 chalets (4 à 10 pers.)*
avec s.d.b. ou douche, w.c., t.v. ; Point-Phone pour les hôtes - Prix
des chambres doubles : 280 F - Petit déjeuner 28 F, servi à toute
heure ♦ *Carte bleue et Visa* ♦ *Chiens admis dans les chalets -*
Piscine à l'hôtel ♦ *Possibilités alentour : tennis, ski de fond et de*
piste, équitation, véhicules tout terrain, promenades, plan d'eau
♦ *Pas de restaurant à l'hôtel.*

Si les Vosges sont d'une sauvage et séduisante beauté, il semble
parfois difficile de trouver où passer la nuit, et l'on se sent pris au
piège entre des établissements sinistres, et d'autres trop importants
pour sauvegarder un quelconque charme campagnard. Voici un
endroit qui, bien qu'il en porte le nom, n'est pas à proprement parler
un hôtel, mais offre tout de même une solution de secours aussi
pratique qu'agréable : deux chambres y sont à louer à la nuit selon le
mode des "bed and breakfast" d'outre-Manche. Gaies et coquettes,
elles se complètent de cinq petits chalets très bien équipés et
plaisamment aménagés. Bien qu'en principe loués à la semaine, ils
peuvent, comme les chambres, être occupés pour quelques nuits en
fonction des disponibilités. Du jardin et de la piscine, on se sent bien
dans cette vallée qui reste riante même par le plus triste des temps.

♦ *Itinéraire d'accès (voir carte n° 20) : à 51 km à l'ouest de*
Mulhouse par N 66 direction Remiremont. .

Auberge du Val Joli★★
88230 Le Valtin (Vosges) - Tél. 29.60.91.37 - M. Laruelle

♦ *Ouverture du 15 décembre au 15 novembre - Fermeture le dimanche soir et le lundi sauf pendant les vacances scolaires* ♦ *12 chambres avec tél., (2 avec s.d.b., 6 avec douche, 8 avec w.c. et t.v.) - Prix des chambres doubles : 120 à 226 F - Petit déjeuner 21,50 F, servi de 8 h à 10 h - Prix de la demi-pension et de la pension : 136 à 188 F, 200 à 250 F (par pers., 2 j. min.)* ♦ *Amex, Carte bleue, Diners, Eurocard et Visa* ♦ *Chiens admis - Tennis à l'hôtel* ♦ *Possibilités alentour : ski alpin et ski de fond à 10 mn ; randonnées à travers la forêt vosgienne* ♦ *Restaurant : service de 12 h 30 à 14 h, 19 h 30 à 21 h - Menus : 50 à 120 F - Carte - Spécialités : truite fumée, pâté lorrain ; tarte aux myrtilles.*

Le petit village du Valtin ne compte que 99 habitants, et son maire est aussi le propriétaire de cette auberge située au creux d'une des plus jolies vallées des Vosges. La porte à peine ouverte, l'ambiance est donnée : plafonds bas, grosses poutres, carrelage et cheminée créent une atmosphère tout à fait authentique. La salle à manger est très attrayante avec toutes ses petites fenêtres et surtout son beau plafond en bois sculpté. C'est l'œuvre d'un menuisier alsacien réfugié dans la région après l'annexion allemande de 1870. Le confort des chambres et leur équipement sanitaire varient sensiblement. Les plus agréables sont celles qui viennent d'être rénovées. Même si la route passe juste en face, le bruit dérange peu ; et ceux qui en doutent réserveront une chambre donnant de l'autre côté, sur la montagne, comme la 16, la 5 ou la 4. Une adresse sans prétention dans un village très préservé.

♦ *Itinéraire d'accès (voir carte n° 12) : à 10 km à l'est de Gérardmer par D 23.*

Château de Lalande★★★

24430 Annesse et Beaulieu (Dordogne)
Tél. 53.54.52.30 - Fax 53.54.38.78 - M. et Mme Sicard

♦ *Ouverture du 15 mars au 15 novembre* ♦ *22 chambres avec tél. direct, s.d.b. ou douche, w.c. et t.v. sur demande - Prix des chambres doubles : 230 à 400 F - Petit déjeuner 32 F - Prix de la demi-pension et de la pension : 250 à 300 F, 320 à 390 F (par pers.)* ♦ *Amex, Carte bleue, Diners, Eurocard et Visa* ♦ *Chiens admis - Piscine à l'hôtel* ♦ *Possibilités alentour : tennis, équitation, golf du domaine de Saltgourde (9 trous), promenades ; sites préhistoriques* ♦ *Restaurant : service de 12 h à 13 h 30, 19 h à 21 h - Fermeture le mercredi à midi en b.s. - Menus : 90 à 280 F - Carte.*

A deux pas de Périgueux, vous pouvez loger en pleine campagne en vous installant dans ce beau château du XVIIIe agrandi au XIXe. Rien de guindé ici où règne une ambiance "maison", calme et détendue. La grande salle à manger possède un très beau poêle en faïence. Dans le salon, des meubles anciens créent des coins propices à la conversation et à la lecture. Les chambres du premier étage sont toutes différentes, avec un beau mobilier ancien dont les styles s'harmonisent (demander la 15). Au deuxième, elles sont mansardées, plus petites, en accord avec l'esprit d'ensemble du château. Toutes ne sont pas bien insonorisées. Une belle pelouse avec tables et chaises longues et un agréable restaurant-terrasse donnent sur la campagne. Médaillé au concours du meilleur chef saucier international, M. Sicard prépare de bonnes spécialités périgourdines ; à noter également les pâtisseries, récompensées elles aussi.

♦ *Itinéraire d'accès (voir carte n° 23) : à 12 km au sud-ouest de Périgueux par N 89 direction Libourne.*

Domaine de Monciaux

Bourrou
24110 Saint-Astier (Dordogne)
Tél. 53.81.97.69 - Fax 53.80.19.37 - Famille Martin-Celton

♦ *Ouverture du 1er mars au 11 novembre* ♦ *8 chambres avec s.d.b. ou douche et w.c. - Prix des chambres doubles : 420 à 550 F - Petit déjeuner compris - Prix de la demi-pension : forfait séjour* ♦ *Carte bleue et Visa* ♦ *Chiens admis avec supplément - Piscine, tennis, vélos à l'hôtel* ♦ *Possibilités alentour : équitation, golf, pêche, promenades en montgolfière ; grottes préhistoriques, châteaux, vignobles* ♦ *Table d'hôtes sur réservation à 19 h 30 : 180 F - Spécialités : filet de bœuf en brioche, profiterolles d'escargots ; tarte tatin.*

Ce petit château construit entre le XVIIIe et le XIXe siècle est vraiment ce que l'on appelle en pleine campagne, et la route pour y accéder depuis la nationale est là pour vous le rappeler. Cet endroit jouit néanmoins d'un confort quasi-citadin dans ses chambres, toutes spacieuses et meublées avec goût. Tous les repas se prennent dans le jardin en été, tandis qu'une salle à manger où trône une unique grande table d'époque se destine aux repas des jours moins cléments. Ceux qui souhaiteraient lire ou prendre le thé à l'intérieur trouveront leur bonheur dans un petit salon confortable où M. et Mme Martin et M. Celton, le père de Madame, viendront remplir leur rôle d'hôte avec sympathie.

♦ *Itinéraire d'accès (voir carte n° 23) : à 23 km au sud de Périgueux par N 21 direction Bergerac jusqu'à Rossignol, puis D 44 jusqu'à Manzac, D 4 direction Villamblard et direction Bourrou.*

Le Chatenet

Le Chatenet
24310 Brantôme (Dordogne)
Tél. 53.05.81.08 - Fax 53.05.85.52 - M. et Mme Laxton

♦ *Ouverture toute l'année* ♦ *10 chambres avec tél., s.d.b., w.c. et t.v. - Prix des chambres simples et doubles : 320 à 490 F, 520 à 680 F - Petit déjeuner 50 F* ♦ *Access, Carte bleue, Eurocard et Visa* ♦ *Chiens admis - Petite piscine chauffée, tennis, billard et bar à l'hôtel* ♦ *Possibilités alentour : équitation, golf* ♦ *Pas de restaurant à l'hôtel.*

Ce Chatenet, que le propriétaire Philippe Laxton qualifie de "maison de famille ouverte aux amis et aux amis des amis", est, dans la jolie campagne de Brantôme, un très agréable lieu de séjour. Constituée de deux bâtiments dans le style de la région, l'un abritant de confortables et spacieuses chambres, ainsi qu'une salle à manger et un chaleureux salon, l'autre servant de club-house (avec bar et billard), cette villa offre une atmosphère des plus sympathiques. Et s'il n'y a pas de restaurant, c'est que les Laxton ont ouvert Le Chatenet pour rendre service à leurs amis restaurateurs de la région. En revanche, un copieux petit déjeuner, que l'on peut savourer à toute heure, est servi dans le patio.

♦ *Itinéraire d'accès (voir carte n° 23) : à 1,5 km de Brantôme par CD 78 - Bourdeilles.*

Hôtel de la Guérinière★★★
Cénac
24250 Domme (Dordogne)
Tél. 53.28.22.44 - Fax 53.28.26.79 - Mme Vermynck

♦ *Ouverture toute l'année* ♦ *15 chambres et 1 appartement avec tél., s.d.b. ou douche, w.c. et t.v. - Prix des chambres doubles : 400 à 710 F - Prix des suites : 1 000 F - Petit déjeuner 70 F, servi de 8 h à 12 h - Prix de la demi-pension : + 260 F (de supplément par pers.)* ♦ *Cartes de crédit acceptées* ♦ *Chiens admis avec supplément - Piscine, tennis, héliport à l'hôtel* ♦ *Possibilités alentour : tennis, équitation, golf, canoë-kayak, U.L.M., promenades en montgolfière, parachutisme* ♦ *Restaurant : service de 12 h à 14 h, 20 h à 22 h - Carte : 250 à 300 F par pers. (le soir) - Spécialités : grande cuisine gastronomique.*

Cette ancienne chartreuse très bien restaurée occupe une partie de la propriété de 10 hectares qui l'entoure sans autre vis-à-vis que la vallée verdoyante et la cime des arbres. Chambres plaisantes, aménagements cossus, un très bon confort hôtelier. Les déjeuners et dîners se prennent indifféremment dans la salle à manger ou la cour. Les petits déjeuners se savourent sur la terrasse. Une étape calme et confortable dans votre périple périgourdin. Un héliport à l'hôtel même permet d'aller chercher les clients aux aéroports voisins (Bordeaux, Périgueux, Toulouse), et une montgolfière permet de faire d'amusantes traversées.

♦ *Itinéraire d'accès (voir carte n° 23) : à 12 km au sud de Sarlat par D 46 direction Domme.*

Manoir d'Hautegente★★★

Coly
24120 Terrasson (Dordogne)
Tél. 53.51.68.03 - Télex 550 689 - Fax 53.31.01.90 - Mme Hamelin

♦ *Ouverture du 1er avril au 15 novembre* ♦ *10 chambres avec tél. direct, s.d.b. et w.c., (possibilité de t.v.) - Prix des chambres simples et doubles : 470 F, 600 à 650 F - Petit déjeuner 50 F - Prix de la demi-pension : 470 à 570 F (par pers.)* ♦ *Carte bleue et Visa* ♦ *Chiens admis - Piscine, parcours de pêche à l'hôtel* ♦ *Possibilités alentour : tennis, centre équestre, promenades ; grottes de Lascaux* ♦ *Restaurant : service à 20 h 30 - Menu : 200 F - Carte - Repas piscine sur demande - Spécialités régionales.*

Ancien moulin et forge de l'abbaye des moines guerriers de Saint-Amand du Coly, et propriété de la famille Hamelin depuis près de trois siècles, cette gentilhommière périgourdine offre depuis quelques années une halte raffinée dans cette belle vallée où noyers et chênes s'alignent avec élégance. La rivière qui y serpente se brise en chantonnant devant le manoir. Des canards et des oies se promènent près des rives, attendant de finir en confits ou foies gras, mis en vente à la réception.
Les chambres, comme l'enfilade de salons, bénéficient du charme et de l'âme des meubles de famille ; allure et confort s'y marient parfaitement, la chambre bleue est de belle taille et dispose même d'une épinette ; toutes ont été décorées avec goût.

♦ *Itinéraire d'accès (voir carte n° 23) : à 30 km à l'ouest de Brive-la-Gaillarde par N 89 direction Périgueux jusqu'au Lardin-Saint-Lazare, puis D 62.*

Hôtel Cro-Magnon***
24620 Les Eyzies-de-Tayac (Dordogne)
Tél. 53.06.97.06 - Télex 570 637 - Fax 53.06.95.45
M. et Mme Leyssales

♦ *Ouverture de fin avril au 15 octobre* ♦ *16 chambres et 4 appartements avec tél. direct, s.d.b. ou douche, w.c. - Prix des chambres doubles : 280 à 450 F - Prix des suites : 550 à 700 F - Petit déjeuner 42 F - Prix de la demi-pension : 320 à 420 F (par pers., 3 j. min.)* ♦ *Amex, Carte bleue, Diners et Visa* ♦ *Chiens admis - Piscine à l'hôtel* ♦ *Possibilités alentour : tennis, canoë-kayak, sentiers pédestres ; grottes de Lascaux* ♦ *Restaurant : service de 12 h à 14 h, 19 h 30 à 21 h - Fermeture le mercredi à midi sauf jours fériés - Menus : 120 à 320 F - Carte - Spécialités : goujonnette de sole aux quenelles d'aubergines, galette de lotte aux poivrons rouges.*

Cet ancien relais de diligences est dans la famille depuis plusieurs générations. Pleins de charme, deux salons offrent un beau choix de tissus dont les tons s'harmonisent très bien avec le rocher qui affleure et le bois des meubles anciens. Dans l'un d'eux a été aménagé un petit musée préhistorique. Vous avez le choix entre une jolie salle à manger dans le style des lieux et une autre, récente mais très bien intégrée, avec ses grandes baies vitrées coulissantes donnant sur les terrasses-tonnelles (service à l'extérieur). Bonne cuisine copieuse arrosée de vins bien choisis. Les chambres sont personnalisées et confortables ; on préférera pour le calme celles de l'annexe qui donnent toutes sur un très grand jardin agrémenté d'une piscine. L'accueil est très chaleureux : on est hôtelier dans la famille par choix et par tradition.

♦ *Itinéraire d'accès (voir carte n° 23) : à 45 km au sud-est de Périgueux par N 89 et D 710, puis D 47.*

Hôtel Les Glycines★★★

24620 Les Eyzies-de-Tayac (Dordogne)
Tél. 53.06.97.07 - Fax 53.06.92.19 - M. et Mme Mercat

♦ *Ouverture du 15 avril à la Toussaint* ♦ *25 chambres avec tél., s.d.b. et w.c. - Prix des chambres simples et doubles : 263 à 330 F, 297 à 340 F - Petit déjeuner 42 F, servi de 8 h à 10 h - Prix de la demi-pension et de la pension : 330 à 370 F, 412 à 450 F (par pers., 3 j. min.)* ♦ *Amex, Carte bleue, MasterCard et Visa* ♦ *Chiens admis - Piscine à l'hôtel* ♦ *Possibilités alentour : tennis, canoë-kayak, sentiers pédestres ; grottes de Lascaux, musée* ♦ *Restaurant : service de 12 h 15 à 14 h, 19 h 30 à 21 h 30 - Fermeture le samedi à midi sauf jours fériés - Menus : 115 à 330 F - Carte - Spécialités : gratin salardais aux truffes et au confit, filet d'agneau farci aux herbes du jardin et petit jus de truffes, aiguillettes de canard à l'échalote confite au vin.*

Cet ancien relais de poste qui date de 1862 est une grande maison où se marient avec goût la pierre, le bois et une végétation exubérante qui pousse dans tous les coins. Aussi y a-t-il, bien sûr, une tonnelle avec des glycines, des tilleuls taillés qui ombragent la terrasse. Le salon et le bar à l'atmosphère feutrée sont meublés et décorés avec beaucoup de soin. La belle salle à manger ouvre sur le jardin mais les repas peuvent aussi être pris dans la nouvelle véranda donnant sur la pelouse du parc. Toutes les chambres sont très confortables ; on a su y assortir un mobilier bien choisi à des tissus, des papiers et des couleurs d'inspiration contemporaine. Le restaurant bénéficie des produits frais du potager.

♦ *Itinéraire d'accès (voir carte n° 23) : à 45 km au sud-est de Périgueux par N 89 et D 710, puis D 47.*

Moulin de la Beune★★

24620 Les Eyzies-de-Tayac (Dordogne)
Tél. 53.06.94.33 - M. et Mme Soulié

♦ *Ouverture à partir de fin mars* ♦ *20 chambres avec tél. direct,
s.d.b. et w.c. - Prix des chambres simples et doubles : 230 F, 250 à
320 F - Petit déjeuner 35 F, servi de 8 h à 10 h - Prix de la demi-
pension et de la pension : 280 F, 400 F (par pers.)* ♦ *Carte bleue,
Eurocard, MasterCard et Visa* ♦ *Chiens admis* ♦ *Possibilités
alentour : tennis, canoë-kayak, sentiers pédestres ; grottes de
Lascaux, musée* ♦ *Restaurant : service de 12 h à 14 h 30, 19 h à
21 h 30 - Fermeture le mardi à midi - Menus : 80 à 290 F -
Carte - Spécialités : truffes en croûte, carte basses calories,
spécialités régionales.*

En arrivant dans cet ancien moulin, on a peine à imaginer qu'on se
trouve dans un des lieux les plus visités de France. La Beune coule,
paisible, à vos pieds ; le petit jardin, agrémenté de quelques tables,
est un havre de paix. Dans le salon, dominé par une grande
cheminée, des fauteuils et des petites tables vous permettent de vous
installer pour lire ou écrire. A côté, une salle a été aménagée où vous
seront servis, selon l'heure, apéritif ou petit déjeuner. Le décor des
chambres et des salles de bains, récemment réaménagées, a été
choisi avec goût. Le restaurant le Vieux Moulin, occupe un autre
moulin contigu à l'auberge, restauré avec autant de soins. Des
spécialités périgourdines à base de truffes sont servies dans la
grande salle aux pierres et poutres apparentes, ou dans le jardin, au
pied des falaises préhistoriques.

♦ *Itinéraire d'accès (voir carte n° 23) : à 45 km au sud-est de
Périgueux par N 89 et D 710, puis D 47 ; au cœur du village.*

Au Bon Accueil

24510 Limeuil (Dordogne)
Tél. 53.22.03.19 - M. et Mme Palazy

♦ *Ouverture de Pâques au 11 novembre (restaurant ouvert toute l'année)* ♦ *10 chambres ,(5 avec douche) - Prix des chambres doubles : 115 à 140 F - Petit déjeuner 20 F, servi de 8 h à 9 h 30 - Prix de la demi-pension et de la pension : 150 à 175 F, 180 à 205 F (par pers, 3 j. min.)* ♦ *Cartes de crédit acceptées* ♦ *Chiens admis* ♦ *Possibilités alentour : canoë-kayak, tennis, équitation, golf à 13 km ; grottes de Lascaux* ♦ *Restaurant : service de 12 h à 14 h 30, 19 h 30 à 21 h - Menus : 58 à 130 F - Carte - Spécialités : filet de perche au monbazillac, civet de lièvre.*

M. et Mme Palazy ont ouvert, il y a 5 ans, dans la partie haute du superbe village médiéval de Limeuil, Le Bon Accueil. De cette auberge, simple en tous points, émane un charme dû au réel désir de ses propriétaires d'en faire un lieu "vrai". L'accueil y est professionnel et chaleureux, la nourriture simple et bonne, l'ambiance décontractée et calme. Les prix, très raisonnables, témoignent sans équivoque du confort assez sommaire des chambres, au demeurant d'une quiétude absolue. Nous vous recommandons essentiellement cette auberge durant les beaux jours afin d'apprécier le charme de sa tonnelle lors des repas ou pour un thé. Les plus friands d'authenticité pourront, si la saison le permet, partir aux aurores avec M. Palazy pêcher en rivière et déguster ensuite leur poisson à l'hôtel.

♦ *Itinéraire d'accès (voir carte n° 23) : à 37 km au sud de Périgueux par D 710 direction Villeneuve-sur-Lot jusqu'au Bugue, puis D 31 direction Trémolat.*

Isabeau de Limeuil★★

24510 Limeuil (Dordogne)
Tél. 53.22.93.55 - M. et Mme Chinour

♦ *Ouverture toute l'année* ♦ *15 chambres avec s.d.b. et w.c. - Prix des chambres : 300 F - Petit déjeuner 30 F* ♦ *Cartes de crédit non acceptées* ♦ *Chiens admis* ♦ *Possibilités alentour : tennis, équitation, canoë-kayak* ♦ *Restaurant : service de 12 h à 14 h, 19 h à 21 h - Carte - Spécialités : truffes sous la cendre, tourtière de cèpes, tourtière de lapin au verjus.*

C'est dans la vieille cité de Limeuil, datant du Moyen Age, au confluent de la Dordogne et de la Vézère, que se trouve cette très authentique auberge. L'Isabeau de Limeuil est certainement une des meilleures étapes gastronomiques que l'on puisse faire dans la région : si les chambres ne sont que fonctionnelles, l'accueil, lui, est hors du commun, et la table, elle, est extraordinaire. Les plats, d'un prix très raisonnable, sont succulents, préparés dans la plus pure tradition périgourdine, avec une sélection de produits provenant uniquement du domaine.

♦ *Itinéraire d'accès (voir carte n° 23) : à 37 km au sud de Périgueux par D 710 direction Villeneuve-sur-Lot jusqu'au Bugue, puis D 31 direction Trémolat.*

La Métairie★★★

Millac - 24150 Mauzac (Dordogne)
Tél. 53.22.50.47 - Télex 572 717 - Fax 53.22.52.93
Mme Vigneron et M. Culis

♦ *Ouverture du 29 mars au 15 novembre* ♦ *10 chambres avec tél. direct, s.d.b. , w.c. et t.v. - Prix des chambres doubles : 470 à 780 F - Prix des suites : 920 F - Petit déjeuner 55 F - Prix de la demi-pension et de la pension : 450 à 740 F, 560 à 850 F (par pers., 2 j. min.)* ♦ *Carte bleue, Eurocard, MasterCard et Visa* ♦ *Chiens admis avec 60 F de supplément - Piscine à l'hôtel* ♦ *Possibilités alentour : tennis, sports nautiques, location de vélos, équitation à 15 km ; bastides du Périgord, vallée de la Dordogne* ♦ *Restaurant : service de 12 h 30 à 13 h 30, 19 h 30 à 21 h 30 - Fermeture le mardi - Menus : 95 à 300 F - Carte - Spécialités : foie gras d'oie frais au torchon, curry d'agneau.*

C'est à quelques kilomètres du fameux méandre en fer à cheval du Cingle de Trémolat, dans cette belle vallée où les grandes boucles de la Dordogne serpentent au milieu d'une mosaïque de cultures que se trouve la Métairie. C'est une charmante et belle maison aménagée avec beaucoup de goût, de confort et de raffinement. Le jardin lui-même est très soigné. Une agréable terrasse de plain-pied avec la pelouse du jardin longe la maison et l'été un gril est installé près de la piscine. La cuisine du restaurant est très appétissante et parfumée d'herbes aromatiques variées. Il est à noter enfin que l'hôtel est très bien situé car tout près d'un superbe bassin où sont pratiqués tous les sports nautiques, à moins que l'on préfère partir en excursion vers les bastides du Périgord.

♦ *Itinéraire d'accès (voir carte n° 23) : à 26 km à l'est de Bergerac par D 660 et D 703 direction Le Bugue, puis D 31 ; 3 km après Mauzac.*

Auberge du Noyer★★

Le Reclaud-de-Bouny-Bas
24260 Le Bugue (Dordogne)
Tél. 53.07.11.73 - Fax 53.54.57.44 - M. et Mme Dyer

♦ *Ouverture du 22 mars au 15 novembre* ♦ *10 chambres avec tél., s.d.b. et w.c. - Prix des chambres simples et doubles : 300 F, 400 F - Petit déjeuner 40 F, servi de 8 h 15 à 10 h - Prix de la demi-pension : 370 F (par pers.)* ♦ *Carte bleue, Eurocard, MasterCard et Visa* ♦ *Chiens non admis - Piscine à l'hôtel* ♦ *Possibilités alentour : tennis, équitation, canoë-kayak, golf à 10 km* ♦ *Restaurant : service de 19 h 30 à 21 h - Menu : 135 F - Carte - Spécialités : cuisine du marché.*

A 5 km de Bugue, haut lieu touristique, cette ancienne ferme périgourdine du XVIIIe siècle, entièrement rénovée par un couple d'Anglais amoureux de la région, Paul et Jenny Dyer, constitue une étape de charme et de tranquillité, même au mois d'août. Les chambres sont spacieuses et disposent d'un sanitaire impeccable ; cinq ont même une petite terrasse privée pour prendre le petit déjeuner (demander la 8). La cuisine est simple mais raffinée, au gré du marché que fait le patron tous les jours. Les repas sont servis dans une jolie salle à manger rustique. Le petit déjeuner est un grand moment avec des confitures faites à la maison, un jus d'orange pressé et du pain de campagne grillé. L'accueil est charmant, avec un mélange d'amateurisme et de qualité propre aux Anglais. Un endroit tout à fait agréable pour passer plusieurs jours si l'on n'est pas ennemi d'une certaine décontraction.

♦ *Itinéraire d'accès (voir carte n° 23) : à 37 km au sud de Périgueux par D 710 direction Villeneuve-sur-Lot, puis D 703 direction Lalinde.*

Hôtel L'Abbaye★★★

24220 Saint-Cyprien-en-Périgord (Dordogne)
Tél. 53.29.20.48 - Télex 572 720 - Fax 53.29.15.85
M. et Mme Schaller

♦ *Ouverture du 15 avril au 15 octobre* ♦ *25 chambres (dont une suite) avec tél., s.d.b. ou douche et w.c. - Prix des chambres doubles : 330 à 600 F - Prix des suites : 780 F - Petit déjeuner 42 F, servi de 8 h à 10 h - Prix de la demi-pension : 325 à 465 F (par pers., 3 j. min.)* ♦ *Cartes de crédit acceptées* ♦ *Chiens admis dans les chambres - Piscine à l'hôtel* ♦ *Possibilités alentour : tennis, golf, canoë-kayak ; sites préhistoriques* ♦ *Restaurant : service de 12 h à 14 h, 19 h 30 à 21 h - Menus : 135 à 290 F - Carte - Spécialités : ris d'agneau aux girolles, terrine de gambas au foie gras, magret grillé, foie gras mi-cuit.*

Dans cette grande maison bourgeoise située dans le joli village de Saint-Cyprien (touristique au mois d'août), on a laissé l'extérieur tel quel, et c'est la pierre qui en est la décoration. Ce choix se retrouve dans le salon, avec la pierre apparente des murs, de la cheminée, mais aussi du sol d'origine. Les chambres sont toutes d'un bon confort mais plus ou moins luxueuses. Dans l'une des annexes, les chambres pouvant éventuellement se combiner en appartement conviennent bien pour les familles. Dans le nouveau bâtiment ce sont des chambres de grand standing avec télévision et minibar. Les tables de la salle à manger sont très espacées et préservent l'intimité des conversations et des repas. Terrasse et jardins agréables, avec piscine.

♦ *Itinéraire d'accès (voir carte n° 23) : à 21 km à l'est de Sarlat par D 57 jusqu'à Beynac-et-Cazenac, puis D 703.*

Manoir Le Grand Vignoble★★★

Saint-Julien-de-Crempse - 24140 Bergerac (Dordogne)
Tél. 53.24.23.18 - Télex 541 629 - Fax 53.24.20.89
Famille de Labrusse

♦ *Ouverture du 10 janvier au 22 décembre* ♦ *40 chambres avec tél., s.d.b., w.c., t.v. et minibar - Prix des chambres simples et doubles : 300 à 365 F, 380 à 580 F - Prix des suites : 750 à 850 F - Petit déjeuner 45 F - Prix de la demi-pension et de la pension : 355 à 455 F, 480 à 580 F (par pers., 3 j. min.)* ♦ *Amex, Carte bleue, Diners et Visa* ♦ *Chiens admis avec 35 F de supplément - Piscine chauffée, tennis, sauna, centre équestre, calèches, parc animalier, practice de golf à l'hôtel* ♦ *Possibilités alentour : grottes de Lascaux ; circuit des vins et des bastides, le vieux Bergerac, musée du tabac* ♦ *Restaurant : service de 12 h à 14 h, 19 h à 21 h - Menus : 140 à 260 F - Carte - Spécialités : aspic de langoustine aux petits légumes et monbazillac, magret de canard grillé sauce cassis.*

Au calme des pâturages et des bois, ce manoir fut construit sous Louis XIV sur les ruines d'une ancienne bastide anglaise. Les amoureux de l'équitation trouveront ici un cadre magnifique et une organisation idéale pour s'adonner à leur sport favori. Rotin sur les terrasses, fauteuils-club et boiseries dans les salons, un confort et une ambiance bien britanniques. Les chambres sont toutes différentes. Nos préférées restent celles de la maison principale qui ont conservé leur haut plafond et un mobilier ancien. Piscine, tennis, vélo : un petit esprit sportif règne sur ce domaine. Idéal pour un week-end ou un long séjour. Ambiance club.

♦ *Itinéraire d'accès (voir carte n° 23) : à 12 km au nord de Bergerac par N 21, à Pombonne sur la rocade D 107 direction Villamblard.*

Auberge du Vieux Moulin

La Macque
24470 Saint-Saud-en-Périgord (Dordogne)
Tél. 53.56.97.26 - M. Tournier

♦ *Ouverture du 5 janvier au 20 décembre* ♦ *8 chambres , (2 avec douche et w.c.) - Prix des chambres simples et doubles : 100 F, 160 F - Petit déjeuner 24 F - Prix de la demi-pension et de la pension : 180 F, 245 F (par pers., 3 j. min.)* ♦ *Carte bleue et Visa* ♦ *Chiens admis* ♦ *Possibilités alentour : piscine, tennis, équitation, canoë-kayak, randonnées pédestres ; grottes préhistoriques, châteaux* ♦ *Restaurant : service de 12 h à 14 h, 19 h à 22 h - Menus : 112 à 175 F - Spécialités : escalope de saumon aux pêches, confit et magret de canard, foie gras.*

C'est d'abord un petit chemin forestier qui longe la rivière ; puis, c'est un ancien moulin, à demi-caché par des arbres, des bambous et des fleurs.

L'intérieur est bien aménagé et constitue avec son mobilier rustique un cadre campagnard où tout respire l'authenticité. La salle à manger, point trop grande, donne sur le superbe jardin où l'on peut voir les roues de l'ancien moulin ; à côté se trouve un petit salon-bar avec sa cheminée. Sur le devant, une terrasse fleurie permet de déjeuner à l'ombre d'un immense tilleul centenaire. Certes les chambres sont pour la plupart très simples et d'un confort sommaire, mais les prix restent très raisonnables. Et puis, les gens qui vous accueillent sont d'une telle gentillesse...

♦ *Itinéraire d'accès (voir carte n° 23) : à 58 km au nord de Périgueux par N 21 jusqu'à La Coquille, puis D 79.*

Hostellerie Saint-Jacques★★★

24470 Saint-Saud-en-Périgord (Dordogne)
Tél. 53.56.97.21 - M. Babayou

♦ *Ouverture de début avril à mi-octobre - Fermeture le dimanche soir et le lundi en b.s.* ♦ *22 chambres et 2 appartements avec tél. direct, s.d.b. ou douche, w.c., (10 avec t.v.) - Prix des chambres simples et doubles : 240 F, 350 F - Prix des suites : 700 F - Petit déjeuner 35 F ; brunch au bord de la piscine : 40 F - Prix de la demi-pension et de la pension : 255 à 275 F, 300 à 320F (par pers., 2 j. min.)* ♦ *Carte bleue, MasterCard et Visa* ♦ *Chiens admis - Piscine chauffée, tennis à l'hôtel* ♦ *Possibilités alentour : piscine, tennis, équitation, canoë-kayak, randonnées pédestres ; grottes préhistoriques, châteaux* ♦ *Restaurant : service de 12 h 30 à 13 h 30, 20 h à 21 h - Fermeture le dimanche soir et le lundi en b.s. - Menus : 67 à 135 F - Carte - Spécialités : salade tiède de coquilles st-jacques au curry, saumon à la crème de cèpes.*

L'Hostellerie Saint-Jacques a gardé les vastes proportions d'une maison périgourdine du XVIIIe siècle. Les chambres sont toutes différentes par leurs tissus et leurs couleurs ; le mobilier, de style rustique, est assez joli. Les salles de bains ont aussi un je ne sais quoi maison et sont très confortables. Mais c'est la salle à manger qui séduit vraiment : très grande, elle se prolonge grâce aux portes vitrées sur un vaste jardin à la pelouse parsemée de tables et de parasols, d'arbres et de fleurs ; celui-ci mène vers une jolie piscine et un court de tennis. Plus loin, c'est la campagne. Voilà un rapport qualité-prix assez exceptionnel.

♦ *Itinéraire d'accès (voir carte n° 23) : à 58 km au nord de Périgueux par N 21 jusqu'à La Coquille, puis D 79.*

Hôtel La Hoirie★★★

La Giragne - 24200 Sarlat (Dordogne)
Tél. 53.59.05.62 - Fax 53.31.13.90
M. et Mme Sainneville de Vienne

♦ *Ouverture du 15 mars au 14 novembre* ♦ *15 chambres avec tél. direct, s.d.b. ou douche, w.c. et t.v. - Prix des chambres doubles : 300 à 500 F - Prix des suites : 500 F - Petit déjeuner 45 F - Prix de la demi-pension : 345 à 445 F (par pers., 3 j. min.)* ♦ *Amex, Carte bleue, Diners, MasterCard et Visa* ♦ *Chiens admis avec supplément - Piscine à l'hôtel* ♦ *Possibilités alentour : tennis, équitation, canoë-kayak, chasse, pêche, sentiers pédestres ; grottes, châteaux* ♦ *Restaurant : service de 12 h à 13 h 30, 19 h 30 à 21 h - Menus : 170 et 280 F - Carte - Spécialités : émincé de magret à la fleur de pêche.*

Aux environs de Sarlat, loin de tout passage et de tout bruit, cet ancien pavillon de chasse de la famille de Vienne est une belle demeure en pierre de la région. Deux corps, deux genres. Dans le corps principal, les chambres les plus chères sont spacieuses, avec de très beaux meubles anciens ; certaines ont gardé la pierre apparente et leurs cheminées (bien qu'elles ne fonctionnent pas) ; les tons raffinés des murs et des tissus font un bel ensemble. Au rez-de-chaussée se trouve une petite salle à manger très intime et accueillante. Dans l'autre corps, parmi les chambres moins importantes mais tout aussi jolies, celle qui est mansardée au dernier étage, est à recommander. Les installations sanitaires sont impeccables. Un petit salon avec sa cheminée et son coin lecture vous attend au rez-de-chaussée. A noter encore un beau parc ombragé avec piscine.

♦ *Itinéraire d'accès (voir carte n° 23) : à 71 km au nord de Cahors par N 20 jusqu'à Pont-de-Rhodes, puis D 704 .*

Le Relais de Touron★★

**Le Touron
24200 Carsac-Aillac (Dordogne)
Tél. 53.28.16.70 - Mme Carlier et M. Amriah**

♦ *Ouverture du 15 mars au 15 novembre* ♦ *12 chambres avec tél. direct, s.d.b. ou douche, w.c. - Prix des chambres doubles : 214 à 275 F en b.s., 268 à 344 F en h.s. - Petit déjeuner 28 F, servi de 8 h à 10 h - Prix de la demi-pension : 222 à 249 F en b.s., 246 à 280 F en h.s. (par pers., 3 j. min.)* ♦ *Amex, Carte bleue, Diners et Visa* ♦ *Chiens admis - Piscine à l'hôtel* ♦ *Possibilités alentour : canoë-kayak, équitation, tennis, golf, vélos tout terrain ; festival de théâtre en juillet-août à Sarlat, de musique à Gourdon* ♦ *Restaurant : service de 12 h 30 à 14 h 30, 19 h 30 à 21 h 30 - Fermeture tout les jours à midi et le vendredi soir en b.s. (sauf pour la demi-pension), le mardi à midi et le vendredi soir (sauf pour la demi-pension) - Menus : 80 à 115 F ; menu gastronomique : 220 F - Carte - Spécialités régionales.*

Le Relais de Touron est une calme auberge de campagne au bout du village. Le froissement des feuilles de peupliers et le murmure de l'Enéa qui coule là tranquille créent une atmosphère bucolique très romantique. Des chambres confortables, toutes de même facture, se trouvent dans le même bâtiment, exceptée la numéro 12 qui est par ailleurs la plus attrayante (belle hauteur sous plafond et poutres apparentes). Une belle piscine entourée d'ombre et de pelouses, une terrasse où se prennent repas et petits déjeuners en face du jardin : autant d'atouts qui font du relais de Touron une étape agréable.

♦ *Itinéraire d'accès (voir carte n° 23) : à 8 km au sud de Sarlat par D 704 et D 703.*

Château de Vieux-Mareuil★★★

Vieux-Mareuil - 24340 Mareuil (Dordogne)
Tél. 53.60.77.15 - Fax 53.56.49.33 - M. et Mme Lefranc

♦ *Ouverture du 1er mars au 1er janvier* ♦ *14 chambres avec tél., s.d.b., w.c. et t.v. (6 avec minibar et 5 avec terrasse au sud) - Prix des chambres doubles : 400 à 500 F - Prix des suites : 900 à 1 000 F - Petit déjeuner 40 F - Prix de la demi-pension et de la pension : 380 à 450 F, 480 à 550 F (par pers., 3 j. min.)* ♦ *Amex, Carte bleue, Diners et Visa* ♦ *Chiens admis - Piscine et tennis à l'hôtel* ♦ *Possibilités alentour : équitation, canoë-kayak, randonnées ; circuit des châteaux, églises romanes ; vallée de la Dordogne* ♦ *Restaurant : Fermeture le dimanche soir et le lundi du 1er mars au 1er mai - Service de 12 h à 14 h, 19 h à 21 h 30 - Menus : 120 à 200/300 F - Carte - Spécialités : cuisine du terroir.*

Cet ancien château transformé en hôtel raffiné et très confortable est situé sur une petite colline dans une région où paradoxalement les bons hôtels sont rares : un très beau bâtiment, avec un parc de 20 hectares de bois et de prairies ; des chambres modernes bien insonorisées et confortables, donnent pour la plupart sur le parc. Une jolie salle à manger dans les tons roses, un coin salon (un peu trop petit peut-être) avec une belle cheminée. Enfin, pour les jours ensoleillés, une partie du jardin aménagé en terrasse avec des tables pour le petit déjeuner et les repas, ainsi qu'une grande piscine. La carte varie au gré des saisons et les demi-pensionnaires bénéficient d'un menu délicieux. Un endroit idéal pour passer un séjour dans une des plus belles régions de France.

♦ *Itinéraire d'accès (voir carte n° 23) : à 42 km au sud d'Angoulême par D 939 et D 93 ; à 1 km au-delà du Vieux-Mareuil suivre fléchage sur la droite.*

Château de Veyrignac

Veyrignac
24370 Carlux (Dordogne)
Tél. 53.28.13.56 - Fax 53.28.14.28 - M. et Mme Kenyon-May

♦ *Ouverture toute l'année* ♦ *7 chambres avec w.c., 5 avec douches et 2 avec s.d.b. et 1 studio avec s.d.b. et w.c. - Prix des chambres doubles : 350 à 750 F - Petit déjeuner 40 F, 25 F pour les enfants, servi de 8 h 30 à 10 h* ♦ *Amex et Visa* ♦ *Chiens non admis - Vol en montgolfière (1 000 F par pers.), piscine, tennis, vélos à louer à l'hôtel* ♦ *Possibilités alentour : équitation, canoë, golf* ♦ *Pas de restaurant à l'hôtel.*

Construit au XIIe siècle, le Château de Veyrignac est une belle bâtisse chargée d'histoire. Les pièces du rez-de-chaussée sont toutes voûtées, et vous pourrez prendre votre petit déjeuner et votre dîner dans la salle de garde où trône une superbe cheminée. Les chambres, aménagées de meubles anciens, abritent toutes des lits à baldaquin qui vous feront rêver. Enfin, les murs sont tendus de tapisseries du XVIIIe. Pour loger les familles, six petites maisons ont été restaurées avec le même soin. Le propriétaire, très sympathique et doué d'un grand sens de l'humour, était antiquaire avant de reprendre le château. Cela lui a permis d'aménager la cave en musée des personnages et costumes de l'époque. Mais si vous préférez le plein air, un grand parc vous offrira un agréable lieu de promenade. De plus, un petit voyage en montgolfière est organisé deux fois par jour, avec pour pilote M. Kenyon-May lui-même. Mais pour passer un séjour dans cet accueillant château, il vous faudra impérativement réserver très à l'avance.

♦ *Itinéraire d'accès (voir carte n° 23) : à 13 km au sud-est de Sarlat par D 704 jusqu'au lieu-dit Le Port, puis D 50.*

Château La Grange de Luppé★★
Route des Marais
33390 Blaye (Gironde)
Tél. 57.42.80.20 - M. Chaboz

♦ *Ouverture toute l'année* ♦ *12 chambres avec tél., (4 avec s.d.b., 1 avec douche et 12 avec w.c.) et t.v. - Prix des chambres doubles : 200 à 300 F - Prix de la pension et de la 1/2 pension : à partir de 320 F (avec le restaurant La Citadelle à Blaye) - Petit déjeuner 30 F* ♦ *Cartes de crédit acceptées* ♦ *Chiens admis* ♦ *Possibilités alentour : piscine, tennis ; visite de la citadelle, dégustation de vins* ♦ *Pas de restaurant à l'hôtel.*

A l'orée de Blaye, le château Lagrange de Luppé est une bonne étape sur la route des vins. D'apparence Renaissance, il date en fait du XIXe siècle, ce qui lui confère un côté plus humain à l'intérieur. Ses douze chambres allient tout le confort moderne à l'architecture d'époque. Toutes ont un mobilier récent à l'exception de l'une d'entre elles, meublée Louis XV. Annexe de l'hôtel La Citadelle, ce château n'assure pas la restauration mais vous pouvez prendre vos repas à la Citadelle ou au village. La salle du petit déjeuner est fonctionnelle mais au sous-sol ; aussi est-il peut-être plus agréable de se faire servir dans les chambres surtout si vous réservez celles donnant sur le parc. Les personnes allergiques aux séminaires n'auront qu'à demander à être informées de leurs dates lors de la réservation.

♦ *Itinéraire d'accès (voir carte n° 22) : à 39 km au nord de Bordeaux par A 10, puis N 137 ; prendre la route des Marais.*

La Citadelle★★
Place d'Armes
33390 Blaye (Gironde)
Tél. 57.42.17.10 - M. Chaboz

♦ *Ouverture toute l'année* ♦ *21 chambres avec tél. direct, s.d.b., w.c. et t.v. - Prix des chambres simples et doubles : 265 F, 315 F et 340 F - Petit déjeuner 37 F, servi de 7 h à 11 h - Prix de la demi-pension : 390 F (par pers. ; ce prix peut varier selon la saison)* ♦ *Cartes de crédit acceptées* ♦ *Chiens admis - Piscine à l'hôtel* ♦ *Possibilités alentour : piscine, tennis ; visite de la citadelle, dégustation de vins* ♦ *Restaurant : service de 12 h à 14 h, 19 h à 22 h - Menus : 90 à 250 F - Carte - Spécialités : lamproie à la bordelaise, poissons de l'estuaire.*

Perché au sommet des remparts de la citadelle de Blaye, cet hôtel offre une vue imprenable sur l'estuaire de la Gironde. Le bâtiment et la décoration sont d'un modernisme efficace et l'on est surpris de voir qu'ils se marient si bien avec leur environnement. Faire quelques pas parmi les maisons roses et fleuries de la citadelle de Blaye et boire un verre autour de la piscine au soleil couchant sont des instants inoubliables. L'accueil est amical, le service efficace. Les chambres sont assez impersonnelles, même si elles sont toutes confortables. C'est pourquoi il ne faut pas hésiter si on vous propose des chambres à La Grange de Luppé, annexe de l'hôtel. Nous vous conseillons de vous y prendre bien à l'avance si vous voulez faire de la Citadelle une étape, au cours d'un périple dans la région. Préférez nettement les chambres donnant sur la piscine.

♦ *Itinéraire d'accès (voir carte n° 22) : à 39 km au nord de Bordeaux par A 10, puis N 137 ; dans la citadelle.*

Hôtel Restaurant de la Plage

33970 Cap-Ferret (Gironde)
Tél. 56.60.50.15 - M. Condon

♦ *Ouverture toute l'année - Fermeture le lundi* ♦ *7 chambres   -
Prix des chambres simples : 130 à 150 F - Petit déjeuner 19 F*
♦ *Cartes de crédit non acceptées* ♦ *Chiens admis* ♦ *Possibilités
alentour : plages ; Torets* ♦ *Spécialités : moules, huîtres, soles,
loubines.*

A 20 mètres du bassin d'Arcachon, au milieu des petites barques de
pêcheurs, toutes dans les mêmes teintes, cette ravissante maison
entièrement en bois, avec ses balcons, sa terrasse devant les parcs à
huîtres et sa petite épicerie derrière la caisse, est exceptionnelle.
Tenue par deux cousines qui lui donnent vie avec beaucoup de
personnalité, elle est le rendez-vous des pêcheurs du coin, qui
apprécient leur très bonne cuisine. Les chambres, charmantes, sont
simples et agréables. Demandez celles qui donnent sur le bassin.
Une perle !

♦ *Itinéraire d'accès (voir carte n° 22) : à 71 km à l'ouest de
Bordeaux par D 106.*

Château du Foulon

33480 Castelnau-de-Médoc (Gironde)
Tél. 56.58.20.18 - M. et Mme de Baritault du Carpia

♦ *Ouverture toute l'année* ♦ *5 chambres d'hôtes avec s.d.b. et w.c. - Prix des chambres doubles : 260 à 400 F - Prix des suites : 400 à 500 F - Petit déjeuner compris* ♦ *Cartes de crédit non acceptées* ♦ *Petit chiens admis avec supplément éventuel* ♦ *Possibilités alentour : tennis et équitation, plages ; visite des châteaux et vignobles du Médoc* ♦ *Pas de restaurant à l'hôtel.*

Au détour d'une petite place proche du cimetière du village de Castelnau-de-Médoc, part une allée bordée d'arbres sur plusieurs centaines de mètres. Au bout, un petit château du XIXe qui, grâce à son domaine traversé par un petit cours d'eau, semble perdu en pleine campagne. M. et Mme de Baritault du Carpia ont décidé de faire partager un certain art de vivre dans un château qu'ils connaissent si bien. Cinq chambres confortables et personnalisées sont là à cet effet. Le petit déjeuner se prend à une grande table commune et le parc est à votre disposition, avec ses cygnes et ses faisans, pour faire une promenade comme si vous êtiez le châtelain.

♦ *Itinéraire d'accès (voir carte n° 22) : à 28 km au nord-ouest de Bordeaux par N 215 jusqu'à Saint-Médard-en-Jalles puis D 1 ; avant le village, au lieu-dit Foulon.*

La Vieille Auberge★★
**Port-de-Lanne - 40300 Peyrehorade (Landes)
Tél. 58.89.16.29 - M. et Mme Lataillade**

♦ *Ouverture du 1er juin au 30 septembre* ♦ *8 chambres avec tél. direct, s.d.b. ou douche, w.c - Prix des chambres simples et doubles : 180 à 230 F, 230 à 300 F - Prix des suites : 350 F - Petit déjeuner 30 F - Prix de la demi-pension : 230 à 300 F (par pers.)* ♦ *Cartes de crédit non acceptées* ♦ *Chiens admis - Piscine à l'hôtel* ♦ *Possibilités alentour : tennis, pelote basque, sports nautiques et pêche au confluent des Gaves et de l'Adour, ULM* ♦ *Restaurant : service de 12 h à 13 h 30, 19 h 30 à 21 h 30 - Fermeture le lundi à midi - Menus : 110 à 200 F - Carte - Spécialités : pommes frites à l'ail, mousseline de saumon aux petits légumes, saumon frais ; tarte à l'envers tiède.*

C'est une bien vieille auberge qui est dans le cœur de M. Lataillade. Elle fut celle de son père et c'est dans ce relais de poste que lui-même vit le jour. Mais avant toute chose, la Vieille Auberge c'est le charme d'un vieil établissement dont les poutres, les murs et les sols sont marqués par le temps ; des salons douillets qui vivent au rythme d'une vieille pendule, et s'emplissent parfois des notes d'un vieux piano ; des chambres qui se retrouvent dans ce qui fut granges ou étables. Beaucoup de charme, un confort honnête, et un jardin coloré que n'abîme ni ne gâche la piscine qui s'y trouve. Dans une ancienne remise à foin se trouve l'étonnant musée de M. Lataillade : constitué au fil des ans, il contient maints objets et témoignages retraçant l'histoire du port de Lanne et de ces étonnants marins de mer et de rivière qu'étaient les "Gabariers". Une bonne et sympathique auberge gasconne.

♦ *Itinéraire d'accès (voir carte n° 29) : à 19 km au sud de Dax par D 6.*

La Bergerie★★
Avenue du Lac
40140 Soustons (Landes)
Tél. 58.41.11.43 - Mme Clavier

♦ *Ouverture du 1er mars au 15 novembre* ♦ *12 chambres avec tél., s.d.b., w.c. et t.v. - Prix des chambres simples et doubles : 240 F, 285 à 300 F - Prix des suites : 400 F - Petit déjeuner 30 F, servi jusqu'à 10 h - Prix de la demi-pension : 300 F (par pers., 3 j. min.)* ♦ *Carte bleue et Visa* ♦ *Chiens non admis - Squash appartenant à l'hôtel* ♦ *Possibilités alentour : tennis, promenades pédestres, à vélo, en roulotte, centre équestre au village, golf de la Côte d'Argent (18 trous), plages* ♦ *Restaurant : service réservé aux résidents - Menus : 150 et 180 F - Spécialités : foie gras et confit des Landes, asperges en saison, crêpes ; vins de sable.*

Vous longez l'église du village, vous prenez l'allée des soupirs et ses gigantesques platanes et vous arrivez à la Bergerie, maison bourgeoise du début du siècle, typiquement landaise, entourée d'un grand parc. Toutes les chambres au mobilier basque ou landais de la région ont une cheminée. Le charme "maison" se retrouve dans le salon et la petite salle à manger, où chaque matin est annoncé le menu du jour (formule du menu fixe) préparé avec les produits frais de la région.
L'accueil est d'une telle gentillesse qu'on a l'agréable impression de faire partie de la maison.

♦ *Itinéraire d'accès (voir carte n° 28) : à 28 km à l'ouest de Dax par N 124 et N 10 jusqu'à Notre-Dame-de-Fatima, puis D 17.*

Château Bergeron★★
Rue Vicomte
40140 Soustons (Landes)
Tél. 58.41.58.14 - M. Clavier

♦ *Ouverture du 1er juin au 30 septembre* ♦ *17 chambres avec tél., s.d.b. et w.c. - Prix des chambres simples et doubles : 220 à 240 F, 300 F - Prix des suites : 400 F - Petit déjeuner 30 F, servi de 8 h à 10 h 30 - Prix de la demi-pension : 285 à 300 F (par pers.)* ♦ *Carte bleue et Visa* ♦ *Chiens non admis - Squash, piscine à l'hôtel* ♦ *Possibilités alentour : tennis, promenades pédestres, à vélo, en roulotte, centre équestre au village, golf de la Côte d'Argent (18 trous), plages* ♦ *Restaurant : service de 20 h à 22 h, réservé aux résidents - Carte - Spécialités : foie gras et confit des Landes, asperges en saison ; vins de sable.*

Cette grande maison de maître du siècle dernier dénommée "château" doit paradoxalement son charme à son absence de style : rien n'y est guindé ni froid mais au contraire simple, décontracté et quelque peu suranné, ce qui n'est pas sans attrait. Bien que située dans le village, cette demeure est entourée d'un jardin avec un petit ruisseau. Sa tonnelle au bord de l'eau et sa terrasse sont d'agréables coins de fraîcheur. Le restaurant est exclusivement réservé aux résidents et vos repas vous seront servis sur réservation.

♦ *Itinéraire d'accès (voir carte n° 28) : à 28 km à l'ouest de Dax par N 124 et N 10 jusqu'à Notre-Dame-de-Fatima, puis D 17.*

Château Saint-Philip★★★

Saint-Nicolas-de-la-Balerme
47220 Astaffort (Lot-et-Garonne)
Tél. 53.87.31.73 - Fax 53.87.38.77 - Mme Dupont

♦ *Ouverture toute l'année* ♦ *12 chambres avec tél., s.d.b., w.c et t.v. - Prix des chambres simples et doubles : 350 F, 450 F - Prix des suites : 650 F - Petit déjeuner 40 F, servi à partir de 8 h - Prix de la demi-pension et de la pension : 585 à 725 F (2 pers.), 820 à 960 F (2 pers.)* ♦ *Amex, Carte bleue, Diners, Visa* ♦ *Chiens admis avec supplément - Tennis à l'hôtel* ♦ *Possibilités alentour : équitation, golf, pêche* ♦ *Restaurant : service de 12 h à 13 h 30, 19 h 30 à 21 h - Menus : 130 à 230 F - Carte - Spécialités : foie gras chaud de canard à la liqueur de noix, émincés de canard à l'orange et pruneaux, nougat glacé à la menthe.*

Le château se dresse dignement sur une des rives calmes de la Garonne, entouré d'arbres, de fleurs et de verdure. C'est un lieu d'une absolue quiétude. Mme Dupont a conservé à cette aristocratique demeure son élégance discrète et a mis toute sa passion de collectionneuse à meubler l'hôtel de ses trouvailles. Aucune des chambres n'est semblable mais toutes ont beaucoup de charme et d'allure. La chambre 7, octogonale, est éclairée par deux œils-de-bœuf qui lui donnent une élégance mystérieuse. La chambre 2, de taille plus modeste, a une fenêtre curieusement située au-dessus de la cheminée qui regarde le jardin. Toutes rivalisent de séduction. Dans le salon et la bibliothèque règne une atmosphère calme et distinguée que l'on retrouve voluptueusement après avoir goûté à la cuisine raffinée qui tâche avec succès d'être à la hauteur des lieux. En lisière du Gers, une adresse attachante.

♦ *Itinéraire d'accès (voir carte n° 30) : à 18 km au sud-est d'Agen par N 113 jusqu'à Saint-Jean de Thurac, puis D 114.*

Hôtel Ohantzea★★

64250 Aïnhoa (Pyrénées-Atlantiques)
Tél. 59.29.90.50 - M. et Mme Ithurria

♦ *Ouverture du 15 février au 15 novembre - Fermeture le dimanche soir et le lundi* ♦ *10 chambres avec tél., (7 avec s.d.b., 1 avec douche, 7 avec w.c.) - Prix des chambres simples et doubles : 185 F, 250 F - Petit déjeuner 25 F - Prix de la demi-pension et de la pension : 240 F, 300 F (par pers., 3 j. min.)* ♦ *Carte bleue , Eurocard, MasterCard et Visa* ♦ *Chiens admis* ♦ *Possibilités alentour : piscine, tennis, golf, promenades en sentiers balisés* ♦ *Restaurant : service de 12 h à 14 h, 20 h à 21 h - Fermeture le dimanche soir et le lundi - Menus : 95 à 190 F - Carte - Spécialités : magret de canard aux cèpes, truite saumonée au jurançon.*

Au centre du village, en face de l'église, cette belle façade soigneusement blanchie à la chaux cache une ancienne ferme du XVIIe siècle, rénovée au début du siècle, et un superbe jardin invisible depuis la rue.

Avec son petit salon, ses escaliers en bois, ses plantes et jusqu'au plus petit détail comme les couverts de la salle à manger, l'hôtel perpétue la tradition des petits hôtels français qui savent résumer en eux-mêmes tout un coin de province. Les chambres sont cossues et les salles de bains confortables. Il faut évidemment vous loger côté jardin ; les chambres y disposent de balcons en bois gagnés par la glycine.

♦ *Itinéraire d'accès (voir carte n° 28) : à 26 km au sud de Bayonne par D 932 et D 918 direction Espelette, puis D 20 ; dans la rue principale.*

Le Château du Clair de Lune★★★
48, Avenue Alan Seeger
64430 Biarritz (Pyrénées-Atlantiques)
Tél. 59.23.45.96 - Mme Beyrière

♦ *Ouverture toute l'année* ♦ *8 chambres avec tél. direct, s.d.b., w.c. et t.v. - Prix des chambres doubles : 350 à 500 F - Petit déjeuner 45 F* ♦ *Cartes de crédit acceptées* ♦ *Chiens admis avec supplément* ♦ *Pas de restaurant à l'hôtel.*

Un nom de rêve ou de conte de fées pour un endroit qui tient un peu des deux. C'est une maison fin de siècle très au calme au-dessus de Biarritz dans un parc ordonné où roseraies, plates-bandes, arbres et pelouses sont d'une apaisante compagnie. Une maison qui se prendrait au jeu de vous faire avoir des souvenirs d'enfance dans ses murs, et ce à grand renfort de charmants raffinements. Les chambres rivalisent de séduction, pour s'attacher votre présence, avec toujours un petit côté fin de siècle adapté à notre époque et égayé. Des meubles peints de blanc, des papiers et des tissus évoquant les plantes dont elles portent le nom, ça et là un dessin de Hansi ou une gravure rappelant d'autres maisons que l'on a pu connaître. Les salles de bains comme les baignoires ont des proportions d'une autre époque, des carrelages et des lavabos anciens. Le vaste salon du rez-de-chaussée ouvre et se confond avec le jardin, très gai, aéré et lumineux, meublé de canapés jaunes et d'un piano à queue. La salle à manger où l'on prend son petit déjeuner autour d'une même grande table vous fait regretter de ne pouvoir y dîner. Une belle maison de famille sur la côte basque qui, tout en jouant à l'hôtel, devient un peu la vôtre.

♦ *Itinéraire d'accès (voir carte n°28) : à 2 km du centre ville.*

Hôtel du Pont d'Enfer★★

64780 Bidarray (Pyrénées-Atlantiques)
Tél. 59.37.70.88 - M. Dufau

♦ *Ouverture de Pâques au 1er novembre* ♦ *17 chambres avec tél. direct, (13 avec s.d.b. ou douche, w.c.) - Prix des chambres simples et doubles : 110 à 220 F, 130 à 300 F - Petit déjeuner 30 F, servi de 8 h 15 à 9 h 30 - Prix de la demi-pension et de la pension : 160 à 250 F, 220 à 320 F (par pers., 3 j. min.)* ♦ *Cartes de crédit non acceptées* ♦ *Chiens admis* ♦ *Possibilités alentour : piscine, tennis, équitation, randonnées pédestres, pêche à la truite, mer ; visite de grottes* ♦ *Restaurant : service de 12 h 30 à 13 h 30, 19 h 30 à 20 h 30 - Menus : 100 à 180 F - Carte - Spécialités : civet de marcassin, confit de canard, foie gras, cèpes à la provençale, xanguro (crabe farci).*

Il faut traverser l'ancien pont dit "pont d'enfer" qui enjambe la Nive pour gagner l'hôtel qui lui doit son nom. L'hôtel, situé en bas d'une colline, à l'entrée du village, est ancien mais a été restauré à la fin des années 60 et le confort qu'il y a gagné lui a peut-être fait un peu perdre du charme des vieilles auberges. Cela dit, la salle à manger et les chambres sont fidèlement meublées dans le style campagnard basque. La terrasse située à côté de la rue permet de prendre les repas face à la Nive, dans un cadre très calme où l'accueil réservé est par ailleurs bien agréable.

♦ *Itinéraire d'accès (voir carte n° 28) : à 35 km au sud-est de Bayonne par D 932 et D 918.*

Hôtel Errobia★★★
Avenue Chantecler
64250 Cambo-les-Bains (Pyrénées-Atlantiques)
Tél. 59.29.71.26 - Mme Garra

◆ *Ouverture de Pâques au 30 octobre* ◆ *15 chambres avec tél., s.d.b. ou douche, (9 avec w.c.) et t.v. - Prix des chambres simples et doubles : 170 à 400 F, 200 à 500 F - Petit déjeuner 30 F, servi de 8 h à 11 h* ◆ *Carte bleue et Visa* ◆ *Chiens admis - Piscine à l'hôtel* ◆ *Possibilités alentour : tennis ; demeure d'Edmond Rostand, musée de la mer, Biarritz, Saint-Jean-de-Luz* ◆ *Pas de restaurant à l'hôtel.*

C'est une grande villa basque entourée de magnifiques jardins, dans le quartier résidentiel de Cambo-les-Bains, bâti sur le rebord d'un plateau, en surplomb de la Nive face à la chaîne des Pyrénées.
L'intérieur, d'une très grande tenue, est entièrement meublé dans le style basque, depuis le mobilier ancien jusqu'aux cuisines et aux faïences des murs. Tout autour, un grand parc verdoyant et fleuri rappelle la douceur particulière du climat. Pour le plaisir des yeux et le calme des lieux, il faut se promener entre les massifs d'arbres où abondent hortensias, mimosas et camélias ; longer le bassin où abondent des plantes aquatiques ; faire une pause sous la tonnelle où sont disposées quelques tables.

◆ *Itinéraire d'accès (voir carte n° 28) : à 20 km au sud de Bayonne par D 932 ; près de l'église.*

Artzaïn Etchea★★
Route d'Iraty
64220 Esterencuby (Pyrénées-Atlantiques)
Tél. 59.37.11.55 - M Arriaga

♦ *Ouverture du 1er février au 1er décembre et du 20 décembre au 5 janvier - Fermeture le mercredi en b.s.* ♦ *21 chambres avec tél. direct, s.d.b. ou douche, w.c. (5 avec t.v.) - Prix des chambres simples et doubles : 160 F, 180 F - Prix des suites : 255 F - Petit déjeuner 25 F - Prix de la demi-pension et de la pension : 175 à 210 F, 196 à 240 F (par pers.)* ♦ *Chiens admis* ♦ *Possibilités alentour : pêche à la truite, chasse à la palombe en octobre* ♦ *Restaurant : service de 12 h 30 à 14 h - Menus : 88 à 168 F ; menu enfant : 58 F - Carte - Spécialités : foie gras, gibier en saison.*

Si vous souhaitez éviter les affres d'une ville au charme indéniable, emplie de vacanciers, quittez Saint-Jean-Pied-de-Port par la petite route qui se borde bien vite de murets de pierres, d'arbres et de rivières, chemin de transumance ou sente de contrebande devenu chemin vicinal. Elle vous mènera au superbe carrefour des Vallées où se trouve l'auberge. Comme son nom basque l'indique, il s'agit d'une ancienne maison de berger, transformée en bon et simple hôtel de campagne. Les chambres sont confortables, mais préférez les plus récentes ; la chambre 21 a une très belle vue sur la vallée. Le décor ici est extérieur ; par-delà les fenêtres, escaliers et couloirs sont assez tristounets, mais la gentillesse d'un accueil sans façons pardonne bien des choses lorsqu'il se combine avec un superbe emplacement.

♦ *Itinéraire d'accès (voir carte n° 28) : à 52 km au sud-est de Bayonne par D 918 jusqu'à Saint-Jean-Pied-de-Port puis D 301.*

Le Vieux Logis⋆
Route des Grottes
64800 Lestelle-Bétharram (Pyrénées-Atlantiques)
Tél. 59.71.94.87 - M. et Mme Gaye

♦ *Ouverture de 1er mars au 15 novembre* ♦ *12 chambres avec tél. direct, douche, w.c. et t.v. - Prix des chambres simples et doubles : 170 F, 240 F - Petit déjeuner 25 F, servi de 8 h à 9 h 30 - Prix de la demi-pension et de la pension : 200 à 240 F, 275 à 315 F (par pers., 3 j. min.)* ♦ *Amex, Carte bleue, Eurocard et Visa* ♦ *Chiens admis avec 20 F de supplément* ♦ *Possibilités alentour : canoë-kayak, rafting, promenades à cheval, golf 9 trous à Lourdes ; grottes et sanctuaire de Betharram, Lourdes* ♦ *Restaurant : service de 12 h à 13 h 30, 19 h 30 à 20 h 30 - Menus : 95F, 140 F et 185 F - Carte - Spécialités : foie frais aux poires, magret bigarade, sole aux cèpes, assiette d'abondance du Vieux Logis.*

Entre les grottes de Lourdes et de Lestelle-Bétharram se trouve un endroit, perdu dans une nature splendide. C'est une petite bâtisse blanche tapie dans une vallée verte, elle-même blottie contre les Pyrénées aux crêtes enneigées. Le site est enchanteur, la table des plus honnêtes, les chambres d'un bon confort. Dans les années 70, un mur de béton fut érigé a l'entrée du domaine ; sur ses flancs se trouve inscrit ce mot de "Motel", passez outre, et soyez rassurés : cette appellation est due aux cinq petits chalets d'aspect tout scandinave qui se perdent dans les azalées du Japon et les rhododendrons ; ils sont d'ailleurs parmi les chambres à préférer. Un endroit très agréable aux prix sages où l'on peut séjourner sans hésitation, à moins d'être allergique aux cris des paons de la maison.

♦ *Itinéraire d'accès (voir carte n° 29) : à 26 km au sud-est de Pau par D 937 direction Lourdes ; à la sortie du village prendre le pont à la station Esso.*

Hôtel Arcé★★★

64430 Saint-Etienne-de-Baïgorry (Pyrénées-Atlantiques)
Tél. 59.37.40.14 - Fax 59.37.40.27 - M. Arcé

♦ *Ouverture du 15 mars au 15 novembre ♦ 22 chambres avec tél. direct, s.d.b. ou douche, w.c. et t.v. - Prix des chambres simples et doubles : 330 à 350 F, 450 à 600 F - Prix des suites : 500 à 900 F - Petit déjeuner 40 F - Prix de la demi-pension et de la pension : 300 à 500 F, 350 à 600 F (par pers., 3 j. min.) ♦ Carte bleue, Eurocard, MasterCard et Visa ♦ Petits chiens admis (avec supplément selon la taille) - Piscine chauffée, tennis, vélos, pêche à l'hôtel ♦ Possibilités alentour : équitation, pelote, canoë-kayak, spéléologie, randonnées en sentiers balisés ; dolmens ♦ Restaurant : service de 12 h 30 à 13 h 45, 19 h 30 à 20 h 30 - Menus : 100 à 220 F - Carte - Spécialités : mousse de poissons aux langoustines, poêlée de boudin aux goldens et mousseline de pommes.*

Cette ancienne auberge, typique de la région et luxueusement restaurée dans un style rustique bien accordé au cadre, est dirigée depuis cinq générations par la même famille. Aux belles proportions de la salle à manger aux grandes baies vitrées répondent, à l'extérieur, de longues terrasses aménagées tout au bord de l'eau. Les chambres sont extrêmement confortables, nouvellement décorées, ouvrant sur la rivière et sur les Pyrénées, et des lectures variées y sont mises à votre disposition. Des bouquets de fleurs sont disposés aux quatre coins de l'hôtel. La petite annexe présente un agrément supplémentaire : les balcons y surplombent la rivière ; ainsi peut-on pêcher sans même sortir de sa chambre ! Bonne cuisine classique régionale et accueil des meilleurs.

♦ *Itinéraire d'accès (voir carte n° 28) : à 40 km de Biarritz par D 932 et D 918 direction Saint-Jean-Pied-de-Port, puis D 948.*

La Devinière★★★
5, rue Loquin
64500 Saint-Jean-de-Luz (Pyrénées-Atlantiques)
Tél. 59.26.05.51 - M. Carrère

♦ *Ouverture toute l'année* ♦ *8 chambres avec tél. direct, s.d.b. et w.c. - Prix des chambres : 450 à 550 F - Petit déjeuner 40 F, servi de 8 h à 11 h* ♦ *Carte bleue, Eurocard, Visa* ♦ *Chiens admis avec 30 F de supplément* ♦ *Possibilités alentour : plage, thalassothérapie, tennis, golfs ; festival de musique, visite de la vieille ville* ♦ *Pas de restaurant à l'hôtel.*

Rien ne prédisposait M. et Mme Carrère à reprendre et rénover cette pension de famille (il était notaire et elle antiquaire) si ce n'est le plaisir d'ouvrir un lieu de charme, en plein cœur de Saint-Jean-de-Luz. Le goût et le raffinement sont partout dans la maison. Les huit chambres sont ravissantes, meublées de belles antiquités, tout comme le salon de musique et la bibliothèque, mis à la disposition des amis-clients. La rue piétonne et le jardin assurent en plein cœur de la ville, des nuits paisibles. L'accueil est chaleureux. Une adresse précieuse.

♦ *Itinéraire d'accès (voir carte n° 28) : dans le centre ville.*

Hôtel Arraya★★★
64310 Sare (Pyrénées-Atlantiques)
Tél. 59.54.20.46 - Fax 59.54.27.04 - M. Fagoaga

♦ *Ouverture du 1er mai au 5 novembre* ♦ *21 chambres avec tél. direct, s.d.b. et douche, (20 avec w.c.), t.v. - Prix des chambres doubles : 350 à 450 F - Petit déjeuner 44 F, servi de 8 h à 10 h - Prix de la demi-pension : 350 à 420 F (par pers.)* ♦ *Amex, Carte bleue et Visa* ♦ *Chiens non admis* ♦ *Possibilités alentour : piscine, tennis, équitation, golf, plages, randonnées pédestres ; grottes, l'Espagne* ♦ *Restaurant : service de 12 h à 14 h, 19 h 30 à 22 h - Menus : 120 à 200 F - Carte - Spécialités : piquellos farcis et ragoût aux palourdes, chartreuse de canard et pieds de porc braisés aux morilles et au chou vert.*

Il ne faut pas vous fier à la seule façade, sobre et massive, typique du pays. Ce superbe hôtel basque, dressé à l'angle de deux rues au centre du village, est formé de la réunion de trois anciennes maisons rassemblées autour d'un jardin qui échappe aux regards et aux bruits de la rue. Au rez-de-chaussée, de très beaux salons et une salle à manger confortable doivent une part de leur charme à la patine des meubles rustiques et à l'éclat de gros bouquets de fleurs. Les chambres, toutes différentes, bénéficient de la même attention, mais préférez une chambre au petit balcon gagné par la glycine, du côté du jardin. Sans sortir des lieux, vous pouvez profiter de l'animation de la rue en vous installant sur la terrasse ombragée qui longe la façade. Une boutique propose de bons produits régionaux à emporter ou à déguster sur place. Au restaurant, la carte est longue et variée, mais les recettes classiques et la délicieuse tarte aux pommes restent les meilleures spécialités de la maison.

♦ *Itinéraire d'accès (voir carte n° 28) : à 12 km au sud de Saint-Jean-de-Luz par D 918 jusqu'à Ascain, puis D 4.*

Hôtel La Patoula★★★

64480 Ustaritz (Pyrénées-Atlantiques)
Tél. 59.93.00.56 - M. Guilhem

♦ *Ouverture du 26 février au 14 janvier* ♦ *9 chambres avec tél., s.d.b. ou douche et w.c., (1 avec t.v.) - Prix des chambres doubles : 280 à 420 F - Petit déjeuner 45 F - Prix de la demi-pension et de la pension : 280 à 360 F, 400 à 480 F (par pers., 6 j. min.)* ♦ *Carte bleue, MasterCard et Visa* ♦ *Chiens admis avec supplément* ♦ *Possibilités alentour : piscine, tennis, plage, 4 golfs ; l'Espagne* ♦ *Restaurant : service de 12 h à 14 h, 20 h à 22 h - Fermeture le dimanche soir et le lundi - Menus : 120 F et 230 F - Carte - Spécialités : salade de langoustines à l'huile de crustacés, foie frais de canard aux pommes, agneau de lait rôti au romarin ; tarte fine aux pommes chaudes caramélisées.*

Cet hôtel, quoique au bord de la route, est un lieu de quiétude fort agréable, cinq hectares entourant le parc ; sa tonnelle, sa grande salle à manger style 50 et son jardin au bord de la rivière, lui donnent tout le charme d'un endroit isolé. La cuisine est une des bonnes tables de la région, où viennent se retrouver les gens des alentours. Quant aux chambres, elles sont spacieuses, confortables et sans décoration particulière. Deux donnent sur la rivière, quatre sur le parc : ce sont les plus agréables.

♦ *Itinéraire d'accès (voir carte n° 28) : à 11 km au sud de Bayonne par A 10 sortie Cambo-les-Bains puis N 132 ; en face de l'église.*

Le Chalet★★★

03000 Coulandon (Allier)
Tél. 70.44.50.08 - Fax 70.44.07.09 - M. Hulot

♦ *Ouverture du 1er février au 31 octobre* ♦ *25 chambres avec tél., s.d.b. ou douche, w.c. et t.v. - Prix des chambres simples et doubles : 240 à 280 F, 300 à 380 F - Petit déjeuner 33 F, servi de 7 h à 10 h - Prix de la demi-pension : 280 F (par pers., 3 j. min.)* ♦ *Amex, Carte bleue, Diners et Visa* ♦ *Chiens admis - Etang, pêche à l'hôtel* ♦ *Possibilités alentour : tennis, piscine, équitation ; abbaye de Souvigny, châteaux, églises romanes* ♦ *Restaurant : service de 19 h 30 à 21 h (restaurant fermé à midi) - Menus : 75 à 135 F - Carte - Spécialités : boeuf au saint-pourçain, tripoux d'Auvergne au noilly ; vins de Saint-Pourçain.*

Situé au cœur de la campagne bourbonnaise, ce très joli petit hôtel enfoui dans la verdure et entouré d'un grand parc très calme a le charme des maisons de campagne d'autrefois.
Dans la salle à manger donnant sur le parc, vous pourrez apprécier la cuisine simple et traditionnelle de la région (le restaurant est fermé à midi). Les chambres, à l'atmosphère campagnarde (poutres, papier peint), sont toutes calmes et confortables.
Devant l'hôtel, une très agréable terrasse pour profiter des beaux jours.

♦ *Itinéraire d'accès (voir carte n° 18) : à 6 km à l'ouest de Moulins par D 945.*

Château du Lonzat
Route du Donjon
03220 Jaligny-sur-Besbre (Allier)
Tél. 70.34.73.39 - Télex 989 000 - Fax 70.34.81.31
Mme Advenier

♦ *Ouverture de 1er mars au 31 décembre* ♦ *5 chambres d'hôtes avec s.d.b. ou douche, (4 avec w.c., 4 avec tél. et 4 avec t.v.) - Prix des chambres simples et doubles : 160 F, 270 à 600 F - Petit déjeuner 42 F, servi de 7 h 30 à 10 h 30 - Prix de la demi-pension et de la pension : à partir de 256 F, et 346 F (par pers., 3 j. min.)* ♦ *Carte bleue, Eurocard, MasterCard et Visa* ♦ *Chiens admis* ♦ *Possibilités alentour : tennis, parachutisme, équitation, promenades ; châteaux, Vichy* ♦ *Table d'hôtes sur réservation : service de 19 h à 20 h 30. - Fermeture le mardi - Menus : 90 à 180 F - Carte - Spécialités : brochet aux noix, poulet aux écrevisses.*

Il y a dans ce château une salle de bains, objet de rêve de toute personne bavarde : deux baignoires ont été installées, l'une à côté de l'autre, afin de poursuivre une conversation qui ne saurait être interrompue. Jacques et Valérie Advenier ont tout fait pour enchanter et restaurer ce château hérité d'une grand-tante. Les chambres ont été tapissées avec des reproductions de tissus XVIIIe, les boiseries en chêne de la salle à manger ont été retrouvées, c'est ici qu'est dressée la table d'hôtes où vous pourrez dîner à condition de l'avoir prévu lors de votre réservation. Un jardin, créé il y a quelques années donne maintenant beaucoup de couleurs à la façade orientale.

♦ *Itinéraire d'accès (voir carte n° 18) : à 30 km au sud-est de Moulins par N 7 et D 989 direction Le Donjon ; au lieu-dit Le Lonzat.*

Château de Boussac

Target
03140 Chantelle (Allier)
Tél. 70.40.63.20 - Fax 70.40.60.03 - M. et Mme de Longueil

♦ *Ouverture du 1er avril au 15 novembre* ♦ *4 chambres d'hôtes avec s.d.b. et w.c. - Prix des chambres : 550 F - Prix des suites : 780 F - Petit déjeuner 45 F, servi à 8 h - Prix de la demi-pension : 850 F* ♦ *Cartes de crédit acceptées* ♦ *Chiens admis avec supplément* ♦ *Possibilités alentour : tennis, golf ; églises romanes, châteaux, abbayes* ♦ *Restaurant : service à 20 h 30 (table d'hôtes sur réservation) - Menus : 210 à 310 F - Spécialités : cuisine avec les produits de la ferme du château.*

Le marquis et la marquise de Longueil mettent en scène la vie de château. Tout est impressionnant : les douves du XVIIe siècle, le long couloir qui mène aux chambres, le mobilier accumulé depuis trois siècles. Le dîner est une leçon d'art de vivre ; l'argenterie, les mets, la conversation, tout participe à la même volonté d'apporter aux hôtes le sentiment d'être des invités de marque des châtelains. En saison, des parties de chasse à tir sont organisées sur la propriété.

♦ *Itinéraire d'accès (voir carte n° 25) : à 40 km au sud de Moulins par A 71 sortie Montmarault, puis D 42 direction Voussac ; au lieu-dit Boussac.*

Le Tronçais★★
Tronçais - 03360 Saint-Bonnet-Tronçais (Allier)
Tél. 70.06.11.95 - M. et Mme Bajard

♦ *Ouverture du 1er mars au 30 novembre* ♦ *12 chambres avec tél. direct, s.d.b., w.c., (2 avec t.v.) - Prix des chambres simples et doubles : 147 F, 194 à 270 F - Petit déjeuner 25 F - Prix de la demi-pension et de la pension : 192 à 228 F, 228 à 274 F (par pers., 3 j. min.)* ♦ *Carte bleue, Eurocard, MasterCard et Visa* ♦ *Chiens admis dans les chambres - Tennis à l'hôtel* ♦ *Possibilités alentour : pêche dans l'étang, baignade, voile et tir à l'arc à Saint-Bonnet, centre équestre ; monuments historiques* ♦ *Restaurant : service de 12 h à 13 h 30, 19 h 30 à 21 h - Fermeture le dimanche soir et le lundi sauf en juillet et août - Carte - Spécialités : terrine d'anguille aux mûres, sandre au gratin, côte de veau aux cèpes, gibier.*

Cette ancienne maison bourgeoise du maître des forges de Tronçais, située à la lisière de la forêt, dans un parc en bordure d'étang, est d'une grande unité. Depuis le perron d'entrée jusqu'aux chambres, tout y est très calme, confortable et raffiné. Une petite annexe à proximité est aussi séduisante et confortable que la maison elle-même, mais ses chambres, assez près de la route sont plus bruyantes. Un jardin gravillonné devant les deux bâtiments sert de terrasse et de bar à la belle saison. Le terrain de l'hôtel s'étendant jusqu'aux berges de l'étang, il vous est possible de vous consacrer à la pêche depuis le parc.

♦ *Itinéraire d'accès (voir carte n° 17) : à 45 km au nord de Montluçon par N 144 direction Saint-Amand-Montrond, puis D 978a ; au lieu-dit Tronçais.*

Château de Bassignac

Bassignac
15240 Saignes (Cantal)
Tél. 71.40.82.82 - M. et Mme Besson

♦ *Ouverture de Pâques à la Toussaint (sur demande l'hiver)*
♦ *3 chambres d'hôtes avec s.d.b. et w.c. - Prix des chambres*
doubles : 360 F - Prix des suites : 540 F (3 pers.) - Petit déjeuner
compris - Prix de la demi-pension : 700 F (2 pers., 3 j. min.)
♦ *Cartes de crédit non acceptées* ♦ *Chiens admis* ♦ *Possibilités*
alentour : piscine, tennis, golf, équitation, planche à voile ♦ *Table*
d'hôtes - Menu : 220 F (avec les boissons) - Spécialités :
gastronomie locale.

C'est un château de campagne, où les quelques hôtes reçus par
Annie et Jean-Michel Besson mènent une vie douce. Les trois
chambres mises à disposition ont été confortablement aménagées.
L'une d'entre elles, plus grande, peut recevoir une famille de trois
personnes. Le petit déjeuner est servi à l'ombre d'une tonnelle
fleurie, et le soir, tout le monde se retrouve autour d'une table
d'hôtes puis dans le salon d'été. Si la soirée est plus fraîche, un feu
de cheminée est allumé dans le salon d'hiver. Depuis le XVIIe
siècle, date de construction du château, l'atmosphère et la décoration
de Bassignac n'ont pas beaucoup changé. Les enfants des châtelains
tiennent une table-auberge dans une ferme située dans la propriété,
où sont servies des spécialités auvergnates pour le déjeuner :
truffade, pontard.

♦ *Itinéraire d'accès (voir carte n° 24) : à 70 km au nord d'Aurillac*
par D 922 direction Clermont-Ferrand.

Auberge de Concasty★★

15600 Boisset (Cantal)
Tél. 71.62.21.16 - Fax 71.62.22.22 - Mme Causse

♦ *Ouverture toute l'année sur réservation* ♦ *12 chambres avec tél., (10 avec s.d.b. ou douche, 6 avec w.c.) et t.v. - Prix des chambres simples et doubles : 160 F, 280 F - Petit déjeuner 32 F ; brunch : 68 F, servi à partir de 9 h - Prix de la demi-pension : 250 à 295 F (par pers.)* ♦ *Cartes de crédit acceptées* ♦ *Chiens admis avec 30 F de supplément - Piscine, jacuzzi à l'hôtel* ♦ *Possibilités alentour : tennis, équitation, circuits de randonnées, poney-club, sports nautiques sur lac aménagé ; châteaux* ♦ *Restaurant : service à 12 h 30 et 20 h sur réservation - Fermeture le mercredi et le dimanche soir en dehors des vacances sauf pour les résidents - Menus : 110 F - Spécialités : cuisine du marché.*

L'auberge de Concasty est une ancienne maison de maître qui conserve encore sa ferme et les prés qui entouraient la propriété. Entièrement restaurée, dotée d'une piscine et d'un jacuzzi, l'auberge a pris l'aspect d'une grande maison de vacances familiales et a gardé toute son authenticité.
Le confort est partout, aussi bien dans les chambres que dans les salons agréablement décorés. A Concasty, la maîtresse de maison vous régalera d'une bonne cuisine de saison où les produits locaux (cèpes, foie gras) sont privilégiés. Une halte ou un séjour à recommander dans le Cantal.

♦ *Itinéraire d'accès (voir carte n° 24) : à 33 km au sud-ouest d'Aurillac par N 122 jusqu'à Manhes, puis D 64.*

Château de Lavendès★★★

15350 Champagnac (Cantal)
Tél. 71.69.62.79 - Télex 393 160 - M. et Mme Gimmig

♦ *Ouverture du 10 mars au 20 décembre - Fermeture le lundi en b.s.* ♦ *8 chambres avec tél. direct, s.d.b., w.c. et t.v. sur demande - Prix des chambres doubles : 330 à 430 F - Petit déjeuner 40 F, servi de 8 h à 10 h - Prix de la demi-pension et de la pension : 350 F, 460 F (par pers., 3 j. min.)* ♦ *Amex, Carte bleue, Eurocard et Visa* ♦ *Chiens non admis - Piscine, sauna, bronzage UVA à l'hôtel* ♦ *Possibilités alentour : tennis couvert, équitation, golf de Neuvic (9 trous), voile ; musée Papillon* ♦ *Restaurant : service de 19 h 30 à 21 h - Fermeture le dimanche soir et le lundi en b.s. - Menus : 125 à 250 F - Carte - Spécialités : omble chevalier, saumon de fontaine.*

Cette demeure du XVIIe siècle, construite sur l'emplacement d'un manoir encore plus ancien et qui se dresse au milieu d'un parc de trois hectares, a été aménagée en hôtel-restaurant en 1988. Une grande cheminée préside le salon de thé-réception. Deux salles à manger, l'une Louis XV, l'autre Louis XIII, très calmes, où vous dégusterez les spécialités gastronomiques de la maison et une cuisine régionale modernisée. Un escalier du XIVe mène aux chambres bien équipées et cossues. L'hôtel a aussi une terrasse avec service à l'extérieur et une toute nouvelle piscine. Un gage de constante qualité, le propriétaire est aussi chef de cuisine.

♦ *Itinéraire d'accès (voir carte n° 24) : à 90 km au sud de Clermont-Ferrand par D 922 direction Aurillac, 4 km après Bort-les-Orgues D 15 direction Champagnac, à 1 km de Champagnac direction Neuvic.*

Auberge du Vieux Chêne★★

15270 Champs-sur-Tarentaine (Cantal)
Tél. 71.78.71.64 - Mme Moins

♦ *Ouverture du 15 mars au 31 décembre - Fermeture le dimanche soir et le lundi sauf en juillet et août* ♦ *20 chambres avec tél. direct, s.d.b. ou douche, (14 avec w.c.) - Prix des chambres doubles : 210 à 220 F - Petit déjeuner 30 F, servi de 8 h à 10 h - Prix de la demi-pension et de la pension : 220 à 250 F, 270 à 300 F (par pers., 3 j. min.)* ♦ *Cartes de crédit acceptées* ♦ *Chiens admis* ♦ *Possibilités alentour : piscine, tennis, équitation, randonnées, golf* ♦ *Restaurant : service de 12 h à 13 h 30, 19 h à 20 h 30 - Fermeture le dimanche soir et le lundi sauf en juillet et août - Menus : 65 à 190 F - Carte - Spécialités : foie gras maison, escalope de saumon à l'oseille, ris de veau aux moules.*

A l'écart de la route, cette ancienne ferme, où dominent la pierre et le bois, a été restaurée et agrandie sans rien perdre de son caractère. Dans les chambres on a joué la simplicité, ce qui n'exclut pas le charme ni le confort (salle de bains et téléphone dans toutes). A une extrémité du rez-de-chaussée se trouve un agréable salon-bar tandis que tout l'espace restant est occupé par une vaste salle à manger ; le mur du fond est en fait une immense cheminée. A l'extérieur, une terrasse-jardin est aménagée pour le service du petit déjeuner. Très bon accueil.

♦ *Itinéraire d'accès (voir carte n° 24) : à 92 km au sud-ouest de Clermont-Ferrand par N 89 jusqu'à Laqueville, puis D 922 jusqu'à Bort-les-Orgues et D 979.*

Hostellerie de la Maronne★★★

Le Theil
15140 Saint-Martin-Valmeroux (Cantal)
Tél. 71.69.20.33 - Fax 71.69.28.22 - Mme Decock

♦ *Ouverture de fin mars au 5 novembre* ♦ *25 chambres avec tél. direct, s.d.b. ou douche, w.c., (6 avec t.v.) - Prix des chambres doubles : de 270 à 451 F - Petit déjeuner 35 F, servi de 8 h 30 à 10 h - Prix de la demi-pension : 290 à 396 F (par pers.)* ♦ *Carte bleue et Visa* ♦ *Chiens non admis - Piscine, tennis, sauna à l'hôtel* ♦ *Possibilités alentour : randonnées en sentiers balisés, centre équestre ; cité médiévale de Salers, château d'Anjony* ♦ *Restaurant : service à partir de 19 h 30 - Carte.*

M. et Mme Decock ont merveilleusement transformé en hôtel cette maison auvergnate du XIXe siècle. Tout est prévu pour le divertissement et le repos de chacun. Salon, salle de lecture et salle à manger ont été aménagés avec un goût raffiné : les murs sont tendus de tissus, le mobilier est ancien ; les chambres, confortables, ouvrent sur le jardin. La campagne environnante superbe promet de belles promenades, mais la piscine de l'hôtel, qui surplombe toute la vallée, est aussi un agréable lieu de détente. L'accueil et le service sont agréables et ont gagné en professionnalisme.

♦ *Itinéraire d'accès (voir carte n° 24) : à 33 km au nord d'Aurillac par D 922, puis D 37.*

Auberge de la Tomette★★

15220 Vitrac (Cantal)
Tél. 71.64.70.94 - M. et Mme Chauzi

♦ *Ouverture du 1er mars au 31 décembre* ♦ *12 chambres avec tél., avec douche (1 avec s.d.b.) et w.c. - Prix des chambres simples et doubles : 190 à 200 F, 200 à 220 F - Prix des suites : 250 à 270 F - Petit déjeuner 23 F, servi de 7 h 30 à 11 h - Prix de la demi-pension et de la pension : 190 à 245 F, 210 à 270 F (par pers., 3 j. min.)* ♦ *Carte bleue, Eurocard, MasterCard et Visa* ♦ *Chiens admis dans les chambres - Piscine chauffée, parc, tennis de table, sauna, location de vélos à l'hôtel* ♦ *Possibilités alentour : sports nautiques, golf, centre équestre ; Rocamadour, monts du Cantal, parc des volcans* ♦ *Restaurant : service de 12 h à 13 h 15, 19 h à 21 h - Menus : 57 à 150 F - Carte en été - Spécialités : truite paysanne aux noix, caille farcie, chou farci auvergnat, crêpes au cantal.*

Vitrac, au milieu de la châtaigneraie, est un beau site du Cantal. L'Auberge de la Tomette est située au cœur même du village, avec vue sur l'église, mais sur l'arrière, il y a une terrasse et un joli jardin. Les chambres sont sympathiques. La décoration rustique de la salle à manger avec ses poutres et ses boiseries est très conviviale. La cuisine est soignée, avec possibilité de se faire préparer un pique-nique pour partir en excursion.
Les enfants apprécient particulièrement la piscine et le parc, situé à quelques mètres de l'hôtel, où de nombreux jeux sont à leur disposition. Les adultes profiteront du sauna créé cette année.
Une étape pittoresque où l'on vit au rythme du village.

♦ *Itinéraire d'accès (voir carte n° 24) : à 25 km au sud d'Aurillac par N 122 direction Figeac, à Saint-Mamet-la-Salvetat D 66.*

Le Pré Bossu★★

43150 Moudeyres (Haute-Loire)
Tél. 71.05.10.70 - Fax 71.05.10.21 - M. Grootaert

♦ *Ouverture de Pâques au 11 novembre* ♦ *10 chambres avec tél. direct, s.d.b. ou douche, w.c. - Prix des chambres doubles : 295 à 370 F - Petit déjeuner 45 F, servi de 8 h 30 à 9 h 30 - Prix de la demi-pension : 365 à 410 F (par pers., 3 j. min.)* ♦ *Amex, Carte bleue, Diners et Visa* ♦ *Chiens admis dans les chambres avec supplément* ♦ *Possibilités alentour : piscine, tennis, pêche, deltaplane, mountain-bike ; promenades, week-ends mycologiques ; festival de musique de la Chaise-Dieu en août-septembre.* ♦ *Restaurant : service de 12 h 15 à 13 h 30, 19 h 30 à 21 h - Fermeture le mardi et le mercredi à midi en b.s. - Menus : 165 à 360 F - Carte - Spécialités : écrevisses aux petits légumes, papillote de cabri aux champignons des bois, gibier.*

Située dans le joli village classé de Moudeyres, cette vieille chaumière en pierre du pays doit son nom au pré qui l'entoure. Ambiance douillette et accueillante dès la réception ; à côté vous attend un salon avec sa grande cheminée, où sont installées la télévision et la bibliothèque. Dans la belle salle à manger en pierre vous pourrez goûter une cuisine simple et très bonne, faite entre autres avec les produits du jardin potager, accompagnée de vins de propriétaires sélectionnés par le patron. Chambres avec tout le confort, mobilier et style sympathiques. Jardin et terrasse face à la campagne avec service bar ; et si vous avez envie de vous balader, des paniers pique-nique vous seront fournis. Accueil très amical.

♦ *Itinéraire d'accès (voir carte n° 25) : à 25 km au sud-est du Puy par D 15 jusqu'aux Pandreaux, puis D 36 par Laussonne.*

Le Grand Hôtel Placide★★★
Route d'Annonay
43190 Tence (Haute-Loire)
Tél. 71.59.82.76 - Fax 71.65.44.46 - M. Placide

♦ *Ouverture de Pâques au 12 novembre - Fermeture le dimanche soir et le lundi en b.s. (sauf pendant les vacances)* ♦ *17 chambres avec tél. direct, s.d.b. ou douche, w.c. et t.v. - Prix des chambres simples et doubles : 290 F, 350 F - Petit déjeuner 35 F, servi de 8 h à 10 h - Prix de la demi-pension et de la pension : 320 à 450 F, 350 à 510 F (par pers., 3 j. min.)* ♦ *Carte bleue, Eurocard, MasterCard et Visa* ♦ *Chiens admis avec supplément* ♦ *Possibilités alentour : tennis, golf, équitation, voile, promenades sur le plateau ardéchois* ♦ *Restaurant : service de 12 h 30 à 13 h 30, 19 h 30 à 20 h 30 - Fermeture le dimanche soir et le lundi en b.s. (sauf pendant les vacances) - Menus : 150 à 350 F - Carte originale.*

Une maison de village couverte de lierre : vous êtes reçus par Mme Placide, son fils est à la cuisine ; la famille Placide tient cet hôtel depuis quatre générations. Chacun a apporté quelque chose à la décoration ; il y a un charmant mélange de genres une salle à manger rose 1900 côtoie un salon "rustico-chic". Certaines chambres sont très modernes (la numéro 39 et la numéro 48), mais on peut préférer la numéro 41, avec sa petite véranda qui donne sur le jardin, ou encore la numéro 49, très champêtre avec son papier à fleurs et sa vue sur un potager.

♦ *Itinéraire d'accès (voir carte n° 25) : à 50 km à l'est du Puy par D 15 et D 500.*

Relais de Saint-Jacques-de-Compostelle★★

19500 Collonges-la-Rouge (Corrèze)
Tél. 55.25.41.02 - Télex 283 155 - M. Castera

♦ *Ouverture du 1er février au 30 novembre - Fermeture le mardi soir et le mercredi d'octobre à Pâques* ♦ *12 chambres avec tél. direct (7 avec s.d.b., 2 avec douche, 7 avec w.c.) - Prix des chambres simples et doubles : 110 F, 120 à 260 F - Petit déjeuner 35 F, servi de 8 h à 10 h - Prix de la demi-pension et de la pension : 200 à 260 F, 240 à 300 F (par pers., 3 j. min.)* ♦ *Amex, Carte bleue, Diners et Visa* ♦ *Chiens admis* ♦ *Possibilités alentour : piscine, tennis, équitation, randonnées pédestres ; village médiéval* ♦ *Restaurant : service de 12 h à 14 h, 19 h à 21 h 30 - Fermeture le mardi soir et le mercredi d'octobre à Pâques - Menus : 100 à 240 F - Carte - Spécialités : salade de filet d'oie fumé, truite aux noix, émincé de rognons au vinaigre.*

L'établissement est situé au cœur du très beau village de Collonges-la-Rouge, qui doit son nom au grès du pays utilisé pour l'édification des maisons. La demeure a été restaurée et agrandie. Elle dispose de deux salles à manger : l'une aux belles et vastes proportions, avec vue directe sur la campagne ; l'autre, plus intime et plus simple, avec un petit salon attenant. Les chambres, quoique petites et qui mériteraient d'être rénovées, ont tout le confort nécessaire et on a pris soin de les personnaliser par des choix différents de papiers et de tentures. Ici et là, dans tout l'hôtel, des dessins et des peintures d'artistes séduits par la beauté du village. Très belles terrasses-tonnelles avec service bar-restaurant.

♦ *Itinéraire d'accès (voir carte n° 24) : à 21 km au sud-est de Brive-la-Gaillarde par D 38 ; dans le village.*

Au Rendez-Vous des Pêcheurs★★

Pont du Chambon
19320 Saint-Merd-de-Lapleau (Corrèze)
Tél. 55.27.88.39 - Mme Fabry

♦ *Ouverture du 20 décembre au 11 novembre et fermé 1 semaine en février* ♦ *8 chambres avec tél. direct, s.d.b., w.c., (6 avec t.v.) - Prix des chambres simples et doubles : 190 F, 210 F - Petit déjeuner 24 F, servi de 8 h à 9 h 30* ♦ *Carte bleue, Eurocard et Visa* ♦ *Chiens admis* ♦ *Possibilités alentour : piscine, tennis, équitation, promenades en gabares sur la Dordogne* ♦ *Restaurant : service de 12 h 15 à 13 h 15, 19 h 30 à 21 h 15 - Fermeture le vendredi soir et le samedi à midi du 1er octobre au 30 mars - Menus : 70 à 170 F - Carte - Spécialités : poissons de rivière, foie gras, ris de veau aux cèpes, filet de bœuf en croûte sauce périgueux.*

Bâtie sur les bords de la Dordogne, cette grande maison bourgeoise, seule au milieu de collines boisées, doit tout son charme à son emplacement exceptionnel. Au rez-de-chaussée de l'hôtel, une grande salle à manger aux tons verts est largement ouverte sur la verdure environnante, tandis qu'un petit salon-bar donne accès à une terrasse qui surplombe la rivière. La décoration des chambres a été revue et la beauté du site ajoute à leur charme. Quant aux amateurs de pêche, ils ne pourront qu'être ravis par ce cadre rustique, et se régaler s'ils n'ont pas été très chanceux, des sandres, des brochets et des truites cuisinés par Elise, la patronne.

♦ *Itinéraire d'accès (voir carte n° 24) : à 43 km à l'est de Tulle par D 978 direction Mauriac, puis D 60 et D 13 direction Saint-Privas par Saint-Merd-de-Lapleau ; au lieu-dit Pont du Chambon.*

Domaine des Mouillères★
Les Mouillères
Saint-Georges-la-Pouge
23250 Pontarion (Creuse)
Tél. 55.66.60.64 - M. et Mme Thill

♦ *Ouverture du 20 mars au 1er octobre* ♦ *7 chambres (3 avec s.d.b., 4 avec w.c.) - Prix des chambres simples et doubles : 160, 190 et 280 F, 300 F - Petit déjeuner 35 F, servi de 8 h à 9 h 30 - Prix de la demi-pension : 280 à 350 F (par pers., 3 j. min)* ♦ *Carte bleue et Visa* ♦ *Chiens non admis* ♦ *Possibilités alentour : tennis, équitation ; châteaux, églises romanes, sites archéologiques, dolmens* ♦ *Restaurant : service de 20 h à 20 h 30 - Carte uniquement - Spécialités : truite montagnarde, feuilleté aux cèpes, rognons de veau au chinon.*

Cette vieille demeure marchoise isolée dans un parc de six hectares, est une ancienne ferme restaurée par les héritiers et propriétaires actuels de l'hôtel.
Le petit salon est charmant avec son mélange de meubles et d'objets quelque peu désuets. L'ensemble de l'hôtel a amélioré son confort. On préférera les chambres équipées de salles de bains, mais les autres ont été entièrement rénovées et dotées de cabinets de toilette. Dans la salle à manger, chaleureuse et campagnarde, on peut savourer une cuisine simple et raffinée conçue avec des produits naturels du domaine. Les propriétaires louent des vélos et on peut faire de superbes balades dans les alentours. Un service bar-restaurant est assuré sur la très belle terrasse-jardin. L'accueil est des meilleurs.

♦ *Itinéraire d'accès (voir carte n° 24) : à 34 km au sud de Guéret par D 942 direction Aubusson, à Ahun D 13 direction La Chapelle-Saint-Martial puis D 45.*

Hôtel Beau Site★

Brignac - 87400 Royères (Haute-Vienne)
Tél. 55.56.00.56 - M. Vigneron

♦ *Ouverture du 1er mars au 26 octobre et du 9 novembre au 8 février - Fermeture le lundi à midi et le vendredi soir en b.s.* ♦ *11 chambres avec tél. direct, s.d.b. ou douche, w.c. - Prix des chambres : 190 à 290 F - Petit déjeuner 25 F - Prix de la demi-pension et de la pension : 180 à 200 F, 220 à 240 F (par pers., 3 j. min.)* ♦ *Cartes de crédit acceptées* ♦ *Chiens admis* ♦ *Possibilités alentour : piscine, tennis, équitation, golf, pêche en étang.* ♦ *Restaurant : service de 12 h 30 à 13 h 30, 19 h 45 à 21 h - Fermeture du 26 octobre au 8 novembre et du 9 au 28 février - Menus : 100 à 210 F - Carte - Spécialités : fricassée d'escargots aux pleurotes, truite au bleu d'Auvergne, côte de veau aux noix ; charlotte à la châtaigne.*

Tout en devenant un hôtel, au demeurant sympathique et accueillant, cette grosse maison particulière a su garder un caractère familial et une atmosphère provinciale et bourgeoise. Broderies, napperons et dentelles de la petite salle à manger à l'indéfinissable mobilier d'époque évoquent irrésistiblement quelque maison rêvée de nos grands-parents. Dans un coin se trouvent une grande cheminée et des fauteuils confortables, dans un autre, un téléviseur. Une autre salle à manger, plus vaste, s'ouvre largement sur un très beau parc. Les chambres sont belles avec leur mobilier ancien et leurs tissus et papiers peints toujours bien choisis (installations sanitaires irréprochables).

♦ *Itinéraire d'accès (voir carte n° 23) : à 17 km à l'est de Limoges par D 941 direction Saint-Léonard-de-Noblat, au feu de Royères D 124.*

La Chapelle Saint-Martin★★★

87510 Nieul (Haute-Vienne)
Tél. 55.75.80.17 - M. Dudognon

♦ *Ouverture du 1er mars au 1er janvier ♦ 13 chambres (dont 3 suites) avec tél., s.d.b. et w.c. - Prix des chambres : 490 à 820 F - Petit déjeuner 65 F, servi de 7 h à 10 h ♦ Carte bleue et MasterCard ♦ Chiens admis avec supplément - Tennis, sauna à l'hôtel ♦ Possibilités alentour : Limoges ♦ Restaurant : service de 12 h à 14 h, 20 h à 22 h - Fermeture le lundi - Carte - Spécialités : foie gras.*

Dès votre arrivée, il faut vous installer dans un confortable fauteuil de la terrasse et vous laisser envahir par la douceur du paysage qui s'étend à perte de vue sur la campagne limousine. M. Dudognon, le propriétaire, se définit comme le "Don Quichotte du Limousin" ; tout doit être parfait ; les hêtres centenaires qui vous accueillent, les étangs dans lesquels il affirme se baigner, la lumière dans le salon d'été, la chaleur de la chambre tendue de chintz, le piqué blanc et les couvertures de mohair qui recouvrent le lit.

♦ *Itinéraire d'accès (voir carte n° 23) : à 10 km au nord de Limoges par N 141, puis D 39.*

Moulin de la Gorce★★★

La Roche l'Abeille
87800 Nexon (Haute-Vienne)
Tél. 55.00.70.66 - M. et Mme Bertranet

♦ *Ouverture du 8 février au 6 janvier - Fermeture le dimanche soir et lundi sauf juillet, août et jusqu'au 15 septembre* ♦ *9 chambres avec tél., s.d.b., w.c. et t.v. - Prix des chambres : 270 à 500 F - Petit déjeuner 47 F, servi de 8 h à 10 h* ♦ *Amex, Carte bleue, Diners et Visa* ♦ *Chiens admis* ♦ *Possibilités alentour : tennis, location de vélos, promenades, piscine, équitation.* ♦ *Restaurant : service de 12 h à 13 h 30, de 19 h 30 à 21 h - Fermeture le dimanche soir et le lundi en b.s. - Menus : 160 à 350 F - Carte - Spécialités : terrine de foie gras, escalope de bar aux truffes, lièvre à la royale en saison.*

Récupéré par une famille de pâtissiers-traiteurs de Limoges, ce moulin à farine datant de 1569 est devenu restaurant depuis 10 ans et hôtel depuis 7 ans. L'ambiance intime du salon est créée par un joli mélange de mobilier. Deux salles à manger vous sont proposées, l'une à l'esprit plutôt citadin et l'autre, plus rustique, en pierre avec une cheminée.

Les chambres, personnalisées, sont raffinées et très confortables. Service bar en terrasse, face à l'étang et au jardin, qui forment un site vraiment charmant. Gastronomie et qualité de l'accueil finiront de vous conquérir dans ce petit coin de France profonde chargé d'histoire.

♦ *Itinéraire d'accès (voir carte n° 23) : à 30 km au sud de Limoges par D 704 puis D 17.*

Castel-Hôtel 1904★★
63390 Saint-Gervais-d'Auvergne (Puy-de-Dôme)
Tél. 73.85.70.42 - M. Mouty

♦ *Ouverture du 15 mars au 15 novembre* ♦ *17 chambres avec tél. direct, s.d.b. ou douche, w.c. et t.v. - Prix des chambres doubles : 195 à 230 F - Petit déjeuner 30 F - Prix de la demi-pension et de la pension : 190 à 210 F, 250 à 270 F (par pers., 3 j. min.)* ♦ *Carte bleue et Visa* ♦ *Chiens non admis* ♦ *Possibilités alentour : tennis et équitation au village, baignades et planches à voile, randonnées pédestres ; région des Combrailles* ♦ *Restaurants : service de 12 h 30 à 13 h, 19 h 30 à 21 h - Menus : 110 à 195 F ; 65 F - Carte - Spécialités : tournedos aux pieds de porc, sandre à l'aigrelette.*

Situé en plein village, cet ancien château bâti en 1616 a été aménagé en hôtel en 1904 et l'établissement est tenu depuis ses débuts par la même famille. Jean-Louis Mouty a récemment repris le flambeau. Tout le charme des hôtels vieille France est présent dans ses salles accueillantes et chaleureuses avec leurs coins lecture, son bar et surtout sa très vaste salle à manger au parquet bien ciré. Des cheminées et un beau choix de meubles anciens ou de style, les tons ocres des murs et des rideaux contribuent aussi au caractère désuet mais plein de charme de l'endroit. Les chambres, confortables à souhait, toutes différentes, sont bien dans l'esprit de l'hôtel.
Les clients ont le choix entre deux restaurants : le "Castel" propose une cuisine gourmande, le "Comptoir à Moustache", quant à lui, est un authentique bistrot de campagne.

♦ *Itinéraire d'accès (voir carte n° 24) : à 40 km au sud de Montluçon par N 144 direction Clermont-Ferrand, à La Boule D 987 direction Saint-Gervais d'Auvergne.*

Hôtel Clarion★★★

21420 Aloxe-Corton (Côte-d'Or)
Tél. 80.26.46.70 - Fax 80.26.47.16
M. et Mme Voarick

♦ *Ouverture toute l'année* ♦ *10 chambres avec tél., s.d.b. et w.c.- Prix des chambres simples et doubles : 418 F, 418 à 655 F - Prix des suites : 750 F - Petit déjeuner 70 F, servi de 8 h à 12 h 30* ♦ *Amex, Carte bleue, Diners, Eurocard, MasterCard et Visa* ♦ *Chiens admis* ♦ *Possibilités alentour: Beaune, collégiale Notre-Dame, Hôtel-Dieu* ♦ *Pas de restaurant à l'hôtel.*

Au Clarion, M. et Mme Voarick ont su avec beaucoup de goût mêler confort de la civilisation et beauté de la nature, créant ainsi une véritable oasis à seulement trois kilomètres de Beaune. L'hôtel se situe à l'arrière du village d'Aloxe-Corton, dans une ancienne maison de maître bordée d'une grande pelouse qui va se perdre dans les vignes. Mais sous cette apparence traditionnelle se cache en fait l'archétype du confort moderne des années 90 : entièrement décorée par Pierre-Yves Prieur qui a allié des poutres rustiques à un design pastel, cette bâtisse offre un luxe ultra-sophistiqué, avec des chambres d'un rare confort et un service des plus raffinés. Et le moment le plus agréable, quoique un peu cher, est le petit déjeuner, servi dans le jardin.

♦ *Itinéraire d'accès (voir carte n° 19) : à 5 km au nord de Beaune par N 74 .*

Hôtel Le Home★★
138, route de Dijon
21200 Beaune (Côte-d'Or)
Tél. 80.22.16.43 - M. Jacquet

♦ *Ouverture toute l'année* ♦ *22 chambres avec tél. direct, s.d.b. ou douche, w.c., (6 avec t.v.) - Prix des chambres simples et doubles : 245 F, 285 à 320 F - Lit supplémentaire : + 20% - Petit déjeuner 30 F* ♦ *Cartes de crédit acceptées* ♦ *Chiens admis* ♦ *Pas de restaurant à l'hôtel.*

Inspiration anglaise pour ce petit hôtel situé aux portes de Beaune. Peu de chambres dans cette charmante maison couverte de vigne vierge, entourée d'un jardin verdoyant et fleuri dont on profite au petit déjeuner. La décoration faite avec des meubles anciens, de jolis lampes, des tapis... personnalise chaque pièce. Les chambres sont jolies, confortables et douillettes, le salon accueillant et raffiné. Une adresse agréable à découvrir.

♦ *Itinéraire d'accès (voir carte n° 19) : à la sortie de Beaune, direction Dijon ; au-delà de l'église Saint-Nicolas.*

Hostellerie du Vieux Moulin★★★

21420 Bouilland (Côte-d'Or)
Tél. 80.21.51.16 - Fax 80.21.59.90 - M. et Mme Silva

♦ *Ouverture du 18 janvier au 20 février et du 11 mars au 15 décembre- Fermeture le mercredi et le jeudi à midi sauf jours fériés* ♦ *12 chambres avec tél., s.d.b. ou douche, w.c. et t.v.- Prix des chambres simples et doubles : 380 à 800 F - Petit déjeuner 65 F, servi de 8 h à 10 h* ♦ *Carte bleue, Eurocard, MasterCard et Visa* ♦ *Chiens admis* ♦ *Possibilités alentour: piscine, tennis, golf, équitation ; promenades en forêt (GR 7), dégustation de vins à Savigny-les-Beaune* ♦ *Restaurant : service de 12 h à 14 h, 19 h 30 à 21 h - Fermeture le mercredi et le jeudi à midi -Menus : 190 à 410 F- Carte - Spécialités : cuisses de grenouilles en meurette de lie de vin, dos de brochet rôti au vinaigre d'herbe, pigeonneau rôti dans son jus.*

Dans la vallée du Rhoin, au bord d'une jolie rivière à truites, à l'entrée du village de Bouilland, vous accueille l'Hostellerie du Vieux Moulin avec la belle architecture de sa galerie couverte, son toit de vieilles tuiles en surplomb soutenu par d'anciens piliers de bois. Le corps de bâtiment abritant les chambres est séparé de celui des salons et de la salle à manger, rénovés l'hiver dernier, préservant ainsi votre tranquillité. L'Hostellerie du Vieux Moulin se trouve sur la route des grands crus de Bourgogne : Nuits est à 22 km, Beaune à 16 ; ainsi peut-on conjuguer dans ce cadre de campagne et de forêts le plaisir d'un contact réel, immédiat, avec la nature et celui, raffiné, des dégustations de crus prestigieux. Très belle carte, d'une cuisine personnelle et originale. Très bonnes pâtisseries.

♦ *Itinéraire d'accès (voir carte n° 19) : à 16 km au nord-ouest de Beaune par D 18 et D 2 direction Savigny-les-Beaune.*

Hostellerie du Château★★

21320 Châteauneuf (Côte-d'Or)
Tél. 80.49.22.00 - Fax 80.49.21.27 - M. et Mme Cerqueira

♦ *Ouverture du 16 février à fin novembre- Fermeture le lundi soir et le mardi en b.s.* ♦ *17 chambres avec tél., s.d.b. ou douche et w.c. - Prix des chambres : 160 à 500 F -Petit déjeuner 39 F - Prix de la demi-pension: à partir de 260 F (par pers., 2 j. min.)* ♦ *Amex, Carte bleue, Eurocard, MasterCard et Visa* ♦ *Chiens admis sauf dans le jardin* ♦ *Possibilités alentour: sports nautiques sur le réservoir de Panthier, pêche ; châteaux* ♦ *Restaurant: service de 12 h à 13 h 30, 19 h 15 à 21 h 30 -Fermeture le lundi soir et le mardi en b.s. - Menus: 105 à 160 F- Carte - Spécialités : spécialités bourguignonnes, rognons à la graine de moutarde, foie gras aux pommes pelées au vinaigre de cidre.*

Au sommet du vieux bourg fortifié que domine un imposant château, cet ancien presbytère, très bien restauré avec ses pierres apparentes, donne sur le château, que l'on peut aussi contempler depuis les jardins en terrasses où sont disposées tables et balançoires. Si vous avez le choix, mieux vaut résider dans les chambres de la maison principale dont le confort s'améliore d'année en année. Au restaurant, de nombreuses spécialités vous sont proposées au fil des saisons : poulet de ferme aux morilles, mousse de poireaux, mousseline de poisson, filet de canard aux baies de cassis, blanquette d'escargot à la moutarde... Le village lui-même offre un bel ensemble d'antiques demeures que l'on découvre en flânant dans un lacis de rues étroites et calmes.

♦ *Itinéraire d'accès (voir carte n° 19) : à 30 km au nord-ouest de Beaune par A 6 sortie Pouilly-en-Auxois puis D 977 bis direction Vandenesse puis Crugey, après le cimetière à gauche, de l'autre côté du canal.*

Hôtel de la Côte-d'Or★★★
Rue Charles-Ronot
21400 Châtillon-sur-Seine (Côte-d'Or)
Tél. 80.91.13.29 - M. Pastoret

♦ *Ouverture du 23 janvier au 22 décembre- Fermeture le dimanche soir et le lundi sauf en juillet et août et les jours fériés* ♦ *11 chambres avec tél. direct, (9 avec s.d.b. ou douche, 6 avec w.c.), t.v. -Prix des chambres doubles: 180 à 345 F -Prix des suites : 480 F - Petit déjeuner 37 F* ♦ *Cartes de crédit acceptées* ♦ *Chiens admis* ♦ *Possibilités alentour: piscine, tennis, équitation, pêche, chasse, promenades ; châteaux, abbayes, musées* ♦ *Restaurant: service de 12 h à 14 h, 19 h à 21 h - Fermeture le dimanche soir et le lundi sauf en juillet et août et les jours fériés - Menus: 85 à 340 F- Carte - Spécialités : ragoût de lotte à l'émincé de poireaux, tournedos de lapereau à la ciboulette.*

C'est dans un ancien relais de poste que l'Hôtel de la Côte-d'Or vous accueille, et si dans la façade côté rue rien ne retient le regard, la surprise est grande, passant côté jardin, de découvrir le charme d'une terrasse très calme, fraîche et ombragée d'arbres centenaires, au pied d'une façade mangée de lierre et de vigne vierge.
Chambres et salle à manger ont bien gardé le caractère de leurs anciennes origines. Le jeune propriétaire, qui est aussi chef de cuisine, vous accueille lui-même avec simplicité, soucieux de vous garantir le meilleur séjour possible. Profitant alors du confort de ce relais des temps modernes, fatigué des longs parcours uniformément balisés, vous prendrez ici le temps de vous détendre loin de la route et du bruit.

♦ *Itinéraire d'accès (voir carte n° 19) : à 80 km au nord de Dijon par N 71.*

Hôtel de la Cloche★★★★
14, place d'Arcy
21000 Dijon (Côte-d'Or)
Tél. 80.30.12.32 - Télex 350 498 - Fax 80.30.04.15 - M. Catteau

♦ *Ouverture toute l'année* ♦ *76 chambres climatisées avec tél. s.d.b., w.c., t.v. satellite - Prix des chambres doubles: 360 à 600 F - Prix des suites : 1 050 à 1 150 F - Petit déjeuner 52 F* ♦ *Cartes de crédit acceptées* ♦ *Restaurant Jean-Pierre Billoux : service de 12 h à 14 h, 19 h 30 à 21 h, - Fermeture mi-février à mi-mars, le dimanche soir et le lundi - Menus : 260 F en semaine, 420 F le week-end- Carte - Spécialités : suprême de pintade au foie de canard, paillasson de langoustine.*

L'Hôtel de la Cloche est le plus vieil hôtel de Dijon puisqu'on trouve l'auberge déjà citée en 1424. Plus rien ne subsiste de cette lointaine époque. C'est aujourd'hui un bel hôtel de conception et de confort modernes. La réception et le salon offrent de beaux volumes spacieux et très aérés. Les chambres sont très soignées, climatisées, insonorisées, avec de très confortables salles de bains. Les plus grandes se trouvent au deuxième étage, souvent en duplex. Mais le prestige de La Cloche est son restaurant. Les salles sont différentes selon les circonstances, mais en été vous serez servi dans la véranda ou sur la terrasse ouvrant sur la pelouse. Cuisine qui recueille les étoiles des meilleurs critiques, cave exceptionnelle (le prix du menu est toujours plus intéressant les jours de la semaine).

♦ *Itinéraire d'accès (voir carte n° 19) : dans le centre ville.*

Hôtel Le Parc★★

Levernois
21200 Beaune (Côte-d'Or)
Tél. 80.22.22.51 - Mme Moreau-Tanron

♦ *Ouverture toute l'année sauf du 3 au 18 mars et du 19 novembre au 9 décembre* ♦ *20 chambres avec tél., (16 avec douche, 3 avec s.d.b., 13 avec w.c.) -Prix des chambres doubles: 145 à 210 F -Petit déjeuner 28 F, servi de 7 h 30 à 9 h 30* ♦ *Cartes de crédit non acceptées* ♦ *Chiens admis* ♦ *Possibilités alentour: piscine, tennis, golf, pêche, montgolfières, promenades en bateau* ♦ *Pas de restaurant à l'hôtel.*

Après avoir goûté aux charmes de Beaune et de ses vins, allez à 4 km de là, aux abords du petit village de Levernois, où les grilles de l'Hôtel Le Parc s'ouvrent sur une vieille maison bourguignonne couverte de lierre, sur sa belle cour fleurie où l'on peut prendre son petit déjeuner, sur son parc aux arbres centenaires. Malgré le nombre de ses chambres, cet hôtel a le charme d'une petite auberge. Chaque chambre a son atmosphère : l'une la doit à son papier peint, l'autre à sa commode, une autre encore à ses rideaux et à sa courtepointe. A quatre kilomètres de Beaune, vous serez ici à la campagne, et de surcroît très gentiment accueillis.

♦ *Itinéraire d'accès (voir carte n° 19) : à 4 km au sud-est de Beaune par D 970.*

Hostellerie du Val-Suzon★★★

21121 Val-Suzon (Côte-d'Or)
Tél. 80.35.60.15/80.35.61.19 - Télex 351 454 - Fax 80.35.61.36
M. et Mme Perreau

♦ *Ouverture du 15 janvier au 15 novembre- Fermeture le mercredi et le jeudi en b.s.* ♦ *17 chambres avec tél. direct, 16 avec s.d.b. (1 avec douche) et w.c., 10 avec t.v.- Prix des chambres simples et doubles : 280 F, 550 F - Prix des suites : 1 000 F - Petit déjeuner 50 F, servi de 7 h 30 à 9 h 30 - Prix de la demi-pension : 370 à 510 F (par pers.)* ♦ *Cartes de crédit acceptées* ♦ *Chiens admis avec supplément* ♦ *Possibilités alentour : tennis, golf de Bourgogne à 18 km (18 trous ; tél. 80.35.71.10), chasse, pêche, équitation* ♦ *Restaurant : service de 12 h à 14 h, 19 h 30 à 21 h 30 - Fermeture le mercredi et le jeudi en b.s. - Menus : 180 à 350 F - Carte -Spécialités : cuisine saisonnière.*

L'hostellerie du Val-Suzon se compose de deux bâtiments distincts situés sur un terrain fleuri et vallonné d'un hectare à la lisière du village. Dans la maison principale se trouvent quelques chambres confortables et une salle à manger au charme bourgeois. La seconde bâtisse, un chalet, se situe au sommet du parc et bénéficie d'un charmant petit salon. Sa chambre entièrement rénovée cette année, est d'un grand confort (télévision et minibar). Endroit rêvé pour les personnes en quête de calme, l'Hostellerie du Val-Suzon vous réserve un accueil des plus agréables. Nous vous conseillons enfin de prendre un verre sur la terrasse ombragée, endroit délicieux où vous goûterez pleinement le charme de cette étape que nous vous recommandons chaudement. La cuisine d'Yves Perreau est toujours aussi délicieuse et savoureuse.

♦ *Itinéraire d'accès (voir carte n° 19) : à 15 km au nord-ouest de Dijon par N 71 direction Troyes.*

Château de Chanteloup

Guipy
58420 Brinon-sur-Beuvron (Nièvre)
Tél. 86.29.01.26 - M. Mainguet

♦ *Ouverture toute l'année* ♦ *2 chambres d'hôtes avec s.d.b., w.c., t.v., (possibilité de faire la cuisine)- Prix des chambres simples et doubles : 180 F, 200 F - Prix des suites : 230 F (3 pers.) - Petit déjeuner compris* ♦ *Cartes de crédit non acceptées* ♦ *Chiens admis - Equitation à l'hôtel* ♦ *Possibilités alentour : tennis, voile, pêche, équitation, poney-club* ♦ *Pas de restaurant à l'hôtel.*

Construit en trois temps entre le XVIe et le XIXe siècles, le château de Chanteloup bénéficie d'une situation géographiquement exceptionnelle : pas une habitation n'est visible du château. Dans les communs, une petite école d'équitation a été créée, aussi ne soyez pas surpris si le gérant de Chanteloup vous reçoit en culotte de cheval. Les deux chambres bénéficient d'un certain confort et sont meublées agréablement compte tenu de leur prix modéré. Le petit déjeuner est servi dans une petite salle à manger cossue. C'est l'unique service dont vous pourrez bénéficier, l'hôtel n'ayant pas de restaurant. Vous aurez cependant la possibilité de faire votre cuisine vous-même. Vous pourrez trouver quelques bons restaurants dans la région. Cet endroit isolé, calme et authentique est tout particulièrement recommandé aux amateurs d'équitation qui seront les plus aptes à mesurer pleinement le charme du château et de ses alentours.

♦ *Itinéraire d'accès (voir carte n° 18) : à 25 km au sud de Clamecy par D 23 jusqu'à Brinon-sur-Beuvron, puis D 5 direction Corbigny et D 274 ; au lieu-dit Chanteloup.*

Le Grand Monarque★★
10, rue de l'étape
58220 Donzy (Nièvre)
Tél. 86.39.35.44 - M. Lesort

♦ *Ouverture du 1er mars au 31 décembre- Fermeture dimanche soir et lundi en b.s..* ♦ *16 chambres avec tél. direct (4 avec s.d.b., 7 avec douche et w.c.) - Prix des chambres doubles : 120 à 240 F - Petit déjeuner 30 F, servi de 7 h 30 à 9 h 30* ♦ *Cartes de crédit acceptées* ♦ *Chiens admis avec supplément* ♦ *Possibilités alentour: piscine, tennis, équitation, golf, pêche en étang et en rivière, chasse ; châteaux, monuments historiques* ♦ *Restaurant : service de 12 h à 13 h, 19 h 45 à 21 h - Fermeture dimanche soir et lundi en b.s. - Menus : 85 à 180 F- Carte -Spécialités : saupiquet du Donzias, magret de canard à l'orange, civet de lièvre, profiteroles.*

Dans le très beau village bourguignon de Donzy trois anciennes maisons de belle pierre forment l'hôtel Le Grand Monarque. Son charme, c'est son ambiance avec son bar aux vieilles tables de bistrot où les anciens du village aiment à se retrouver, sa cuisine aux fourneaux et aux cuivres bien astiqués séparant la salle à manger du bar, ses très jolies petites chambres et ses salons au mobilier mélangé avec imagination. Situé au centre du village, donnant sur la rue, il nous donne l'impression d'être retirés dans un petit hôtel, à l'écart des grandes migrations touristiques. Son excellent rapport qualité-prix en fait une étape à retenir.

♦ *Itinéraire d'accès (voir carte n° 18) : à 17 km à l'est de Cosne sur Loire par D 33.*

Domaine de l'Etang

58450 Neuvy-sur-Loire (Nièvre)
Tél. 86.39.20.06 - M. et Mme Pasquet

♦ *Ouverture toute l'année* ♦ *5 chambres d'hôtes avec s.d.b. ou douche, w.c., t.v. et Point-phone- Prix des chambres simples et doubles : 200 F, 250 F - Prix des suites : 500 F - Petit déjeuner compris* ♦ *Cartes de crédit non acceptées* ♦ *Chiens non admis - Tennis, location de vélos (100 F/jour) à l'hôtel* ♦ *Possibilités alentour : golf 18 trous ; châteaux de la route Jacques Cœur* ♦ *Restaurant : service à 20 h 30 (table d'hôtes) - Menus: 150 F - Spécialités : cuisine familiale.*

Le domaine de l'Etang est une jolie maison dans la campagne de Nevers tenu par L. Pasquet qui s'occupe du tourisme de la région, et sa femme, qui possède aussi une galerie d'art à Paris. Ce domaine, au milieu des champs de coquelicots, est un lieu de séjour extrêmement agréable, avec ses chambres sous les toits et son ravissant jardin. Mais surtout, après le charme de l'accueil et de l'environnement, cette maison d'hôte se distingue par une formule originale : on se sert soi-même son petit déjeuner, et ceci dans une superbe cuisine-salle à manger. En fait, on a l'impression d'avoir loué une maison de rêve à la campagne, sans les soucis ménagers. Les propriétaires se feront un plaisir de vous indiquer les bonnes tables de la région à moins que vous décidiez de dîner à la table d'hôtes du domaine.

♦ *Itinéraire d'accès (voir carte n° 17) : à 27 km au sud-est de Gien par N 7.*

La Rêverie
6, rue Joyeuse
58150 Pouilly-sur-Loire (Nièvre)
Tél. 86.39.07.87 - Mme Lapeyrade

♦ *Ouverture toute l'année - Fermeture les 2 dernières semaines de décembre et de janvier, la 2ème et la 3ème semaine d'octobre* ♦ *5 chambres d'hôtes avec tél. direct, s.d.b., w.c. et t.v. - Prix des chambres doubles: 285 à 435 F - Petit déjeuner compris* ♦ *Cartes de crédit non acceptées* ♦ *Chiens non admis* ♦ *Possibilités alentour : piscine, tennis, golf de Saint-Satur, aéroclub ; caves de Pouilly* ♦ *Pas de table d'hôtes ; nombreux restaurants alentour.*

La Rêverie est une belle maison de caractère, construite au début du siècle dans un quartier calme de Pouilly. Les propriétaires, M. et Mme Lapeyrade l'ont récemment restaurée avec goût : les murs ont été tendus de tapisseries et tissus, les plafonds et les sanitaires refaits. L'une des baignoires a même été équipée d'un jacuzzi. L'ameublement de style s'harmonise parfaitement avec l'ensemble et la décoration, notamment grâce à des tableaux anciens, ce qui ajoute à la recherche du cadre. Au salon, il vous sera possible de vous chauffer auprès d'un bon feu de bois et un piano est à la disposition de tous. Cette recherche du confort et du raffinement ainsi que la chaleur de l'accueil de Mme Lapeyrade lui ont permis d'obtenir la plus haute distinction décernée par la Fédération Nationale des Gîtes de France : les 4 Epis.

♦ *Itinéraire d'accès (voir carte n° 17) : à 37 km au nord de Nevers par N 7.*

Hostellerie du Château de Bellecroix★★★
6, route nationale
71150 Chagny (Saône-et-Loire)
Tél. 85.87.13.86 - Télex 283 155 - Fax 85.91.28.62 - Mme Gautier

♦ *Ouverture du 1er février au 20 décembre - Fermeture mercredi*
♦ *19 chambres avec tél., s.d.b. ou douche, w.c. et t.v. - Prix des chambres simples et doubles : 450 F, 480 à 850 F - Petit déjeuner 45 F, servi de 7 h 30 à 10 h - Prix de la demi-pension et de la pension: 600 F (3 j. min.), 750 F (3 j.min.)* ♦ *Amex, Carte bleue, Diners, Visa* ♦ *Chiens admis avec supplément - Piscine chauffée à l'hôtel* ♦ *Possibilités alentour : tennis, équitation, golf de Châlon-sur-Saône (18 trous) ; route des vins* ♦ *Restaurant: service de 12 h à 14 h, 19 h 30 à 21 h 30 -Fermeture le mercredi -Menus: 98 à 290 F- Carte - Spécialités : foie gras maison, poularde de Bresse pochée et truffée, feuilleté de poire sauce caramel.*

Bâtie aux XIIe et XVIIIe siècles, un peu à l'écart de la ville, ancienne commanderie des Chevaliers de Malte depuis 1199, l'hostellerie possède un très beau parc de deux hectares avec terrasses et pelouses ombragées. A l'entrée, une grande salle avec boiseries sert de salon de réception et de salle à manger : deux autres, plus intimes, sont aménagées dans les tourelles. Mobilier simple, l'ancien et le moderne savamment mélangés, un certain raffinement est présent partout. Les chambres sont élégantes, bien conçues, et elles ont toutes une belle vue sur le parc. Derrière, dans un autre corps, se trouvent un magnifique salon et de très belles chambres, mais plus chères. Certaines donnent de plain-pied sur le jardin. Le restaurant est très cher.

♦ *Itinéraire d'accès (voir carte n° 19) : à 15 km au sud de Beaune par N 74, puis N 6.*

Auberge Aux 3 Saisons
Dracy-le-Fort - 71640 Givry (Saône-et-Loire)
Tél. 85.44.41.58 - Fax (1) 40.26.34.33 - M. Sobel

♦ *Ouverture du 1er avril au 31 octobre* ♦ *5 chambres avec tél., s.d.b., w.c. et t.v. sur demande - Prix des chambres simples et doubles : 375 F, 425 F - Petit déjeuner 35 F, servi de 7 h 30 à 10 h* ♦ *Carte bleue, Eurocard, MasterCard et Visa* ♦ *Chiens admis avec 25 F de supplément* ♦ *Possibilités alentour : piscine, tennis, golf 18 trous, équitation ; château de la Rochyot, route des vins* ♦ *Restaurant: service à 20 h -Menus: 130 F -Spécialités : bourguignonnes et américaines.*

Véritable amoureux de la France, le Dr. Sobel a abandonné l'université de Harvard où il enseignait pour venir s'installer dans cette ancienne gentilhommière. La restauration terminée, 5 chambres ont été aménagées et décorées avec un goût parfait. Spacieuses et lumineuses, les poutres et les murs blancs soulignent le côté authentique, tandis que descentes de lit en zèbre, édredons en patchwork, fleurs fraîches et chocolats sur la table de nuit témoignent d'un souci de raffinement. Les salles de bains en carrelage blanc dotées de peignoirs douillets et de savons parfumés concourrent beaucoup à cet atmosphère de luxe. Autour de la maison, pommiers, cerisiers et pêchers invitent à se promener jusqu'aux deux bancs en pierre bordant la rivière qui délimite la propriété. A sept heures et demi l'hôte propose l'apéritif puis s'éclipse à la cuisine afin de terminer les préparatifs du dîner servi à huit heures. Les tables nappées de jaune et éclairées aux chandelles, la qualité des plats et le fond musical discret en font un moment rare. La réservation est indispensable et malheureusement, l'Auberge Aux Trois Saisons n'accueille pas les enfants.

♦ *Itinéraire d'accès (voir carte n° 19) : à 5 km à l'ouest de Châlon-sur-Saône par D 978, près du vieux château.*

Moulin d'Hauterive★★★

Saint-Gervais-en-Vallière - 71350 Chaublanc (Saône-et-Loire)
Tél. 85.91.55.56 - Télex 801 391 - Fax 85.91.89.65
M. et Mme Moille

♦ *Ouverture du 1er février au 31 décembre* ♦ *16 chambres et 5 appartements en duplex avec tél.direct, s.d.b., w.c., t.v. et minibar- Prix des chambres simples et doubles : 450 F, 500 F - Prix des suites : 800 F - Petit déjeuner 55 F* ♦ *Amex, Carte bleue, Diners, Eurocard et Visa* ♦ *Chiens admis avec supplément - Petite piscine, tennis, parcours santé, sauna, solarium, musculation à l'hôtel* ♦ *Possibilités alentour: équitation, sports nautiques sur la Saône, golf* ♦ *Restaurant : service de 12 h à 13 h 30, 19 h à 21 h - Fermeture le dimanche soir et le lundi à midi - Menus : 230 à 350 F- Carte - Spécialités : ris et rognon de veau aux morilles.*

Situé en pleine campagne, ce moulin reconverti en hôtel depuis 1978 est une maison très chaleureuse comportant deux ravissantes salles à manger. Dans l'une d'elles, autour de la cheminée, on a installé quelques fauteuils formant un délicieux petit salon. Les chambres sont exquises et toutes sont décorées et meublées avec goût et soin. Elles sont toutes équipées d'une télévision et d'un minibar. La propriété, de trois hectares, est traversée par la Dheune. Pour les terrasses et les petits coins fraîcheur, on a l'embarras du choix : à côté de la piscine, autour de la maison, ou encore la terrasse plus secrète où l'on accède en traversant un petit pont en bois, sur la rivière. Service bar et restaurant à l'extérieur, dès les beaux jours, mais on vous servira aussi dans la nouvelle véranda si vous le désirez. La cuisine faite avec passion par Christian Moille régale une clientèle ravie d'être si bien accueillie.

♦ *Itinéraire d'accès (voir carte n° 19) : à 15 km au sud-est de Beaune par D 970 jusqu'aux 4 chemins, puis D 94.*

La Fontaine aux Muses★★

Route de la Fontaine - 89970 La Celle-Saint-Cyr (Yonne)
Tél. 86.73.40.22 - Fax 86.73.48.66 - Famille Pointeau-Langevin

♦ *Ouverture toute l'année- Fermeture lundi et mardi midi*
♦ *14 chambres avec tél., s.d.b. ou douche et w.c. - Prix des*
chambres doubles : 310 à 360 F - Petit déjeuner 32 F, servi de 8 h
à 10 h - Prix de la demi-pension : 360 à 380 F. (3 j. min.) ♦ *Carte*
bleue, MasterCard, Visa ♦ *Chiens non admis - Piscine chauffée,*
compact golf (4 trous) et tennis à l'hôtel ♦ *Possibilités alentour :*
équitation, promenades, pêche ; promenades en petites péniches
sur l'Yonne ♦ *Restaurant : service de 12 h 30 à 13 h 45, 20 h à*
21 h 15 -Fermeture lundi et mardi midi - Menus : 170 F- Carte -
Spécialités : ragoût de homard au foie gras, brasillade de
pigeonneaux , bœuf bourguignon mijoté au feu de bois.

L'auberge, qui vit le jour en 1962, était au départ une vieille bâtisse bourguignonne du XVIIe ayant connu, au cours de ses trois cents années d'existence, des fortunes diverses. Abandonnée après la deuxième guerre, elle fut récupérée en 1960 par ses actuels propriétaires. M. Langevin est compositeur et Madame poète. D'où le nom de l'établissement. Ils ont des amis peintres, sculpteurs, écrivains qui exposent à l'auberge. On fait de la musique "en famille" l'été au jardin ou l'hiver au coin du feu et cela donne lieu, parfois, à de petits concerts impromptus. Mais dans la salle à manger très sympathique, autour de la cheminée, la gastronomie n'est pas oubliée pour autant. Au salon-bar, des fauteuils confortables vous attendent devant le feu et qu'elles soient à l'étage ou ouvrant de plain-pied sur le jardin, les ravissantes chambres ont toutes une belle vue sur la verdure et la campagne.

♦ *Itinéraire d'accès (voir carte n° 18) : à 10 km à l'ouest de Joigny*
par D 943, puis D 194 ; suivre fléchage.

Château de Prunoy

Prunoy
89120 Charny (Yonne)
Tél. 86.63.66.91 - Mme Roumilhac

♦ *Ouverture du 15 mars au 2 janvier* ♦ *18 chambres avec s.d.b., w.c. et tél.- Prix des chambres simples et doubles : 480 F, 520 F - Prix des suites : 700 F - Petit déjeuner 30 F, servi de 8h à 11 h - Prix de la demi-pension : 375 F (par pers.)* ♦ *Cartes de crédit acceptées* ♦ *Chiens admis - Tennis à l'hôtel* ♦ *Possibilités alentour : équitation, golf, pêche ; châteaux* ♦ *Restaurant : service de 12h à 13 h 30 de 19 h 30 à 21 h - Fermeture en janvier et février - Menus : 125 à 160 F- Carte - Spécialités : foie gras, magret de canard.*

Entouré d'un parc de 100 hectares au sein duquel se trouvent deux étangs, le château de Prunoy offre une architecture du plus pur XVIIe. La propriétaire, ancienne antiquaire à Paris, vous réserve un accueil familial et vous indique les itinéraires de promenades dans son domaine. La table est simple et raffinée, les repas sont servis dans une charmante salle à manger où la présence d'objets quotidiens vous rappelle que vous logez chez un particulier. Le petit déjeuner est servi soit dans la salle à manger, soit dans l'une des 16 chambres, toutes différentes, spacieuses et confortables. A noter également, une petit salon-bibliothèque idéal pour prendre une tasse de thé avec un livre en hiver. Lors de votre réservation, nous vous conseillons de bien vous faire préciser si aucun banquet, ou noce, n'est prévu pendant votre passage.

♦ *Itinéraire d'accès (voir carte n° 18) : à 23 km à l'ouest de Joigny par D 943, puis D 16 direction Charny.*

Le Castel★★
Place de l'Eglise
89660 Mailly-le-Château (Yonne)
Tél. 86.81.43.06 - Fax 86.81.49.26 - M. et Mme Breerette

♦ *Ouverture du 15 mars au 15 novembre - Fermeture le mercredi*
♦ *12 chambres avec tél. direct, (11 avec s.d.b., 8 avec w.c.) - Prix des chambres simples et doubles : 160 F, 290 F - Prix des suites : 370 F - 1 repas par jour obligatoire - Petit déjeuner 32 F, servi de 8 h à 9 h 30* ♦ *Carte bleue, Eurocard, MasterCard et Visa* ♦ *Chiens admis avec 25 F de supplément* ♦ *Possibilités alentour : tennis, baignades en rivière, tourisme nautique, promenades en forêt en circuits fléchés* ♦ *Restaurant : service de 12 h 15 à 13 h 30, 19 h 15 à 20 h 30 - Fermeture le mercredi - Menus: 72 à 170 F - Carte : 220 à 240 F - Spécialités : escargots aux noisettes, pavé de charolais à la moutarde ancienne, médaillon de lotte au basilic ; gratin de framboises.*

Un joli jardin avec une terrasse fleurie et ombragée par des tilleuls forment l'entrée de cette maison construite à la fin du siècle dernier. L'originale disposition du rez-de-chaussée fait que le salon sépare les deux salles à manger, le tout formant un seul espace. Autour de la cheminée, des tables et fauteuils Empire s'harmonisent bien avec la tonalité ambiante. Bien que le mobilier soit différent dans les salles à manger l'ensemble est parfaitement réussi. Pas de mauvaises surprises non plus dans les chambres, coquettes et personnalisées. Calme et bonne table dans cet hôtel installé dans un site classé, face à l'église de ce tout petit village à la saveur "douce France". Accueil chaleureux et décontracté. Service bar en terrasse.

♦ *Itinéraire d'accès (voir carte n° 18) : à 30 km au sud d'Auxerre par N 6 jusqu'à Vincelles, puis D 100 et D 950 ; dans le haut du village.*

Le Moulin des Templiers★★

Pontaubert
89200 Avallon (Yonne)
Tél. 86.34.10.80 - Mme Hilmoine

♦ *Ouverture du 15 mars au 31 octobre* ♦ *14 chambres avec tél. direct, s.d.b. ou douche, (9 avec w.c.)- Prix des chambres simples et doubles : 220 F, 320 F - Petit déjeuner 32 F, servi de 8 h à 10 h* ♦ *Cartes de crédit non acceptées* ♦ *Chiens admis avec 30 F de supplément* ♦ *Possibilités alentour : piscine, tennis ; parc naturel régional du Morvan, châteaux des ducs de Bourgogne* ♦ *Pas de restaurant à l'hôtel.*

Dans la vallée du Cousin, vous prenez une petite route tranquille bordée d'arbres qui serpente le long de la rivière, dans un paysage de charme et de verdure. Vous trouverez dans ce moulin un accueil chaleureux et tout le confort souhaitable. Les petits déjeuners, qui pourront être servis dans le jardin au bord de la rivière, sont très copieux et délicieux : pain grillé, croissants chauds et bonnes confitures : théières et cafetières sont généreusement remplies. Les chambres, bien que petites, offrent tout le nécessaire pour un séjour confortable. Le bon goût est partout présent. Le parking de l'hôtel a l'originalité d'être entouré d'un pré où circulent des animaux (âne, poney, chèvres, poules et cochons) qui ne font que rajouter au charme de cet endroit qui n'en manquait pas. Dommage qu'il n'y ait pas de restaurant... mais Pontaubert est à 500 mètres.

♦ *Itinéraire d'accès (voir carte n° 18) : à 4 km au sud-ouest d'Avallon par D 957 direction Vézelay.*

Moulin des Pommerats★★★

89210 Venizy-Saint-Florentin (Yonne)
Tél. 86.35.08.04 - Fax 86.43.47.88
Mme Reumaux d' Equainville

♦ *Ouverture toute l'année* ♦ *20 chambres avec tél., s.d.b. ou douche, w.c., (10 avec t.v.) - Prix des chambres doubles : 260 à 450 F - Petit déjeuner 35 F, servi de 8 h à 10 h* ♦ *Access, Amex, Carte bleue, Diners, Eurocard, MasterCard et Visa* ♦ *Chiens admis - Tennis à l'hôtel* ♦ *Possibilités alentour : minigolf, équitation* ♦ *Restaurant : service de 12 h à 14 h 30, 19 h 30 à 21 h -Fermeture le dimanche soir (et le lundi en b.s.) - Menus : 98 à 170 F- Carte - Spécialités : rôti de carpe farcie en meurette.*

Cet ancien moulin à eau est situé en Basse-Bourgogne, sur une petite rivière à truites, le Créanton. Dispersées dans chacune des jolies maisons blanches aux volets verts enfouies sous le lierre, les chambres aux murs fleuris sont gaies mais de confort inégal (les chambres sont mal insonorisées et les salles de bains précaires). Dans le salon rustique avec feu de bois dans la cheminée, l'atmosphère est reposante ; lui succède la salle à manger, dont les baies vitrées donnent sur un joli jardin plein de pommiers. Le restaurant a désormais à sa tête le jeune et talentueux chef, Alain Vadrot (son rôti de carpe farcie en meurette lui a valu d'être récompensé par la profession). Une nouvelle pergola sur la rivière est l'endroit idéal pour écouter le murmure de l'eau et profiter du calme.

♦ *Itinéraire d'accès (voir carte n° 18) : à 45 km au sud de Sens ; à 39 km à l'est l'A 7 sortie Joigny par D 943 direction Saint-Florentin puis D 120.*

Auberge des Vieux Moulins Banaux★★
16, rue des Moulins banaux
89190 Villeneuve-l'Archevêque (Yonne)
Tél. 86.86.72.55 - M. Sicard

♦ *Ouverture du 1er février au 30 novembre - Fermeture dimanche soir et lundi ♦ 17 chambres avec tél., douche et t.v (5 avec w.c.) - Prix des chambres simples et doubles : 100 à 140 F, 140 à 180 F - Prix des suites : 180 à 210 - Petit déjeuner 25 F, servi de 7 h à10 h - Prix de la demi-pension et de la pension : 195 à 225 F (3 j. min.), 275 à 305 F (3 j. min.) ♦ Carte bleue, Eurocard et Visa ♦ Chiens admis - Pêche dans le lac, golf, tennis de table à l'hôtel ♦ Possibilités alentour : piscine, équitation, promenades pédestres en sentiers balisés ♦ Restaurant : service de 12 h à 14 h, 19 h 30 à 22 h - Fermeture dimanche soir et lundi - Menus : 63 à 150 F- Carte - Spécialités : foie gras de canard maison, aiguillettes de canard au vinaigre de framboise, homard grillé.*

En traversant le petit pont qu'enjambe la Vanne, vous découvrirez les deux superbes roues de ce moulin du XVIe siècle, bâti dans une propriété de six hectares. Devenu hôtel en 1966, il a gardé toute la mécanique d'époque en parfait état de marche dans le vaste espace qui est actuellement la salle à manger. Chaleureuse, elle est de style rustique et possède une grande cheminée. Un autre salon pour le bar et les petits déjeuners et un salon télévision complètent le rez-de-chaussée. Dans les étages, des chambres, vieillottes mais confortables, ont toutes une belle vue sur le jardin et la rivière qui le traverse. Par beau temps, le service se fait à l'extérieur.

♦ *Itinéraire d'accès (voir carte n° 10) : à 21 km à l'est de Sens par N 60.*

Château Hôtel de Brélidy★★★

Brélidy - 22140 Bégard (Côtes-d'Armor)
Tél. 96.95.69.38 - Fax 96.95.18.09
M. Yoncourt et Mme Pémezec

♦ *Ouverture de Pâques au 1er novembre* ♦ *14 chambres avec tél., s.d.b., (1 avec douche), w.c. - Prix des chambres doubles : 230 à 450 F - Petit déjeuner 35 F, servi de 8 h à 10 h* ♦ *Carte bleue et Visa* ♦ *Chiens admis dans les chambres* ♦ *Possibilités alentour : piscine, tennis, équitation, parc de loisirs, golf 18 trous ; festival au château de La Roche-Jagu, Tréguier* ♦ *Restaurant : service de 19 h 30 à 21 h - Menu : 145 F.*

Un vieux château breton perdu dans le bocage ; on y aperçoit de loin en loin des bois, des haies vives et des chemins creux qui parcourent les collines. La façade de granit se rehausse de l'éclat des hortensias. Au départ n'y étaient offertes que quelques chambres d'hôtes, que l'on trouve désormais en plus grand nombre avec le confort d'un bon hôtel, dans un cadre et un paysage des plus apaisants et séduisants. La table reste empreinte de cette période pré-hôtelière : un menu unique vous est présenté. On dîne dans une des deux belles salles à manger, d'une cuisine qui est donc à l'image de l'accueil et du service : sympathique et familiale. Après le dîner, on escalade l'escalier de pierre pour profiter des salons et de la salle de billard, vastes pièces un peu dépouillées mais accueillantes. Les chambres portent bien leur nom de fleurs, la suite vous offre baldaquins et vue sur les alentours ; pour un prix moindre, vous pouvez lui préférer les chambres Jasmin ou Iris. Près de Guingamp, à deux heures de Paris par le T.G.V, la plus préservée des campagnes bretonnes et une adresse qui ne dénote pas.

♦ *Itinéraire d'accès (voir carte n° 5) : à 14 km au nord de Guingamp par D 8, puis D 15 direction Bégard.*

Hôtel Le d'Avaugour★★★
1, place du Champ
22100 Dinan (Côtes-d'Armor)
Tél. 96.39.07.49 - Fax 96.85.43.04 - M. et Mme Quinton

♦ Ouverture toute l'année ♦ 27 chambres avec tél., s.d.b., w.c. et t.v. - Prix des chambres simples et doubles : 280 à 320 F, 320 à 420 F - Petit déjeuner 40 F, servi de 7 h à 10 h ♦ Cartes de crédit acceptées ♦ Chiens admis ♦ Possibilités alentour : remparts de Dinan, musées ♦ Restaurant : service à partir de 12 h 30, de 19 h 30 à 21 h - Fermeture deuxième quinzaine de janvier - Menus : 70 F (à midi), et de 120 à 350 F - Carte - Spécialités : poissons du marché.

C'est au centre de la ville, surplombant les remparts, que le d'Avaugour dresse sa belle façade de pierre grise. A l'intérieur règne l'atmosphère confortable et intime d'une maison bourgeoise. Toutes les chambres sont douillettes, certaines donnant sur le jardin et sur les remparts. Deux restaurants sont à votre disposition : celui de l'hôtel, classique et grand ouvert sur le jardin (où l'on sert en été) et où l'on déguste de bonnes spécialités de la mer ; et "La Poudrière", une excellente rôtisserie récemment aménagée dans une très belle salle de garde du XVe, où les grillades sont préparées devant vous dans l'immense cheminée. L'accueil de Mme Quinton est très chaleureux.

♦ Itinéraire d'accès (voir carte n° 6) : dans le centre ville.

Relais de Fréhel★

22240 Fréhel (Côtes-d'Armor)
Tél. 96.41.43.02 - Mme Lemercier

♦ *Ouverture du 25 mars au 5 novembre* ♦ *13 chambres (9 avec s.d.b., 7 avec w.c.) - Prix des chambres simples et doubles : 150 à 180 F, 210 à 240 F - Prix des suites : 220 à 260 F - Petit déjeuner 30 F, servi de 8 h à 11 h - Prix de la demi-pension et de la pension : de 245 à 260 F (3 j. min.), 290 à 330 F* ♦ *Carte bleue, Eurocard et Visa* ♦ *Chiens non admis - Tennis à l'hôtel* ♦ *Possibilités alentour : équitation, golf, voile, promenades dans la lande ; réserve d'oiseaux de mer du cap Fréhel* ♦ *Restaurant : service de 12 h 30 à 14 h, 19 h 30 à 21 h - Menus : 60 à 155 F - Carte - Spécialités : homard, grillades au feu de bois, coquilles st-jacques à la bretonne - St Pierre à l'oseille.*

Le relais de Fréhel, ancienne ferme aménagée des Côtes-d'Armor, étire sa longue façade basse de pierre rose surmontée de grandes mansardes couvertes d'ardoise sur un jardin fleuri et un parc boisé. A l'intérieur, le bois des linteaux des fenêtres et celui des solives des plafonds bas adoucit le contraste entre la pierre apparente encadrant portes et fenêtres et le crépi blanc des murs. La plupart des chambres aménagées dans les mansardes spacieuses sont rustiques, simples et confortables. De l'ensemble se dégage une atmosphère très familiale, calme et reposante. A table sont servis des menus variés où, bien sûr, les produits de la mer tiennent une large place. La Côte sauvage et la réserve d'oiseaux du cap Fréhel sont à quelques kilomètres pour les amoureux de la mer et les ornithologues amateurs.

♦ *Itinéraire d'accès (voir carte n° 6) : à 40 km à l'est de St-Malo par D 786 et D 16 ; suivre fléchage direction cap Fréhel.*

Moulin de Belle-Isle★★★

Hémonstoir
22600 Loudéac (Côtes-d'Armor)
Tél. 96.25.05.92 - changement de direction

♦ *Ouverture toute l'année sauf du 1er au 15 octobre et les vacances de février - Fermeture le lundi en b.s.* ♦ *10 chambres avec tél. direct, t.v. (8 avec s.d.b. et w.c.) - Prix des chambres doubles : 400 F - Petit déjeuner 25 F, servi de 7 h 30 à 9 h 30 - Prix de la demi-pension et de la pension : 350 F, 400 F (1 pers., 3 j. min.)* ♦ *Carte bleue, Eurocard, MasterCard, Visa* ♦ *Chiens admis avec 25 F de supplément - Pêche à l'hôtel* ♦ *Possibilités alentour : piscine, tennis, équitation, pêche, promenades en forêt* ♦ *Restaurant : service de 12 h 15 à 14 h, 19 h 15 à 21 h - Fermeture le dimanche soir et le lundi en b.s. - Menus : 70 à 170 F - Carte - Spécialités : grillades au feu de bois, soufflé de champignons au beurre nantais, turbotin aux crustacés, brochettes d'agneau sauce chauron.*

Le site est enchanteur : l'Oust coule au pied du moulin, formant de petits îlots reliés par des ponts. La roue tourne toujours, et l'on est bercé par le bruit de l'eau. Une terrasse permet de profiter de cette atmosphère de charme. L'aménagement intérieur est agréable. Les chambres, bien aménagées, sont personnalisées. Nos favorites sont les numéros 16, 24 et 26 qui, outre leur belle décoration et leur confort, ont une vue superbe sur le jardin et la rivière.

♦ *Itinéraire d'accès (voir carte n° 6) : à 47 km de St Brieuc - Loudéac N 164 dir. Brest - suivre fléchage pour Hémonstoir.*

Manoir du Cleuziou★★

22540 Louargat (Côtes-d'Armor)
Tél. 96.43.14.90 - M. Bizien

♦ *Ouverture du 1er mars au 2 janvier - Fermeture le lundi en b.s.*
♦ *28 chambres avec tél., s.d.b. (1 avec douche) et w.c. - Prix des chambres doubles : 290 à 380 F - Petit déjeuner 30 F, servi de 7 h 30 à 10 h - Prix de la demi-pension : 280 à 325 F (par pers., 3 j. min.)* ♦ *Amex, Carte bleue, Diners et Visa* ♦ *Chiens admis - Piscine chauffée, tennis, minigolf à l'hôtel* ♦ *Possibilités alentour : plages ; planétarium du Trégor* ♦ *Restaurant : service de 12 h 30 à 14 h, 19 h 30 à 21 h 45 - Fermeture le lundi en b.s. - Menus : 95 à 210 F - Menu enfant : 60 F - Carte.*

Le manoir, dont la partie la plus ancienne remonte au XVe siècle, est une superbe demeure dont la décoration intérieure n'a rien à envier à la majesté de la façade. Partout de magnifiques cheminées en pierre sculptée, de belles portes et d'impressionnantes tapisseries. Les chambres, toutes différentes, ainsi que les salles de bains, offrent un bon confort. Si vous êtes accompagnés d'enfants, le rapport qualité-prix est excellent car chaque chambre est aménagée avec deux lits superposés utilisables contre un très léger supplément. Au sous-sol, un bar est installé de façon originale dans les anciennes caves ; il est ouvert jusqu'à 1 heure du matin. Bien qu'ils en soient éloignés, il est cependant nécessaire de préciser que la piscine et les tennis sont accessibles à un petit camping dépendant du manoir.

♦ *Itinéraire d'accès (voir carte n° 5) : à 14 km à l'ouest de Guingamp par N12 ; dans le village suivre fléchage.*

Le Repaire de Kerroc'h★★★
29, quai Morand
22500 Paimpol (Côtes-d'Armor)
Tél. 96.20.50.13 - M. Broc

♦ *Ouverture toute l'année* ♦ *12 chambres avec tél. direct, s.d.b., w.c. et t.v. - Prix des chambres doubles : 390 F - Prix des suites : 480 F - Petit déjeuner 45 F, servi de 8 h à 10 h 30 - Prix de la demi-pension et de la pension : 700 F (2 pers.), 900 F (2 pers., 3 j. min.)* ♦ *Carte bleue, Eurocard, MasterCard et Visa* ♦ *Chiens admis avec 50 F de supplément - Pêche en mer (150 F par pers.) à l'hôtel* ♦ *Restaurant : service de 12 h à 13 h 30, 19 h à 21 h 30 - Menus : 110 à 165 F - Carte - Spécialités : saumon rôti à la peau, ravioli de homard, pigeonneau poêlé au gingembre.*

Bréhat et Plougescant sont à quelques kilomètres de la petite ville de Paimpol. Sur les quais, dans une malouinière construite en 1793, se trouve ce très charmant hôtel. Bien meublées à l'ancienne, les chambres y portent les noms des îles des côtes bretonnes. L'hôtel vient tout juste de doubler de volume en rachetant l'autre partie de cette maison de corsaire. Les chambres y seront plus vastes, un peu plus chères et décorées de papiers et de tissus anglais. Elles n'existaient pas encore lors de notre passage, mais on peut faire confiance au goût et au dynamisme du propriétaire. Les fenêtres sont pourvues de double vitrage et, s'associant aux murs épais de la vieille demeure, se portent garantes du calme de vos nuits ; mais le quai étant aussi une route, il serait néanmoins prudent de préférer les chambres donnant sur l'arrière. Kerroc'h est également une adresse gourmande où l'on cuisine sa propre pêche d'une manière qui n'a pas d'égale dans la ville. Une très plaisante adresse en ville qui évoque mer et Bretagne.

♦ *Itinéraire d'accès (voir carte n° 5) : à 34 km à l'est de Tréguier par D 786 jusqu'à Paimpol, puis direction pointe de l'Arcouest.*

Hôtel Le Sphinx★★★
67, chemin de la Messe
22700 Perros-Guirec (Côtes-d'Armor)
Tél. 96.23.25.42/96.23.27.10 - Fax 96.91.26.13
M. et Mme Le Verge

♦ *Ouverture du 15 mars au 6 janvier* ♦ *11 chambres avec tél. direct, s.d.b., w.c. et t.v. - Prix des chambres doubles : 320 à 380 F - Petit déjeuner 37 F, servi de 8 h à 10 h 30 - Prix de la demi-pension et de la pension : 360 à 400 F, 460 à 500 F (par pers., 3 j. min.)* ♦ *Cartes de crédit acceptées* ♦ *Chiens admis avec 30 F de supplément - Accès direct à la mer de l'hôtel* ♦ *Possibilités alentour : tennis, golf de Saint-Samson, sports nautiques, pêche ; visite des Sept Iles, réserve ornithologique, château de Rosembau* ♦ *Restaurant : service de 12 h à 14 h, 19 h 15 à 21 h 30 - Fermeture le lundi à midi - Menus : 115 à 230 F - Carte - Spécialités : poissons, homards et langoustes du vivier.*

Située sur une petite route de corniche de la côte de granit rose, dominant la baie de Trestignel, cette adresse a presque tout pour séduire : un emplacement exceptionnel avec un jardin qui descend en pente douce vers la mer, une décoration chaleureuse dans le salon-bar et la salle à manger attenante qui surplombe la mer, ainsi qu'un accueil attentif de la part des propriétaires. M. Le Verge est aux fourneaux pour préparer une nourriture de qualité, où les produits de la mer occupent bien sûr une place importante. Les onze chambres, confortables, mais meublées de façon un peu trop moderne et impersonnelle, donnent toutes sur la mer, certaines avec un balcon ; nous préférons pour notre part les huit chambres du bâtiment principal. L'été, lorsqu'il fait chaud, le petit déjeuner et les consommations sont servis dans le jardin. Une très bonne adresse.

♦ *Itinéraire d'accès (voir carte n° 5) : à 11 km de Lannion, sur le bord de mer.*

Manoir de Vaumadeuc★★★

Pleven
22130 Plancoet (Côtes-d'Armor)
Tél. 96.84.46.17 - Fax 96.84.40.16 - M. O'Neill

♦ *Ouverture du 15 mars au 5 janvier* ♦ *10 chambres avec tél., s.d.b. et w.c. - Prix des chambres simples et doubles : 490 F, 690 F - Petit déjeuner 42 F, servi de 8 h à 10 h - Prix de la demi-pension et de la pension : 410 à 510 F (3 j. min.), 575 à 675 F (3 j. min.)* ♦ *Access, Carte bleue, Mastercard, Visa* ♦ *Chiens admis avec supplément - Pêche dans l'étang à l'hôtel* ♦ *Possibilités alentour : tennis, équitation, golf de Pen Guen (9 trous), golf de St-Briac-sur-mer (18 trous)* ♦ *Restaurant : service de 12 h à 13 h, 19 h 30 à 21 h sur réservation - Menus : à partir de 175 F - Carte - Spécialités : bracelet de st-jacques au beurre d'orange, émincé de saumon sauce neptune, homard grillé flambé à la crème de whisky.*

Le manoir, qui date de la fin du XVe siècle, est resté jusqu'à nos jours dans toute son intégrité. Dans le corps principal se trouvent la salle à manger et les chambres absolument charmantes où l'on ne peut qu'apprécier le goût irréprochable des meubles et des objets qui les décorent, même si le sanitaire est un peu désuet. A côté se trouvent deux petits pavillons du même style, aménagés avec confort. En face du manoir on a installé un bar dans le colombier du XVIe siècle. Situé en forêt mais à 18 km seulement de la mer, c'est un lieu de séjour agréable.

♦ *Itinéraire d'accès (voir carte n° 6) : à 16 km à l'est de Lamballe par D 28 (par la forêt de la Hunaudaie).*

Le Fanal★★
Route du Cap Frehel
Plévenon
22240 Fréhel (Côtes-d'Armor)
Tél. 96.41.43.19 - M. et Mme Legros

♦ *Ouverture du 1er avril au 30 septembre et vacances de la Toussaint* ♦ *9 chambres avec tél. direct, s.d.b. et w.c. - Prix des chambres simples et doubles : de 210 à 260 F, 250 F à 270 F - Petit déjeuner 29 F, servi de 8 h 15 à 10 h* ♦ *Carte bleue, Eurocard, MasterCard et Visa* ♦ *Chiens non admis* ♦ *Possibilités alentour : promenades dans la lande, mer ; réserve d'oiseaux de mer du cap Fréhel* ♦ *Restaurant : service crêperie de 12 h 30 à 14 h, 17 h 30 à 21 h 30 - Carte - Spécialités : crêpes, moules, soupe de poisson.*

En pleine lande de Fréhel, entre Plévenon et le cap, l'architecture en bois du Fanal s'intègre parfaitement à l'environnement ; il faut en franchir la porte pour en comprendre le charme secret. Meubles anciens, musique classique, livres sur la Bretagne, tout contribue au calme et à la détente. Les chambres, aménagées avec goût, sont confortables, et ont toutes la vue sur la lande et la mer. Les amoureux de la nature découvriront la réserve ornithologique et les circuits pédestres ou se reposeront au jardin.

♦ *Itinéraire d'accès (voir carte n° 6) : à 40 km à l'est de St-Malo par D 786, puis D 16.*

Manoir des Portes★★

La Poterie
22400 Lamballe (Côtes-d'Armor)
Tél. 96.31.13.62 - Fax 96.31.20.53 - Mme Chauvel

♦ *Ouverture du 1er mars au 2 janvier - Fermeture le lundi en b.s.*
♦ *16 chambres avec tél. direct, s.d.b., w.c. et t.v. - Prix des chambres simples et doubles : 300 F, 345 F - Petit déjeuner 36 F, servi de 7 h 30 à 10 h - Prix de la demi-pension et de la pension : 345 F, 478 F (par pers., 3 j. min.)* ♦ *Cartes de crédit acceptées - Etang à l'hôtel* ♦ *Possibilités alentour : piscine, tennis, plages* ♦ *Restaurant : service de 12 h à 13 h 45, 19 h à 21 h - Fermeture le lundi en b.s. - Menus : 100 F - Carte.*

Ce manoir breton des XVIe et XVIIe siècles est situé en pleine campagne, au bord de l'eau, d'où le très grand calme des lieux.
Les pierres et les poutres de l'ancienne demeure ne prennent que plus de relief dans leur association avec le bois clair de certains meubles, les tissus raffinés et les moquettes. Les chambres sont entièrement équipées (télévision) et donnent sur une grande cour qui les préserve de tout bruit. Au restaurant, la formule du buffet permet de déguster une cuisine simple qui utilise les produits régionaux.
Cette auberge, où toute une famille engage compétence et gentillesse, mérite qu'on s'y attarde.

♦ *Itinéraire d'accès (voir carte n° 6) : à 21 km à l'est de Saint-Brieuc par N 12 jusqu'à Lamballe, puis D 28.*

Hôtellerie de l'Abbaye

Bon Repos - 22570 Saint-Gelven (Côtes-d'Armor)
Tél. 96.24.98.38 - M. Gadin

♦ *Ouverture toute l'année sauf en octobre - Fermeture le mercredi*
♦ *5 chambres avec s.d.b. et w.c. - Prix des chambres : 200 à 220 F - Petit déjeuner 25 F, servi de 8 h 15 à 9 h 30 - Prix de la demi-pension : 390 F (2 pers., 5 j. min.)* ♦ *Carte bleue et Visa*
♦ *Chiens admis avec supplément* ♦ *Possibilités alentour : équitation, sports nautiques sur le lac de Guerlédan, chasse, pêche ; abbaye de Bon Repos, gorges du Daoulas* ♦ *Restaurant : service de 12 h 15 à 13 h 30, 19 h 30 à 20 h 30 - Fermeture le mercredi - Menus : 60 à 190 F - Carte - Spécialités : filet de truite fumée, filet de canard au cidre, brochet au beurre blanc.*

Cet hôtel occupe les anciennes dépendances de l'abbaye cistercienne du Bon Repos, fondée en 1184, dont on projette actuellement la restauration. Le site est très calme et la route nationale se trouve juste assez éloignée pour éviter tout bruit sans rendre l'accès difficile. La verdure est partout, le canal de Nantes à Brest coule tranquillement en contrebas tandis que juste en face s'élève la forêt de Quenecan dont on profite merveilleusement. C'est un endroit idéal pour les chasseurs à la bécasse et les pêcheurs (le Blanet, rivière voisine, est classée première catégorie). Les cinq chambres ont toutes des salles de bains et offrent un bon confort mais trois d'entre elles n'ont comme fenêtre qu'un œil-de-bœuf. Vous prendrez vos repas dans une belle pièce aux larges poutres et aux solides murs en pierre. M. Gadin, lui-même aux cuisines, prépare d'excellents plats. Accueil sympathique et prix intéressants.

♦ *Itinéraire d'accès (voir carte n° 5) : à 30 km à l'ouest de Loudéac par N 164 direction Rostrenen ; au lieu-dit Bon-Repos.*

Ti Al-Lannec★★★
Allée Mezoguen
22560 Trébeurden (Côtes-d'Armor)
Tél. 96.23.57.26 - Télex 740 656 - Fax 96.23.62.14 - M. Jouanny

◆ *Ouverture du 15 mars au 15 novembre* ◆ *29 chambres avec tél. direct, s.d.b. ,w.c.et t.v satellite - Prix des chambres doubles : 335 à 375 F - Prix des suites : 510 à 720 F - Petit déjeuner de 50 à 75 F, servi de 7 h 15 à 10 h 30 - Prix de la demi-pension et de la pension : 465 à 575 F, 615 à 725 F (3 j. min.)* ◆ *Amex, Carte bleue, Diners, Eurocard* ◆ *Chiens admis avec 35 F de supplément* ◆ *Possibilités alentour : piscine, tennis, équitation, sports nautiques ; thalassothérapie* ◆ *Restaurant : service à 12 h 30, 19 h 30 - Menus : 175 à 330 F (115 F le midi en semaine) - Carte - Spécialités : coquilles st-jacques d'Erquy dorées sauce au curry, salade de langoustines aux légumes étuvés, tarte tiède au chocolat amer.*

Située un peu à l'écart, dans Trébeurden, au sommet d'une colline verdoyante, Ti Al-Lannec est une belle demeure de caractère, très calme et très confortable, avec une vue panoramique. Bar et salons feutrés au décor raffiné, superbe salle à manger dominant la baie, chambres très confortables (nos favorites sont la 6 et la 16 avec balcon, la 7 et la 8 avec petite terrasse et loggia, les 9, 10 et 11 avec grande terrasse), mais aussi un service aimable et efficace sous l'œil discret mais omniprésent de M. et Mme Jouanny, les propriétaires, et une cuisine de qualité. Certainement une des très bonnes adresses de ce guide.

◆ *Itinéraire d'accès (voir carte n° 5) : à 9 km au nord-est de Lannion par D 65.*

Manoir de Crec'h-Goulifen

Servel
22300 Lannion (Côtes-d'Armor)
Tél. 96.47.26.17 - Mme Droniou

♦ *Ouverture toute l'année* ♦ *7 chambres d'hôtes avec tél., s.d.b. ou douche, w.c., (3 avec t.v.) - Prix des chambres simples et doubles : 230 à 280 F, 290 à 350 F - Petit déjeuner compris, servi de 8 h à 10 h 30* ♦ *Cartes de crédit non acceptées* ♦ *Chiens admis avec 30 F de supplément - Tennis à l'hôtel* ♦ *Possibilités alentour : équitation, golf, location de vélos, plage à 3 km, pêche en mer et rivière, randonnées pédestres* ♦ *Pas de restaurant à l'hôtel.*

Nous sommes ici au cœur de la Bretagne profonde en pleine campagne. L'hôtel occupe l'emplacement d'une ancienne ferme du XVIIIe siècle, restaurée avec soin.
Les chambres, au mobilier ancien, sont confortables, chacune ayant une salle de bains. Un petit salon et une bibliothèque sont à la disposition des clients. Pas de restaurant mais une jolie terrasse, face au jardin où vous pourrez prendre votre petit déjeuner.
Calme, verdure, charme et confort.

♦ *Itinéraire d'accès (voir carte n° 5) : à 3 km au nord-est de Lannion par D 21, puis direction Servel.*

Kastell Dinec'h★★★

22200 Tréguier (Côtes-d'Armor)
Tél. 96.92.49.39 - M. et Mme Pauwels

♦ *Ouverture du 27 octobre au 31 décembre et du 15 mars au 11 octobre - Fermeture mardi soir et mercredi en b.s.* ♦ *15 chambres avec tél. et w.c., (14 avec s.d.b.) - Prix des chambres doubles : 260 à 380 F - Petit déjeuner 42 F, servi de 8 h à 10 h* ♦ *Carte bleue, Eurocard, MasterCard, Visa* ♦ *Chiens admis dans les chambres seulement - Piscine chauffée du 15 mai au 15 septembre à l'hôtel* ♦ *Possibilités alentour : équitation, voile, pêche, golf* ♦ *Restaurant : service de 19 h 30 à 21 h 15 - Fermeture le mardi soir et le mercredi en b.s. - Menus : 100 à 260 F - Spécialités : bar en croûte au sel, coquilles st-jacques.*

Cette ancienne ferme manoir du XVIIe siècle offre l'atmosphère et l'environnement de la pleine campagne, à 2 km de Tréguier. Un bâtiment principal – contenant une belle salle à manger, un petit salon confortable et une partie des chambres –, est entouré de deux annexes où se trouvent d'autres chambres ; l'ensemble donne sur un très beau jardin où l'été, on vous sert petits déjeuners et consommations. Les chambres sont petites mais décorées avec beaucoup de goût ; nos préférées sont les numéros 2, 5, 11 et 12 bis. L'ensemble est à la fois simple et raffiné. L'accueil de Mme Pauwels est très agréable et la cuisine de son mari délicieuse. Une très bonne adresse.

♦ *Itinéraire d'accès (voir carte n° 5) : à 2 km de Tréguier par D 786 ; suivre fléchage.*

Domaine de Kéréven★★

Clohars
29950 Bénodet (Finistère)
Tél. 98.57.02.46 - Mme Berrou

♦ *Ouverture toute l'année sur réservation* ♦ *16 chambres et 3 appartements avec tél., s.d.b. et w.c. - Prix des chambres doubles : 290 à 345 F - Petit déjeuner compris, servi de 8 h 30 à 10 h - Prix de la demi-pension : 265 à 300 F (par pers., 3 j. min.)* ♦ *Cartes de crédit non acceptées* ♦ *Chiens non admis* ♦ *Possibilités alentour : tennis, équitation, sports nautiques, location de vélos, golf 18 trous, randonnées pédestres, remontée de l'Odet ; fêtes folkloriques, concerts en été, casino* ♦ *Restaurant : service de 19 h 30 à 20 h 30 - Fermeture du 30 septembre au 1er mai - Menus : 100 F - Spécialités : produits de la mer.*

Cette grande maison bretonne a été restaurée et aménagée avec goût par les propriétaires actuels. Elle est située au milieu des prés, et les bâtiments de ferme tout proches disent combien ce coin de campagne a encore gardé tout son charme. L'accueil réservé est très agréable, parents et enfants ayant su créer dans cette spacieuse maison une atmosphère familiale en harmonie avec le cadre. Les chambres que l'on met à votre disposition sont toutes différentes et disposent d'un confort total. Il n'y a pas de restaurant à midi mais on dîne le soir dans une grande salle à manger avec cheminée, que prolonge une terrasse. Dans un ancien bâtiment se trouvent des appartements avec cuisine qui permettent des séjours plus familiaux. Confort, tranquillité et extrême gentillesse ne sont pas ici de vains mots.

♦ *Itinéraire d'accès (voir carte n° 5) : à 1 km au nord de Bénodet.*

Castel Régis★★
Plage du Garo
29890 Brignogan-Plage (Finistère)
Tél. 98.83.40.22 - Télex 940 941 - M. et Mme Plos

♦ *Ouverture du 21 mars à fin septembre* ♦ *21 chambres avec tél. direct, s.d.b. et w.c. - Prix des chambres simples et doubles : 240 F, 370 F - Petit déjeuner 35 F, servi de 7 h 30 à 9 h 30 - Prix de la demi-pension et de la pension : 420 F, 490 F (par pers., 3 j. min.)* ♦ *Carte bleue, Eurocard et Visa* ♦ *Chiens admis avec supplément - Piscine chauffée, tennis, minigolf, sauna à l'hôtel* ♦ *Possibilités alentour : location de vélos, planches à voile ; église de Goulven* ♦ *Restaurant : service de 12 h 30 à 14 h, 19 h 30 à 21 h - Fermeture le mercredi sauf pour les résidents - Menus : 112 à 195 F - Carte - Spécialités : soupe de poisson, brochette de saint-jacques forestière.*

Très bien situé, Castel Régis occupe une péninsule sur la mer. Les chambres et les bungalows sont éparpillés dans le jardin, parmi les arbres. La salle à manger, le salon et une grande terrasse surplombent la mer.
Toutes les chambres sont sympathiques, mais notre préférence va à la numéro 21, en duplex avec une petite serre comme séjour et d'où l'on a une belle vue. La plupart sont idéales pour des familles car elles forment de petits appartements de 4 personnes. Eviter toutefois les nouvelles à côté du parking qui, tout en étant très confortables, ont moins de charme. Très bonne cuisine. (On trouve souvent du homard au menu des pensionnaires.) Accueil très amical.

♦ *Itinéraire d'accès (voir carte n° 5) : à 37 km au nord de Brest par D 788 jusqu'à Lesneven et D 770.*

Auberge de Kervéoc'h★★
Route de Kervéoc'h
29100 Douarnenez (Finistère)
Tél. 98.92.07.58 - M. et Mme Guitton

♦ *Ouverture de Pâques au 15 octobre* ♦ *14 chambres avec tél., s.d.b. ou douche, w.c. - Prix des chambres simples et doubles : 215 à 225 F, 215 à 270 F - Petit déjeuner 28 F, servi de 8 h à 10 h - Prix de la demi-pension : 260 à 270 F (par pers.)* ♦ *Cartes de crédit acceptées* ♦ *Chiens non admis* ♦ *Possibilités alentour : plage, piscine, tennis, centre de cure marine, équitation ; port de Rosmeur, pointe de Leydé, pointe du Raz* ♦ *Restaurant : service de 12 h 30 à 13 h 45, 19 h 30 à 21 h - Menus : 90 à 220 F - Carte - Spécialités : homard crémé de son corail, foie gras maison, sole farcie à la saint-jacques.*

A 5 minutes de Locronan et des plages bordant la baie de Douarnenez, sur une petite route qui mène à la pointe du Raz, l'auberge de Kervéoc'h est une vieille ferme agréablement rénovée. Il y a deux bâtiments. Dans l'un se trouvent les pièces de réception et quelques chambres, dans l'autre des chambres plus grandes et plus confortables et parfois un peu tristes, sauf peut-être celles du dernier étage. Le restaurant est excellent et sert des spécialités à base de produits de la mer et du terroir.
Un beau parc avec un étang entoure l'auberge, ce qui permet en été d'avoir un service dans le jardin. Un seul regret : le raccordement de la petite route à une voie de dégagement de Douarnenez expose certaines chambres au bruit.

♦ *Itinéraire d'accès (voir carte n° 5) : à 5 km au sud-est de Douarnenez par D 765 direction Quimper.*

Manoir du Stang★★★★

29940 La Forêt-Fouesnant (Finistère)
Tél. 98.56.97.37 - M. et Mme Hubert

♦ *Ouverture du 2 mai au 30 septembre* ♦ *26 chambres avec tél. direct, s.d.b. ou douche, (24 avec w.c.) - Prix des chambres doubles : 450 à 800 F - Prix des suites : 1020 F (3 pers.) - Petit déjeuner compris, servi de 8 h à 10 h* ♦ *Cartes de crédit non acceptées* ♦ *Chiens non admis - Tennis à l'hôtel* ♦ *Possibilités alentour : équitation, golf de Cornouaille (9 trous), golf de l'Odet (18 trous), école de voile, plages* ♦ *Restaurant : service de 12 h à 13 h 30, 19 h 30 à 20 h 30 - Menus : 150 F (service réservé aux résidents, sur réservation) - Petite carte - Spécialités : produits de la mer, foie gras maison.*

Le Stang est un domaine agricole familial s'étendant sur 40 hectares : vastes jardins à la française, roseraie, étangs, bois, ferme et prairies, tout ceci à proximité immédiate de la mer.
Le manoir est une gentilhommière du XVIe siècle, qui allie un cadre raffiné à un grand confort. La salle à manger d'époque XVIIIe s'ouvre sur une terrasse devant les étangs. Quant aux chambres, elles sont ravissantes, bien meublées et toutes ont une belle vue. Les produits de la ferme contribuent à la qualité de la cuisine du Manoir du Stang.

♦ *Itinéraire d'accès (voir carte n° 5) : à 8 km au nord-ouest de Concarneau par D 783 ; puis chemin privé.*

Manoir de Kerhuel

Kerhuel
29700 Plonéour-Lanvern (Finistère)
Tél. 98.82.60.57 - Fax 98.98.29.29 - M. et Mme Vigliano

♦ *Ouverture toute l'année* ♦ *22 chambres studios et duplex avec tél. direct, s.d.b., w.c., (12 avec t.v.) - Prix des chambres : 400 à 550 F - Petit déjeuner 36 F, servi de 8 h 30 à 10 h 30 - Prix de la demi-pension et de la pension : 400 F, 470 F (par pers., 2 j. min.)* ♦ *Carte bleue et Visa* ♦ *Chiens admis avec 20 F de supplément - Piscine chauffée, tennis, ping-pong, salle de remise en forme, balnéothérapie (avec supplément) à l'hôtel* ♦ *Possibilités alentour : équitation, golf, excursions en mer ou rivière, pêche* ♦ *Restaurant : service de 12 h 15 à 13 h 45, 19 h 30 à 21 h 30 - Menus : 120 à 350 F - Carte - Spécialités : poisson.*

Situé au milieu d'une grande propriété boisée de 6 hectares, le manoir de Kerhuel est une belle bâtisse du XVIIIe aménagée en duplex et chambres d'hôtes ; celles-ci, garnies de meubles de style, sont en harmonie avec l'esprit du manoir. Les dépendances du XVIe siècle abritent une grande salle de réception, la salle à manger et le bar, auxquels les boiseries d'époque ajoutent un charme chaleureux. Une touche de raffinement est apportée à ce bel ensemble par des jardins à la française où il vous sera agréable de vous promener ou de prendre le thé après vous être baigné dans une piscine chauffée, à côté de laquelle un bassin pour les enfants a été prévu.

♦ *Itinéraire d'accès (voir carte n° 5) : à 7 km au nord de Pont-l'Abbé par D 785, puis D 240 jusqu'à Trémeoc et direction Kerhuel.*

Hôtel Ker-Ansquer★★★

Lababan
29710 Pouldreuzic (Finistère)
Tél. 98.54.41.83 - Mme Ansquer

♦ *Ouverture toute l'année sauf en octobre et en novembre*
♦ *11 chambres avec tél. direct, s.d.b. et w.c. - Prix des chambres doubles : 255 F - Petit déjeuner 27 F, servi de 8 h à 10 h - Prix de la demi-pension : 245 à 255 F (par pers.)* ♦ *Cartes de crédit acceptées* ♦ *Petits chiens admis avec supplément* ♦ *Possibilités alentour : plages de sable fin, sports nautiques, tennis, piscine, location de vélos, randonnées* ♦ *Restaurant : service à 19 h 30 - Menus : 70 à 230 F - Carte (pour les résidents seulement) - Spécialités : coquilles saint-jacques en poêlon, langouste sauce armoricaine.*

Un bon exemple de reconstitution pour cet hôtel construit il y a quelques années et qui vient de s'agrandir d'une nouvelle aile. La tour, nouvellement construite, rompt l'architecture rigide et un peu austère des toits d'ardoise et des murs de pierre grise.
Les meubles ont été réalisés par un ébéniste de la région et la vaisselle vient de Quimper. Calme et confort sont assurés par le parc d'un hectare où la vue se prolonge sur les champs, la campagne et la mer. Une bonne étape.

♦ *Itinéraire d'accès (voir carte n° 5) : à 25 km de Quimper par D 784 jusqu'à Landudec, puis D 143 direction Pouldreuzic et D 40.*

Hôtel Porz-Morvan★★

29550 Plomodiern (Finistère)
Tél. 98.81.53.23 - M. Si Hamdi

♦ *Ouverture de Pâques à octobre* ♦ *12 chambres avec s.d.b. ou douche, w.c., (4 avec t.v.) - Prix des chambres doubles : 250 à 270 F - Prix des suites : 420 F (4 pers.) - Petit déjeuner 30 F, servi de 8 h 15 à 9 h 30* ♦ *Carte bleue et Visa* ♦ *Petits chiens admis - Tennis à l'hôtel* ♦ *Possibilités alentour : équitation, piscine, plages, sports nautiques à 6 km, pêche en mer, promenades en sentiers balisés* ♦ *Crêperie sur place.*

Cette ferme de 1833, située en pleine campagne dans une propriété de deux hectares, est au centre d'une importante région touristique et seulement à 6 km d'une magnifique plage.
Dans le salon, comme dans la petite crêperie installée tout à côté, un amusant assortiment de meubles campagnards et de rotin. Les chambres sont confortables et donnent de plain-pied sur la terrasse et le jardin, mais elles sont souvent un peu petites et pas toujours très calmes. Si vous voyagez en famille, prenez la chambre "Penty" numéro 8. Le charme est l'atout de cette vraie maison de campagne bretonne.

♦ *Itinéraire d'accès (voir carte n° 5) : à 19 km au nord-est de Douarnenez par D 7, D 107 et D 63.*

Manoir de Moëllien★★

29550 Plonévez-Porzay (Finistère)
Tél. 98.92.50.40 - Fax 98.92.55.21 - M. et Mme Garet

♦ *Ouverture du 15 mars au 2 janvier* ♦ *10 chambres avec tél. direct, s.d.b. et w.c. - Prix des chambres doubles : 290 à 320 F - Petit déjeuner 35 F, servi de 8 h à 9 h 30 - Prix de la demi-pension et de la pension : 300 à 340 F, 350 à 390 F (par pers., 2 j. min.)* ♦ *Cartes de crédit acceptées* ♦ *Chiens admis avec 30 F de supplément* ♦ *Possibilités alentour : tennis, équitation, plage, voile, centre de cure marine* ♦ *Restaurant : service de 12 h 30 à 14 h, 19 h 30 à 21 h - Fermeture le mercredi en b.s. - Menus : 115 à 280 F - Carte - Spécialités : cuisine saisonnière et du marché.*

Une forêt de pins cache ce château, invisible depuis la petite route qui y mène. Construit au XVIIe siècle, le corps principal abrite au rez-de-chaussée une salle à manger tout en pierre, accueillante et chaude. Ses meubles rustiques bretons sont égayés par des petits bouquets de fleurs fraîches et quelques plantes vertes. A côté, ambiance intime pour le petit bar. Au premier étage, le grand salon où trône une cheminée en pierre invite ses hôtes à la détente. Face au manoir et à sa très belle et noble façade, des chambres de plain-pied sont aménagées dans une dépendance. Soignées, mignonnes et confortables, elles gagnent ainsi en calme et en intimité. La belle vue sur la campagne environnante et l'excellent accueil finiront de vous conquérir.

♦ *Itinéraire d'accès (voir carte n° 5) : à 10 km à l'est de Douarnenez par D 107 ; avant Plonévez-Porzay.*

Château de Kernuz★★
Route de Penmarc'h
29120 Pont-l'Abbé (Finistère)
Tél. 98.87.01.59 - M. du Chatellier

♦ *Ouverture du 1er avril au 30 septembre* ♦ *19 chambres avec tél. direct, s.d.b. ou douche, w.c. - Prix des chambres doubles : 300 F - Prix des suites : 450 F - Petit déjeuner 30 F, servi de 8 h à 10 h - Prix de la demi-pension et de la pension : 300 F, 420 F (par pers.)* ♦ *Carte bleue, Eurocard, MasterCard et Visa* ♦ *Chiens admis avec supplément - Piscine à l'hôtel* ♦ *Possibilités alentour : tennis, plage, golf, équitation, promenades, location de vélos ; musées* ♦ *Restaurant : service de 20 h à 21 h 30 - Menus : 120 F - Carte.*

Demeure de famille, beau château qui devient hôtel par nécessité en continuant à se tenir dignement et en toute noblesse dans son parc, entouré comme il se doit d'un colombier, d'une chapelle et d'une tour de guet. Dès l'entrée, on y aperçoit un salon très charmant dont les belles boiseries foncées sont éclaircies par des canapés grèges, plus loin un bar très séduisant où se tiennent deux piliers Renaissance en bois sculpté et peint. Il en est de même des chambres qui, si elles n'ont pas toujours autant d'allure que les pièces du rez-de-chaussée, ont bien souvent beaucoup de charme, avec des teintes, des formes et un décor différents. Tout ici est affaire de goût. A vous de trouver un accord avec le vôtre, mais celui des lieux est très sûr.

♦ *Itinéraire d'accès (voir carte n° 5) : à 1 km au sud de Pont-l'Abbé par D 785 direction Plomeur, puis route de Penmarc'h.*

Les Grandes Roches★★
Route des Grandes Roches
29910 Trégunc (Finistère)
Tél. 98.97.62.97 - M. et Mme Henrich

♦ *Ouverture toute l'année sauf en décembre et en février*
♦ *20 chambres avec tél. direct, s.d.b. ou douche, w.c. - Prix des chambres doubles : 250 à 350 F - Prix des suites : 450 F - Petit déjeuner 32 F, servi de 8 h à 10 h - Prix de la demi-pension : 270 à 360 F (par pers., 3 j. min.)* ♦ *Carte bleue, Eurocard, MasterCard et Visa* ♦ *Chiens non admis* ♦ *Possibilités alentour : tennis, golfs, sports nautiques, pêche ; menhir classé sur la propriété, musées* ♦ *Restaurant : service de 19 h 30 à 21 h 30 - Fermeture le lundi et tous les jours à midi, sauf samedi, dimanche et jours fériés ; du 15 novembre au 15 mars - Menus : 120 à 250 F - Carte - Spécialités : homard grillé, fruits de mer, rôti de lotte à la moutarde.*

Cette ancienne ferme rénovée est située dans un très grand parc rustique et ombragé. Très confortable, l'auberge met à votre disposition un bar avec terrasse donnant sur le jardin, deux salles à manger, un salon avec télévision et, ce qui est peut-être ici son originalité, ses chaumières très bien restaurées et aménagées en appartements, dans le style traditionnel. L'auberge abrite un témoignage bien plus ancien du passé avec le menhir classé qui se dresse dans la propriété, faisant écho aux autres mégalithes, dolmens et menhirs de la lande voisine. De nombreuses plages s'étendent à proximité.
Le mari de la propriétaire étant allemand, c'est une adresse très prisée par nos amis d'Outre-Rhin.

♦ *Itinéraire d'accès (voir carte n° 5) : à 7 km à l'est de Concarneau par D 783.*

Hôtel Ménez★★

Saint-Antoine
29252 Plouézoc'h (Finistère)
Tél. 98.67.28.85 - Mme Ménez

♦ *Ouverture du 1er mars au 30 avril et du 1er juin au 15 septembre - Fermeture le samedi et le dimanche en b.s.* ♦ *10 chambres avec tél. direct, s.d.b. ou douche, w.c. - Prix des chambres doubles : 200 à 230 F - Petit déjeuner 22 F, servi de 8 h à 10 h* ♦ *Cartes de crédit non acceptées* ♦ *Chiens non admis* ♦ *Possibilités alentour : piscine, tennis, équitation, promenade en sentiers pédestres, plage, pêche* ♦ *Pas de restaurant à l'hôtel.*

Voici un autre hôtel de construction récente mais où l'on a respecté scrupuleusement le style du pays breton.
Au milieu d'un parc et face à la campagne, cet établissement possède dix chambres très bien aménagées avec tout le confort souhaitable. Au rez-de-chaussée, un salon clair et douillet invite au calme et au repos. Pas de restaurant, mais à l'hôtel on saura vous renseigner à ce sujet. Grande gentillesse des propriétaires.

♦ *Itinéraire d'accès (voir carte n° 5) : à 9 km au nord de Morlaix par D 46.*

Château de Léauville

35360 Landujan (Ille-et-Vilaine)
Tél. 99.61.10.10 - Fax 99.61.12.73 - M. et Mme Gicquiaux

♦ *Ouverture du 15 mars au 15 novembre* ♦ *8 chambres avec tél. direct, s.d.b. ou douche, (7 avec w.c.) - Prix des chambres simples et doubles : 270 F, 570 F - Prix des suites : 670 F (3 pers.) à 770 F (4 pers.) - Petit déjeuner 54 F, servi de 8 h à 10 h - Prix de la demi-pension : 434 à 484 F* ♦ *Access, Carte bleue, Eurocard, MasterCard et Visa - Piscine chauffée au château* ♦ *Chiens admis avec 50 F de supplément* ♦ *Possibilités alentour : tennis, équitation, golf à 30 km, plages à 35 km, promenades en forêt* ♦ *Table d'hôtes de 19 h 30 à 20 h 30 : 175 F - Spécialités : cuisine traditionnelle saisonnière, poisson.*

Le château de Léauville conserve une tourelle de l'ancien manoir de Pontelain (XIe siècle) sur les ruines duquel il a été bâti aux XVIe et XVIIe siècles. On retrouve des vestiges anciens dans toute la propriété et la chapelle du XVIe siècle sert aujourd'hui de salle d'exposition. Ambiance chaleureuse dans la salle à manger, dans les chambres douillettes et meublées avec goût. Dans le jardin on a aménagé une grande piscine et d'agréables petites terrasses qui permettent de paresser avec une belle vue sur la campagne. Très bon accueil de la part des propriétaires.

♦ *Itinéraire d'accès (voir carte n° 6) : à 30 km au nord-ouest de Rennes par N 12 jusqu'à Bédée, puis D 72 jusqu'à Irodouër et D 21.*

Manoir du Tertre★★

Paimpont
35380 Plélan-le-Grand (Ille-et-Vilaine)
Tél. 99.07.81.02 - Fax 99.07.85.45 - M. Gouguenheim

♦ *Ouverture toute l'année sauf février* ♦ *8 chambres avec tél., s.d.b.et w.c - Prix des chambres doubles : 300 à 500 F - Petit déjeuner 30 F, servi de 7 h 30 à 11 h 30 - Prix de la demi-pension et de la pension : 250 à 370 F, 350 à 470 F* ♦ *Amex, Carte bleue, Eurochèques, Visa* ♦ *Chiens admis* ♦ *Possibilités alentour : tennis, équitation, voile, promenades en forêt de Paimpont* ♦ *Restaurant : service de 12 h 30 à 14 h, 19 h 30 à 21 h - Fermeture février - Menus : 100 à 250 F - Carte - Spécialités : cuisine du terroir.*

Au cœur de l'antique Brocéliande, le manoir aurait appartenu à une druidesse dont on voit le portrait dans le salon... L'aménagement intérieur de la maison a beaucoup de charme, y compris celui des chambres, qui viennent d'être complètement rénovées. La plupart possèdent une grande verrière donnant sur la campagne et sur le parc de deux hectares. Endroit idéal pour un week-end, la forêt de Paimpont permettant de jolies promenades à travers les sous-bois et les pistes forestières.

♦ *Itinéraire d'accès (voir carte n° 6) : à 40 km au sud-ouest de Rennes jusqu'à Plénan-le-Grand, puis D 38 par N 24.*

Manoir de la Rance★★★
Château de Jouvente
35730 Pleurtuit (Ille-et-Vilaine)
Tél. 99.88.53.76 - Mme Jasselin

♦ *Ouverture du 10 mars au 3 janvier* ♦ *8 chambres avec tél. direct, s.d.b., w.c. et t.v. - Prix des chambres simples et doubles : 350 F, de 430 à 580 F - Prix des suites : 900 F (appart. 4 pers.) - Petit déjeuner 40 F, servi de 7 h 30 à 9 h 30* ♦ *Cartes de crédit acceptées* ♦ *Chiens admis avec 30 F de supplément - Embarcadère à l'hôtel* ♦ *Possibilités alentour : piscine, tennis, équitation, golf, plage, tous les sports nautiques* ♦ *Restaurants : La Duchesse Anne à Saint-Malo, Le Petit Robinson à Richardais.*

Face à la Rance, entouré d'arbres centenaires et d'une multitude de fleurs, ce manoir du siècle dernier est situé dans un très beau parc de 14 000 mètres carrés. Un grand salon mélange allègrement tous les styles. L'ambiance est celle d'une vraie maison, et on est tenté d'appeler living le bar ou le salon de thé. Dehors, de délicieux terrasses et jardins attendent avec leurs chaises longues l'heure des rafraîchissements. Qu'elles soient au premier ou au deuxième étage mansardé, les chambres sont d'un grand confort et d'un grand calme. Partout, une vue éblouissante sur la mer, les falaises et la campagne. Grande gentillesse de madame la propriétaire.

♦ *Itinéraire d'accès (voir carte n° 6) : à 7 km de Dinard - En venant de Saint-Malo, à la sortie du barrage de la Rance, tournez à gauche, dir. Richardais ; à 3 km au lieu-dit Jouvente tournez à gauche ; au bout du village, tournez encore à gauche.*

La Korrigane★★★
39, rue Le Pomellec
35400 Saint-Malo (Ille-et-Vilaine)
Tél. 99.81.65.85 - Télex 740 802 - Mme Le Bourhis

♦ *Ouverture du 15 mars au 15 novembre* ♦ *10 chambres avec tél. direct, s.d.b. ou douche, w.c. et t.v. - Prix des chambres simples et doubles : 300 à 350 F, 450 à 550 F - Petit déjeuner 50 F, servi de 8 h à 10 h* ♦ *Cartes de crédit acceptées* ♦ *Chiens admis avec supplément* ♦ *Possibilités alentour : piscine, tennis, golf, équitation, sports nautiques, thalassothérapie* ♦ *Pas de restaurant à l'hôtel.*

Voici sans conteste l'un des plus charmants petits hôtels de France ; il se cache dans une maison fin de siècle toute blanche qui, vue de l'extérieur, lui donne un petit côté ancienne villégiature devenue pension de famille. Car il règne dans ces lieux un raffinement qui donne la délicieuse impression d'être si ce n'est chez soi, du moins dans une maison de connaissance. L'accueil est d'une grande et discrète courtoisie mais surtout cette maison a une âme. Tout est feutré, d'un goût exquis, d'un esthétisme sans prétention. Chaque chambre a son décor qui joue harmonieusement avec les teintes et les matières. Chacune s'agrémente de meubles et de tableaux qui, comme tous les objets peuplant à merveille la Korrigane, sont le reflet de la passion portée aux belles choses par Mme Le Bourhis. Une petit jardin se trouve à l'arrière de la maison ; on y prend ses petits déjeuners, ou bien le soleil. Une grand salon empli de livres vous retient avec une grande facilité. Bien plus qu'un hôtel, votre pied-à-terre malouin.

♦ *Itinéraire d'accès (voir carte n°6) : dans le centre ville.*

Le Valmarin★★★
7, rue Jean XXIII
Saint-Servan
35400 Saint-Malo (Ille-et-Vilaine)
Tél. 99.81.94.76 - Mme Bréger

♦ *Ouverture du 15 février au 18 novembre et pour les vacances de Noël* ♦ *10 chambres avec tél., s.d.b., w.c. et t.v. - Prix des chambres doubles : 390 à 550 F - Petit déjeuner 40 F, servi de 8 h à 10 h* ♦ *Amex, Carte bleue, MasterCard et Visa* ♦ *Chiens admis avec supplément* ♦ *Possibilités alentour : piscine, tennis, golf, équitation, sports nautiques, thalassothérapie* ♦ *Pas de restaurant à l'hôtel.*

Dans une belle malouinière, un peu en dehors de Saint-Malo *intra muros*, loin des foules en visite, se trouve cet hôtel calme dont l'architecture n'est pas sans rappeler la cité corsaire. A l'arrière se tient un grand jardin sur lequel donnent les chambres qui auront sûrement votre préférence. Elles ont chacune leur style, et leurs proportions varient : vastes et majestueuses, ou plus petites et mansardées pour celles situées au dernier étage. L'hôtel ne vole pas ses étoiles mais manque peut-être un peu d'âme. Une bonne adresse, insolite et pratique. Pas de restaurant à l'hôtel, mais de nombreuses adresses à Saint-Servan ou *intra muros*.

♦ *Itinéraire d'accès (voir carte n° 6) : près du port de plaisance des Bas Sablons et de la tour Solidor.*

Hôtel Castel Clara★★★★

Goulphar - 56360 Belle-Ile-en-Mer (Morbihan)
Tél. 97.31.84.21 - Télex 730 750 - Fax 97.31.51.69
M. et Mme Goumy

♦ *Ouverture de mi-mars au 1er novembre* ♦ *32 chambres et 11 appartements avec tél. direct, s.d.b., w.c. et t.v. - Prix des chambres : 600 à 820 F - Petit déjeuner 47 F* ♦ *Carte bleue, Eurocard, MasterCard et Visa* ♦ *Chiens admis avec supplément sauf au restaurant - Piscine et tennis à l'hôtel* ♦ *Possibilités alentour : équitation, plage, pêche, golf, hélisurface ; grottes de l'Apothicairerie* ♦ *Restaurant : service de 12 h 30 à 13 h 30, 19 h 30 à 20 h 45 - Menu et carte.*

Voici une bonne adresse pour découvrir une île merveilleuse et encore préservée. Le Castel Clara est une grande maison blanche dominant de sa piscine en terrasse, de ses chambres à loggia confortable et de sa superbe salle à manger, un ravissant petit port et un superbe paysage de côtes. La cuisine utilisant essentiellement les produits de la pêche locale est de bonne qualité. Le petit déjeuner sur la loggia de sa chambre (il faut absolument réserver une chambre avec vue sur mer), et l'apéritif sur la terrasse sont de très jolis moments. Etant donné la situation isolée (à 6 kilomètres du Palais et à 7 kilomètres de Sauzon), il est indispensable, si l'on veut visiter l'île, de louer une voiture, ou pour les sportifs des vélos : la réception s'en chargera pour vous. Seul reproche, le parking en face de l'hôtel qui prend parfois des allures de gare routière.

♦ *Itinéraire d'accès (voir carte n° 5) : en voiture, liaison ferry Quiberon-Le Palais ; en avion, de Lorient par Finist-Air (20 mn de vol).*

Hôtel Village La Désirade★★★

56360 Belle-Ile-en-Mer (Morbihan)
Tél. 97.31.51.76 - Fax 97.31.89.63 - M. et Mme Mulon

♦ *Ouverture à partir du 15 mars* ♦ *26 chambres avec tél. direct, s.d.b. , w.c. et t.v. - Prix des chambres doubles : 380 à 450 F - Petit déjeuner 38 F, servi jusqu'à 11 h* ♦ *Amex, Carte bleue et Visa* ♦ *Chiens admis - Piscine chauffée, jeux d'enfants à l'hôtel* ♦ *Possibilités alentour : golf 18 trous, randonnées équestres, sentiers côtiers, plages ; grottes de l'Apothicairerie* ♦ *Restaurant : service (Restaurant La Forge) de 12 h à 14 h, 19 h 30 à 22 h - Fermeture le mercredi - Menus : 95 F - Carte.*

En direction de la côte Sauvage, à 500 mètres de la mer, dans un de ces hameaux typiquement bellilois où Monet peignit *Les Argiles de Port Cotton*, La Désirade était jusqu'ici l'adresse secrète des habitués de l'île pour déguster des fruits de mer. On a construit cette année, tout autour du restaurant, cinq petites maisons entourant une piscine chauffée. Chacune compte deux chambres, ce qui permet à une famille ou à des amis d'occuper totalement les lieux. La décoration d'inspiration anglaise est simple mais de bon goût. Les couleurs vives des chintz créent une atmosphère confortable en toute saison. Dès le matin, un breakfast-buffet est dressé près de la piscine, permettant à chacun de vivre à son rythme. Une agréable décontraction règne dans cet anti-hôtel, respectant l'intimité et le *way of life* de chacun.

♦ *Itinéraire d'accès (voir carte n° 5) : en voiture, liaison ferry Quiberon-Le Palais ; en avion, de Lorient par Finist-Air (20 mn de vol) ; à 2 km de Bangor.*

Auberge de Coët-Diquel★★

56310 Bubry (Morbihan)
Tél. 97.51.70.70 - Mme Romieux

♦ *Ouverture du 15 mars au 30 novembre* ♦ *20 chambres avec tél., s.d.b. ou douche et w.c. - Prix des chambres simples et doubles : 250 à 300 F - Petit déjeuner 28 F, servi de 8 h à 10 h 30 - Prix de la demi-pension : 265 à 290 F (3 j. min.)* ♦ *Carte bleue, Eurocard, Visa* ♦ *Chiens admis avec supplément - Piscine et tennis, pêche à l'hôtel* ♦ *Possibilités alentour : sports nautiques, centre équestre, poney-club, promenades* ♦ *Restaurant : service de 12 h 30 à 13 h 30, 19 h 30 à 21 h - Menus : 78 à 185 F - Carte - Spécialités : viandes en sauce, poisson, coquillages.*

L'auberge de Coët-Diquel est construite sur l'emplacement d'un vieux moulin au milieu de la forêt, en bordure d'une rivière. Une halte reposante sur la route de vos vacances en Bretagne, mais aussi un agréable lieu de séjour où vous pourrez profiter du tennis et de la piscine couverte. Les chambres sont confortables avec vue sur les arbres. La salle à manger est très grande mais en cas de réception elle peut être divisée afin de préserver l'intimité des pensionnaires. Propriétaires très chaleureux.

♦ *Itinéraire d'accès (voir carte n° 5) : à 31 km au nord-est de Lorient par D 769 jusqu'à Plouay, puis D 2.*

Manoir La Châtaigneraie★★★

56520 Guidel (Morbihan)
Tél. 97.65.99.93 - M. et Mme Collet

♦ *Ouverture toute l'année* ♦ *11 chambres avec tél. direct, s.d.b., w.c. et t.v. - Prix des chambres doubles : 395 F - Petit déjeuner 42 F, servi jusqu'à 11 h* ♦ *Carte bleue, Diners et Visa* ♦ *Chiens admis avec supplément* ♦ *Possibilités alentour : tennis, équitation, sports nautiques, promenades en sentiers, plages* ♦ *Pas de restaurant à l'hôtel.*

Construite pour être la résidence de la famille, La Châtaigneraie est devenue depuis quelques années un hôtel.
Tout y est d'un grand confort : ambiance feutrée des pièces de réception, intimité des chambres qui ont toutes minibar et télévision, calme assuré grâce à un parc de plus d'un hectare. Pas de restaurant mais possibilité de restauration légère le soir sur commande entre 20 h et 21 h. Une dernière précision : les petits déjeuners sont copieux et délicieux, l'accueil charmant.

♦ *Itinéraire d'accès (voir carte n° 5) : à 10 km au nord-ouest de Lorient par D 765 jusqu'à Coatermalo, puis D 306 ; dans le village, D 162 direction Moëlan-sur-Mer.*

Hôtel de Kerlon★★

56680 Plouhinec (Morbihan)
Tél. 97.36.77.03 - M. et Mme Coëffic

♦ *Ouverture du 15 mars au 15 octobre* ♦ *16 chambres avec tél.,*
(15 avec s.d.b. ou douche), w.c., (4 avec t.v.) - Prix des chambres
doubles : 130 à 260 F - Petit déjeuner 27 F, servi de 8 h à 10 h -
Prix de la demi-pension et de la pension : 175 à 240 F, 250 à
320 F (par pers.) ♦ *Cartes de crédit acceptées* ♦ *Petits chiens*
admis ♦ *Possibilités alentour : tennis, location de vélos, golf de*
Saint-Laurent (18 trous), sports nautiques, promenades en bateau
dans le golfe du Morbihan et la rivière ; musées, archéologie
♦ *Restaurant : service de 12 h à 13 h, 19 h à 21 h - Fermeture du*
15 octobre au 15 mars - Menus : 70 à 130 F - Carte -
Spécialités : poisson, crustacés, coquillages.

L'hôtel est situé en pleine campagne, à 5 km de la mer, à mi-distance
de Lorient et de Carnac. Il s'agit d'une ancienne ferme entièrement
rénovée où une architecture traditionnelle intègre bien les exigences
de confort d'aujourd'hui. Les poutres, les pierres apparentes et les
deux cheminées donnent un caractère très rustique à la salle à
manger, la pièce est cependant bien ouverte sur l'extérieur ; elle se
prolonge par une petite terrasse où l'on peut prendre l'apéritif et se
détendre, face à un jardin en pente avec, au-delà, une grange.
Toutes les chambres sont au calme (leur équipement sanitaire,
variable, est à faire préciser lors de la réservation). Etre à proximité
des plages et des stations réputées, n'exclut donc pas avec cette
auberge, le calme et la campagne.

♦ *Itinéraire d'accès (voir carte n° 5) : à 30 km au sud-est de*
Lorient par D 194 jusqu'à Locadour, puis D 170.

Moulin de Lesnuhé★★

56890 Saint-Avé (Morbihan)
Tél. 97.60.77.77 - Mme Cheval

♦ *Ouverture du 15 janvier au 15 décembre* ♦ *12 chambres avec tél., s.d.b. ou douche, w.c. - Prix des chambres doubles : 180 à 220 F - Petit déjeuner 21 F, servi de 7 h 30 à 10 h 30* ♦ *Carte bleue et Visa* ♦ *Chiens admis* ♦ *Possibilités alentour : piscine, tennis, équitation, golf, plages, promenades en bateau dans le golfe du Morbihan* ♦ *Pas de restaurant à l'hôtel.*

Ce vieux moulin du XVe siècle se trouve dans un très joli site, en pleine campagne au bord d'un ruisseau. Les chambres se répartissent dans les deux bâtiments qui forment l'hôtel. Toutes sont simples et modernes, avec un mobilier contemporain, mais confortables et charmantes. L'hôtel n'a pas de restaurant, mais une crêperie est installée dans l'une des deux maisons. Ici c'est le charme de la nature qui prévaut : charme des fougères, des fleurs, des bruits d'eau et d'oiseaux.

♦ *Itinéraire d'accès (voir carte n° 14) : à 5 km au nord de Vannes par D 126 ; à droite à la sortie du village.*

Auberge du Moulin de Chaméron★★★

18210 Bannegon (Cher)
Tél. 48.61.83.80 - Fax 48.61.84.92 - M. Candore

♦ *Ouverture du 5 mars au 15 novembre et du 15 décembre au 5 janvier - Fermeture le mardi en b.s.* ♦ *13 chambres avec tél. direct, s.d.b. ou douche, w.c. et t.v.- Prix des chambres simples et doubles : 260 F, 295 F - Prix des suites : 650 F - Petit déjeuner 37 F, servi de 7 h 30 à 10 h* ♦ *Carte bleue, Amex, Visa* ♦ *Chiens admis avec supplément - Piscine chauffée à l'hôtel* ♦ *Possibilités alentour : tennis, équitation , baignade, voile, promenades ; forêt de Tronçais, route Jacques-Cœur, parc floral* ♦ *Restaurant: service de 12 h 15 à 14 h, 19 h 30 à 21 h - Fermeture le mardi en b.s.- Carte -Spécialités : cuisine de saison.*

En pleine campagne, un ancien moulin du XVIIIe siècle, rénové il y a une dizaine d'années : la machinerie a été conservée intacte au cœur du bâtiment et un musée rassemble les outils et objets utilisés par les meuniers qui se sont succédé.
L'hôtel propose deux belles salles à manger (dont une avec cheminée) et un salon-bar dans le vieux moulin. Les chambres sont, elles, situées un peu à l'écart, ce qui vous assure plus de tranquillité. Un mobilier ancien et de style donne un cachet chaleureux à l'ensemble. Une très belle petite terrasse (avec service bar-restaurant à la belle saison) se reflète dans le plan d'eau à ses pieds.

♦ *Itinéraire d'accès (voir carte n° 17) : à 42 km au sud-est de Bourges par N 76 direction Moulins, puis D 953 et D 41.*

La Solognote★★

18410 Brinon-sur-Sauldre (Cher)
Tél. 48.58.50.29 - Fax 48.58.56.00 - M. et Mme Girard

♦ *Ouverture toute l'année sauf 15 jours fin septembre et du 15 février au 15 mars - Fermeture le mardi soir et le mercredi ; le mercredi seulement en été* ♦ *13 chambres avec tél. direct, s.d.b. ou douche, w.c. et t.v. - Prix des chambres doubles : 220 à 350 F - Prix des suites : 350 à 450 F - Petit déjeuner 40 F, servi de 7 h 30 à 9 h 30* ♦ *Carte bleue et Visa* ♦ *Chiens non admis* ♦ *Possibilités alentour : tennis, équitation, sports nautiques sur étang ; visites de châteaux de la route Jacques-Cœur, vignobles de Sancerre* ♦ *Restaurant : service de 12 h 30 à 14 h, 19 h 30 à 20 h 30 - Fermeture le mardi soir et le mercredi ; le mercredi seulement en été - Menus : 150 à 300 F - Carte.*

Cette auberge tranquille de petit village solognot n'est qu'à un quart d'heure de la nationale 20. C'est une ravissante maison en brique située dans le village même. L'intérieur est simple, confortable et chaleureux. S'y côtoient avec bonheur meubles anciens et mobilier moderne. La salle à manger aux poutres apparentes et aux teintes très douces des tissus et des murs est particulièrement séduisante. Les chambres, très diverses dans leur aménagement, offrent tout le confort. A noter de petits appartements pour 4 personnes. L'auberge est aussi un relais gastronomique. L'accueil y est très chaleureux.

♦ *Itinéraire d'accès (voir carte n° 17) : à 60 km au sud-est d'Orléans par N 20 jusqu'à Lamotte-Beuvron, puis D 923 direction Aubigny-sur-Nère.*

Hostellerie Saint-Jacques★★★
35, rue Nationale
28220 Cloyes-sur-le-Loir (Eure-et-Loir)
Tél. 37.98.40.08 - Fax 37.98.32.63 - M. Thureau

♦ *Ouverture du 1er février au16 décembre - Fermeture le dimanche soir et le lundi en b.s.* ♦ *22 chambres avec tél. direct, s.d.b. ou douche, w.c. et t.v. - Prix des chambres doubles: 270 à 470 F - Prix des suites : 650 F - Petit déjeuner 45 F -Prix de la demi-pension et de la pension : 430 F, 590 F (par pers., 3 j. min.)* ♦ *Access, Carte bleue, Eurocard, MasterCard et Visa* ♦ *Chiens admis - Barques, tennis de table à l'hôtel* ♦ *Possibilités alentour : tennis, golf ; châteaux de la Loire, grottes* ♦ *Restaurant: service de 12 h à 13 h 30, 19 h 30 à 21 h - Fermeture le dimanche soir et le lundi en b.s. - Menus : de 170 F à 340 F- Carte - Spécialités : oeuf fermier poché au salpicon de homard et saumon frais aux herbes, pigeonneau de Beauce rôti aux sucs d'aromates déglacés au citron.*

Située sur la place du village, l'hostellerie Saint-Jacques est un ancien relais de poste du XVIe siècle. Dans son parc ombragé d'un demi-hectare, on peut se promener en barque sur le Loir qui le traverse. Dans ce cadre paisible et verdoyant vous sont proposées 20 chambres entièrement modernisées et redécorées. (Dommage que celles-ci soient un peu trop fonctionnelles.) La salle à manger, qui donne sur la verdure, est une belle pièce, intime et raffinée avec sa cheminée, ses nappes et sa vaisselle. Il s'agit là d'une étape gastronomique réputée et les plaisirs de la table, à la belle saison, se conjuguent aux charmes du site, les déjeuners étant alors servis au jardin sous les arbres.

♦ *Itinéraire d'accès (voir carte n° 16) : à 56 km au sud de Chartres par A 11 sortie Thivars, puis N 10 direction Tours.*

Domaine de l'Etape★★
Route de Bélâbre
36300 Le Blanc (Indre)
Tél. 54.37.18.02 - Mme Seiller

♦ *Ouverture toute l'année* ♦ *30 chambres avec tél. direct, s.d.b. ou douche, w.c. et t.v.- Prix des chambres simples et doubles : 185 à 320 F, 185 à 385 F - Petit déjeuner 36 F, servi de 7 h à 11 h* ♦ *Carte bleue et Visa* ♦ *Chiens admis - Equitation, pêche, chasse, canotage à l'hôtel* ♦ *Possibilités alentour : piscine, tennis, école de parachutisme, vol à voile, vol à moteur, golf, canoë-kayak* ♦ *Restaurant : service réservé aux résidents de 19 h 30 à 21 h - Menus: 100 F- Carte.*

Au milieu d'un domaine de 130 hectares se dresse cette demeure du XIXe siècle, pleine de charme. Le mobilier hétéroclite date de toutes les époques et lui confère sa séduction désuète.
Un salon accueillant (avec télévision), une très agréable salle à manger ornée de meubles et de boiseries aux teintes claires et d'une belle cheminée, des chambres confortables, chacune avec son caractère, une sympathique terrasse, avec service bar et vue sur le parc vous feront apprécier cet endroit au calme champêtre. Plus loin, on a aménagé quelques chambres — tout aussi confortables — dans la ferme qui fournit le restaurant en produits frais. Un étang de 18 hectares fera le bonheur des pêcheurs. Le domaine est aussi un centre équestre. Une grande gentillesse dans l'accueil et une cuisine traditionnelle saisonnière de qualité finiront de vous conquérir.

♦ *Itinéraire d'accès (voir carte n° 16) : à 59 km à l'ouest de Châteauroux par N 20 et N 151 jusqu'au Blanc, puis D 10 direction Bélâbre.*

Château de la Vallée Bleue ★★
36400 La Châtre (Indre)
Tél. 54.31.01.91 - M. et Mme Gasquet

♦ *Ouverture de mars à janvier* ♦ *14 chambres avec tél. direct, s.d.b. ou douche, (13 avec w.c.), t.v. - Prix des chambres simples et doubles : 175 F, 275 à 410 F - Prix des suites : 550 F - Petit déjeuner 40 F, servi de 7 h 30 à 9 h 30 - Prix de la demi-pension et de la pension : 300 à 375 F, 400 à 495 F (par pers., 3 j. min.)* ♦ *Cartes de crédit acceptées* ♦ *Chiens admis avec supplément - Jeu de boules, vélos à l'hôtel* ♦ *Possibilités alentour : piscine, tennis, centre équestre, golf 18 trous, sports nautiques sur le lac d'Egusson ; château de George Sand à Nohant* ♦ *Restaurant : service de 12 h à 13 h 30, 19 h à 21 h - Fermeture le dimanche soir et le lundi d'octobre aux Rameaux - Menus : 110 à 290 F- Carte - Spécialités : fumoir maison, saumon à l'ortie sauvage, filet de carpe au beurre rouge ; tarte fine aux pommes.*

L'ombre de George Sand et de Chopin plane sur ce château construit par le médecin du couple au milieu d'un parc de 4 hectares. Il possède une vue extraordinaire sur la campagne, le village et son château. La réception et un coin lecture à côté de la cheminée ont été aménagés à l'entrée. Un salon superbe avec mobilier anglais et cheminée ainsi que les deux très agréables salles à manger s'ouvrent sur le parc et son chêne tricentenaire. Les chambres marient fort bien styles et époques, et elles ont été faites dans un souci évident de confort. Choix subtil de papiers peints et de couleurs dans toute la maison. Partout, des tableaux et des détails ayant un rapport avec l'écrivain et le musicien.

♦ *Itinéraire d'accès (voir carte n° 17) : à 30 km au sud de Châteauroux par D 943 direction La Châtre, puis, avant Nohant, D 918 ; dans le village, direction Verneuil.*

Hostellerie du Château de Pray★★★

37400 Amboise (Indre-et-Loire)
Tél. 47.57.23.67 - M. et Mme Cariou

♦ *Ouverture du 10 février au 31 décembre* ♦ *16 chambres avec tél.*
(14 avec s.d.b., 8 avec w.c.) - Prix des chambres doubles : 402 F -
Petit déjeuner 37 F, servi de 8 h à 9 h 30 - Prix de la demi-
pension : 465 F (1 pers. 3 j. min.) ♦ *Amex, Carte bleue, Diners,*
Visa ♦ *Chiens admis* ♦ *Possibilités alentour : piscine, tennis,*
équitation, golf, sports nautiques ♦ *Restaurant : service de 12 h à*
13 h 45, 19 h à 20 h 45 - Fermeture du 31 décembre au 10 février -
Menus : 145 et 180 F - Spécialités : saumon au beurre blanc,
rillettes maison.

Ce noble château contemple la vallée depuis le XIIIe siècle. Chargé
d'histoire, il est aujourd'hui un exemple d'hôtel confortable
pratiquant des prix abordables. Les nouveaux propriétaires ont le
souci d'améliorer encore l'entretien de ce grand château. Dans le
salon (de proportions agréables et d'une chaude intimité), un très
beau poêle en faïence, rapporté de Prusse Orientale sous l'Empire et
représentant des scènes de mythologie, côtoie les belles tapisseries
des murs. La salle à manger, peinte en bleu et possédant de beaux
vitraux fabriqués en Suisse, ouvre sur les terrasses et les jardins.
Dans les chambres, les voyageurs aimeront, outre le beau mobilier
ancien, la superbe vue sur le parc et la Loire en toile de fond.
Accueil charmant dans cet hôtel où, dès les beaux jours, les repas et
les apéritifs sont servis à l'extérieur, devant les 10 hectares de la
propriété.

♦ *Itinéraire d'accès (voir carte n° 16) : à 35 km au sud-ouest de*
Blois par D 751 (rive gauche) ; à 3 km avant Amboise.

Le Grand Monarque★★
3, place de la République
37190 Azay-le-Rideau (Indre-et-Loire)
Tél. 47.45.40.08 - Fax 47.45.46.25 - Mme Forest

♦ *Ouverture du 16 janvier au 15 décembre* ♦ *28 chambres avec tél., s.d.b. ou douche, w.c. (10 avec t.v.) - Prix des chambres simples et doubles : 170 à 300 F, 190 à 500 F - Petit déjeuner 35 F, servi de 7 h 30 à 10 h - Prix de la demi-pension et de la pension : de 255 à 400 F, 390 à 555 F* ♦ *Amex, Diners, Mastercard et Visa* ♦ *Chiens admis* ♦ *Possibilités alentour : châteaux, monuments historiques* ♦ *Restaurant : service de 12 h à 14 h 30 à 19 h à 21 h 30 - Fermeture du 16 novembre au 15 mars - Menus : 90 (déjeuner seulement) à 395 F - Carte - Spécialités : foie gras maison, poissons de rivière.*

Sur la route des châteaux de la Loire, le Grand Monarque est une étape très charmante. La maison couverte de vigne vierge, en bordure de rue, mais qui a un joli jardin sur l'arrière, est attrayante. A l'intérieur on apprécie aussi le charme rustique de la décoration. La salle à manger que prolonge une terrasse sur le jardin sert une cuisine inventive privilégiant les produits de la région et propose une bonne sélection des vins de Loire. Les chambres sont agréablement décorées de meubles Louis-Philippe ou XIXe bien choisis. Toutes ont une atmosphère différente et sont d'un bon confort, les plus calmes étant celles donnant sur le jardin ombragé et fleuri. L'accueil est très sympathique.

♦ *Itinéraire d'accès (voir carte n° 16) : dans le centre ville.*

Hôtel du Bon Laboureur et du Château★★★
6, rue du Dr Bretonneau
37150 Chenonceaux (Indre-et-Loire)
Tél. 47.23.90.02 - Fax 47.23.82.01 - M. Jeudi

♦ *Ouverture du 15 mars au 15 novembre* ♦ *30 chambres avec tél. direct, s.d.b. ou douche, w.c., (10 avec t.v.) - Prix des chambres simples et doubles : 280 à 460 F, 300 à 460 F - Prix des suites : 500 F - Petit déjeuner 35 F, servi de 7 h 30 à 10 h 30 - Prix de la demi-pension et de la pension: 355 à 505 F, 530 à 655 F (par pers., 3 j. min.)* ♦ *Cartes de crédit acceptées* ♦ *Chiens admis - Piscine, tennis à l'hôtel* ♦ *Possibilités alentour: golf 18 trous, ski nautique, canotage, pêche, chasse ; châteaux de la Loire* ♦ *Restaurant: service de 12 h à 14 h, 19 h 30 à 21 h 30 -Menus: 175 à 300 F-Carte -Spécialités : tartare de saumon et saint-jacques au vouvray, magret de canard au bourgueil.*

L'hôtel est situé au centre du village, à 200 mètres de l'entrée du château. C'est une belle propriété avec jardin où règne une tradition hôtelière transmise de génération en génération, toujours bien vivante. Les chambres de style traditionnel sont d'un bon confort ; les plus agréables donnent sur la cour intérieure, abondamment fleurie d'hortensias. Agréable salle à manger où l'on sert une cuisine souvent bien citée au livre d'or de l'hôtel. Accueil chaleureux et sympathique.

♦ *Itinéraire d'accès (voir carte n° 16) : dans le centre ville.*

Hôtel Diderot★★
4, rue Buffon
37500 Chinon (Indre-et-Loire)
Tél. 47.93.18.87 - M. Kazamias

♦ *Ouverture du 15 janvier au 15 décembre* ♦ *24 chambres (dont 4 dans l'annexe) avec tél., s.d.b. ou douche, w.c., t.v. sur demande - Prix des chambres simples et doubles : 190 à 250 F, 240 à 320 F - Petit déjeuner 30 F, servi de 7 h 30 à 10 h* ♦ *Cartes de crédit acceptées* ♦ *Chiens non admis* ♦ *Possibilités alentour : châteaux de la Loire* ♦ *Pas de restaurant à l'hôtel.*

Sa situation à proximité de la place Jeanne-d'Arc, au centre de Chinon, n'enlève rien à l'attrait et au calme de cet hôtel. Bien au contraire : les modestes dimensions de ce bâtiment XVIIIe siècle (uniquement 20 chambres, toutes distinctes) donnent aux visiteurs l'illusion d'être accueilli dans une maison particulière pleine de charme.

Pas de restaurant mais un délicieux petit déjeuner qui vous sera servi avec tout un assortiment de confitures maison devant le foyer d'une cheminée, vestige du XVe siècle.

♦ *Itinéraire d'accès (voir carte n° 16) : longer la Vienne jusqu'à la place Jeanne-d'Arc ; à l'angle de la rue Diderot.*

Domaine de la Tortinière★★★

Veigné - 37250 Montbazon-en-Touraine (Indre-et-Loire)
Tél. 47.26.00.19 - Télex 752 186 - Fax 47.65.95.70
Mme Olivereau-Capron

♦ *Ouverture du 1er mars au 20 décembre* ♦ *21 chambres avec tél.,*
s.d.b. (1 avec douche), w.c., (10 avec t.v.) - Prix des chambres
doubles: 370 à 800 F - Prix des suites : 950 F - Petit déjeuner 60 F,
servi de 8 h à 10 h - Prix de la demi-pension : 450 à 700 F (par
pers., 3 j. min.) ♦ *Carte bleue, Eurocard, MasterCard et Visa*
♦ *Chiens non admis - Piscine chauffée, tennis à l'hôtel*
♦ *Possibilités alentour : golf, équitation ; châteaux de la Loire,*
grottes pétrifiantes ♦ *Restaurant : service de 12 h à 13 h 30,*
19 h 30 à 21 h - Fermeture le mardi et le mercredi en b.s. - Menus:
235 à 350 F- Carte -Spécialités : gratinée de sandre à la purée de
poireaux, pigeon de Touraine farci au sainte-maure .

La Tortinière, château de style Renaissance construit en 1861, a la
chance de se trouver, bien qu'à 10 km de Tours, dans un parc de 15
hectares dominant la vallée de l'Indre. Les deux restaurants, le salon
et la plupart des chambres se trouvent dans le château. Ces
dernières, toutes différentes, ont été pour la plupart redécorées au
goût du jour et c'est une réussite. Les plus belles chambres sont sans
aucun doute celles placées dans les tours, véritables suites avec leur
salon attenant. On peut aussi habiter le pavillon Renaissance, ou les
écuries du domaine, et profiter ainsi de la vue sur le château. A
l'automne, les cyclamens envahissent les sous-bois et, s'il fait beau,
on peut encore profiter de la piscine chauffée.

♦ *Itinéraire d'accès (voir carte n° 16) : à 10 km au sud de Tours*
par A 10 sortie Tours-sud, puis N 10 direction Montbazon ; au lieu-
dit les Gués de Veigné.

Moulin de Vandon

37530 Souvigny-de-Touraine (Indre-et-Loire)
Tél. 47.57.26.46 - Mme Denisane

♦ *Ouverture toute l'année* ♦ *6 chambres d'hôtes et 1 appartement avec w.c. et s.d.b.- Prix des chambres simples : 335 à 450 F - Petit déjeuner 45 F, servi de 8 h à 11 h - Prix de la demi-pension et de la pension : 345 à 380 (5 j. min.), sur demande* ♦ *Cartes de crédit non acceptées* ♦ *Chiens admis avec supplément* ♦ *Possibilités alentour : piscine, tennis, golf et équitation ; Châteaux de la Loire* ♦ *Table d'hôtes à 19 h 30. - Menus: 130 F - Spécialités : cuisine traditionnelle saisonnière.*

C'est un moulin très hospitalier. Cela fait dix ans que des hôtes payants y sont reçus. Cet endroit a quelque chose d'un conte d'enfant. Le long du chemin, des stères bien alignés et coiffés de fétus de paille font face à un pré où broutent quelques moutons. Devant l'hôtel coule le ruisseau qui animait les entrailles du moulin. Sur le côté, l'étang s'arrondit en méandres. A l'intérieur un confort et un soin de maison du Nord s'allient à une douceur de vivre tourangelle. Beaucoup de charme dans les chambres : meubles de famille, cheminées pour certaines, lits recouverts de couettes mœlleuse pour des frimas de Forêt-Noire. Une table d'hôtes où est servie une cuisine familiale améliorée (vins et plats de la région), confectionnée à l'aide des légumes du potager (biologique) de la maison.

♦ *Itinéraire d'accès (voir carte n° 16) : à 7 km à l'est d'Amboise par D 23.*

Le Moulin Fleuri★★
Route de Monts
Veigné
37250 Montbazon-en-Touraine (Indre-et-Loire)
Tél. 47.26.01.12 - M. et Mme Chaplin

♦ *Ouverture du 30 octobre au 1er février et du 21 février au 15 octobre* ♦ *12 chambres avec tél. et w.c., (8 avec douche) - Prix des chambres simples et doubles : 160 à 245 F, 160 à 295 F - Petit déjeuner 36 à 58 F, servi de 8 h à 10 h - Prix de la demi-pension et de la pension: 225 à 305 F, 278 à 365 F (par pers., 2 j. min.)* ♦ *Amex, Carte bleue et Visa* ♦ *Chiens admis - Pêche en rivière à l'hôtel* ♦ *Possibilités alentour : tennis, piscine et centre équestre à 4 km, golf de Touraine (18 trous) à 12 km ; châteaux de la Loire* ♦ *Restaurant : service de 12 h 30 à 14 h, 19 h 30 à 21 h - Fermeture le lundi sauf jours fériés - Menus : 115 F- Carte - Spécialités : cuisine du marché.*

Au cœur de la Touraine, à proximité des châteaux de la Loire, cet ancien moulin du XVIIIe siècle transformé aujourd'hui en auberge a bien préservé à l'extérieur son architecture d'origine. L'aménagement intérieur a été réalisé avec simplicité. L'entrée est embellie par une cour-jardin et le site lui-même, exceptionnel, est un grand parc cerné de forêts et traversé par l'Indre qui, formant ici un bassin, enserre une terrasse. La rivière, poissonneuse, permet aux amateurs de se consacrer au plaisir de la pêche dans l'enceinte même de l'auberge.

♦ *Itinéraire d'accès (voir carte n° 16) : à 11 km au sud de Tours par N 10 direction Montbazon , puis D 17.*

La Promenade★★

37290 Yzeures-sur-Creuse (Indre-et-Loire)
Tél. 47.94.55.21 - Mme Bussereau

◆ *Ouverture du 9 décembre au 13 novembre* ◆ *17 chambres avec tél., s.d.b. et w.c. - Prix des chambres : 230 à 270 F - Petit déjeuner 35 F, servi de 7 h 30 à 9 h en salle et de 8 h à 11 h dans les chambres - Prix de la demi-pension et de la pension : 250 F (par pers. 3 j. min.), 295 F (par pers., 3 jours min.)* ◆ *Cartes de crédit acceptées* ◆ *Chiens admis avec 25 F de supplément* ◆ *Possibilités alentour : piscine, tennis, centre équestre, golf ; station thermale de la Roche-Posay, monuments historiques* ◆ *Restaurant : service de 12 h à 14 h, 19 h 30 à 21 h - Fermeture du 14 novembre au 8 décembre - Menus : 97 à 250 F - Carte - Spécialités : foie gras frais de canard, salade de homard, gibier en hiver.*

L'hôtel La Promenade qui donne sur la place du petit village d'Yzeures n'est pas à proprement parler "campagnard" mais a conservé et admirablement mis en valeur la massive architecture de bois de l'ancien relais de poste qu'il occupe. Tous les plafonds sont portés par de longues solives et celles du rez-de-chaussée, dans la salle à manger, reposent sur de larges piliers de bois. L'hôtel a été entièrement rénové en 1980 avec beaucoup de raffinement. Les chambres donnant sur la rue disposent de double vitrage qui garantissent un calme total. Bien que vous ne soyez pas à la campagne, et ici comment le regretter, vous en avez toute l'atmosphère.

◆ *Itinéraire d'accès (voir carte n° 16) : à 29 km à l'est de Chatellerault par D 725 jusqu'à La Roche-Posay et Harembuse, puis D 750.*

Hostellerie de la Caillère★★
Route de Montils
41120 Candé-sur-Beuvron (Loir-et-Cher)
Tél. 54.44.03.08 - M. Guindon

♦ *Ouverture du 1er mars au 15 janvier- Fermeture le mercredi* ♦ *6 chambres avec s.d.b. ou douche, (5 avec w.c.) - Prix des chambres doubles : 180 à 250 F - Petit déjeuner 38 F, servi de 8 h à 9 h 30 - Prix de la demi-pension : 348 F (par pers.)* ♦ *Carte bleue, Diners, Eurocard et Visa* ♦ *Chiens admis* ♦ *Possibilités alentour : tennis, équitation, piscine, location de vélos, randonnées balisées ; châteaux de la Loire* ♦ *Restaurant: service de 12 h 30 à 14 h, 19 h 30 à 21 h - Fermeture le mercredi - Menus : 98 à 265 F- Carte.*

Située à l'entrée du village, cette ancienne ferme qui surplombe le Beuvron est aujourd'hui un ravissant petit hôtel. Le site et le calme aidant, c'est aussi une étape de randonneurs. Les chambres sont accueillantes, simples, mais avec un bon confort. De nouvelles plus luxueuses seront ouvertes prochainement. Certaines donnent de plain-pied sur le jardin et la terrasse. La salle à manger, elle aussi va faire peau neuve : espérons qu'elle conserve son atmosphère simple et raffinée. Jacky Guindon propose toujours une excellente cuisine fine et inventive. Aux beaux jours, repas et boissons sont servis à l'extérieur. Propriétaires charmants.

♦ *Itinéraire d'accès (voir carte n° 16) : à 14 km au sud de Blois par D 751 direction Tours par rive gauche, puis D 7 direction Les Montils.*

Château de Chissay★★★★

41400 Chissay-en-Touraine (Loir-et-Cher)
Tél. 54.32.32.01 - Fax 54.32.43.80 - M. Savry

♦ *Ouverture de mi-mars à début janvier* ♦ *30 chambres avec tél. direct, s.d.b. et w.c.- Prix des chambres simples et doubles : à partir de 450 F, à partir de 720 F -Prix des suites : à partir de 840 F - appartements : de 980 à 1450 F - Petit déjeuner 50 F (brunch à 85 F), servi à partir de 7 h 30* ♦ *Amex, Diners, Eurocard et Visa* ♦ *Chiens admis - Piscine à l'hôtel* ♦ *Possibilités alentour : pêche, tennis, golf et équitation* ♦ *Restaurant: service de 12 h 15 à 14 h, 19 h 30 à 21 h 30 - Menus: 160 à 280 F- Carte - Spécialités : sandre de Loire au beurre blanc, fricassée de chapon aux morilles.*

Cet ancien château fort est chargé de souvenirs historiques. Il accueillit Charles VII, Louis XI, le duc de Choiseul et plus récemment, le général De Gaulle y séjourna en juin 1940 avant de rejoindre l'Angleterre. Entièrement rénové depuis 1986, il propose aujourd'hui trente chambres d'un confort luxueux. Le restaurant est raffiné. Le parc et le bois environnant permettent d'agréables promenades dans la campagne tourangelle.

♦ *Itinéraire d'accès (voir carte n° 16) : à 35 km à l'est de Tours par D 40 jusqu'à Chenonceaux, puis N 76 ; 4 km avant Montrichard.*

Hôtel Les Charmilles★★

41600 Nouan-le-Fuzelier (Loir-et-Cher)
Tél. 54.88.73.55 - M. et Mme Sené

♦ *Ouverture du 15 mars au 15 décembre* ♦ *14 chambres avec tél. direct, s.d.b. ou douche, w.c. et t.v. - Prix des chambres doubles : 220 à 280 F - Prix des suites : 340 à 360 F - Petit déjeuner 40 F, servi de 7 h 30 à 9 h* ♦ *Cartes de crédit acceptées* ♦ *Chiens admis dans les chambres du rez-de-chaussée* ♦ *Possibilités alentour : piscine, tennis, golf de Sully-sur-Loire (2 x 9 trous), golf du domaine de la Plaine (18 trous), centre équestre, pêche, chasse, promenades à pied, location de vélos* ♦ *Pas de restaurant à l'hôtel.*

Cette solide maison bourgeoise solognote du début du siècle a trouvé sa vocation d'hôtel il y a quelques années. La décoration est sans surprise mais un effort considérable a été fait dans les chambres pour le bien-être de leurs occupants : salles de bains très confortables et télévision dans toutes les chambres. L'environnement est délicieux. Un grand parc vous propose un plan d'eau aménagé, des coins fraîcheur sous les arbres séculaires, des meubles de jardin accueillants et une pelouse où il fait bon se prélasser. Les propriétaires vous accueillent de façon très sympathique et très amicale. Pas de restaurant... mais possibilité de pique-niquer dans la propriété.

♦ *Itinéraire d'accès (voir carte n° 17) : à 44 km au sud d'Orléans par N 20 direction Vierzon ; à la sortie du village par D 122.*

Le Moulin de Villiers★

41600 Nouan-le-Fuzelier (Loir-et-Cher)
Tél. 54.88.72.27 - M. et Mme Andrieux

♦ *Ouverture toute l'année - Fermeture le mercredi et en novembre et décembre* ♦ *20 chambres avec tél. direct, (16 avec s.d.b. ou douche, 12 avec w.c., 12 avec t.v.) - Prix des chambres simples et doubles : 170 F, 320 F - Petit déjeuner 27 F, servi de 8 h à 9 h* ♦ *Carte bleue et Visa* ♦ *Chiens non admis* ♦ *Possibilités alentour: piscine, tennis, équitation, location de vélos, pêche, chasse, promenades en forêt* ♦ *Restaurant : service de 12 h 30 à 13 h 45, 19 h 45 à 20 h 45 - Fermeture le mercredi - Menus : 70 à 90 F ; 160 à 180 F le dimanche à midi - Carte.*

Comme souvent, les moulins occupent un emplacement de charme ; celui-ci est en pleine forêt, au bord d'un étang. Longeant le bâtiment, une terrasse ensoleillée invite au farniente et aux rafraîchissements ; un salon-bar y est attenant. La salle à manger, simple et agréable, est installée dans une ancienne salle du moulin ; elle possède un beau plancher d'origine. Le salon se trouve à l'étage inférieur, dans le soubassement du bâtiment qui a conservé certaines de ses machines. Les chambres, au confort inégal et quelquefois modeste, ont chacune leur charme. On vous servira une vraie cuisine maison réalisée avec des produits de première fraîcheur.

♦ *Itinéraire d'accès (voir carte n° 17) : à 42 km au sud d'Orléans par N 20 direction Vierzon.*

Hôtel Château des Tertres★★★
Route de Monteaux
41150 Onzain (Loir-et-Cher)
Tél. 54.20.83.88 - M. Valois

♦ *Ouverture du 22 mars au 11 novembre* ♦ *19 chambres avec tél., s.d.b. ou douche, (18 avec w.c.) - Prix des chambres doubles : 270 à 400 F - Petit déjeuner 35 F, servi de 8 h à 10 h* ♦ *Cartes de crédit acceptées* ♦ *Chiens non admis* ♦ *Possibilités alentour : piscine, tennis, équitation, sports nautiques ; châteaux de la Loire, musées* ♦ *Pas de restaurant à l'hôtel.*

Beau, ce château du XIXe, plein de charme et de goût. Au rez-de-chaussée donnant sur la campagne et le jardin, une belle réception côtoie un salon qui a retrouvé ses meubles d'époque. A côté se trouve une salle très sympathique et raffinée où l'on prend de délicieux petits déjeuners. Un climat "maison familiale" règne partout. Les chambres, très confortables, sont toutes plus jolies les unes que les autres. Idéal pour le calme dans une région très touristique, ce château possède en outre un bon rapport qualité-prix. Excellent accueil. Quelques bons restaurants dans le village.

♦ *Itinéraire d'accès (voir carte n° 16) : à 17 km au sud-ouest de Blois par N 152 direction Amboise jusqu'au pont de Chaumont-sur-Loire, puis D 1.*

Relais des Landes★★★

Ouchamps
41120 Les Montils (Loir-et-Cher)
Tél. 54.44.03.33 - Télex 751 454 - Fax 54.44.03.89 - M. Badenier

♦ *Ouverture du 8 janvier au 1er décembre* ♦ *28 chambres avec tél. direct, s.d.b., w.c. et t.v.- Prix des chambres simples et doubles : 436 F, 585 F - Petit déjeuner 45 F, servi de 7 h 30 à 10 h - Prix de la demi-pension : 465 à 550 F (par pers.)* ♦ *Cartes de crédit acceptées* ♦ *Chiens admis avec 35 F de supplément - Location de vélos à l'hôtel* ♦ *Possibilités alentour : tennis, piscine, golf à Cheverny (10 km), équitation, sports nautiques, promenades, pêche ; châteaux de la Loire* ♦ *Restaurant : service de 12 h 30 à 13 h 30, 19 h à 21 h 30 - Menus : 180 à 250 F- Carte - Spécialités : salade de joue de porc et lentilles, escalope de foie gras poêlée, sandre yvan nataf, agneau de Pauillac rôti dans son jus et tian de légumes.*

En pleine campagne, au milieu d'un parc de 10 hectares, le Relais des Landes est une gentilhommière du XVIIe siècle, bien restaurée et bien entretenue. Le salon-réception abrite aussi le bar et divers coins de conversation et de lecture. Placé à l'écart, le salon télévision ne dérangera personne. Un confortable mobilier a été choisi pour ces espaces ainsi que pour la salle à manger, où crépite un feu de cheminée en hiver. L'été, on prend les repas sous la tonnelle des terrasses donnant sur le jardin. Dans les chambres, esprit résolument contemporain dans le choix des motifs et des couleurs mélangés avec des meubles anciens : extrêmement confortables, elles ont toutes d'excellents sanitaires.

♦ *Itinéraire d'accès (voir carte n° 16) : à 15 km au sud de Blois par D 751 et D 754 direction Montrichard jusqu'aux Montils, puis D 7.*

Manoir Bel Air★★
1 Route nationale
41500 Saint-Dyé-sur-Loire (Loir-et-Cher)
Tél. 54.81.60.10 - Fax 54.81.65.34 - M. Abel

♦ *Ouverture toute l'année sauf du 15 janvier au 15 février*
♦ *40 chambres avec tél. direct, s.d.b. w.c. et tv - Prix des chambres simples et doubles : 180 à 220 F, 300 à 340 F - Prix des suites : 480 F - Petit déjeuner 28 F, servi de 7 h 30 à 9 h 30 - Prix de la demi-pension et de la pension: 300 F, 340 F (par pers., 3 j. min.)*
♦ *Carte bleue, Eurocard, Mastercard et Visa* ♦ *Chiens admis*
♦ *Possibilités alentour: piscine, tennis, équitation ; châteaux de la Loire* ♦ *Restaurant : service de12 h 30 à 14 h 30, 19 h 30 à 21 h 30 - Fermeture du 15 janvier au 20 février - Menus: 88 à 180 F - Carte - Spécialités : mousseline de sandre, cailles aux cèpes, aiguillettes de canard au chiron, escalope de saumon à l'oseille.*

Construit en bordure de la Loire, ce manoir possède le calme et la douceur du site, tout en gardant une grande facilité d'accès par la route. Une aile du bâtiment a été construite récemment. Elle abrite une très vaste salle à manger avec vue panoramique sur la Loire, et dans les étages une bonne partie des chambres. Mobilier et couleurs sont discrets, et il y a un très grand souci du confort (salles de bains impeccables) même si l'ensemble de la partie moderne reste un peu froid. Dans l'aile ancienne se trouvent le salon et le reste des chambres, le tout meublé d'époque et en styles mélangés. Inutile de dire que je préfère le charme ancien de ces vieux murs. Propriétaire au contact facile. Bonne carte.

♦ *Itinéraire d'accès (voir carte n° 16) : à 13 km au nord-est de Blois par D 951.*

Château de la Voûte

Troo
41800 Montoire-sur-le-Loir (Loir-et-Cher)
Tél. 54.72.52.52 - MM. Clays et Venon

♦ *Ouverture toute l'année* ♦ *5 chambres d'hôtes avec s.d.b. ou douche, w.c. - Prix des chambres doubles : 350 à 450 F - Prix des suites (3 pers.) : 500 F - Petit déjeuner compris, servi de 8 h à 10 h* ♦ *Cartes de crédit non acceptées* ♦ *Chiens non admis* ♦ *Possibilités alentour : tennis, piscine, équitation, golf* ♦ *Pas de restaurant à l'hôtel.*

Voici un endroit d'un grand raffinement. Cet ancien manoir dispose de chambres d'hôtes qui sont le reflet de l'intérêt porté aux belles choses par les heureux propriétaires de cette demeure, chineurs passionnés devenus antiquaires. Les chambres sont meublées et décorées de quelques-unes de leurs trouvailles. Toutes les pièces, qui ont chacune leur style, ont beaucoup d'allure et de charme : la plus petite n'est pas la moins agréable et certaines sont de véritables suites (les chambres Pompadour, Louis XII et Empire), voire des appartements (la chambre Les Tours). Quant à la vue, elle est digne d'un tableau du XVIIe siècle.
C'est un lieu idéal pour sillonner la Touraine, la vallée du Loir et de la Loire. Une adresse de grande qualité, gérée par des gens de qualité, et que l'on aimerait garder pour soi.

♦ *Itinéraire d'accès (voir carte n° 16) : à 25 km à l'ouest de Vendôme par D 917.*

Manoir de la Forêt★★
La Ville-aux-Clercs - 41160 Morée (Loir-et-Cher)
Tél. 54.80.62.83 - Télex 752 319 - Mme Autebon

♦ *Ouverture toute l'année - Fermeture dimanche soir et lundi d'octobre à mars* ♦ *19 chambres avec tél., w.c. et t.v. (11 avec s.d.b.) - Prix des chambres simples et doubles : 240 à 400 F, 260 à 420 F - Petit déjeuner 28 F, servi de 7 h 30 à 10 h - Prix de la demi-pension et de la pension : 407 F, 450 F (par pers., 3 j. min.)* ♦ *Carte bleue, Visa* ♦ *Chiens admis - Pêche, promenades à l'hôtel* ♦ *Possibilités alentour : piscine, tennis, location de vélos et de vélomoteurs* ♦ *Restaurant : service de 12 h 15 à 13 h 30, 19 h 15 à 21 h 30 - Fermeture dimanche soir et lundi d'octobre à mars - Menus : 130 à 240 F - Carte - Spécialités : ris et rognons aux morilles et pleurottes, turbot en habit vert, filet de boeuf Wellington, sole fourrée aux morilles et pleurotes.*

Ancien pavillon de chasse du château de la Gaudinière (fin XVIIIe), le Manoir de la Forêt est bâti dans un parc boisé de deux hectares, avec un plan d'eau. Dès le petit salon-réception, le ton est donné : ambiance feutrée, beaux bouquets, mobilier et détails agréables. Deux salons attendent les voyageurs avec fauteuils et canapés, endroit idéal pour l'apéritif, le café ou le thé. Une très bonne carte vous est proposée dans la salle à manger dont les onze fenêtres ouvrent généreusement sur le jardin. Partout bon choix de couleurs et de tissus. Les chambres donnent toutes sur le parc ou la forêt, mais la 6 possède en outre une jolie terrasse. Service bar et restaurant à l'extérieur dès les beaux jours.

♦ *Itinéraire d'accès (voir carte n° 16) : à 16 km au nord de Vendôme par N 10 jusqu'à Moncé, puis D 141.*

L'Auberge de Combreux★★

45530 Combreux (Loiret)
Tél. 38.59.47.63 - Fax 38.59.36.19 - Mme Gangloff

♦ *Ouverture du 20 janvier au 20 décembre* ♦ *21 chambres avec tél. direct, s.d.b. ou douche, w.c. et t.v. - Prix des chambres simples et doubles : 270 à 310 F, 310 à 350 F - Prix des suites : à partir de 580 F -Petit déjeuner 30 F, servi de 8 h à 10 h -Prix de la demi-pension: 310 à 350 F (par pers., 2 j. min.)* ♦ *Carte bleue, Eurocard, MasterCard et Visa* ♦ *Chiens admis - Piscine chauffée, tennis, vélos à l'hôtel* ♦ *Possibilités alentour: équitation, golf club d'Orléans, sports nautiques sur étangs, promenades en forêt, chasse à courre ; faïences de Gien, maison de Maurice Genevoix* ♦ *Restaurant: service de 12 h à 14 h, 19 h 15 à 21 h 15 - Menus : 90 (en semaine) à 200 F- Carte - Spécialités : gâteau de foies blonds sur sa salade d'épinards à l'orange, saumon grillé.*

L'auberge est belle et simple. A l'intérieur : murs blancs, lits blancs, bouquets de roseaux ou de graminées et le bois partout présent, celui des poutres, celui du mobilier rustique, celui des manteaux de cheminées. Partout s'harmonisent discrètement les couleurs des rideaux, des abat-jour et celles, plus gaies encore, de généreux bouquets champêtres. Les chambres sont aussi soignées, à noter que celles de l'annexe se trouvent dans un bâtiment de l'autre côté de la route. La tonnelle en été doit être parfaite pour des petits déjeuners paresseux et des apéritifs rafraîchissants. La table aussi est rustique et bonne, c'est une vraie cuisine "maison". Pour être complet, il faut mentionner la chaleur de l'accueil et la séduction de balades sur des vélos procurés par l'hôtel.

♦ *Itinéraire d'accès (voir carte n° 17) : à 35 km à l'est d'Orléans par N 60 et D 709 jusqu'à Fay-aux-Loges, puis D 9.*

Domaine de Chicamour★★

45530 Sury-aux-Bois (Loiret)
Tél. 38.59.35.42 - Fax 38.69.30.43 - M. Merckx

♦ *Ouverture du 1er mars au 30 novembre* ♦ *12 chambres avec tél., s.d.b. ou douche, w.c.- Prix des chambres simples et doubles : 305 F, 340 F - Petit déjeuner 35 F, servi de 9 h à 10 h - Prix de la demi-pension et de la pension: 345 F, 405 à 435 F (par pers., 3 j. min.)* ♦ *Carte bleue, Eurocard, MasterCard et Visa* ♦ *Chiens admis avec 25 F de supplément - Tennis, équitation, vélos, jeu de boules à l'hôtel* ♦ *Possibilités alentour: sports nautiques, chasse à courre, chasse, pêche , golf de Sully-sur-Loire (27 trous), golf club d'Orléans (12 trous) ; châteaux de la Loire, route Jacques-Coeur, route des Hauts-Dignitaires* ♦ *Restaurant : service de 12 h à 14 h, 19 h 30 à 20 h 45 - Menus : 90 à 200 F - Carte - Spécialités : foie de canard frais, boudin de truite ; poêlon de poires.*

Situé au milieu d'un parc de 8 hectares planté d'essences rares, au cœur de la forêt domaniale d'Orléans, le château de Chicamour a été transformé en hôtel avec un grand souci de simplicité et d'élégance. Le résultat est remarquable.
Beaucoup de goût également dans la décoration intérieure ; un salon très accueillant avec coin cheminée, une salle à manger élégante où est servie une cuisine raffinée à base de produits régionaux. Chaque chambre a son style propre, est confortable et bien équipée avec une très belle vue sur le parc. Club hippique à l'hôtel. Calme assuré.

♦ *Itinéraire d'accès (voir carte n° 17) : à 39 km à l'est d'Orléans par N 60, puis D 709 et D 9 direction Bellegarde par Combreux.*

Domaine du Tilleul★★★

Landouzy-la-Ville
02140 Hirson (Aisne)
Tél. 23.98.48.00 - Fax 23.98.46.46 - M. Tirtiaux

♦ *Ouverture toute l'année* ♦ *26 chambres avec tél., s.d.b., w.c., t.v. et minibar - Prix des chambres : 350 F - Petit déjeuner 40 F, servi de 7 h à 11 h - Prix de la demi-pension et de la pension : 400 F, 550 F (par pers.)* ♦ *Carte bleue, MasterCard et Visa* ♦ *Chiens non admis - 2 courts de tennis, golf 9 trous, practice et putting à l'hôtel* ♦ *Possibilités alentour : piscine à 8 km, équitation 25 km ; promenades en sentiers pédestres* ♦ *Restaurant : service à 12 h et 20 h - Menu : 180 F - Carte - Spécialités : feuilleté de saumon et de turbot au beurre blanc, escalope de ris de veau aux morilles, gambas flambées au pastis.*

Un parc de 24 hectares entoure les deux bâtiments du domaine. L'un des corps est une ravissante demeure ancienne où est installé le bar, l'autre abrite la salle à manger, les chambres et un petit salon. Tous deux sont en brique et leurs intérieurs aménagés en style contemporain sont de très bon goût. Matériaux et couleurs ont été choisis avec soin par le propriétaire, qui est aussi décorateur à Bruxelles.

Outre le calme et la détente, vous trouverez ici un accueil chaleureux, un très grand confort et une excellente cuisine. Sans compter que vous pourrez, sur place, faire un parcours de golf (100 F le green fee, location de matériel et réservation au bar du domaine). Il va sans dire que cet hôtel est surtout fréquenté par des golfeurs.

♦ *Itinéraire d'accès (voir carte n° 3) : à 50 km au nord-est de Laon par N 2 direction Vervins puis D 963 direction Hirson et D 29.*

Hôtel de l'Abbaye★★
8, rue des Tourelles
02600 Longpont (Aisne)
Tél. 23.96.02.44 - M. Verdun

♦ *Ouverture toute l'année* ♦ *12 chambres avec tél., (5 avec s.d.b. ou douche, 6 avec w.c.) - Prix des chambres doubles : 175 à 320 F - Petit déjeuner campagnard 35 F, servi toute la journée - Prix de la demi-pension et de la pension : 290 à 390 F, 360 à 460 F (par pers., 3 j. min.)* ♦ *Access, Carte bleue, Eurocard, MasterCard et Visa* ♦ *Chiens admis - Location de vélos à l'hôtel* ♦ *Possibilités alentour : centre équestre, piscine, tennis, promenades en forêt, chasse à courre ; abbaye cistercienne, musée du bois* ♦ *Restaurant : service de 12 h à 14 h, 19 h 30 à 21 h - Menus : 90 à 220 F - Carte - Spécialités : grillades, escargots, ficelle picarde, lapin au cidre, gibier en saison.*

Cette grande et ancienne maison est située dans la rue principale du village, au cœur de la forêt de Retz. Ses grandes tables en bois massif et sa cheminée constituent un point de ralliement animé et chaleureux pour les randonneurs comme pour les chasseurs. La cuisine proposée est sans sophistication, savoureuse et familiale, qualités qui doivent beaucoup au propriétaire qui fait son possible pour vous convaincre que vous êtes ici chez vous.
Les chambres, peu nombreuses, sont d'un confort variable, mais certaines disposent d'un équipement sanitaire complet ; elles sont toutes au calme et donnent sur la forêt ou l'abbaye. Un salon de lecture, une salle de télévision et un agréable jardin ajoutent plus d'agrément à l'hôtel.

♦ *Itinéraire d'accès (voir carte n° 10) : à 20 km au sud de Soissons par N 2 direction Villers-Cotterêts, puis D 2.*

Auberge de la Scierie★★★

La Vove
10160 Aix-en-Othe (Aube)
Tél. 25.46.71.26 - MM. Hottier et Vallée

♦ *Ouverture toute l'année* ♦ *14 chambres avec tél. direct, s.d.b. ou douche, w.c. et t.v. - Prix des chambres doubles : 330 F - Petit déjeuner 38 F, servi de 8 h 30 à 10 h 30 - Prix de la demi-pension et de la pension : 350 F, 450 F (par pers., 3 j. min.)* ♦ *Amex, Carte bleue, Diners, MasterCard et Visa* ♦ *Chiens admis - Piscine chauffée à l'hôtel* ♦ *Possibilités alentour : tennis à 1 km, pêche à la truite* ♦ *Restaurant : service de 12 h à 14 h, 19 h 30 à 21 h 30 - Menus : 110 à 200 F - Carte - Spécialités : foie gras de canard, saumon rôti gratiné de parmesan, ris de veau braisé, joue de porc confite ; crème brûlée à la cassonade.*

L'auberge est installée en pleine campagne, dans une ancienne scierie dont les corps de bâtiment, restaurés et bien aménagés, connaissent ainsi une nouvelle vocation pour laquelle on les croirait initialement conçus. Les abords, entretenus avec grand soin, permettent de prendre les repas à l'extérieur et de se détendre dans un parc ombragé de deux hectares que traverse une rivière.
Les chambres, disposées autour de la piscine, sont tranquilles et confortables ; certaines sont meublées en ancien. De même pour le salon qui, confortablement meublé, offre l'agrément d'une cheminée et d'une bibliothèque. La cuisine est de qualité. L'accueil, enfin, est très chaleureux.

♦ *Itinéraire d'accès (voir carte n° 10) : à l'ouest de Troyes par N 60 direction Sens, puis D 374 ; à la sortie du village direction Villemoiron-en-Othe.*

Château de la Tour★★★

Chemin de la Chaussée
60270 Gouvieux (Oise)
Tél. 44.57.07.39 - Télex 155 014 - Mme Jadas

♦ *Ouverture toute l'année* ♦ *15 chambres avec tél. direct, s.d.b. et w.c. - Prix des chambres doubles : 250 à 500 F - Petit déjeuner 40 F - Prix de la demi-pension et de la pension : 380 F, 430 F* ♦ *Amex, Carte bleue et Visa* ♦ *Chiens admis - Tennis à l'hôtel* ♦ *Possibilités alentour : Promenades en forêt de Chantilly, promenades équestres, golf, plage de l'Oise (Boran) ; château de Chantilly* ♦ *Restaurant : service de 12 h 30 à 14 h, 19 h 30 à 21 h - Fermeture du 15 juillet au 12 août - Menus : 100 à 250 F - Carte - Spécialités : salade Quercy, ris de veau.*

Le château de la Tour est une élégante demeure du début du siècle, dans un parc de cinq hectares, dominant la forêt avoisinante. Le salon meublé d'époque invite à la détente devant le feu de sa cheminée. Aussi feutrée et attenante, la salle à manger est elle aussi décorée dans un style très classique. Elle possède, tout comme le salon, de grandes portes vitrées donnant sur la terrasse et sur la verdure. Les chambres, entièrement rénovées, sont toutes meublées à l'ancienne. Une adresse de week-end à retenir, à quelques kilomètres de Paris, tout près de Chantilly.

♦ *Itinéraire d'accès (voir carte n° 9) : à 40 km au nord de Paris par N 16 jusqu'à Chantilly puis D 909.*

Hostellerie des Deux Marronniers
1, rue des Etangs
60112 Milly-sur-Thérain (Oise)
Tél. 44.81.07.52 - Mme Normandin et M. Degranges

♦ *Ouverture toute l'année sauf 15 jours en novembre - Fermeture le mercredi en b.s.* ♦ *10 chambres (3 avec s.d.b. ou douche, w.c.), t.v. sur demande - Prix des chambres simples et doubles : 100 à 150 F, 120 à 220 F - Prix des suites : 220 F (3 pers.) - Petit déjeuner 20 F, servi de 8 h à 11 h - Prix de la demi-pension et de la pension : 160 à 230 F, 245 à 305 F (par pers., 3 j. min.)* ♦ *Carte bleue, Eurocard et Visa* ♦ *Chiens admis avec supplément - Tennis de table, location de véhicules tout terrain, pêche en rivière et en étang à l'hôtel* ♦ *Possibilités alentour : tennis, piscine, équitation, parc d'attractions, planche à voile, voile, canoë-kayak ; Gerberoy, château de Troissereux* ♦ *Restaurant : service de 12 h à 14 h, 19 h à 22 h - Fermeture le mercredi en b.s. - Menus : 100 à 200 F - Carte - Spécialités : magret, confit, salade aux gésiers, escargots.*

Au début du siècle, le casino du lac était aussi une guinguette où les gens des environs aimaient se retrouver. Aujourd'hui hostellerie, elle vous accueille avec une belle terrasse ombragée par deux énormes marronniers où sont disposés, parmi les fleurs, des tables et des jeux d'enfants. La salle à manger, rustique et sympathique, est placée à côté d'un bar où se trouve aussi un billard. Les chambres, bien que simples, sont correctes et calmes. Outre le jardin, la propriété possède aussi un étang privé qui fera les délices des pêcheurs. Ambiance décontractée et très bon accueil.

♦ *Itinéraire d'accès (voir carte n° 9) : à 10 km au nord-ouest de Beauvais par D 901 jusqu'à Troissereux, puis D 133.*

A la Bonne Idée★★★

60350 Saint-Jean-aux-Bois (Oise)
Tél. 44.42.84.09/44.42.82.64 - Télex 155 026 - M. Royer

♦ *Ouverture du 14 février au 23 août et du 5 sept. au 11 janvier*
♦ *24 chambres avec tél., s.d.b., w.c. et t.v. - Prix des chambres*
doubles : 390 F - Petit déjeuner 47 F, servi de 8 h à 11 h ♦ *Amex,*
Carte bleue, Eurocard, MasterCard et Visa ♦ *Chiens admis avec*
supplément ♦ *Possibilités alentour : piscine, tennis, planche à*
voile, pêche, promenades ♦ *Restaurant : service de 12 h à*
14 h 30, 19 h à 21 h - Fermeture mardi et mercredi midi - Menus :
260 à 390 F - Carte - Spécialités : potée d'escargots forestière,
aiguillettes de canette aux baies roses, homard, langouste.

Ancienne capitainerie du XVIIe, cette auberge est située dans un
adorable petit village, au cœur de la forêt de Compiègne. Dans le
salon d'entrée et le bar, le moderne se marie au style d'une façon
harmonieuse. La belle salle à manger est un cadre idéal pour
l'excellente cuisine proposée par le chef et propriétaire. Quant aux
chambres, vous avez le choix entre celles du corps principal,
anciennes et pleines de charme, et celles de la petite annexe donnant
sur le jardin fleuri et la terrasse ombragée. Dans les deux cas, elles
sont toutes parfaitement aménagées. Une grande cordialité et le
calme assuré par une rue en cul-de-sac sont autant d'autres raisons
pour aimer cette adresse à quelques kilomètres de Paris.

♦ *Itinéraire d'accès (voir carte n° 9) : à 9 km au sud-est de*
Compiègne par D 332 direction Marienval jusqu'à Malassise, puis
D 85.

Hôtel Dolce Vita★★★
Route des Sanguinaires - 20000 Ajaccio (Corse-du-Sud)
Tél. 95.52.00.93 - Télex 460 854 - Fax 95.52.07.15 - M. Federici

♦ *Ouverture de Pâques à la Toussaint* ♦ *32 chambres avec tél. direct, s.d.b., w.c., t.v. et minibar - Prix des chambres simples et doubles : 390 à 495 F, 550 à 760 F ; 670 à 885 F (3 pers.) ; 790 F (4 pers.) - Petit déjeuner 40 F, servi de 7 h à 10 h - Prix de la demi-pension et de la pension : (obligatoire en juillet et août) 615 à 840 F, 670 à 895 F* ♦ *Amex, Carte bleue, Diners et Visa* ♦ *Chiens admis avec 40 F de supplément - Piscine, plage, ski nautique à l'hôtel* ♦ *Possibilités alentour : tennis, équitation, sports nautiques* ♦ *Restaurant : service de 12 h 30 à 13 h 45, 19 h 30 à 21 h 30 - Menu : 205 F - Carte - Spécialités : ravioli au brocciu, fricassée de langouste, coussinet de veau aux blettes et foie gras ; crêpes soufflées à l'orange.*

Le Dolce Vita est un hôtel moderne dont la situation privilégiée compense l'architecture fonctionnelle et la décoration un peu clinquante. Toutes les chambres sont côté mer ; situées sur deux niveaux, celles du rez-de-chaussée permettent d'accéder directement à une petite plage (on peut regretter la présence du béton). Elles offrent un bon confort et une salle de bains très complète. Les alentours sont joliment fleuris, et c'est avec ravissement qu'on évolue entre bougainvillées, lauriers-roses et palmiers. La salle à manger se présente sous deux visages : la grande salle intérieure dont les nappes roses semblent en perpétuelle attente de grandes occasions, et une grande terrasse ombragée qui domine la mer. La nuit tombée, la piscine éclairée, les reflets des lumières dans les bosquets et les scintillements au loin dans la baie donnent à l'ensemble un parfum hollywoodien.

♦ *Itinéraire d'accès (voir carte n° 36) : à 8 km à l'ouest d'Ajaccio par la route des Sanguinaires.*

Hôtel Genovese★★★
Quartier de la citadelle
20169 Bonifacio (Corse-du-Sud)
Tél. 95.73.12.34 - Fax 95.73.09.03

♦ *Ouverture à partir du 26 avril* ♦ *14 chambres avec tél., s.d.b., w.c. et t.v. - Prix des chambres : 600 à 1 500 F - Petit déjeuner 90 F, servi de 7 h 30 à 11 h 30* ♦ *Cartes de crédit acceptées* ♦ *Chiens non admis* ♦ *Possibilités alentour : tennis, golf 18 trous, équitation, sports nautiques* ♦ *Restaurants : Le Voilier, La Caravelle sur le port, La Stella d'Oro dans la haute ville.*

Aménagé sur la ligne des remparts à Bonifacio dans une ancienne bâtisse de la marine nationale dominant la mer, la ville et le port, le Genovese est un hôtel de luxe à la décoration soignée qui vient d'ouvrir ses portes. Autour d'une ravissante cour intérieure s'ordonnent les chambres aux tons pastel et aux rideaux à fleurs. Toutes semblables, seule leur couleur diffère. Les salles de bains sont immaculées et vous trouverez un jacuzzi dans chacune des suites. La chambre numéro 2 donne sur le port avec un petit balcon. Pas de restaurant, mais au rez-de-chaussée un coin bar pour les petits déjeuners et un salon où un grand canapé blanc très design se marie joliment avec la pierre des murs. Enfin, pour plus d'agrément, l'hôtel est entièrement climatisé.

♦ *Itinéraire d'accès (voir carte n° 36) : dans Bonifacio, tout de suite à droite à la sortie de la route menant à la citadelle.*

Résidence du Centre Nautique★★

20169 Bonifacio (Corse-du-Sud)
Tél. 95.73.02.11 - M. Dewez

♦ *Ouverture toute l'année sauf novembre et février* ♦ *10 chambres avec douche et w.c. - Prix des chambres : 275 à 325 F - Petit déjeuner 35 F (obligatoire)* ♦ *Cartes de crédit non acceptées* ♦ *Chiens admis avec 30 F de supplément* ♦ *Possibilités alentour : tennis* ♦ *Pas de restaurant à l'hôtel.*

Sur le port de Bonifacio, face aux bateaux et en dessous de la haute ville, ce petit hôtel attaché au centre nautique n'accueille pas seulement les plaisanciers : le simple voyageur y sera reçu avec amabilité et gentillesse. Les dix chambres sont toutes semblables, l'architecte a profité de la hauteur des étages pour créer de petits duplex. Au premier niveau se trouvent un canapé et une table ronde, et dans la mezzanine la chambre et la salle de bains. Moderne et très propre, l'ensemble évoque plus un petit studio qu'une chambre d'hôtel classique ; l'envie vous prend d'inviter les voisins à prendre l'apéritif dans votre petit salon. Un seul critère entraîne une faible variation de prix : la vue sur le jardin ou sur le port qui n'est absolument pas dérangeant la nuit, contrairement à ce qu'on pourrait vous dire. On peut prendre le petit déjeuner sur la terrasse face aux voiliers et autres yachts.

♦ *Itinéraire d'accès (voir carte n° 36) : près du port.*

Grand Hôtel Cala Rossa★★★

Cala Rossa - 20137 Porto-Vecchio (Corse-du-Sud)
Tél. 95.71.61.51 - Télex 460 394 - Fax 95.71.60.11
M. Canarelli et Mme Biancarelli

♦ *Ouverture du 1er avril au 10 novembre* ♦ *50 chambres avec tél., s.d.b., w.c. et t.v. - Prix des chambres simples et doubles : 550 F, 590 F - Prix des suites : 1000 F - Petit déjeuner 55 F, servi de 7 h 30 à 11 h 30 - Prix de la demi-pension : 1900 F (chambre simple) 2600 F (chambre double) 4500 F(suite)* ♦ *Amex, Carte bleue et Diners* ♦ *Chiens non admis - Plage privée, ski nautique, wind surf, promenades à bord de bateau à l'hôtel* ♦ *Possibilités alentour : tennis, sports nautiques ; promenades et randonnées dans l'arrière-pays* ♦ *Restaurant : service de 12 h 30 à 14 h 30, 19 h 30 à 21 h - Menus : 180 à 350 F - Carte - Spécialités : croustillant d'agneau, tartare de denti au saumon fumé, consommé de homard.*

Le succès du Grand Hôtel de Cala Rossa, c'est avant tout la volonté de son propriétaire Toussaint Canarelli, soutenu et aidé par toute une équipe fidèle et enthousiaste. Tout l'effort fut d'abord porté sur le restaurant, dirigé par Georges Billon et Francis Pean, qui est aujourd'hui une des meilleures tables de Corse. C'est à présent le tour des chambres ; toutes sont confortables, mais les nouvelles suites décorées dans un style méditerranéen sont très luxueuses. L'environnement est superbe : le jardin ombragé de pins, fleuri de lauriers-roses et de plumbagos, se prolonge jusqu'à la plage privée. Il est indispensable de réserver très tôt pour la saison d'été, mais au printemps et en automne, en plus des plaisirs de la mer, vous découvrirez ceux du maquis et de la forêt de l'Ospedale.

♦ *Itinéraire d'accès (voir carte n° 36) : aéroport de Figari ; Porto-Vecchio.*

L'Aïtone★★

20126 Evisa (Corse-du-Sud)
Tél. 95.26.20.04 - M. Ceccaldi

◆ *Ouverture de janvier à novembre* ◆ *32 chambres avec tél., (26 avec s.d.b. ou douche et w.c.) - Prix des chambres doubles : 150 à 500 F - Petit déjeuner 40 F, servi de 8 h à 10 h - Prix de la demi-pension et de la pension : 220 à 400 F, 300 à 480 F (par pers.)* ◆ *Carte bleue et Visa* ◆ *Chiens admis - Piscine à l'hôtel* ◆ *Possibilités alentour : tennis, centre équestre, cascade et piscine naturelle de la forêt d'Aïtone, très important centre de randonnées pédestres, plages ; gorges de la Spelunca, forêt d'Aïtone, les calanques de Piana, Girolata* ◆ *Restaurant : service de 12 h à 14 h, 20 h à 22 h - Menus : 85 à 150 F - Carte - Spécialités : charcuterie corse et poisson sur commande.*

L'auberge de l'Aïtone est située à 850 mètres d'altitude, aux portes de l'extraordinaire forêt de pins lariccio d'Aïtone et de Valdo-Niello. Toussaint Ceccaldi, qui a repris la suite de ses parents, a récemment rénové et agrandi l'établissement. La bâtisse, qui manque de charme, jouit cependant d'un emplacement privilégié ; une grande terrasse surplombe la belle vallée de la Spelunca. Quant aux chambres, toutes avec balcon, elles ont une vue superbe sur le golfe de Porto. Bonne cuisine familiale.

◆ *Itinéraire d'accès (voir carte n° 36) : à 23 km à l'est de Porto par D 84.*

Les Roches Rouges

20115 Piana (Corse-du-Sud)
Tél. 95.27.81.81 - Mme Dalakupeyan

♦ *Ouverture du 1er avril au 15 octobre* ♦ *30 chambres avec tél. direct, douche et w.c. - Prix des chambres doubles : 200 à 250 F - Petit déjeuner 30 F, servi de 7 h 30 à 11 h - Prix de la demi-pension : 265 F (par pers.)* ♦ *Amex, Carte bleue, Diners et Visa* ♦ *Chiens admis* ♦ *Possibilités alentour : randonnées ; les calanques, le col de Lava* ♦ *Restaurant : service de 12 h à 14 h, 19 h 30 à 22 h - Menus : 85 à 250 F - Carte - Spécialités : cuisine régionale.*

A la sortie de Piana, à 3 kilomètres des célèbres calanques, on a réaménagé cette ancienne maison corse. Une grande et belle salle de restaurant très lumineuse et prolongée par une terrasse, ainsi que de nombreuses chambres vous feront profiter de la vue superbe. Celles-ci sont un peu austères et mériteraient un petit effort d'aménagement. Néanmoins, l'accueil amical de Mady et des prix raisonnables pallient ces défauts.

♦ *Itinéraire d'accès (voir carte n° 36) : à 92 km au sud de Calvi par D 81.*

Hôtel Castel d'Orcino★★★

**Pointe de Palmentoio
20111 Calcatoggio (Corse-du-Sud)
Tél. 95.52.20.63 - Mme Jullien**

♦ *Ouverture du 1er avril au 30 octobre* ♦ *35 chambres avec tél. direct, s.d.b. ou douche, w.c. et t.v. - Prix des chambres doubles : 260 à 380 F - Petit déjeuner 28 F, servi de 7 h 30 à 10 h - Prix de la demi-pension et de la pension : 210 à 313 F, 305 à 420 F (par pers. ; en b.s. 8 j. = 8e nuit gratuite)* ♦ *Cartes de crédit non acceptées* ♦ *Chiens admis dans les chambres avec 20 F de supplément* ♦ *Possibilités alentour : plage, tennis* ♦ *Restaurant : service de 12 h à 14 h, 19 h à 21 h - Menu : 95 F - Carte - Spécialités : poissons, pot-au-feu de mer.*

Au sud du joli petit golfe de la Liscia et plus exactement à la pointe du Palmentoio, le Castel d'Orcino, situé au bord de l'eau, se compose de trois maisons distinctes. Parfaitement intégrées dans la luxuriante verdure environnante, il y règne une parfaite tranquillité. Sans hésitation, nous recommandons les chambres aménagées dans le nouveau bâtiment, avec leur petit balcon et leur salle de bains au carrelage attrayant ; elles donnent toutes sur la mer. Celles de l'annexe et de la maison principale sont un peu sombres et moins engageantes. Selon les saisons, les repas sont servis sur une grande terrasse dominant la baie, ou dans la salle à manger.

♦ *Itinéraire d'accès (voir carte n° 36) : à 24 km au nord d'Ajaccio par D 81.*

Le Maquis★★★

20166 Porticcio (Corse-du-Sud)
Tél. 95.25.05.55 - Télex 460 597 - Mme Salini

♦ *Ouverture toute l'année* ♦ *19 chambres climatisées avec tél., s.d.b., w.c., t.v. et minibar - Prix des chambres simples et doubles : 395 F, 565 à 630 F - Petit déjeuner compris, servi de 8 h à 10 h 30 - Prix de la demi-pension : 1 480 à 2 100 F (chambre double)* ♦ *Cartes de crédit acceptées* ♦ *Chiens admis avec 60 F de supplément - Piscine chauffée, tennis, salle de gymnastique, plage privée à l'hôtel* ♦ *Possibilités alentour : golfe d'Ajaccio* ♦ *Restaurant : service de 12 h 30 à 14 h, 19 h 30 à 22 h - Carte.*

Après un deuxième séjour, le Maquis nous est vraiment apparu comme une des très bonnes adresses de ce guide. Sa situation exceptionnelle sur une petite crique du golfe d'Ajaccio, deux kilomètres après Porticcio, sa jolie plage privée, le raffinement du décor et du service, le confort des parties communes et des chambres (demandez une chambre sur la mer avec terrasse), en font un lieu idéal pour un séjour dépaysant et confortable. La terrasse, une piscine couverte et un tennis vous inviteront encore plus à y vivre en autarcie. A midi, une délicieuse formule buffet sur la terrasse, et le soir un très bon menu qui change tous les jours, que peut-on demander de plus ? Grâce à sa propriétaire, Mme Salini, une oasis sur une côte qui malheureusement a été bien abîmée. Mais si l'on veut vraiment sortir de l'hôtel, il reste de grandes promenades à faire vers l'intérieur de la Corse.

♦ *Itinéraire d'accès (voir carte n° 36) : à 18 km d'Ajaccio - à 8 km de l'aéroport.*

Hôtel L'Aiglon★★

20147 Serriera (Corse-du-Sud)
Tél. 95.26.10.65 - M. Colona-Ceccaldi

♦ *Ouverture de Pâques à fin septembre ♦ 18 chambres avec tél., s.d.b. ou douche, (8 avec w.c.) - Prix des chambres : 190 à 250 F - Petit déjeuner 28 F, servi jusqu'à 10 h 30 - Prix de la demi-pension : (obligatoire en août) 190 à 230 F ♦ Amex, Carte bleue et Visa ♦ Chiens admis ♦ Possibilités alentour : plages, randonnées ; col de Lava, les calanques ♦ Restaurant : service de 12 h à 14 h 30, 20 à 22 h - Menus : 90 à 230 F - Carte - Spécialités : poissons, feuilleté mentholé aux framboises.*

Construit il y a trente ans avec la belle pierre de Porto, l'Aiglon est situé de façon idéale pour les amateurs de calme : au cœur du maquis, on y accède par une petite route sinueuse à travers un paysage vallonné. L'impression d'isolement au milieu des terres est trompeuse car la mer n'est qu'à 500 mètres. Avec une clientèle constituée d'habitués, les chambres n'ont pas été remises au goût du jour. Elles sont simples et dotées de leur mobilier d'origine très 50 ; les salles de bains ont été artificiellement implantées dans les chambres grâce à des cloisons peu isolantes. Un peu à l'écart, six chambres se partagent des bungalows, avec chacune une petite terrasse. Des prix modérés font de cet endroit une étape pour ceux qui veulent connaître l'arrière-pays corse ou résider à moindres frais pas très loin de la mer.

♦ *Itinéraire d'accès (voir carte n° 36) : à 5 km au nord de Porto par D 81 ; suivre fléchage.*

Hôtel Balanéa★★★
6, rue Clemenceau
20260 Calvi (Haute-Corse)
Tél. 95.65.00.45 - Télex 460 540 - Fax 95.65.29.71

♦ *Ouverture toute l'année* ♦ *40 chambres climatisées avec tél., s.d.b., w.c., t.v. et minibar - Prix des chambres doubles : 400 à 1 050 F - Petit déjeuner 40 F, servi de 7 h à 11 h* ♦ *Cartes de crédit acceptées* ♦ *Chiens admis* ♦ *Possibilités alentour : les villages de Balagne ; excursions en bateau à la réserve naturelle de Scandola (Girolata)* ♦ *Pas de restaurant à l'hôtel.*

Situé sur le port de Calvi, le Balanéa, récemment rénové, est l'hôtel le plus agréable du centre ville. Les chambres, très confortablement équipées, sont spacieuses, bien décorées avec de grandes salles de bains. La plupart ont des balcons, certaines même de vraies terrasses avec une vue merveilleuse sur le fort et la citadelle.
Les chambres sont climatisées, permettant de dormir au calme même en été. Le Balanéa est le seul hôtel ouvert en hiver à Calvi.

♦ *Itinéraire d'accès (voir carte n° 36) : sur le port de Calvi.*

Auberge de la Signoria★★★
Route de l'Aéroport
20260 Calvi (Haute-Corse)
Tél. 95.65.23.73/95.65.26.95 - Télex 460 551 - Fax 95.65.33.20
MM. Ceccaldi

♦ *Ouverture du 1er avril au 31 octobre* ♦ *10 chambres avec tél. direct, s.d.b. ou douche, w.c. et t.v. - Prix des chambres doubles : 450 à 960 F - Prix des suites : 1 400 à 2 000 F - Petit déjeuner 60 F, servi à partir de 8 h* ♦ *Amex, Carte bleue, Eurocard et Visa* ♦ *Chiens admis - Piscine à l'hôtel* ♦ *Possibilités alentour : tennis, sports nautiques ; circuit des villages de Balagne* ♦ *Restaurant : service de 12 h à 14 h (sauf en juillet et en août), 19 h 30 à 22 h 30 - Carte - Spécialités : soupe de moules au thym et poireaux, magret de canard aux cèpes et miel du maquis ; gratin de poires aux sept épices en chaud et froid.*

La Signoria est l'hôtel de charme tel qu'on le rêve : une belle et ancienne maison, dans une grande propriété plantée d'eucalyptus et de palmiers. Les propriétaires ont récemment aménagée la maison en hôtel, sans lui enlever pour autant son cachet. Les chambres du bâtiment principal sont les plus agréables et les plus confortables, mais vous ne serez pas punis si vous êtes à l'annexe. Un des moments de rêve, c'est le dîner aux chandelles, le soir sous la voûte des palmiers de la terrasse. Une adorable petite piscine permet aussi de profiter du jardin. Même en plein mois d'août, vous y trouverez le calme absolu. Un moyen de locomotion est souhaitable.

♦ *Itinéraire d'accès (voir carte n° 36) : à 5 km de Calvi direction l'aéroport.*

Marina d'Argentella

L'Argentella
20260 Calvi (Haute-Corse)
Tél. 95.65.25.08/95.65.25.12 - M. Grisoli

♦ *Ouverture du 1er juin au 30 septembre* ♦ *28 chambres avec s.d.b. et w.c. - Prix des chambres doubles : 250 à 400 F - Petit déjeuner 40 F, servi de 8 h à 10 h - Prix de la demi-pension : 600 à 800 F (pour 2 pers.)* ♦ *Cartes de crédit acceptées* ♦ *Chiens admis* ♦ *Possibilités alentour : volley-ball, planche à voile, ping-pong, billard, tennis, baignades en rivière, golf à 30 km ; parc régional, réserve naturelle de Scandola* ♦ *Restaurant : service de 12 h 30 à 14 h 30, 20 h à 22 h - Carte - Spécialités : poissons, produits corses.*

L'Argentella est un peu notre protégé en Corse. Nous vous l'avions conseillé alors que le confort était sommaire mais nous avions été séduits par sa situation, sur la plage, dans la baie de Crovani et surtout par Pierre et Dorine, qui se font toujours un point d'honneur à vous faire passer de bonnes vacances. Aujourd'hui les chambres dispersées dans les petits pavillons ont toujours la même simplicité mais elles sont plus coquettes et ont toutes de confortables salles de bains. De nouvelles recettes sont préparées par Dhaïr et son frère : à midi une carte propose une cuisine légère, fraîche et amusante. Le soir, le menu est copieux et savoureux. Mais avant, vous pourrez participer à la traditionnelle partie de volley de 7 heures et prendre ensuite un verre devant l'exceptionnel coucher de soleil. Baignades, planche à voile, pique-nique, excursions en bateau, un vrai programme de vacances sans aucun souci.

♦ *Itinéraire d'accès (voir carte n° 36) : à 22 km au sud de Calvi, direction Porto par le bord de mer.*

Auberge de La Restonica
Vallée de la Restonica
20250 Corte (Haute-Corse)
Tél. 95.46.09.58 - M. Colonna

♦ *Ouverture toute l'année* ♦ *7 chambres avec s.d.b. ou douche (6 avec w.c.) - Prix des chambres simples et doubles : 200 F, 260 F - Prix des suites : 300 F - Petit déjeuner 30 F, servi de 8 h à 10 h - Prix de la demi-pension : 280 à 300 F* ♦ *Amex, Carte bleue et Visa* ♦ *Chiens admis - Piscine à l'hôtel* ♦ *Possibilités alentour : lacs, baignades en torrent, pêche à la truite, centre équestre, excursions en haute montagne avec guides, aéroclub* ♦ *Restaurant : service de 12 h à 14 h, 19 h 30 à 22 h - Fermeture janvier et février, le lundi en b.s. - Menus : 80 à 150 F - Carte - Spécialités : lapin à la corse, filet restonica, salade du littoral, feuilleté au fromage doux.*

L'auberge se trouve dans les gorges de la Restonica, site classé du parc naturel régional de la Corse. Ambiance familiale et sans prétention dans cet hôtel dirigé par Dominique Colonna qui fut un célèbre footballeur. Le grand pré qui s'étale devant la belle bâtisse de pierre, la rivière qui la longe en font un lieu idéal pour des vacances de nature. Un des rares endroits où votre chien ne sera pas seulement toléré, mais bien accueilli par Mme Colonna, qui aime beaucoup les animaux.

♦ *Itinéraire d'accès (voir carte n° 36) : à 1,5 km de Corte, prendre la route de la Restonica.*

Hôtel Mare e Monti★★

20225 Feliceto (Haute-Corse)
Tél. 95.61.73.06 - Fax 95.60.17.51 - M. Renucci

♦ *Ouverture du 1er mai au 1er octobre* ♦ *18 chambres avec tél., (14 avec s.d.b. ou douche, w.c.) - Prix des chambres simples et doubles : 180 à 250 F, 200 à 280 F - Petit déjeuner 30 F, servi de 8 h à 10 h - Prix de la demi-pension et de la pension : 290 à 350 F, 400 à 460 F (par pers., 3 j. min.)* ♦ *Amex, Carte bleue, Eurocard et Visa* ♦ *Chiens admis dans les chambres* ♦ *Possibilités alentour : plages, promenades ; forêt de Tartagine* ♦ *Restaurant : service de 12 h à 14 h, 19 h 30 à 22 h - Menus : 100 à 150 F - Carte - Spécialités : cuisine régionale, truite de Calamenti, agneau en civet à la mode corse et rôti.*

Entre mer et montagne, c'est en fait la situation de cette belle maison de maître construite vers 1870 qu'occupe toujours la même famille. Derrière la maison, les roches grimpent presque à la verticale tandis qu'au loin se profile la mer derrière L'Ile-Rousse. Sur le côté, une belle terrasse joliment fleurie où l'on prend ses repas. Un peu plus loin, deux superbes cèdres émergent d'un charmant petit parc et enfin un verger offre ses pommes très appréciées au petit déjeuner. Hautes de plafond et décorées simplement avec de jolis tableaux anciens, les chambres du deuxième sont préférables à celles du troisième au linoléum peu engageant. L'accueil agréable de M. Renucci, ainsi que la cuisine goûteuse et traditionnelle sont autant de qualités qui ne manquent pas d'achever de séduire l'amateur d'une Corse plus "profonde" que celle révélée par les simples plaisirs balnéaires.

♦ *Itinéraire d'accès (voir carte n° 36) : à 14 km au sud de L'Ile-Rousse par D 13 et D71.*

La Bergerie
Route de Monticello
20220 L'Ile-Rousse (Haute-Corse)
Tél. 95.60.01.28 - M. Caumer

♦ *Ouverture 15 mars au 15 novembre* ♦ *18 bungalows-chambres avec s.d.b. ou douche, w.c - Prix des chambres doubles : 200 à 300 F - Petit déjeuner 25 F, servi de 8 h à 10 h 30 - Prix de la demi-pension : 270 à 360 F (par pers., 5 j. min.)* ♦ *Carte bleue, Eurocard, MasterCard et Visa* ♦ *Chiens admis* ♦ *Possibilités alentour : plages, sports nautiques, tennis, golf ; circuit des villages de Balagne* ♦ *Restaurant : service de 19 h 30 à 22 h 30 (en saison) - Fermeture le lundi en b.s. - Carte : 200 F - Spécialités : kefta de poissons, brochettes de liche, poissons grillés, tagine de mérou, sardines farcies.*

A 800 mètres de L'Ile-Rousse et de la plage, cette ancienne bergerie corse a été aménagée en auberge. C'était déjà un restaurant réputé, des bungalows viennent d'être installés, au calme, dans le fond du jardin. Le propriétaire, qui est un grand pêcheur, régale ses clients avec le produit de sa pêche et vous pourrez déguster des plats aussi raffinés que les omelettes d'oursins ou les anémones de mer en beignet. Ambiance sympathique et détendue.

♦ *Itinéraire d'accès (voir carte n° 36) : à 800 m du centre ville par D 63 direction Monticello.*

U Sant' Agnellu

20247 Rogliano (Haute-Corse)
Tél. 95.35.40.59 - M. et Mme Albertini

♦ *Ouverture du 1er avril au 30 octobre* ♦ *12 chambres avec Point Phone, s.d.b. ou douche, w.c. - Prix des chambres doubles : 180 à 260 F - Petit déjeuner 20 F, servi de 8 h à 11 h - Prix de la demi-pension et de la pension : 230 à 260 F, 280 à 320 F (par pers., 3 j. min.)* ♦ *Amex, Carte bleue, Diners et Visa ; Eurochèques* ♦ *Chiens admis* ♦ *Possibilités alentour : tennis, équitation, randonnées, plages* ♦ *Restaurant : service de 12 h à 15 h, 19 h 30 à 23 h - Menu : 80 F - Carte - Spécialités : cuisine régionale, boulettes au brocciu, gratin d'aubergines, gratin de fruits de mer.*

Dans cette ancienne maison communale, M. Albertini a aménagé un restaurant en 1984, puis un hôtel il y a trois ans. Ce jeune hôtelier mérite d'être encouragé, autant pour sa cuisine goûteuse et copieuse aux prix défiant toute concurrence que pour les chambres où règne une simplicité de bon aloi et tout à fait confortable, avec des murs en crépi blanc, de solides meubles en bois, et des salles de bains aux carrelages impeccables. Cinq d'entre elles donnent sur la mer, les autres sur la montagne. Par beau temps, les repas sont servis sur la terrasse panoramique ; à l'intérieur, la grande salle à manger aux vastes fenêtres en demi-cercle permet elle aussi de profiter de la vue. Pour les amateurs de vieilles pierres, ce joli village du XIIe siècle renferme deux églises, un couvent, des ruines de châteaux et plusieurs tours gênoises.

♦ *Itinéraire d'accès (voir carte n° 36) : à 42 km au nord de Bastia par D 80, direction Macinaggio (navette gratuite du port de Macinaggio à l'hôtel).*

Hôtel de la Corniche★★

San-Martino-di-Lota
20200 Bastia (Haute-Corse)
Tél. 95.31.40.98 - Fax 95.36.09.63 - Mme Anziani

◆ *Ouverture toute l'année sauf en janvier - Fermeture le dimanche soir et lundi en b.s.* ◆ *16 chambres avec tél. direct, s.d.b. ou douche, w.c. - Prix des chambres simples et doubles : 190 à 220 F, 240 à 300 F - Petit déjeuner 28 F, servi de 8 h à 9 h 30 - Prix de la demi-pension et de la pension : 220 F à 250 F, 270 à 300 F (par pers., 3 j. min.)* ◆ *Amex, Carte bleue, MasterCard et Visa* ◆ *Chiens non admis* ◆ *Possibilités alentour : tennis, plages* ◆ *Restaurant : service de 12 h à 14 h, 20 h à 21 h 30 - Menus : 75 à 100 F - Carte - Spécialités : cuisine familiale, raviolis maison, charcuterie.*

A 10 minutes de Bastia, une petite route en lacets conduit à San-Martino-di-Lota. L'hôtel, propriété familiale depuis 1935, profite d'une vue sur la mer incomparable. On remarque tout de suite la belle terrasse plantée de grands platanes où sont servis les repas et d'où l'on peut apercevoir par temps clair les côtes italiennes. La cuisine est sans recherche, familiale, avec quelques bonnes spécialités corses. Refaites il y a 4 ans, les chambres sont un modèle dans leur niveau de prix ; elles allient bon goût et confort dans une certaine simplicité avec leurs meubles en bois très classiques et leurs salles de bains gaies et accueillantes. Toutes ont une vue sur la mer. Enfin, l'accueil est tout à fait aimable.

◆ *Itinéraire d'accès (voir carte n° 36) : à 6 km au nord de Bastia par D 80, puis à Pietranera D 131.*

Hôtel A Spelunca★★
Place de la Fontaine
20281 Speloncato (Haute-Corse)
Tél. 95.61.50.38 - M. Princivalle

♦ *Ouverture du 1er juin à fin septembre* ♦ *18 chambres avec s.d.b. ou douche, w.c. - Prix des chambres simples et doubles : 170 F, 240 F - Lit supplémentaire : + 30% - Petit déjeuner 25 F, servi de 8 h à 10 h* ♦ *Carte bleue et Visa* ♦ *Chiens admis* ♦ *Possibilités alentour : plages, promenades ; vestiges romains, forêt de Tartagine* ♦ *Pas de restaurant à l'hôtel.*

Le village de Speloncato, "lieu des grottes" en corse, est idéalement placé sur une avancée rocheuse à mi-chemin entre la plaine de Regino qu'il domine, et la chaîne montagneuse qui sépare la Balagne du Ghiunsani. Cette ancienne demeure du cardinal Savelli, secrétaire d'Etat de Pie IX, se trouve sur la charmante petite place de la fontaine ; c'est en 1930 que M. et Mme Princivalle rachètent cette maison abandonnée avant d'en faire un hôtel. L'intérieur s'ordonne autour d'un grand escalier en pierre qui mène aux quatre étages. Vastes pièces un peu sombres, hauts plafonds et carrelages, l'ambiance est celle d'une authentique maison corse. Les chambres du deuxième, vétustes, et celles du troisième étage, mansardées, sont à éviter. Celles du premier, bien plus spacieuses, sont aménagées simplement, mais avec de confortables lits de couleurs agréables. Des cloisons un peu sommaires cachent les salles de bains, mais la gentillesse des propriétaires pallie les petites imperfections, et sur le toit, une superbe terrasse dévoile un panorama unique englobant tous les alentours jusqu'à la mer.

♦ *Itinéraire d'accès (voir carte n° 36) : à 18 km au sud-est d'Ile-Rousse par D 63.*

Le Moulin du Prieuré★★★

25620 Bonnevaux-le-Prieuré (Doubs)
Tél. 81.59.21.47 - M. et Mme Gatez

♦ *Ouverture du 15 mars au 15 novembre - Fermeture le dimanche soir et le lundi en b.s.* ♦ *8 chambres avec tél., s.d.b.,w.c., t.v. - Prix des chambres simples et doubles : 300 F, 330 F - Petit déjeuner 30 F - Prix de la demi-pension : prix de la chambre + un repas (à la carte) par jour au restaurant* ♦ *Amex, Carte bleue, Diners, Eurocard et Visa* ♦ *Chiens admis avec supplément* ♦ *Possibilités alentour : pêche à la truite, golf 18 trous à 10 km, canoë-kayak, tennis et équitation à 6 km ; musée Gustave Courbet, château de Cléron* ♦ *Restaurant : service de 12 h à 13 h, 19 h 30 à 21 h - Menus : menu dégustation à 320 F - Carte.*

Dans la merveilleuse vallée de la Brême, noyé dans la forêt des monts du Jura, le Moulin du Prieuré est, sans doute, une superbe adresse à retenir. Dans le corps principal du bâtiment, un grand espace a été aménagé en réception et salle à manger, sobre mais très accueillante, élégante mais décontractée ; vous y dégusterez une excellente cuisine (délicieux turbots, très bons fromages).
Une grande cheminée en pierre, de beaux bouquets, un service impeccable, voilà, vous êtes conquis. Derrière, une autre salle plus petite abrite toute la machinerie du moulin encore en état de marche. Les chambres, une série de petits chalets parsemés dans la pelouse du jardin, sont décorées, tout comme le reste de l'hôtel, avec un goût très sûr. Très confortables et fonctionnelles, elles possèdent aussi la télévision couleur, un minibar et tout pour se préparer soi-même le petit déjeuner.

♦ *Itinéraire d'accès (voir carte n° 20) : à 20 km à l'est de Besançon par N 57 et D 67 direction Ornans puis D 280.*

Auberge Le Moulin du Plain★★

25470 Goumois (Doubs)
Tél. 81.44.41.99 - M. Choulet

♦ *Ouverture du 25 février au 15 novembre* ♦ *22 chambres avec tél. direct, s.d.b. ou douche (15 avec w.c.) - Prix des chambres simples et doubles : 148 F à 160 F, 220 F - Petit déjeuner 25 F - Prix de la demi-pension et de la pension : 196 F en b.s., 216 F en h.s., 234 F en b.s., 256 F en h.s. (par pers., 3 j. min.)* ♦ *Carte bleue, Eurocard et Visa* ♦ *Chiens admis* ♦ *Possibilités alentour : pêche, promenades, baignades en rivière, centre de loisirs (en Suisse) avec piscine, sauna, solarium, patinoire, centre équestre et location de véhicules tout terrain* ♦ *Restaurant : service de 12 h 30 à 13 h 30, 19 h 15 à 21 h - Fermeture le dimanche soir, le lundi et le mardi du 1er octobre au 15 novembre - Menus : 85 à 150 F - Carte - Spécialités : truite à l'échalote, salade gourmande aux gésiers de canard confits, coq au savagnin et aux morilles.*

C'est l'hôtel favori des pêcheurs. Au bord même du Doubs avec sa plage de galets et de sable, au pied de la montagne et face à la Suisse, l'Auberge du Moulin du Plain au grand toit en pente si caractéristique des fermes du Haut-Jura, est un havre de silence et de tranquillité. Les chambres, séduisantes dans leur simplicité, un petit salon, plusieurs cheminées, un bar doivent retenir les amateurs de pêche mais aussi ceux qui, voulant profiter de ce site exceptionnel, préféreront les baignades en eau claire et les promenades (la Suisse est à quelques pas). La cuisine n'est pas en reste dans cette bonne maison.

♦ *Itinéraire d'accès (voir carte n° 20) : à 53 km au sud de Montbéliard par D 437 direction Maîche, au lieu-dit Maison Rouge D 437 b direction Goumois ; à 4 km avant Goumois au bord du Doubs.*

Auberge du Vieux Moulin★★

Aubigney
70140 Pesmes (Haute-Saône)
Tél. 84.31.61.61 - Mmes Mirbey

♦ *Ouverture du 15 février au 15 décembre - Fermeture le dimanche soir et le lundi en b.s.* ♦ *7 chambres avec tél. direct, s.d.b. et w.c. - Prix des chambres : 290 à 320 F - Petit déjeuner 45 F, servi de 7 h 30 à 10 h* ♦ *Amex, Carte bleue, Diners et Visa* ♦ *Chiens admis* ♦ *Possibilités alentour : pêche, canoë-kayak, golf de Dijon-Bourgogne (18 trous)* ♦ *Restaurant : service sur réservation - Fermeture le dimanche soir et le lundi en b.s. - Menus : 100 à 300 F - Carte - Spécialités : ris de veau aux morilles, écrevisses à la fine champagne, cassolette d'escargots.*

Cette propriété est dans la famille Mirbey depuis le XVIIIe siècle. Niché dans la verdure, baigné d'étangs et de ruisseaux, cet ancien moulin connut de nombreuses étapes. Transformé en scierie au siècle dernier, il fut ensuite aménagé en restaurant avant de devenir un petit hôtel à la demande des clients qui désiraient pouvoir y séjourner plus longtemps. La nouvelle salle à manger est plus claire et l'agréable terrasse bien ombragée en été encore mieux aménagée. Cadre enchanteur, cuisine délicieuse, cave bien sélectionnée, un nouveau menu très abordable en semaine. Une petite merveille... Réservation conseillée hors saison.

♦ *Itinéraire d'accès (voir carte n° 19) : à 29 km au nord de Dôle par D 475 direction Gray, à Sauvigney-les-Pesmes D 280.*

193

Château de Rigny★★★

70100 Gray (Haute-Saône)
Tél. 84.65.25.01 - Télex 362 926 - Fax 84.65.44.45
M. et Mme Maupin

♦ *Ouverture toute l'année* ♦ *24 chambres avec tél., s.d.b., w.c. et t.v. - Prix des chambres simples et doubles : 300 F, 390 à 480 F - Prix des suites : 580 F (4 pers.) - Petit déjeuner 46 F, servi de 7 h 30 à 10 h* ♦ *Amex, Carte bleue, Diners, Eurocard et Visa* ♦ *Chiens admis - Piscine chauffée, tennis, vélos à l'hôtel* ♦ *Possibilités alentour : équitation à 4 km, sports nautiques, promenades en forêt et au bord de la Saône, pêche sur place* ♦ *Restaurant : service de 12 h à 14 h, 19 h 30 à 21 h 30 - Menus : 190 F et 280 F - Carte - Spécialités : petite marmite du pêcheur, terrinette de caille, pigeonneau gourmand aux arômes ; nougat au chocolat.*

Chargé d'une histoire très mouvementée, le château de Rigny fut reconstruit sous Louis XIII, et d'héritage en héritage devint un hôtel en 1962. Entouré d'un parc à l'anglaise de 5 hectares avec rivière et étang, il s'impose dès l'arrivée avec un salon aménagé dans le magnifique hall d'entrée présidé par une belle cheminée de bois. Difficile de choisir entre les deux ravissantes salles à manger : l'une dans les tonalités roses, l'autre dans les tons bleu vert. Le bar, d'un esprit déjà plus moderne, donne accès à la terrasse face au parc et à ses belles pelouses. Les chambres sont parfaites. Celles du corps principal sont bien sûr meublées et décorées d'époque ; celles de l'annexe, plus récentes, bénéficient du même soin que le reste du château. Dans toutes, télévision couleur et réveil automatique. Service bar à l'extérieur. Propriétaires au contact chaleureux.

♦ *Itinéraire d'accès (voir carte n° 19) : à 45 km au nord-est de Dijon par D 70 direction Combeaufontaine, à la sortie de Gray, D 2.*

Hôtel du Lac★

Bonlieu
39130 Clairvaux-les-Lacs (Jura)
Tél. 84.25.57.11 - M. de Vos

♦ *Ouverture du 20 décembre au 15 novembre* ♦ *39 chambres (6 avec s.d.b., 6 avec douche et 4 avec w.c.) - Prix des chambres simples et doubles : 100 F, 175 à 240 F - Petit déjeuner compris, servi de 8 h à 9 h 30* ♦ *Amex, Carte bleue, Diners, Eurocard, MasterCard et Visa* ♦ *Chiens admis à l'hôtel* ♦ *Possibilités alentour : tennis, baignades, voile, planche à voile sur les lacs, équitation, randonnées pédestres ; ski de fond, ski alpin* ♦ *Restaurant : service de 12 h 30 à 14 h, 19 h 30 à 21 h 30 - Menus : 79 F, 98 F et 155 F - Carte - Spécialités : tournedos à la crème aux morilles, magret de canard aux framboises.*

Cet hôtel est un gros chalet rustique édifié sur les rives du lac de Bonlieu, en pleine forêt jurassienne. Le salon, avec sa cheminée et ses confortables fauteuils, ouvre ses portes vitrées sur la terrasse, face au lac. Même orientation pour la salle à manger rustique, spacieuse et gaie. Les chambres, d'un confort très inégal, sont néanmoins toutes chaudes et soignées. Partout l'esprit des années 30 à l'origine de l'hôtel est présent, sauf au rez-de-chaussée, plus intime et contemporain. Accueil des meilleurs et calme absolu sont des atouts qui finiront par vous conquérir.

♦ *Itinéraire d'accès (voir carte n° 19) : à 33 km au sud-est de Lons-le-Saunier par N 78 direction Clairvaux-les-Lacs, puis Saint-Laurent-en-Grandvaux ; à 10 km de Clairvaux-les-Lacs.*

Hôtel de la Vouivre★★★
39 bis, rue Gédéon-David
39300 Champagnole (Jura)
Tél. 84.52.10.44 - M. Pernot

♦ *Ouverture du 1er mai au 15 novembre - Fermeture le dimanche en b.s.* ♦ *20 chambres avec tél.direct, s.d.b ou douche, w.c et t.v - Prix des chambres simples et doubles : 237 F, 307 F - Petit déjeuner 30 F, servi de 7 h à 10 h - Prix de la demi-pension et de la pension : 268 F, 350 F (par pers., 3 j. min.)* ♦ *Carte bleue et Visa* ♦ *Chiens admis avec supplément - Piscine et 2 courts de tennis à l'hôtel* ♦ *Possibilités alentour : équitation, voile, canoë-kayak* ♦ *Restaurant : service de 12 h à 14 h, 19 h 30 à 21 h 30 - Menus : 98 à 140 F - Carte - Spécialités : truite au vin jaune, filet de bœuf aux morilles.*

Depuis les dix années d'existence de l'hôtel, la vigne vierge tente désespérément de recouvrir la façade, et l'hiver survient, rigoureux comme le veut la région, pour stopper, voire ruiner son travail. L'étang, en bordure d'un parc de quatre hectares, permet d'agréables parties de pêche.La Vouivre est néanmoins une belle étape un peu en dehors de Champagnole. Ses chambres confortables, sa piscine, son tennis et son calme en font une halte reposante dans cette belle région du Jura.

♦ *Itinéraire d'accès (voir carte n° 20) : à 34 km à l'est de Lons-le-Saunier par D 471.*

Le Moulin de la Mère Michelle★★

Les Planches-près-Arbois - 39600 Arbois (Jura)
Tél. 84.66.08.17/84.66.14.44 - Fax 84.37.49.69 - M. Delavenne

♦ *Ouverture toute l'année sauf en janvier* ♦ *10 chambres avec tél. direct, s.d.b. ou douche, w.c., (6 avec t.v.) - Prix des chambres doubles : 250 à 500 F - Petit déjeuner 35 F - Prix de la demi-pension : 350 à 500 F (par pers., 3 j. min.)* ♦ *Amex, Carte bleue, MasterCard et Visa* ♦ *Chiens admis avec supplément - Piscine, tennis à l'hôtel* ♦ *Possibilités alentour : promenades pédestres, pêche, équitation ; grottes, visite de caves* ♦ *Restaurant : service de 12 h à 13 h 30 - Fermeture à midi en b.s. (sauf réservation) - Menus : 100 à 240 F - Carte - Spécialités : poularde de Bresse aux morilles et vin jaune, grenouilles au cerfeuil.*

Tout à fait en dehors des sentiers battus, sur la route de la Suisse, non loin d'Arbois, ville à l'opulent charme provincial des bourgs aux vignes et commerces prospères, on peut séjourner en pleine nature dans le sauvage cirque du fer à cheval. Ancien moulin à huile où l'on broyait des noix, il a été restauré avec acharnement par son propriétaire qui a également mis beaucoup de soin dans les aménagements des chambres. Certaines sont d'un grand confort : teintes chaleureuses, pierre et poutres apparentes, minibar et lit à baldaquin (la 5 et la 10), d'autres plus modestes : sous la terrasse, plus dépouillées et sans vue mais meilleur marché, elles peuvent convenir tout à fait à des enfants. Pour parfaire le tout, l'hôtel dispose d'une piscine et d'un tennis. Une bonne adresse dans un paysage calme et superbe. A noter qu'en été la demi-pension est souvent obligatoire, surtout pour une étape.

♦ *Itinéraire d'accès (voir carte n° 19) : à 49 km au sud de Besançon par N 83 jusqu'à Arbois, puis D 107 et D 247.*

Grand Hôtel du Parc★★

39430 Port-Lesney (Jura)
Tél. 84.37.81.41/84.37.87.08 - M. et Mme Brocart

♦ *Ouverture de Pâques à la Toussaint* ♦ *17 chambres , (12 avec s.d.b., 10 avec w.c.) - Prix des chambres : 270 à 450 F - Petit déjeuner 30 F, servi à toute heure - Prix de la demi-pension : 270 à 450 F (par pers., 3 j. min.)* ♦ *Cartes de crédit non acceptées* ♦ *Chiens admis - Tennis à l'hôtel* ♦ *Possibilités alentour : pêche et baignade, piscine, équitation, promenades, thermes* ♦ *Restaurant : service à 13 h et 20 h - Carte - Spécialités : crêpes du marquis, poulet aux morilles, gratakeka, pâtes fraîches au basilic.*

Une poésie certaine règne dans chaque espace de ce merveilleux endroit. Bâti au XVIIIe siècle, le château de Germigney possède un parc de 4 hectares planté de beaux arbres centenaires au bord de la Loue. Un grand salon voûté avec cheminée, un autre plus petit qui loge la télévision couleur et une salle de billard donnent une ambiance très charmante à cet endroit. La salle à manger ouvre ses grandes verrières sur le parc et la terrasse, ombragée par une tonnelle sous laquelle on peut se rafraîchir et prendre les repas. Le bar est installé dans les caves où autrefois l'on faisait du vin. Les chambres, plus belles les unes que les autres, ont toutes les fenêtres donnant soit sur le jardin et la verdure, soit sur le coteau. Partout, dans toute la maison, très beau mobilier ancien. Accueil chaleureux.

♦ *Itinéraire d'accès (voir carte n° 19) : à 40 km au sud de Besançon par N 83 direction Poligny, puis D 48, 3 km avant Mouchard.*

Auberge de Courpain★★★

91690 Fontaine-la-Rivière (Essonne)
Tél. (1) 64.95.67.04 - Mme Tewe

♦ *Ouverture toute l'année sauf en février* ♦ *18 chambres avec tél., (16 avec s.d.b. et w.c.) - Prix des chambres : 300 à 550 F - Petit déjeuner 36 F* ♦ *Amex, Carte bleue, Diners et Visa* ♦ *Chiens admis - Hélisurface à l'hôtel* ♦ *Possibilités alentour : piscine, tennis, équitation, promenades pédestres ; châteaux* ♦ *Restaurant : service de 12 h 30 à 14 h, 19 h 30 à 21 h 30 - Menus : 130 à 170 F - Carte - Spécialités : poisson de mer, salade de homard, foie gras, confit de lapereau à la beaujolaise.*

En pleine campagne, au bord d'une petite route de Beauce, cet ancien relais de poste se compose d'un ensemble de bâtiments au milieu d'un grand jardin. Depuis l'auberge, un petit chemin nous conduit dans une belle vallée avec ses ruisseaux à truites et ses promenades.

Le salon et la cheminée de l'auberge de Courpain vous invitent au repos ou à la lecture dans une ambiance feutrée et calme. Vous aurez le choix entre trois salles à manger également spacieuses et agréables (nous avons eu un petit faible pour la salle à manger d'été avec ses amples verrières donnant sur le jardin). Les chambres, toutes différentes, sont décorées avec goût et les installations sanitaires ont bénéficié du même souci de confort et de raffinement. La cuisine est bonne avec des menus à des prix beaucoup plus intéressants que si l'on mange à la carte.

♦ *Itinéraire d'accès (voir carte n° 9) : à 10 km au sud d'Etampes par D 721 direction Pithiviers.*

Hostellerie de Villemartin★★★
4, allée des Marronniers
91150 Morigny-Champigny (Essonne)
Tél. (1) 64.94.63.54 - M. Savignet

♦ *Ouverture toute l'année sauf en août - Fermeture le dimanche soir et le lundi sauf jours fériés* ♦ *14 chambres avec tél., s.d.b. ou douche (11 avec w.c.) et t.v. - Prix des chambres simples et doubles : 260 F (bon confort), 350 F (grand confort), 300 F (bon confort), 390 F (grand confort) - Petit déjeuner 41 F, servi de 7 h à 10 h 30* ♦ *Amex, Carte bleue, Diners et Visa* ♦ *Chiens admis avec 60 F de supplément - Tennis, tennis de table à l'hôtel* ♦ *Possibilités alentour : équitation, aéroclub, golf à 4 km ; promenades le long de la Juine* ♦ *Restaurant : service de 12 h à 13 h 30, 20 h à 21 h 30 - Fermeture le dimanche soir et le lundi sauf jours fériés - Menus : 160 à 330 F - Carte - Spécialités : foie gras frais de canard, mousseline de st-pierre aux pistaches, ris de veau braisé au noilly et asperges.*

Accolée à une ferme fortifiée du XVIe siècle, cette charmante gentilhommière se dresse au milieu d'un parc boisé de 17 hectares au bord de la Juine. A l'intérieur, la décoration très classique a moins de charme. Quelques-unes des grandes chambres confortablement restaurées dans un style rustique, donnent sur la terrasse à l'italienne d'où l'on peut admirer le parc superbe. Les salles de bains sont spacieuses et raffinées. La cuisine est d'excellente qualité et vous pourrez, au cours d'un dîner aux chandelles, savourer le calme de l'endroit. L'accueil est très chaleureux. Une halte agréable.

♦ *Itinéraire d'accès (voir carte n° 9) : à 45 km au sud de Paris par N 20 direction Etampes, à Etréchy D 148 et D 17 direction Morigny, hameau de Villemartin.*

Auberge du Moulin de Jarcy
50, rue Boieldieu
91480 Varennes-Jarcy (Essonne)
Tél. (1) 69.00.89.20 - M. Le Moign

♦ *Ouverture le week-end seulement pour les chambres, du 15 janvier au 30 juillet et du 22 août au 22 décembre - Fermeture le mercredi et le jeudi* ♦ *5 chambres - Prix des chambres simples et doubles : 150 F, 180 à 200 F - Petit déjeuner 30 F, servi à partir de 8 h* ♦ *Carte bleue, Eurocard, MasterCard et Visa* ♦ *Chiens non admis* ♦ *Possibilités alentour : centre hippique et tennis à proximité, golf à 10 km, possibilité de pêche avec permis ; forêt de Sénart, château de Vaux-le-Vicomte à 20 km* ♦ *Restaurant : service de 12 h à 14 h, 19 h 30 à 21 h - Fermeture le mercredi et le jeudi - Menus : 90 à 160 F - Carte - Spécialités : lotte à l'oseille, rognons de veau aux cèpes, mignon de porc à la graine de moutarde, terrine du chef.*

A seulement 30 kilomètres de Paris, en bordure de l'Yerres, le Moulin de Jarcy est une ancienne meunerie du XIIe qui a conservé ses roues à aubes et ses machineries. Bien restaurées, les cinq chambres mansardées ont été aménagées dans un style rustique. La salle à manger d'hiver, d'où l'on aperçoit la roue du moulin toujours en état de marche, est un cadre agréable pour déguster une bonne cuisine saisonnière. Comme tous les hôtels restaurants proches de Paris, prenez la précaution de réserver si vous souhaitez venir déjeuner le dimanche ou séjourner, l'auberge n'ouvrant ses chambres que pour le week-end.

♦ *Itinéraire d'accès (voir carte n° 9) : à 28 km au sud-est de Paris par Pont-de-Charenton, N 19 direction Villecresnes puis D 33e direction Mandres-les-Roses, D 53 direction Périgny et Varennes-Jarcy.*

Auberge Les Alouettes★★
4, rue Antoine Barye
77630 Barbizon (Seine-et-Marne)
Tél. (1) 60.66.41.98 - Télex 693 580 - M. et Mme Cresson

♦ *Ouverture toute l'année* ♦ *22 chambres avec tél. direct, s.d.b. et t.v. (16 avec w.c. et 6 avec minibar) - Prix des chambres doubles : 180 à 350 F - Prix des suites : 350 à 375 F - Petit déjeuner 30 F, servi de 8 h à 11 h - Prix de la demi-pension et de la pension : 270 à 380 F, 450 à 930 F (par pers.)* ♦ *Amex, Diners, Eurocard, MasterCard et Visa* ♦ *Chiens admis - Tennis et sauna à l'hôtel* ♦ *Possibilités alentour : château de Fontainebleau ; Vaux-le-Vicomte* ♦ *Restaurant : service de 12 h 15 à 14 h 30, 19 h 15 à 21 h 30 - Fermeture le dimanche soir en b.s. - Menus : 140 à 180 F - Carte - Spécialités : selon la saison, saint-jacques aux prunes et vinaigre de cidre, émincé de canard à la crème de ciboulette ; profiteroles au miel et chocolat chaud.*

L'hôtel est un peu à l'écart de la rue principale bordée de petites galeries d'art et parcourue de touristes. Au calme dans un parc se tiennent, comme tombés du ciel, quelques rochers bellifontains. Dans la maison, ça et là, des détails rappellent la bohème confortable d'un professeur de philosophie à la Sorbonne, peintre à ses heures, qui jadis y tenait salon, recevant Mallarmé, Paul Painlevé, Galtier-Boissière. De cette époque datent les peintures ornant les portes des chambres qui furent autrefois ateliers. Elles sont charmantes, confortables mais les plus douillettes sont celles de la Villa Simone, l'annexe de l'hôtel. La salle à manger a été rénovée et on lui a ajouté une grande véranda qui s'ouvre sur le jardin. Une adresse intéressante, proche de Paris.

♦ *Itinéraire d'accès (voir carte n° 9) : à 5 km au nord de Fontainebleau par N 37 et D 64.*

Hostellerie de la Clé d'Or★★★
73, Grande rue
77630 Barbizon (Seine-et-Marne)
Tél. (1) 60.66.40.96 - Télex 691 636 - Fax 60.66.42.71 - M. Gayer

♦ *Ouverture toute l'année* ♦ *16 chambres avec tél. direct, s.d.b. ou douche, w.c. et t.v. - Prix des chambres simples et doubles : 210 F, 300 à 430 F - Petit déjeuner 45 F, servi de 7 h 45 à 10 h (11 h dans les chambres)* ♦ *Cartes de crédit acceptées* ♦ *Chiens admis* ♦ *Possibilités alentour : forêt et château de Fontainebleau, Musée de Barbizon* ♦ *Restaurant : service de 12 h 30 à 14 h, 19 h 30 à 21 h - Fermeture le dimanche soir en b.s. - Menus : 160 à 220 F - Carte - Spécialités : cuisine traditionnelle allégée.*

En bordure de forêt, cet ancien relais de poste est le plus vieil établissement du calme et joli village de Barbizon. C'est un hôtel traditionnel, cossu et très confortable, dont le point fort est certainement la gastronomie avec une cuisine légère et une belle cave.

Mais outre l'attrait de la table, il en est d'autres : une belle salle à manger avec cheminée, une terrasse côté jardin où l'on peut prendre ses repas en saison et les chambres, toutes très calmes et très bien équipées, donnant de plain-pied sur une pelouse. Les meubles rustiques, de belle patine, les cuivres, les faïences et les tableaux disposés avec goût donnent à cet hôtel traditionnel sa note d'élégance.

♦ *Itinéraire d'accès (voir carte n° 9) : à 8 km au nord de Fontainebleau par N 37 et D 64 ; face au Musée Auberge Ganne.*

203

Hostellerie du Moulin de Flagy★★★
2, rue du Moulin - 77940 Flagy (Seine-et-Marne)
Tél. (1) 60.96.67.89 - M. et Mme Scheidecker

♦ *Ouverture du 22 janvier au 15 septembre et du 27 septembre au 20 décembre - Fermeture le dimanche soir et le lundi* ♦ *10 chambres avec tél. direct, s.d.b. et w.c., (3 avec t.v.) - Prix des chambres simples et doubles : 180 à 200 F, 235 à 390 F - Petit déjeuner 35 F - Prix de la demi-pension et de la pension : 270 à 341 F, 410 à 481 F (par pers., 4 j. min.)* ♦ *Amex, Carte bleue, Diners, Eurocard, MasterCard et Visa* ♦ *Chiens admis* ♦ *Possibilités alentour : tennis, piscine, golf de la Forteresse à 3 km, pêche* ♦ *Restaurant : service de 12 h 15 à 14 h 15, 19 h 15 à 21 h 15 - Fermeture le dimanche soir et le lundi ; le lundi soir et le mardi à Pâques, à la Pentecôte et le 11 novembre - Menus : 140 F et 210 F les jours de fête - Carte - Spécialités : truite à l'oseille, terrine de canard aux airelles, filet de boeuf au bleu des Causses, filet de canard aux baies de cassis.*

Cet ancien moulin à farine du XIIIe siècle a été bien restauré. Sous le crépi, on a retrouvé tout l'appareil en excellent état, les colombages d'origine, les tuileaux noyés de torchis, les pierres apparentes du rez-de-chaussée et le pignon avec sa belle voûte d'échappement. Et c'est une nouvelle vocation qu'on lui a donnée, en aménageant dix chambres personnalisées et pourvues de tout le confort souhaité ainsi qu'une salle à manger ouvrant sur la rivière, une terrasse et un jardin. Un dîner aux chandelles vous est proposé le soir avec, en hiver, un bon feu de bois. A une heure de Paris se trouvent ici réunis calme, confort et campagne.

♦ *Itinéraire d'accès (voir carte n° 9) : à 31 km au sud-est de Fontainebleau par N 6 direction Sens puis D 403 direction Nemours, tout de suite à gauche D 120 .*

Hostellerie Aux Vieux Remparts★★★
3, rue Couverte
77160 Provins (Seine-et-Marne)
Tél. (1) 64.08.94.00/(1) 64.00.02.89 - Télex 692 260
Fax (1) 60.67.77.22 - M. Meric

♦ *Ouverture toute l'année* ♦ *25 chambres avec tél., s.d.b. ou douche, w.c. et t.v. - Prix des chambres simples et doubles : 290 à 350 F, 350 à 410 F - Petit déjeuner 40 F, servi de 7 h à 11 h - Prix de la demi-pension et de la pension : 375 F, 525 F (par pers.)* ♦ *Access, Amex, Diners, Mastercard et Visa* ♦ *Chien admis avec supplément* ♦ *Possibilités alentour : cité médiévale* ♦ *Restaurant : service de 12 h à 14 h 30, 19 h 30 à 21 h 30 - Carte - Spécialités : escalope de saumon à la moutarde de Meaux, filet de canard au miel de Provins, soufflé à la rose de Provins.*

Mettant à profit l'expérience acquise dans leur restaurant gastronomique, l'Hostellerie Aux Vieux Remparts a ouvert, il y a deux ans, des chambres dans un bâtiment mitoyen. De construction récente, mais reprenant l'architecture médiévale de Provins, le mariage est réussi. Si la salle à manger a conservé les larges solives de chêne, la décoration des chambres, plus moderne, est toutefois très chaleureuse : couleurs chaudes, couvre-lit matelassé, moquette moelleuse. La cuisine servie en été sur la terrasse ombragée et abondamment fleurie est goûteuse et raffinée. Bien que situé dans la ville haute, l'hôtel est très calme. Très bon accueil.

♦ *Itinéraire d'accès (voir carte n° 10) : dans la ville haute, au cœur de la cité médiévale.*

Auberge Casa del Sol★★
63, rue des Canches - Recloses - 77116 Ury (Seine-et-Marne)
Tél. (1) 64.24.20.35 - Télex 692 131 - Mme Hude-Courcoul

♦ *Ouverture du 1er février au 20 décembre - Fermeture le mardi soir en b.s. (sauf réservations séminaires)* ♦ *10 chambres avec tél. direct, s.d.b. ou douche, (7 avec w.c.) et t.v. - Prix des chambres simples et doubles : 230 F, 310 à 350 F - Prix des suites : 550 F (4 pers.) - Petit déjeuner 35 F, servi de 8 h à 10 h - Prix de la demi-pension : 330 F (par pers., 3 j. min.)* ♦ *Cartes de crédit acceptées* ♦ *Chiens admis* ♦ *Possibilités alentour : promenades en forêt, centre hippique, golf de Fontainebleau ; rochers de Recloses, sablières de Bourron, châteaux de Fontainebleau et de Vaux-le-Vicomte* ♦ *Restaurant : service de 12 h à 14 h 30, 19 h à 21 h 30 - Fermeture le mardi (sauf réservations séminaires) - Menus : 135 à 160 F - Carte - Spécialités : cuisine fraîcheur et du terroir.*

La Casa del Sol est à 40 minutes de Paris et à 10 minutes de Fontainebleau. Il s'agit d'une belle maison ancienne et fleurie, aux modestes proportions, et bien restaurée. Les chambres sont très coquettes, de style rustique et confortables ; certaines sont aménagées un peu à l'écart, sous les combles ; toutes bénéficient d'un très grand calme.
De récentes transformations ont amélioré la salle à manger et le salon. Durant les beaux jours, les repas sont servis sur la terrasse. C'est une cuisine traditionnelle et moderne, utilisant les produits frais du terroir. Colette Courcoul, la propriétaire, très attentionnée et très dynamique, crée dans son auberge une atmosphère gaie et conviviale très sympathique.

♦ *Itinéraire d'accès (voir carte n° 9) : à 10 km au sud de Fontainebleau par A 6 sortie Ury, puis D 63e.*

Moulin d'Orgeval★★★★
Rue de l'Abbaye
78630 Orgeval (Yvelines)
Tél. (1) 39.75.85.74 - Télex 689 036 - Fax 39.75.48.52
M. et Mme Douvier

◆ *Ouverture toute l'année* ◆ *14 chambres avec tél., s.d.b. (2 avec douche), w.c. et t.v. - Prix des chambres simples et doubles : 480 F, 650 F - Petit déjeuner 50 F, servi de 8 h à 10 h 30* ◆ *Cartes de crédit acceptées* ◆ *Chiens admis avec 50 F de supplément - Piscine chauffée, sauna, solarium à l'hôtel* ◆ *Possibilités alentour : tennis, équitation, golf ; parc de Thoiry* ◆ *Restaurant : service de 12 h 15 à 14 h 30, 19 h 15 à 21 h 30 - Menus : 250 à 480 F - Carte - Spécialités : foie gras, saumon mariné, beignets de foie gras, verdurette de saint-pierre.*

Le moulin d'Orgeval est situé au bord de l'eau, au cœur d'un parc fleuri de 5 hectares. Une des îles, au milieu du parc, est le domaine réservé des oiseaux. C'est dire combien cet endroit peut ravir, par sa végétation et sa tranquillité, à une demi-heure seulement de la capitale (revers de cette situation très charmante, l'hôtel est très prisé pour les réceptions). L'établissement propose 14 chambres d'un grand confort donnant sur la verdure. Dans la salle à manger rustique, agrémentée d'une rôtisserie au feu de bois, sont proposées, au fil des saisons, des spécialités classiques.

◆ *Itinéraire d'accès (voir carte n° 9) : à 22 km à l'ouest de Paris par A 13 sortie Poissy-Villennes ; à 2 km d'Orgeval.*

Auberge du Gros Marronnier★★
3, place de l'Eglise
78720 Senlisse (Yvelines)
Tél. (1) 30.52.51.69 - Télex 689 473 - Mme Trochon

♦ *Ouverture toute l'année* ♦ *14 chambres avec tél. direct, s.d.b. ou douche, w.c. - Prix des chambres : 295 à 315 F - Petit déjeuner 35 F - Prix de la demi-pension et de la pension : 320 F, 430 F (par pers., 2 j. min. ; + 170 F en 1/2 pension et + 260 F en pension pour une 2ème pers.)* ♦ *Amex, Carte bleue, Diners et Visa* ♦ *Chiens admis avec 45 F de supplément* ♦ *Possibilités alentour : centre équestre, tennis, randonnées pédestres ; châteaux, parc floral, forêt de Rambouillet, vallée de Chevreuse* ♦ *Restaurant : service de 12 h 30 à 14 h 30, 19 h 30 à 22 h 30 - Menus : 75 à 275 F - Carte - Spécialités : foie gras de canard maison, confit de canard, saumon fumé maison, poissons selon le marché.*

Dans le parc régional de la vallée de Chevreuse, au détour d'une rue du joli village de Senlisse, se trouve cette auberge charmante et simple comme son nom. En passant sous le porche de l'autre côté de la cour on trouve un ravissant jardin de curé entouré de murs avec quelques arbres fruitiers, un puits, des petits bancs, d'où l'on découvre la belle église avoisinante. Une impression rassurante de campagne paisible qui continue à l'intérieur de la maison. Les chambres sont décorées avec goût, différentes les unes des autres tant par leur taille que par leurs détails. La cuisine, même si elle est moins gastronomique que celle de la maison mère "le Pont Hardi", offre les mêmes qualités de préparation et de saveur. A partir du printemps, les tables dehors permettent de profiter du jardin et d'entendre les cloches sonner pour ce petit coin de paradis.

♦ *Itinéraire d'accès (voir carte n° 9) : à 15 km au nord-est de Rambouillet par N 306, puis D 91 direction Dampierre ; à 35 mn de Paris par le RER jusqu'à Saint-Rémy-les-Chevreuse.*

Auberge du Pont Hardi★★★
1, rue du Couvent - 78720 Senlisse (Yvelines)
Tél. (1) 30.52.50.78 - Télex 689 473 - Mme Trochon

♦ *Ouverture toute l'année - Fermeture le dimanche soir et le lundi* ♦ *6 chambres avec tél. direct, s.d.b. ou douche, w.c. - Prix des chambres simples et doubles : 320 F, 380 F - Petit déjeuner 35 F - Prix de la demi-pension et de la pension : 450 F, 650 F (par pers., 2 j. min.)* ♦ *Amex, Carte bleue, Diners et Visa* ♦ *Chiens admis avec 45 F de supplément* ♦ *Possibilités alentour : centre équestre, tennis, randonnées pédestres ; châteaux, parc floral, forêt de Rambouillet, vallée de Chevreuse* ♦ *Restaurant : service de 12 h 15 à 14 h, 19 h 30 à 22 h 30 - Fermeture le dimanche soir et le lundi - Menus : 250 et 350 F - Carte - Spécialités : ris de veau en cocotte aux morilles, huîtres en meurette, petit boudin de rascasse et homard.*

Située dans une des ruelles de Senlisse, cette ravissante et ancienne maison a la chance d'avoir sur l'arrière un grand et beau parc dont on profite toute l'année. Dès que le temps le permet, les tables sont dressées sur une terrasse ombragée, mais les larges baies vitrées de la salle à manger (au décor Louis XIII très conventionnel) laissent apparaître en toute saison les frondaisons du parc. L'auberge du Pont Hardi est avant tout une bonne table. Eric Trochon a fait ses classes chez quelques grands et prépare une cuisine riche en spécialités traditionnelles, notamment un délicieux ris de veau aux morilles. Les quelques chambres sont toutes très confortables, le décor très soigné y créant une atmosphère feutrée.
Une bonne adresse pour ceux qui rêvent d'un week-end alliant détente et gastronomie.

♦ *Itinéraire d'accès (voir carte n° 9) : à 15 km au nord-est de Rambouillet par N 306, puis D 91 direction Dampierre ; à 35 mn de Paris par le RER jusqu'à Saint-Rémy-les-Chevreuse.*

Hôtel de la Cité★★★★
Place de la Cathédrale
11000 Carcassonne (Aude)
Tél. 68.25.03.34 - Télex 505 296 - Fax 68.71.50.15 - Melle Mollin

♦ *Ouverture toute l'année* ♦ *26 chambres avec tél. direct, s.d.b., w.c. et t.v. - Prix des chambres simples et doubles : 560 à 650 F, 800 à 950 F - Prix des suites : 1 300 à 1 500 F - Petit déjeuner 60 F, servi de 7 h à 11 h* ♦ *Chiens admis avec 80 F de supplément - Piscine à l'hôtel* ♦ *Possibilités alentour : golf, équitation, tennis ; remparts de la cité, châteaux cathares* ♦ *Pas de restaurant à l'hôtel.*

Lorsque, au début du siècle, Viollet-le-Duc achève les travaux de restauration et de reconstruction de la cité de Carcassonne, les visiteurs du monde entier accourent. L'idée de construire un hôtel de luxe pour accueillir les têtes couronnées, hommes politiques, écrivains et artistes venus voir la cité, viendra d'un riche commerçant de la ville. En 1909, l'hôtel de la cité ouvrait ses portes sur l'emplacement de l'ancien palais épiscopal, à deux pas de la basilique Saint-Nazaire. L'hôtel, qui a fermé ses portes pendant deux ans pour une restauration complète, vient de rouvrir. Le principal souci fut de garder l'authenticité de l'hôtel tout en le dotant d'un nouveau confort. Le résultat est exemplaire. Les chambres sont spacieuses, calmes et bien décorées, les salles de bains entièrement revêtues de marbre, les salons luxueux. Au calme à l'intérieur des remparts, l'hôtel bénéficie d'un emplacement exceptionnel au milieu d'un grand jardin à la française dotée d'un beau et confortable mobilier de rotin avec vue sur les fortifications et la ville basse.

♦ *Itinéraire d'accès (voir carte n° 31) : à l'intérieur des remparts.*

Relais du Val d'Orbieu★★★

11200 Ornaisons (Aude)
Tél. 68.27.10.27 - Télex 505 572 - Fax 68.27.52.44
M. et Mme Gonzalvez

♦ *Ouverture du 1er mars au 31 janvier - Fermeture le dimanche soir et le lundi de novembre à mars* ♦ *15 chambres et 7 appartements avec tél. direct, s.d.b. et w.c. - Prix des chambres simples et doubles : 440 F à 510 F, 570 F à 720 F - Prix des suites : 750 F à 1 250 F - Petit déjeuner 55 F - Prix de la demi-pension : 650 à 800 F (par pers.)* ♦ *Cartes de crédit acceptées* ♦ *Chiens admis avec supplément - Piscine, tennis, practice de golf à l'hôtel* ♦ *Possibilités alentour : citadelles cathares, abbaye de Fontfroide, musée de la faune de Gasparets, musée du vin à Lézignan* ♦ *Restaurant : service de 12 h 15 à 13 h 30, 19 h 30 à 21 h 15 - Fermeture le dimanche soir et le lundi de novembre à mars - Menus : 190 à 290 F - Carte - Spécialités : terrine de légumes du jardin, canard aux épices.*

Le relais est un ancien moulin totalement rénové qui fait face au superbe paysage de la Montagne Noire. A l'intérieur de cette longue bâtisse, une décoration raffinée crée une ambiance calme et feutrée. Les chambres de plain-pied avec le jardin fleuri sont toutes d'un très bon confort, et au matin on vous y servira de délicieux et copieux petits déjeuners avec au menu des jus de fruits frais, des pâtisseries et confitures maison, des fromages avec un grand choix de thés ou de cafés. Le restaurant, dirigé par J. P. Robert, est à retenir comme une des bonnes tables du Languedoc et la cave de J. P. Gonzalvez propose une remarquable sélection de vins de la région. Accueil attentif.

♦ *Itinéraire d'accès (voir carte n° 31) : à 14 km à l'ouest de Narbonne par N 113 direction Carcassonne et D 24 .*

Château de Violet★★★

Peyriac
11160 Caunes-Minervois (Aude)
Tél. 68.78.10.42 - Télex 505 077 - M. et Mme Faussié

♦ *Ouverture du 1er juin au 1er octobre sur réservation du 1er octobre au 1er juin ♦ 16 chambres ou appartements avec tél. direct, s.d.b. (1 avec douche), w.c. et t.v. - Prix des chambres : 450 à 650 F - Petit déjeuner 55 F ♦ Chiens admis avec supplément - Piscine à l'hôtel ♦ Possibilités alentour : tennis, promenades pédestres et équestres ; Carcassonne, Montagne Noire, vignobles du Minervois ♦ Restaurant : service 13 h et 19 h 30 - Menus : 135 à 220 F - Carte - Spécialités : Cuisine régionale allégée.*

Situé sur l'ancien tracé de la voie romaine, entre Narbonne et Carcassonne, le Château de Violet a le charme d'une vieille maison de campagne. Les chambres donnant sur le parc ou sur les terrasses sont confortables. Le salon et la salle à manger sont deux pièces chaleureuses. Sa situation au milieu d'un domaine viticole fait de cet hôtel-restaurant un lieu idéal de repos. Cuisine régionale réinventée. Accueil souriant et personnalisé.

♦ *Itinéraire d'accès (voir carte n° 31) : à 24 km au nord-est de Carcassonne par D 620 direction Caunes-Minervois puis D 11.*

Castel de Villemagne★★

Villemagne
11310 Saissac (Aude)
Tél. 68.94.22.95 - Mme de Vézian Maksud

♦ *Ouverture du 15 mars au 15 novembre* ♦ *7 chambres avec tél. direct, s.d.b. et w.c. - Prix des chambres simples et doubles : 220 F, 265 à 385 F - Petit déjeuner 35 F, servi de 8 h à 10 h - Prix de la demi-pension : 255 à 310 F (par pers. 3 j. min.)* ♦ *Carte bleue, Eurocard, MasterCard et Visa* ♦ *Chiens admis dans les chambres* ♦ *Possibilités alentour : lac à 10 km ; région historique du Cabardès, circuit cathare, Montagne Noire, abbayes* ♦ *Restaurant : service de 12 h 30 à 13 h 30, 19 h 30 à 20 h 30 - Fermeture à midi sauf week-ends et fêtes - Menus : 90 à 175 F - Carte - Spécialités : cassoulet, civet de marcassin.*

C'est entre Mazamet et Carcassonne, dans un joli village de la Montagne Noire que Mme de Vézian Maksud reçoit ses visiteurs dans son manoir des XIVe et XVIIIe siècles. Aménagée en hostellerie depuis 10 ans, la maison a gardé son esprit de vieille maison de famille. Les grandes armoires, les bergères Napoléon III donnent aux chambres le charme désuet que l'on aime retrouver à la campagne. Dès les beaux jours, c'est dans le jardin qu'il vaut mieux prendre son petit déjeuner pour profiter du parc et de la vue sur les Pyrénées. Très attachée à son pays, Mme de Vézian Maksud se fera un plaisir de vous documenter sur l'Occitanie ou l'époque cathare.

♦ *Itinéraire d'accès (voir carte n° 31) : à 31 km au nord-ouest de Carcassonne par N 113, puis D 629 jusqu'à Saissac et D 103.*

Hôtel Marie d'Agoult★★★
Château d'Arpaillargues
30700 Uzès (Gard)
Tél. 66.22.14.48 - Télex 490 415 - Fax 66.22.56.10 - M. Savry

♦ *Ouverture du 15 mars au 15 novembre* ♦ *27 chambres avec tél. direct, s.d.b., w.c., (10 avec t.v.) - Prix des chambres doubles : 360 à 700 F - Prix des suites : 710 à 980 F - Petit déjeuner 48 F, servi de 7 h 30 à 10 h 30* ♦ *Amex, Carte bleue, Diners, Eurocard et Visa* ♦ *Chiens admis avec 50 F de supplément - Piscine, tennis à l'hôtel* ♦ *Possibilités alentour : équitation, golfs ; les Cévennes, pont du Gard* ♦ *Restaurant : service de 12 h 30 à 13 h 30, 19 h 30 à 21 h - Fermeture le mercredi en b.s. - Menus : 125 (à midi en semaine) à 195 F - Carte - Spécialités : petites crêpes de brandade en aubergine, rougets de roche à la fondue d'agrumes et basilic, filet de bœuf façon gardianne ; parfait glacé au Zan.*

Cet hôtel occupe le château d'Arpaillargues, belle demeure du XVIIIe siècle où vécut Marie de Flavigny, compagne de Liszt. Les chambres sont confortables et meublées avec goût. Si l'on veut une terrasse, on peut choisir, dans le bâtiment principal, la chambre numéro 1 sur les toits, ou préférer, dans le corps latéral, les chambres 15 et 16 qui possèdent une terrasse de plain-pied avec le jardin ou choisir dans l'annexe la 28, un petit duplex avec terrasse couverte. Le raffinement et le professionnalisme de l'ensemble feront oublier l'accent un peu froid et compassé. Joli bar, déjeuner l'été au bord de la piscine, petit déjeuner et dîner dans le jardin quand il fait beau, tout cela fait de cet hôtel un lieu de séjour des plus agréables. Cuisine légère et raffinée.

♦ *Itinéraire d'accès (voir carte n° 33) : à 4 km à l'ouest d'Uzès par D 982 direction Moussac.*

Mas Quayrol★★

Aulas
30120 Le Vigan (Gard)
Tél. 67.81.12.38 - M. Grenouillet

♦ *Ouverture fin avril jusqu'à début novembre* ♦ *16 chambres avec tél. direct, s.d.b. et w.c. - Prix des chambres : 300 à 380 - Petit déjeuner 32 F* ♦ *Amex, Carte bleue et Visa* ♦ *Chiens admis - Piscine à l'hôtel* ♦ *Possibilités alentour : canoë-kayak, golf ; musée cévenol au Vigan, parc national des Cévennes, grotte des Demoiselles* ♦ *Restaurant : service de 12 h à 14 h, 19 h à 21 h - Menus : 128 à 230 F - Carte - Spécialités : champignons de la forêt, truites, foie gras de canard, coquelet au citron et morilles, pélardon de chèvres.*

Aulas est à quelques kilomètres du Vigan, ancienne bourgade industrielle spécialisée dans la filature au siècle dernier, qui est encore aujourd'hui une ville gaie et animée. A 5 km, sur la fameuse route du col du Minier, on aperçoit Aulas au milieu des châtaigniers. L'hôtel, qui surplombe le village, offre de toutes parts une vue panoramique sur la vallée. Les poutres, les murs lambrissés de lattes de pin, les tons de brun de la décoration créent une atmosphère rustique très sympathique. Les chambres très sobres sont cependant toutes pourvues d'un bon confort. Partout de grandes baies vitrées permettent de profiter de la nature environnante, la piscine elle-même étant en balcon sur le paysage.

♦ *Itinéraire d'accès (voir carte n° 32) : à 60 km au nord de Montpellier par D 986 et D 999 jusqu'au Vigan, puis Aulas.*

Mas de Ventadous★★★★
Route d'Avignon - 30200 Bagnols-sur-Cèze (Gard)
Tél. 66.89.61.26 - Télex 490 949 - Fax 66.79.99.88
M. et Mme Sanders

♦ *Ouverture toute l'année sauf du 22 décembre au 9 janvier* ♦ *22 chambres avec tél., s.d.b., w.c. et t.v. - Prix des chambres simples et doubles : 350 F (en b.s.) et 600 F (en h.s.), 450 F (en b.s.) et 650 F (en h.s.) - Petit déjeuner compris - Prix de la demi-pension : 550 F à 650 F (par pers.)* ♦ *Carte bleue, Eurocard, MasterCard et Visa* ♦ *Chiens admis avec supplément - Piscine, tennis à l'hôtel* ♦ *Possibilités alentour : musée d'art moderne, Avignon, Orange* ♦ *Restaurant : service 12 h à 13 h 30, 19 h 30 à 21 h - Fermeture le samedi midi - Menus : 100 à 200 F - Carte - Spécialités : noix de st-jacques en surprise, tournedos de saumon.*

Le mas de Ventadous est dans un beau parc de 6 hectares abritant des arbres centenaires au milieu duquel se trouve la maison de maître, dont certaines parties remontent au XIIe siècle et vingt-deux bungalows qui ne se gênent pas mutuellement. Ils sont tous semblables et proposent des chambres parfaitement équipées (il y a même une planche à repasser automatique et une salle de bains avec cabinet de toilette séparé), chacun possède sa terrasse ombragée. Entourée d'une haie de cyprès, la piscine n'est qu'à quelques mètres et pour le déjeuner un repas froid est proposé sous la pool-house. La salle à manger est une belle pièce voûtée située dans la maison principale, mais à la belle saison on préférera bien sûr dîner dehors, sous une belle tonnelle face à une jolie fontaine et d'impressionnants séquoias qui semblent nous protéger du temps qui passe.

♦ *Itinéraire d'accès (voir carte n° 33) : à 33 km au nord d'Avignon par N 580 ; dans la ville, suivre fléchage.*

Mas de Rivet

30430 Barjac (Gard)
Tél. 66.24.56.11/66.24.52.18 - M. et Mme Maillet

♦ *Ouverture du 1er mai au 30 septembre* ♦ *9 chambres avec s.d.b. et w.c. - Prix des chambres doubles : 220 à 290 F - Petit déjeuner 28 F - Prix de la demi-pension : 215 à 245 F (par pers., 3 j. min.)* ♦ *Cartes de crédit acceptées* ♦ *Chiens non admis - Piscine à l'hôtel* ♦ *Possibilités alentour : tennis, canoë-kayak, promenades ; aven d'Orgnac, bambouseraie de Prafrance, gorges de l'Ardèche* ♦ *Restaurant : service de 19 h 30 à 20 h 30 - Menus : 89 F - Spécialités : cuisine familiale à base de produits régionaux.*

Ce grand mas, récemment rénové dans le style austère du pays, se trouve en pleine garrigue, à l'écart du village. Il est situé sur une hauteur et devant vous s'ouvre un vaste panorama qui va jusqu'à la vallée de la Cèze, la plaine languedocienne et les crêtes cévenoles. Dans la maison, même austérité, même simplicité qui ne cède cependant en rien au confort, bien assuré dans toutes les chambres. Le propriétaire, très amical, se fera un plaisir de vous conseiller sur les promenades ou excursions que vous offre la région. Un salon de télévision avec des jeux de société permet aussi d'occuper les soirées. Un bon hôtel pour des vacances de vrai repos.

♦ *Itinéraire d'accès (voir carte n° 32) : à 32 km à l'ouest de Pont-Saint-Esprit par A7 sortie Bollène, puis D 994, N 86 et D 901 ; à Barjac suivre fléchage.*

Hôtel Les Termes★★★
Route de Bagnols-sur-Cèze
30430 Barjac (Gard)
Tél. 66.24.56.31 - M. et Mme Marron

♦ *Ouverture du 1er février au 31 décembre* ♦ *14 chambres (dont 3 appartements) avec tél. direct, s.d.b. et w.c., (4 avec t.v.) - Prix des chambres doubles : 270 à 380 F - Petit déjeuner 35 F, servi de 7 h 30 à 10 h 30 - Prix de la demi-pension : 430 à 480 F (par pers., 3 j. min.)* ♦ *Carte bleue, Eurocard, MasterCard et Visa* ♦ *Chiens admis - Piscine, tennis de table, jeu de boules à l'hôtel* ♦ *Possibilités alentour : tennis, baignades en rivière, canoë-kayak, spéléologie ; gorges de l'Ardèche, aven d'Orgnac* ♦ *Restaurant : service de 12 h à 13 h 30, 19 h à 21 h 30 - Menus : 90 à 250 F - Carte - Spécialités : assiette du mas aux filets d'oies fumés, saumon braisé au champagne, magret de canard au vinaigre de cidre ; tarte tatin à la cassonade de lavande.*

A une dizaine de kilomètres des gorges de l'Ardèche et de la vallée de la Cèze, lieux très courus et parcourus la saison durant par les amateurs de paysages superbes, on peut se retirer au calme dans cette auberge, perdue dans les vignes de sa propre exploitation. Le vin de la maison accompagne les repas. Depuis deux ans, un restaurant a été ouvert, devenant petit à petit une des tables recommandées de la région. Ce restaurant gastronomique se double d'un autre, plus simple et moins coûteux, où grillades et salades vous sont proposées. On a conservé l'esprit campagnard de cette ancienne magnanerie : pierre de taille, voûtes dans le salon, bar dans la cour intérieure. En plus des chambres sympathiques et confortables, 3 appartements ont été aménagés pour la location.

♦ *Itinéraire d'accès (voir carte n° 32) : à 33 km au nord-ouest de Bagnols-sur-Cèze par D 980 et D 901.*

A l'Auberge Cévenole★★★

30110 La Favède (Gard)
Tél. 66.34.12.13 - Télex 490 925 - M. Chabaud

♦ *Ouverture du 1er mars au 15 novembre* ♦ *17 chambres et 3 appartements avec tél. direct, s.d.b. ou douche, w.c., (6 avec t.v.) - Prix des chambres simples et doubles : 300 F, 480 F - Prix des suites : 650 F - Petit déjeuner 50 F, servi de 7 h 30 à 10 h - Prix de la demi-pension : 330 à 500 F (par pers., 3 j. min.)* ♦ *Cartes de crédit acceptées* ♦ *Chiens non admis - Piscine, mini-tennis, tennis de table à l'hôtel* ♦ *Possibilités alentour : promenades ; musée du Désert, bambouseraie de Prafrance, grottes de Trabuc* ♦ *Restaurant : service de 12 h à 14 h, 19 h 30 à 21 h - Menus : 165 et 270 F - Carte - Spécialités : escargots à notre façon, tournedos fin ragoût des sous-bois, brouillade de truffes de pays.*

Plus de trace des Cévennes noires dans cet îlot de verdure où le jardin se confond avec la colline environnante. A l'intérieur règne un confort de maison cossue ; murs tendus de tissu, moquette et tables juponnées décorant les chambres et le salon expriment bien l'attention que l'on porte à votre confort et à votre agrément. En été le jardin fleuri et ombragé, la grande piscine, le calme des lieux garantissent aussi un agréable séjour ou une étape reposante. A noter encore, la cuisine y est fort bonne.

♦ *Itinéraire d'accès (voir carte n° 32) : à 14 km au nord-ouest d'Alès par N 106 jusqu'à La Grande-Combe et D 283.*

L'Hacienda★★★

Mas de Brignon - 30320 Marguerittes (Gard)
Tél. 66.75.02.25/66.75.11.37 - Télex 480 146
M.et Mme Chauvin

♦ *Ouverture toute l'année* ♦ *11 chambres avec tél, s.d.b. (2 avec douche), w.c., t.v. et minibar - Prix des chambres simples et doubles : 200 à 390 F, 250 à 440 F - Petit déjeuner 45 F et 55 F, servi de 8 h à 10 h 30 - Prix de la demi-pension : 350 à 420 F* ♦ *Cartes de crédit acceptées* ♦ *Chiens admis avec supplément - Piscine, tennis de table, tir à l'arc, jeu de boules, vélos, sauna à l'hôtel* ♦ *Possibilités alentour : équitation, tennis, practice de golf* ♦ *Restaurant : service de 12 h à 14 h, 19 h 30 à 21 h 30 - Menus : 130 à 240 F - Carte - Spécialités : salade tiède de noix de saint-jacques, méli-mélo de la mer au beurre blanc nantais, filet de bœuf au morilles.*

Construit autour d'un patio qu'occupe une piscine, ce grand mas situé tout près de Nîmes vient d'être entièrement réaménagé afin d'offrir onze chambres de qualité différente : deux sont un peu sombres. A noter qu'une des plus agréables est celle avec terrasse au premier étage et que la 5 et la 6, communicantes, sont idéales pour une famille. Aux abords de l'hôtel, parmi de beaux rosiers et lauriers-roses, on trouve un boulodrome, une table de ping-pong, des balançoires et même un sauna. M. Chauvin est lui-même aux fourneaux ; il n'utilise que des produits frais et ajuste sa carte selon les disponibilités quotidiennes. Aux portes de Nîmes, une adresse à l'ambiance familiale.

♦ *Itinéraire d'accès (voir carte n° 33) : à 6 km à l'est de Nîmes par A9 sortie Nîmes-est, puis N 86 et D 135 ; traverser Marguerittes et suivre fléchage.*

Hôtel Imperator Concorde★★★★
Quai de la Fontaine
30900 Nîmes (Gard)
Tél. 66.21.90.30 - Fax 66.67.70.25 - M. Creac'h

♦ *Ouverture toute l'année* ♦ *62 chambres climatisées avec tél. direct, s.d.b. ou douche, w.c. et t.v. - Prix des chambres doubles : 530 à 830 F - Prix des suites : 1 500 F - Petit déjeuner 50 F, servi de 7 h à 11 h* ♦ *Cartes de crédit acceptées* ♦ *Chiens admis avec 50 F de supplément* ♦ *Possibilités alentour : tennis, golf ; arènes, la Maison Carrée, pont du Gard* ♦ *Restaurant : service de 12 h 30 à 13 h 45, 19 h 30 à 21 h 45 - Fermeture le samedi à midi - Menus : 195 à 420 F - Carte - Spécialités : brandade de Nîmes, soupière languedocienne, turbot à l'eau sel.*

Bien situé dans le centre ville, tout près des beaux jardins de la Fontaine, l'Imperator est une institution à Nîmes : c'est ici que descendent, le temps d'une féria, les toreros et les aficionados les plus célèbres. L'hôtel, qui a entrepris un grand programme de réaménagement, a perdu un peu de sa patine, mais les chambres sont plus spacieuses et plus confortables, surtout celles du 3ème étage, entièrement rénovées. Il est préférable de dormir côté jardin, même si la climatisation isole les autres chambres du bruit du quai. Le restaurant et le bar, agréablement décorés, donnent sur le jardin clos qui s'étend derrière la maison. Le service a lieu soit dans la véranda moderne, soit sur la grande terrasse ombragée. La cuisine est inventive, les saveurs subtiles et le menu du déjeuner propose un grand choix parmi les spécialités. Excellent accueil.

♦ *Itinéraire d'accès (voir carte n° 32) : dans le centre ville, entre les jardins de la Fontaine et la Maison Carrée.*

Hôtel Plazza★★
10, rue Roussy
30000 Nîmes (Gard)
Tél. 66.76.16.20 - Télex 485 727 - M. et Mme Viallet

♦ *Ouverture toute l'année* ♦ *28 chambres climatisées avec s.d.b. ou douches, w.c., t.v. et minibar - Prix des chambres simples et doubles : 210 à 260 F, 260 à 360 F - Petit déjeuner brunch* ♦ *Cartes de crédit acceptées* ♦ *Petits chiens admis* ♦ *Restaurant : service brunch à la demande.*

De l'ancien hôtel Plazza, il ne reste qu'une belle porte en fer forgé Art Déco. Réaménagé il y a deux ans, c'est en effet le seul élément de décoration qu'ont conservé Bernard et Annie Viallet. Tout a été repensé pour faire de ce petit hôtel un lieu de passage ou de séjour confortable et attrayant. Rien ne manque : les chambres, même si elles ne sont pas très grandes, sont toutes climatisées et bien équipées. Les salles de bains sont également munies d'éléments de confort qui agrémentent les voyages. La décoration intérieure d'inspiration 1930 est plaisante et accueillante. Si l'on ajoute un garage et le calme de la ville, on mesure encore mieux le très bon rapport qualité-prix.

♦ *Itinéraire d'accès (voir carte n° 32) : rue parallèle au boulevard Amiral-Courbet.*

Royal Hôtel★★
3, boulevard Alphonse-Daudet
30000 Nîmes (Gard)
Tél. 66.67.28.36 - Télex 485 331 - Mmes Riera et Morel

♦ *Ouverture toute l'année* ♦ *32 chambres avec s.d.b. ou douche, w.c. et t.v. - Prix des chambres simples et doubles : 175 à 225 F, 210 à 270 F - Petit déjeuner 30 à 35 F, servi de 7 h à 10 h 30* ♦ *Amex, Diners et Visa* ♦ *Petits chiens admis avec 20 F de supplément* ♦ *Restaurant : service de 12 h à 15 h - Menus : 75 à 120 F - Spécialités : cuisine méditerranéenne.*

Bien situé, près du quai de la Fontaine et de la Maison Carrée, ce petit hôtel donne sur la place d'Assas rénovée par Martial Raysse. L'ambiance de l'hôtel, fréquenté par une clientèle d'artistes et de créateurs, est décontractée et informelle. La décoration qui mélange humour et kitsch donne le ton : les chambres sont grandes, les meubles chinés aux Puces — bronzes 1930 pour les unes, meubles 50 en sycomore pour les autres — donnent à chacune une atmosphère branchée. Un agréable restaurant qui, en été, s'installe sur la place sert, selon la saison, des salades ou des brunchs. Les jours de férias, un brin de folie habite l'hôtel ; le bar et le restaurant restent ouverts tard dans la nuit.

♦ *Itinéraire d'accès (voir carte n° 32) : dans le centre ville.*

Le Mas d'Oléandre

Saint-Médiers - 30700 Uzès (Gard)
Tél. 66.22.63.43 - M. et Mme Firschen

♦ *Ouverture du 1er mai au 15 octobre* ♦ *3 chambres ,
2 appartements et 1 studio avec s.d.b. ou douche, w.c. - Prix des
chambres simples et doubles : 140 F, 200 F - Prix des suites : 300
à 360 F - Petit déjeuner 35 F, servi de 9 h à 10 h* ♦ *Cartes de
crédit non acceptées* ♦ *Chiens non admis - Piscine, jeu de boules,
tennis de table, vélos à l'hôtel* ♦ *Possibilités alentour : équitation,
tennis, golf ; pont du Gard* ♦ *Pas de restaurant à l'hôtel.*

Cet endroit paisible et presque secret se trouve au bout d'un petit
hameau calme ; on peut y séjourner et jouir d'une vue des plus
attrayantes où cyprès, vignes et collines concourent à créer un
paysage d'une douce harmonie. C'est cela sans doute qui a dû
retenir les propriétaires dans cette belle région d'Uzès, une fois
quittée l'Allemagne. Le mas a été très heureusement restauré. Rien
ici n'évoque un hôtel, pas même une auberge ; chambres
confortables et accueillantes, studios clairs et bien équipés,
appartements pratiques qui permettent de loger parents et enfants.
Tout invite au séjour. On petit-déjeune, on paresse au bord de la
piscine en face de ce panorama inlassablement séduisant, on se sert
du mas comme d'une base d'exploration de cette belle région et le
soir, l'on sort dîner dans une des bonnes adresses recommandées par
vos hôtes ; à noter que studios et appartements sont dotés de petites
cuisines.

♦ *Itinéraire d'accès (voir carte n° 33) : à 6 km au nord-ouest
d'Uzès par D 981 direction Alès, à Montaren, D 357 direction
Saint-Médiers ; à la sortie du hameau.*

Hostellerie de Varenne★★

Sauveterre
30150 Roquemaure (Gard)
Tél. 66.82.59.45 - Fax 66.82.84.83 - M. Boythias

♦ *Ouverture toute l'année - Fermeture le mercredi en b.s.* ♦ *14 chambres avec tél. direct, s.d.b., w.c., (12 avec t.v.) - Prix des chambres : 160 à 360 F - Petit déjeuner 40 F, servi de 8 h à 10 h - Prix de la demi-pension : 280 à 350 F (par pers.)* ♦ *Amex, Carte bleue, Diners et Visa* ♦ *Chiens admis* ♦ *Possibilités alentour : tennis, piscine, équitation, randonnées pédestres ; Avignon* ♦ *Restaurant : service de 12 h à 14 h 30, 20 h à 22 h - Fermeture le mercredi en b.s. - Menus : 140 à 200 F - Carte - Spécialités : cuisine régionale.*

Cette gentilhommière du siècle dernier d'un goût très italianisant est bâtie sur les hauteurs du village, dominant ainsi la vallée du Rhône. L'hôtel vient d'être repris par de nouveaux propriétaires et d'ores et déjà, des travaux de réfection ont été entrepris : un agréable salon a été créé et l'escalier monumental qui autrefois semblait un peu lugubre a repris sa superbe. Les chambres suivront le même traitement prochainement. Il faut bien dire qu'elles en avaient grandement besoin, leurs beaux volumes ne pouvant faire oublier une décoration des plus sinistres. Très bientôt, elles n'auront plus à envier le charme de la belle maison qui les abrite ou du jardin qui les entoure.
L'accueil mériterait d'être plus aimable.

♦ *Itinéraire d'accès (voir carte n° 33) : à 12 km au nord d'Avignon par D 980.*

Auberge du Pont Romain★★★
2, rue Emile-Jamais - 30250 Sommières (Gard)
Tél. 66.80.00.58 - Fax 66.80.31.52 - Mme Michel

♦ *Ouverture du 15 mars au 15 janvier - Fermeture le mercredi en b.s.* ♦ *18 chambres avec tél. direct, s.d.b. ou douche, (16 avec w.c.), t.v. sur demande - Prix des chambres simples et doubles : 185 F, 325 F - Prix des suites : 360 F - Petit déjeuner 38 F - Prix de la demi-pension : 280 à 380 F (par pers., 3 j. min.)* ♦ *Amex, Carte bleue, Diners et Visa* ♦ *Chiens admis - Piscine à l'hôtel* ♦ *Possibilités alentour : tennis, mountain bike, excursions, pêche en rivière, golf* ♦ *Restaurant : service de 12 h à 13 h 15, 20 h à 21 h 15 - Fermeture le mercredi en b.s. - Menus : 150 à 215 F - Carte - Spécialités : petit gris des garrigues au roquefort, foie gras de canard mi-cuit, bourride de baudroie.*

Côté rue, c'est d'abord une façade austère, l'air sombre d'une caserne ; l'hôtel a du mal à cacher ses antécédents. Fabrique de tapis au XIXe siècle, puis tour à tour blanchisserie ou distillerie, et ce jusqu'en 1968. Mais une fois le porche franchi, tout devient plus attrayant : fleurs et arbres poussent à foison et adoucissent la vieille manufacture. Ce jardin salvateur s'ouvre sur le Vidourle qui coule là, traversant la ville, et abrite piscine et terrasse fleurie. Est-ce à leurs vastes proportions que les chambres doivent ce petit côté pensionnat qu'elles semblent parfois affectionner ? Quoi qu'il en soit, préférez-les sur le jardin, la plus tentante est la 8, dont la terrasse, perdue dans les branches de platanes, surplombe la rivière. Une bonne adresse, originale et gourmande : bonne cuisine traditionnelle et copieuse. Le seul hôtel de France sur lequel trône une cheminée d'usine.

♦ *Itinéraire d'accès (voir carte n° 32) : à 28 km au sud-est de Nîmes par D 40.*

Hôtel d'Entraigues★★★
8, rue de la Calade - 30700 Uzès (Gard)
Tél. 66.22.32.68 - M. Savry

◆ *Ouverture toute l'année* ◆ *18 chambres avec tél. direct, s.d.b. et w.c. (8 avec t.v.) - Prix des chambres simples et doubles : 245 F en b.s., 270 F en h.s., 310 à 365 F en b.s., 330 à 380 F en h.s. - Petit déjeuner 35 F - Prix de la demi-pension : 180 F de supplément (par pers. et par j., 3 j. min.)* ◆ *Amex, Carte bleue, Diners et Visa* ◆ *Chiens admis avec supplément* ◆ *Possibilités alentour : équitation, tennis, golf ; pont du Gard* ◆ *Restaurant : service de 12 h 15 à 14 h, 19 h 30 à 21 h 30 (l'été à 22 h) - Fermeture le mardi toute la journée et le mercredi à midi en b.s. - Menus : 90 F et 160 F - Carte - Spécialité : caroline de brandade de morue aux pointes d'asperges.*

Un bel hôtel particulier du XVe au cœur même d'Uzès, tout juste en face de l'hôtel des barons de Castille et de l'ancien évêché. Les chambres aperçoivent parfois la demeure des barons de Castille (la 9) ou donnent sur la campagne environnante, celles n'ayant pas de vue se rattrapent avec d'autres atouts : la numéro 6 a ainsi une terrasse. Les chambres ont un charme indéniable. De taille et de styles différents, certaines sont mansardées, d'autres sont plus vastes (les 14, 15, 16, 18). Un petit salon près de la réception et une salle voûtée où se prennent les petits déjeuners complètent le tout agréablement. De l'autre côté de la ruelle se trouve le restaurant nouvellement créé ; le décor est assez surprenant, avec ses fresques et ses colonnes de pierre qui se terminent par des chapiteaux lumineux des plus "post-modernes". Cela dit, on y dîne fort bien et au-dessus se trouve une très vaste terrasse fleurie d'où la vue est superbe. Un hôtel, et une ville, de charme.

◆ *Itinéraire d'accès (voir carte n° 33) : à 16 km au nord-ouest de Pont du Gard par D 981 ; en face de la cathédrale.*

Hôtel de l'Atelier★★

5, rue de la Foire - 30400 Villeneuve-lès-Avignon (Gard)
Tél. 90.25.01.84 - Fax 90.25.80.06 - M. Gounaud

◆ *Ouverture toute l'année* ◆ *19 chambres avec tél., s.d.b. (6 avec douche), w.c., (10 avec t.v.) - Prix des chambres doubles : 220 à 370 F - Lit supplémentaire : 80 F, lit bébé : 50 F - Petit déjeuner 28 F, servi de 7 h à 10 h 30* ◆ *Cartes de crédit acceptées* ◆ *Chiens admis* ◆ *Possibilités alentour : piscine, tennis, parcours de santé ; musée, fort Saint-André, Avignon, la Provence romaine* ◆ *à Villeneuve-lès-Avignon, La Maison, Le Saint-André, La Magnaneraie ; à Avignon, Meissonier, La Crémaillère..*

De l'autre côté du Rhône, "hors Avignon", serait-on tenté de dire, dans la petite ville de Villeneuve-lès-Avignon dont les maisons se ramassent au pied du fort Saint-André qui contemple impassible la cité des papes (Villeneuve fut celle des cardinaux), se trouve l'Hôtel de l'Atelier. Cette paisible maison de village a plus d'un charme caché : une enfilade de patios fleuris ombragés de figuiers, une terrasse sur les toits où l'on peut prendre un verre ou le thé et surtout des chambres très séduisantes, chacune d'entre elles ayant sa propre atmosphère. La forme et la taille des pièces varient, tout comme la décoration et l'ameublement ancien. Une petite faiblesse pour la chambre numéro 42 : sous les toits, elle en épouse les formes mais reste fraîche (air conditionné), une petite estrade permet d'apercevoir Avignon par la haute fenêtre. Pas de restaurant mais Avignon n'est pas loin, et à Villeneuve même l'on dîne fort bien pour un prix raisonnable.
L'accueil manque un peu d'attention.

◆ *Itinéraire d'accès (voir carte n° 33) : à 3 km à l'ouest d'Avignon par N 100 ; dans le centre ville.*

Mas de Couran★★
Route de Fréjorque
34970 Lattes (Hérault)
Tél. 67.65.57.57 - Fax 67.65.37.56 - M. Cohuau

♦ *Ouverture toute l'année* ♦ *18 chambres avec tél. direct, s.d.b. ou douche, w.c. et t.v. - Prix des chambres simples et doubles : 325 F, 370 F - Prix des suites : 420 F - Petit déjeuner 35 F, servi de 7 h 30 à 10 h - Prix de la demi-pension et de la pension : 370 F, 475 F (par pers.)* ♦ *Cartes de crédit acceptées* ♦ *Chiens admis avec supplément - Piscine à l'hôtel* ♦ *Possibilités alentour : tennis, golf, équitation, plages, remise en forme ; Montpellier* ♦ *Restaurant : service de 12 h 30 à 14 h, 19 h 30 à 21 h - Fermeture le dimanche soir en b.s. - Menus : 100 à 205 F - Carte - Spécialités : feuilleté de st jacques, magret de canard aux figues.*

Tout d'abord, ne vous laissez pas abuser par des alentours peu séduisants. Mais une fois arrivé à bon port, devant cette maison bien carrée qui se bleuit de glycines plusieurs fois l'an, vous serez bien récompensé de votre peine et de votre persévérance. La belle pelouse qu'ombragent quelques vieux pins s'achève par une belle piscine ; thés et déjeuners peuvent se prendre dans ce jardin coloré, l'on dîne dans la salle à manger et sur les terrasses attenantes. Cette dernière, comme le salon, a le côté douillet que pourrait avoir une bonne pension de famille d'autrefois. La plupart des chambres qui ont été récemment refaites sont pourvues des attributs du meilleur confort – la 4 a une belle terrasse privée ; sous les combles elles vous montrent leurs poutres, tandis qu'au rez-de-chaussée elles ouvrent sur le jardin.

♦ *Itinéraire d'accès (voir carte n° 32) : à 5 km au sud de Montpellier par D 986 direction Palavas-les-Flots.*

Château de Madières★★★

Madières
34190 Ganges (Hérault)
Tél. 67.73.84.03 - Fax 67.73.55.71 - Mme Brucy

♦ *Ouverture du 19 avril au 3 novembre* ♦ *10 chambres avec tél. direct, s.d.b. ou douche, w.c. et t.v. - Prix des chambres doubles : 480 à 800 F - Petit déjeuner 60 F, servi de 8 h 30 à 10 h 30 - Prix de la demi-pension : 475 à 620 F (par pers., 3 j. min.)* ♦ *Amex, Carte bleue, Eurocard, MasterCard et Visa* ♦ *Chiens admis avec supplément - Piscine à l'hôtel* ♦ *Possibilités alentour : tennis, baignades en rivière, pêche à la truite ; gorges de la Vis, cirque de Navacelles, grotte des Demoiselles* ♦ *Restaurant : service de 12 h 30 à 14 h, 19 h 30 à 21 h - Menus : 160 à 280 F - Carte - Spécialités : truite au picpoul, pelardon frit, gratin de fruits de mer, magret de canard au poivre vert et cognac.*

Dans un parc de 5 hectares, le château de Madières occupe l'emplacement d'une ancienne place forte du XIVe et du XVIe siècles. L'imposante bâtisse construite en pierre du pays a su s'adapter aux exigences de l'hôtellerie. Dans la cour, couverte par la verrière, on a installé le salon où le rotin et les plantes vertes créent une ambiance accueillante. Les chambres se développent autour de ce patio, toutes très confortables, avec un souci évident du détail pour personnaliser chacune. Le salon, où subsiste une belle cheminée Renaissance, est attenant à une merveilleuse terrasse en balcon donnant sur la rivière et le village. Il est également très agréable de profiter du calme et du paysage dans le jardin.

♦ *Itinéraire d'accès (voir carte n° 32) : à 60 km au nord-ouest de Montpellier par D 986 direction Le Vigan.*

Relais Chantovent

34210 Minerve (Hérault)
Tél. 68.91.14.18 - Mme Evenou

♦ *Ouverture du 5 mars au 2 janvier - Fermeture le dimanche soir et le lundi sauf en juillet et août* ♦ *10 chambres avec douche (1 avec s.d.b.) et w.c. - Prix des chambres simples et doubles : 160 F, 200 F - Petit déjeuner 22 F, servi de 8 h à 10 h - Prix de la demi-pension et de la pension : 240 F, 280 F (par pers., 3 j. min.)* ♦ *Carte bleue, Eurocard et Visa* ♦ *Chiens non admis* ♦ *Possibilités alentour : piscine, tennis ; les gorges du Tarn* ♦ *Restaurant : service de 12 h à 14 h, 19 h 30 à 21 h - Fermeture le dimanche soir et le lundi sauf en juillet et août - Menus : 80 à 200 F - Spécialités : brouillade aux truffes, croustillant de rascasse.*

Minerve est un village-île tout en hauteur entre les gorges de la Cesse et du Briand. L'hôtel s'éparpille dans les ruelles étroites. Peut-être préférerez-vous les chambres de l'annexe qui se trouve près de "l'agence postale-bibliothèque" ; celles du bâtiment principal ont tout à leur envier, car c'est avec beaucoup de goût qu'a été refaite cette vieille maison de village. Deux d'entre elles se partagent une terrasse, celle se trouvant au grenier est aménagée de façon originale, la salle de bains faisant pratiquement partie de la chambre ; toutes ont beaucoup de charme et de personnalité. Celles faisant face au restaurant viennent d'être redécorées : tissus et lithographies contemporaines les égayent à souhait tandis que les sanitaires ont été refaits. Le restaurant sert une bonne et simple cuisine régionale. Un village et des alentours ravissants, une adresse qui tient largement la comparaison, un accueil très sympathique.

♦ *Itinéraire d'accès (voir carte n° 31) : à 45 km à l'ouest de Béziers par D 5 direction Carcassonne, D 607 direction Aigues-Vives puis D 907, à La Caunette, D 10 direction Minerve.*

Hôtel Demeure des Brousses★★★
Route de Vauguières
34000 Montpellier (Hérault)
Tél. 67.65.77.66/67.64. 03. 58 - Fax 67.22.22.17
M. et Mme Maréchal

◆ *Ouverture du 1er mars au 15 décembre* ◆ *17 chambres avec tél., s.d.b., (1 avec douche), w.c. et t.v. - Prix des chambres doubles : 360 à 590 F - Petit déjeuner 43 F, servi de 7 h 30 à 10 h* ◆ *Amex, Carte bleue, Diners et Visa* ◆ *Chiens admis avec supplément* ◆ *Possibilités alentour : piscine, tennis, golf, promenades à cheval* ◆ *Restaurant : service de 12 h à 14 h, 20 h à 21 h 30 - Fermeture le dimanche et le lundi à midi - Menus : 175 et 340 F - Carte - Spécialités : chartreuse de foie gras, ris d'agneau aux olives, rouget au caviar.*

Cet authentique mas du XVIIIe siècle aux nobles proportions a été restauré et transformé en hôtellerie. Dans la maison de maître ont été aménagées des chambres de grand confort, toutes différentes, et quatre salons. Toutes ces pièces sont meublées et décorées dans un style qui s'harmonise avec le cadre. Tout autour, un vaste parc aux arbres séculaires assure une parfaite tranquillité. Il n'y a pas de restaurant dans l'hôtel, mais un restaurant gastronomique a été installé dans l'une des nombreuses dépendances. Loin du bruit, à l'ombre d'arbres majestueux, la Demeure des Brousses n'est cependant qu'à quelques minutes de Montpellier et de la mer. A noter que l'accès est très compliqué et mériterait d'être fléché.

◆ *Itinéraire d'accès (voir carte n° 32) : à 2 km de Montpellier par A9 sortie Montpellier-Est direction l'aéroport, puis direction château de la Mogère.*

Hôtel La Maison Blanche★★★
1796, avenue de la Pompignane
34000 Montpellier (Hérault)
Tél. 67.79.60.25 - Télex 458 808 - Fax 67.79.53.29
M. et Mme Casalta

♦ *Ouverture toute l'année* ♦ *38 chambres avec tél. direct, s.d.b., w.c. et t.v. - Prix des chambres doubles : 380 à 450 F - Prix des suites : 700 à 800 F - Petit déjeuner 38 F, servi de 7 h 30 à 10 h 30* ♦ *Amex, Carte bleue et Visa* ♦ *Chiens admis avec supplément* ♦ *Possibilités alentour : plages, sports nautiques, tennis, golf de Coulondres (18 trous) ; musée Fabre, Montpellier* ♦ *Restaurant : service de 12 h à 14 h, 20 h à 22 h - Fermeture le dimanche - Menus : 130 F - Carte.*

Aller à la Maison Blanche, c'est d'abord la curiosité de se retrouver dans une de ces jolies bâtisses de la Nouvelle-Orléans, à colonnes et balcons ouvragés, à 5 mn du centre de Montpellier et 10 mn de l'aéroport. La décoration intérieure, qui privilégie le rotin, s'intègre bien à l'architecture. Toutes les chambres sont confortables et calmes grâce au parc de 6 hectares qui entoure la propriété.
Un restaurant vient d'être ouvert. Cuisine correcte.

♦ *Itinéraire d'accès (voir carte n° 32) : entrée par le 46, rue de Salaison, direction route de Carnon puis Hôtel de la Région.*

Domaine de Rieumege★★★

34390 Olargues (Hérault)
Tél. 67.97.73.99 - Fax 67.97.78.52 - M. Sylva

♦ *Ouverture du 23 mars au 21 octobre* ♦ *12 chambres avec tél. direct, s.d.b. ou douche, w.c. - Prix des chambres simples et doubles : 256 à 305 F, 364 à 434 F - Petit déjeuner 50 F (buffet) - Prix de la demi-pension et de la pension : 376 à 444 F, 476 à 544 F (par pers., 3 j. min.)* ♦ *Carte bleue, Eurocard, MasterCard et Visa* ♦ *Chiens admis avec 30 F de supplément - Piscines, tennis à l'hôtel* ♦ *Possibilités alentour : pêche en rivière, chasse, canoë-kayak, escalade, randonnées, spéléologie* ♦ *Restaurant : service de 12 h à 13 h 30, 19 h à 21 h - Menus : 100 à 195 F - Menu enfant : 65 F - Carte - Spécialités : foie gras, cassolette de langouste, pavé de mérou, filet de bœuf en croûte.*

Dans une région qui manque de bons hôtels, le Domaine de Rieumege offre une halte agréable au pied des montagnes du Haut-Languedoc. C'est une vieille demeure du XVIIe siècle qui a été restaurée à l'ancienne avec le goût très sûr et le sens du confort de ses propriétaires, qui ont encore amélioré cette année les terrasses et les salons. Ainsi, dans les chambres, voisinent et se valorisent meubles anciens de style campagnard et mobilier plus récent. La pierre apparente n'exclut pas les savants camaïeux des murs. La route est un peu proche mais ne s'entend pas du tout. Le restaurant est inégal, mais reste correct. Une nouveauté : un mas de 100 mètres carrés avec piscine individuelle et jardin tropical privé, pouvant accueillir de 4 à 8 personnes, vous est également proposé, avec une formule de demi-pension.

♦ *Itinéraire d'accès (voir carte n° 31) : à 50 km au nord-ouest de Béziers, par D 14, puis D 908 direction Olargues ; à 3 km d'Olargues direction Saint-Pons-de-Thomières.*

Le Sanglier★★★
Saint-Jean-de-la-Blaquière - 34700 Lodève (Hérault)
Tél. 67.44.70.51 - Mme Plazanet

♦ *Ouverture du 15 mars au 1er novembre* ♦ *10 chambres avec tél. direct, s.d.b. et w.c - Prix des chambres : 280 à 440 F - Petit déjeuner 38 F, servi de 8 h à 9 h 30 - Prix de la demi-pension et de la pension : 305 à 330 F, 420 à 510 F (par pers. 3 j. min.)* ♦ *Cartes de crédit acceptées* ♦ *Chiens non admis - Piscine, tennis, ranch à l'hôtel* ♦ *Possibilités alentour : promenades, randonnées, sports nautiques sur le lac du Salagou ; Saint-Guilhem-le-Désert, cirque de Navacelles, la Couvertoirade* ♦ *Restaurant : service de 12 h à 13 h 30, 19 h 30 à 20 h 30 - Menus : 120 à 180 F - Carte - Spécialités : grillades au feu de bois, mousseline de truite à la crème de basilic, émincé de volaille au thym.*

Situé dans les Cévennes et les premiers contreforts du Larzac, Le Sanglier est un véritable havre de paix. Entouré de collines, il occupe une situation privilégiée, le premier village n'étant qu'à 3 km. C'est une ancienne bergerie où se trouvent 10 chambres, toutes au premier étage. Les plus attrayantes sont celles donnant sur la montagne, ou celles donnant sur la vallée avec une terrasse. Les repas peuvent être servis dehors ou bien dans la grande salle à manger où les tables font face à l'imposante cheminée utilisée pour faire griller les viandes avec des ceps de vigne. Tout autour, a été aménagé un très joli petit parc qui descend en terrasse jusqu'à la piscine.

♦ *Itinéraire d'accès (voir carte n° 32) : à 45 km à l'ouest de Montpellier par N 109 direction Lodève jusqu'à Rabieux, puis D 144.*

Château de Pondérach★★★

34220 Saint-Pons-de-Thomières (Hérault)
Tél. 67.97.02.57 - Mme Counotte

♦ *Ouverture du 1er avril au 15 octobre* ♦ *11 chambres avec tél.*
(9 avec s.d.b.) - Prix des chambres : 320 à 550 F - Petit déjeuner
57 F ♦ *Amex, Carte bleue, Diners et Visa* ♦ *Chiens admis avec*
35 F de supplément ♦ *Possibilités alentour : promenades dans le*
parc régional du Haut-Languedoc ; grotte de la Devèze ♦ *Menus :*
180 à 390 F   - Carte - Spécialités : menu régional, cassoulet.

Le château de Pondérach déploie ses 160 hectares au pied des
Cévennes méditerranéennes où voisinent palmiers et sapins, hêtres
et oliviers. On a, dans cette ancienne demeure privée laissée telle
quelle, une agréable sensation d'intimité. Une partie des chambres
se trouve dans le corps principal, l'autre dans l'annexe. Toutes sont
adorables mais celles de l'annexe ont en plus une terrasse fleurie.
Accueil et service très attentifs.

♦ *Itinéraire d'accès (voir carte n° 31) : à 51 km au nord-ouest de*
Béziers par N 112.

Auberge Régordane★★

La Garde-Guérin
48800 Villefort (Lozère)
Tél. 66.46.82.88 - Mme Malvy

♦ *Ouverture du 1er mai au 1er octobre et pendant les vacances scolaires de Pâques* ♦ *16 chambres (10 avec s.d.b. ou douche et w.c.) - Prix des chambres : de 160 à 225 F - Petit déjeuner 23 F - Prix de la demi-pension et de la pension : 215 à 225 F, 225 à 255 F (par pers., 3 j. min.)* ♦ *Cartes de crédit acceptées* ♦ *Chiens admis* ♦ *Possibilités alentour : piscine, tennis, golf 9 trous, lac, pêche ; belvédère du Chassezac, donjon de La Garde-Guérin* ♦ *Restaurant : service de 12 h à 13 h, 19 h 30 à 20 h 30 - Menus : 100 à 155 F - Carte - Spécialités : écrevisses, grenouilles, saumon, agneau des Causses, filet de bœuf aux chanterelles.*

C'est une haute tour qui signale le hameau fortifié de la Garde-Guérin, qui se dresse presque à pic sur l'impressionnante tourée du Chassezac. L'auberge Régordane fait partie des bâtiments anciens qui ont été restaurés dans le village aujourd'hui classé et qui garde son caractère montagnard et authentique. C'est une auberge simple mais l'ambiance y est très chaleureuse. Les repas sont servis dans une agréable salle à manger ou dans la cour intérieure cernée par les hauts murs de pierre et les tourelles de cette ancienne maison seigneuriale. Même simplicité de ton dans les chambres, confortables à souhait. L'accueil est des meilleurs.

♦ *Itinéraire d'accès (voir carte n° 32) : à 55 km au nord d'Alès par D 906.*

Manoir de Montesquiou★★★

48210 La Malène (Lozère)
Tél. 66.48.51.12 - M. Guillenet

♦ *Ouverture du 1er avril à octobre* ♦ *12 chambres avec tél. direct, s.d.b. ou douche, w.c., (certaines avec t.v.) - Prix des chambres doubles : 310 à 400 F - Prix des suites : 520 à 540 F - Petit déjeuner 40 F, servi de 7 h 30 à 10 h - Prix de la demi-pension : 350 à 475 F (par pers.)* ♦ *Carte bleue, Diners et Visa* ♦ *Chiens admis avec 30 F de supplément* ♦ *Possibilités alentour : piscine, tennis, équitation, baignades dans le Tarn, canoë-kayac, promenades pédestres ou en barque, pêche, chasse* ♦ *Restaurant : service de 12 h à 14 h, 19 h 30 à 21 h - Menus : 135 à 205 F - Carte - Spécialités : fricassée de foies de volaille au porto et aux pâtes fraîches, filets de veau en rognonade aux oignons farcis.*

Dans les merveilleuses gorges du Tarn, ce manoir des XVe et XVIe siècle séduit d'emblée par ses belles proportions et la couleur de ses pierres. Une salle voûtée du rez-de-chaussée est devenue salle à manger. Toute blanche, dépouillée, elle est cependant arrangée avec raffinement. Au fond, une autre salle abrite les jeux, la lecture et la télévision. Les chambres sont toutes d'un bon confort et le mobilier d'époque contribue à créer le charme des lieux. Fastueux comme la chambre dite "du seigneur" où se trouve un lit à baldaquin ou plus intime comme la chambre Régency qui est la plus agréable parmi les moins onéreuses. Repas excellents et prix très intéressants pour la qualité.

♦ *Itinéraire d'accès (voir carte n° 32) : à 42 km au nord-est de Millau par N 9 jusqu'à Aguessac, puis D 907 et D 907bis direction les gorges du Tarn.*

Château d'Ayres★★★

48150 Meyrueis (Lozère)
Tél. 66.45.60.10 - Fax 66.45.62.26 - M. de Montjou

♦ *Ouverture du 30 mars au 11 novembre* ♦ *24 chambres avec tél. direct, s.d.b. ou douche, w.c. et t.v. - Prix des chambres simples et doubles : 300 F, 350 à 700 F - Prix des suites : 700 à 800 F - Petit déjeuner 50 F - Prix de la demi-pension et de la pension : 300 à 450 F, 400 à 550 F (par pers.)* ♦ *Amex, Diners et Visa* ♦ *Chiens admis avec 30 F de supplément - Piscine, tennis à l'hôtel* ♦ *Possibilités alentour : gorges du Tarn et de la Jonte par le causse Méjean, grotte de Dargilan, parc national des Cévennes* ♦ *Restaurant : service de 12 h 30 à 13 h 30, 19 h 30 à 22 h - Menus : 126 et 280 F - Carte - Spécialités : pièce de saumon au pastis, côte de bœuf grillé sur le sel.*

Les guerres à travers l'histoire n'ont guère épargné le château d'Ayres. Reconstruit au XVIIIe siècle par les Nogaret, le château fut ensuite vendu et transformé en hôtellerie. Mais l'héritière, une demoiselle Roussel, épouse un cousin des Nogaret, réintroduisant d'une manière inespérée le château dans le patrimoine de cette famille. En le découvrant, on comprend combien on peut être attaché à ces lieux. C'est le charme absolu qui règne dans cette demeure historique située dans le cadre grandiose d'un parc de cinq hectares planté de séquoias géants et de chênes centenaires. De beaux meubles anciens, de jolis tableaux décorent les salons, les chambres et la bibliothèque. Partout règne un goût excellent, même dans l'adorable salle à manger pourtant plus rustique. Un lieu privilégié pour des hôtes privilégiés.

♦ *Itinéraire d'accès (voir carte n° 32) : à 42 km à l'est de Millau par N 9 jusqu'à Aguessac, puis D 907 et D996.*

Hôtel Chantoiseau★★

48220 Le Pont-de-Montvert (Lozère)
Tél. 66.41.00.02 - M. Pagès

♦ *Ouverture du 20 mars au 20 novembre* ♦ *15 chambres avec s.d.b. (11 avec w.c.) - Prix des chambres doubles : 310 F - Petit déjeuner 35 F, servi de 8 h à 9 h 30 - Prix de la demi-pension et de la pension : 280 F, 330 F (1 pers., 3 j. min.)* ♦ *Amex, Diners, Carte bleue, Eurocard, MasterCard* ♦ *Chiens non admis* ♦ *Possibilités alentour : piscine, tennis, promenades, pêche* ♦ *Restaurant : service de 12 h à 14 h, 19 h 30 à 21 h 30.*

Ne vous laissez pas rebuter par les abords de l'hôtel qui cache une des bonnes adresses de la région. Cet ancien relais cévenol du XVIIe siècle situé à 600 m d'altitude dans une région escarpée annonciatrice du Midi méditerranéen, constitue une étape ensoleillée au seuil du parc national des Cévennes. Les chambres sont confortables mais manquent un peu de charme ; elles ouvrent sur les vallées et les montagnes, assurance de nuits et de réveils paisibles. La salle à manger a bien conservé l'aspect austère des maisons de la région : grosses pierres granitiques des murs, profondes embrasures, présence chaleureuse du bois ; elle offre une très belle vue sur la vallée. Le restaurant ne propose que des produits cévenols préparés par le propriétaire dont les talents ont été plusieurs fois couronnés, et qui a sélectionné les meilleurs crus pour accompagner les plats : du charmant petit vin de pays aux plus grands millésimes.

♦ *Itinéraire d'accès (voir carte n° 32) : à 60 km au nord-ouest d'Alès par D 906 direction Génolhac, puis D 998 par Vialas.*

Auberge de la Cascade★

**Saint-Chély-du-Tarn
48210 Sainte-Enimie (Lozère)
Tél. 66.48.52.82 - M. Dufour**

♦ *Ouverture du 15 mars au 15 octobre* ♦ *8 chambres avec douche et w.c. - Prix des chambres doubles : 135 F - Petit déjeuner 22 F, servi de 8 h à 10 h - Prix de la demi-pension et de la pension : 132 F, 180 F (par pers., 3 j. min.)* ♦ *Cartes de crédit non acceptées* ♦ *Chiens admis* ♦ *Possibilités alentour : tennis, équitation, randonnées pédestres, canoë-kayak ; Gorges du Tarn* ♦ *Restaurant : service de 12 h à 15 h, 19 h à 22 h - Menus : 50 à 90 F - Spécialités : truites, tripoux, magrets.*

Saint-Chély est un merveilleux village des Gorges du Tarn. A côté du pont qu'il faut traverser pour y accéder, une belle plage de sable blanc promet des baignades dans l'eau claire de cette rivière non polluée. Au centre du village une petite maison en pierre a été complètement rénovée, avec des chambres au confort correct et au décor sommaire même si elles ont toutes douches et toilettes. Pas de restaurant dans la maison. Il est installé à quelques mètres de là, avec une terrasse très sympathique. La cuisine est à l'image de la maison : simple. Un très bon rapport qualité/prix qui mérite le détour. (Spectacles son et lumière au village en saison.)

♦ *Itinéraire d'accès (voir carte n° 32) : à 30 km au sud de Mende par N 88, puis D 986 jusqu'à Sainte-Enimie et D 907 bis direction les Gorges du Tarn.*

La Terrasse au Soleil★★★

66400 Céret (Pyrénées-Orientales)
Tél. 68.87.01.94 - Fax 68.87.39.24 - Mme Leveille-Nizerolle

♦ *Ouverture du 2 mars au 7 janvier* ♦ *26 chambres avec tél. direct, s.d.b., w.c. et t.v. - Prix des chambres simples et doubles : 400 à 430 F, 400 à 550 F - Prix des suites : 780 F - Petit déjeuner 50 F, servi de 8 h à 10 h - Prix de la demi-pension et de la pension : 425 à 500 F, 325 à 600 F (par pers., 2 j. min.)* ♦ *Access, Carte bleue, Eurocard, MasterCard et Visa* ♦ *Chiens admis - Piscine chauffée, tennis, practice de golf à l'hôtel* ♦ *Possibilités alentour : vélos tout terrain, randonnées, pétanque, tennis de table, équitation à 2 km, plage et golf à 25 km ; vestiges romains, l'Espagne à 7 km* ♦ *Restaurant : service de 12 h à 14 h, 19 h 30 à 21 h 30 - Menus : 140 à 300 F - Menu enfants : 70 F - Carte - Spécialités : rillettes de saumon à l'anguille fumée, gelée de poireaux au foie gras, soufflé glacé d'artichaut violet.*

La Terrasse au Soleil est un ancien mas entièrement restauré. Cet hôtel présente à l'évidence plusieurs atouts : des chambres confortables, les plus grandes et les plus agréables étant celles situées en étage avec terrasse et vue sur les montagnes ; son calme, bien située sur les hauteurs du village au milieu des cerisiers ; son restaurant enfin, avec une table toujours aussi savoureuse. La piscine chauffée, le tennis agrémenteront encore votre séjour. Ambiance chaleureuse et décontractée.

♦ *Itinéraire d'accès (voir carte n° 31) : à 31 km au sud-ouest de Perpignan par A 9 sortie Le Boulou, puis D 115 direction Céret ; à 2 km du centre par D 13 f direction Fonfrède.*

Auberge L'Atalaya★★★

66800 Llo (Pyrénées-Orientales)
Tél. 68.04.70.04 - Fax 68.04.01.29 - M. et Mme Toussaint

♦ *Ouverture du 20 décembre au 5 novembre* ♦ *13 chambres avec tél. direct, s.d.b. ou douche, w.c. et t.v. - Prix des chambres doubles : 400 à 520 F - Prix des suites : 520 F - Petit déjeuner 42 F, servi de 7 h 30 à 10 h - Prix de la demi-pension et de la pension : 375 à 440 F, 500 à 575 F (par pers., 3 j. min.)* ♦ *Carte bleue, Eurocard, MasterCard et Visa* ♦ *Chiens admis dans les chambres - Piscine, solarium à l'hôtel* ♦ *Possibilités alentour : tennis, équitation, golf du Real Club de Cerdana (18 trous), golf de Font-Romeu (9 trous), ski en hiver ; art roman, vallée botanique* ♦ *Restaurant : service de 12 h 30 à 14 h 30, 19 h 30 à 21 h 30 - Fermeture le lundi et le mardi à midi en b.s. - Menus : 138 et 170 F - Carte - Spécialités : cuisine de saison.*

Llo est un village pastoral, le plus typique de Cerdagne à la frontière de l'Andorre et de l'Espagne qu'on aperçoit de certaines chambres. Autour des ruines de son château du XIe siècle et sa tour de guet, dite *atalaya* en vieux castillan, le village surplombe les gorges du Sègre. C'est dans ce site enchanteur qu'est située l'auberge. La demeure est ravissante : architecture traditionnelle de lauses et schiste, chambres douillettes, confortables et très charmantes. Partout règne le bon goût. En été les repas sont servis sur une terrasse pleine de charme où fleurissent géraniums et roses trémières et on pourra dès cette année profiter de la nouvelle piscine. En hiver, les stations les plus proches sont Eyne et Err-Puigmal, mais vous n'êtes pas plus loin d'au moins huit autres stations. Bonne table. A ne pas manquer.

♦ *Itinéraire d'accès (voir carte n° 31) : à 90 km à l'ouest de Perpignan par N 116 jusqu'à Saillagouse, puis D 33.*

Château de Camon

09500 Camon (Ariège)
Tél. 61.68.28.28 - Fax 61.68.81.56 - M. du Pont

♦ *Ouverture de mars à novembre* ♦ *7 chambres avec s.d.b. ou douche, w.c. - Prix des chambres simples et doubles : 500 F, 600 F - Prix des suites : 1 500 F - Petit déjeuner compris* ♦ *Cartes de crédit acceptées* ♦ *Chiens admis - Piscine à l'hôtel* ♦ *Possibilités alentour : concerts l'été* ♦ *Restaurant : service de 12 h à 14 h, 20 h à 22 h.*

Le château est situé en un de ces délicieux endroits qui font l'attrait de tout voyage, sur la route buissonnière de l'Espagne, dans cette belle région de l'Ariège qui mérite le détour. Une étape où vous serez plus hôtes que clients, car il n'est point question d'hôtellerie même châtelaine. Camon est dans la famille de M. du Pont depuis deux siècles. "Seulement deux cents ans", dit-il comme pour s'excuser d'un bien aussi récemment acquis. L'abbaye (qui se visite) jouxte le château (qui ne se visite pas, à moins bien sûr d'y séjourner), le tout coiffe le village. Un jardin dégringole par paliers de teintes et d'espèces vers la pelouse où se trouve une belle piscine. Les chambres n'ont rien à envier à ce gracieux mouvement. Elles sont admirablement bien décorées par le maître des lieux, homme de goût et de métier (il est architecte d'intérieur) : meubles anciens et de famille, belles proportions expriment l'inimitable raffinement d'une maison particulière ; l'ensemble du château, y compris les couloirs qui mènent aux chambres, saura sans aucun doute vous séduire.

♦ *Itinéraire d'accès (voir carte n° 31) : à 36 km au sud-est de Pamiers par D 119 jusqu'à Mirepoix, puis D 7 direction Chalabre ; au cœur du village.*

Château de Castelpers★★

12170 Castelpers (Aveyron)
Tél. 65.69.22.61 - Mme Tapié de Celeyran

♦ *Ouverture du 1er avril au 1er octobre* ♦ *9 chambres avec tél. direct, s.d.b. ou douche, (8 avec w.c., 5 avec t.v.) - Prix des chambres simples et doubles : 220 F, 250 à 420 F - Prix des suites : 500 F - Petit déjeuner 30 F - Prix de la demi-pension et de la pension : 210 à 310 F, 270 à 370 F (par pers., 3 j. min.)* ♦ *Amex, Carte bleue, Eurocard, MasterCard et Visa* ♦ *Chiens admis dans les chambres* ♦ *Possibilités alentour : piscine, tennis, équitation, promenades en sentiers balisés, pêche ; musées, châteaux, bastides* ♦ *Restaurant : service de 12 h 30 à 14 h, 19 h à 21 h - Fermeture le mardi sauf pour les résidents - Menus : 110 à 240 F - Carte - Spécialités : spécialités régionales, foie gras maison, confits d'oie, magret à l'aigre doux, canard à l'ananas.*

Le château de Castelpers est blotti dans un coin verdoyant du Rouergue, dans la tranquille vallée du Viaur, dans une région où les auberges sont rares. Un bâtiment, très rustique dans son agencement de pierre sèche, en jouxte un autre aux ouvertures en ogive où se trouve le grand salon avec son plafond en forme de coque de navire. Une terrasse surplombe un grand parc aux arbres séculaires que borde une petite rivière à truites. Un beau mobilier ancien donne beaucoup de caractère à la salle à manger, au salon, de même qu'aux chambres très confortables, comme la numéro 5, par exemple, fenêtres vitraux et lits à baldaquin, d'autres sont plus contemporaines comme la 9 et sa voisine, situées au rez-de-chaussée et qui ouvrent sur le jardin.

♦ *Itinéraire d'accès (voir carte n° 31) : à 40 km au sud de Rodez par N 88 jusqu'à Montpeyrac, puis D 10.*

Hôtel Longcol

La Fouillade
12270 Najac (Aveyron)
Tél. 65.29.63.36 - Mme Luyckx

♦ *Ouverture* ♦ *15 chambres avec tél. direct, s.d.b. et w.c., t.v. et minibar - Prix des chambres : 380 à 700 F - Petit déjeuner 45 F - Prix de la demi-pension : 390 à 525 F (par pers.)* ♦ *Amex, Carte bleue, Mastercard et Visa* ♦ *Chiens admis - Piscine, tennis, pêche à l'hôtel* ♦ *Possibilités alentour : canoë-kayak, rafting, équitation ; nombreux circuits touristiques* ♦ *Pas de restaurant à l'hôtel. - Menus : 110 à 260 F, menu enfant : 60 F - Carte - Spécialités : cuisine régionale.*

Mettant tout son goût d'antiquaire dans la restauration de cette ancienne bastide du Rouergue, Mme Anne Luyckx vient d'ouvrir à quelques kilomètres de Najac un merveilleux hôtel. Le salon et la salle de billard sont très accueillants, un coin cheminée, de gros fauteuils en cuir créent une ambiance très conviviale. Les chambres toutes différentes, aménagées de meubles anciens sont confortables et gaies. Toutes donnent sur la piscine ou la vallée. En été on profite du grand parc : on pêche dans la rivière qui traverse la propriété, on se baigne dans la piscine auprès de laquelle sont servis les déjeuners. Mais en toute saison on peut aussi partir en excursion pour la journée dans cette belle région.

♦ *Itinéraire d'accès (voir carte n° 31) : à 19 km au sud de Villefranche-de-Rouergue, par D 922, au lieu-dit La Fouillade.*

Oustal del Barry★★
Place du bourg
La Fouillade
12270 Najac (Aveyron)
Tél. 65.29.74.32 - Fax 65.29.75.32 - M. et Mme Miquel

♦ *Ouverture fin mars au 31 octobre* ♦ *21 chambres avec tél. direct et t.v., (18 avec s.d.b. et w.c.) - Prix des chambres simples et doubles : 200 F, 280 F - Petit déjeuner 36 F, servi de 8 h à 10 h 30 - Prix de la demi-pension et de la pension : 270 F, 320 F (par pers., 3 j. min.)* ♦ *Amex, Carte bleue et Visa* ♦ *Chiens admis* ♦ *Possibilités alentour : baignades et sports nautiques sur le lac, excursions, randonnées à vélos* ♦ *Restaurant : service de 12 h 30 à 14 h, 19 h 30 à 21 h - Fermeture le lundi en avril et octobre sauf jours fériés - Menus : 115 à 280 F - Carte.*

C'est une même famille qui depuis cinq générations préside aux destinées de l'Oustal del Barry, et cet hôtel a les charmes d'une vieille tradition hôtelière à la française. Les chambres de style campagnard intègrent en un curieux mélange d'autres styles, du genre Art-Déco. La salle à manger rustique bénéficie d'une vue panoramique sur un grand parc de verdure fleuri de 6 000 mètres carrés.

♦ *Itinéraire d'accès (voir carte n° 31) : à 19 km au sud de Villefranche-de-Rouergue, par D 922, au lieu-dit La Fouillade.*

Hostellerie Les Magnolias

12550 Plaisance (Aveyron)
Tél. 65.99.77.34 - M. Roussel

♦ *Ouverture du 18 mars au 15 novembre* ♦ *6 chambres avec tél. direct, s.d.b., w.c. et t.v. - Prix des chambres doubles : 180 à 290 F - Petit déjeuner 30 F, servi de 8 h 30 à 10 h 30 - Prix de la demi-pension et de la pension : 160 à 215 F, 230 à 285 F (par pers.)* ♦ *Amex, Carte bleue, Eurocard, MasterCard et Visa* ♦ *Chiens admis avec supplément* ♦ *Possibilités alentour : piscine, tennis, randonnées, sports nautiques, canoë-kayak, pêche ; vallée du Tarn* ♦ *Restaurant : service de 12 h 15 à 14 h, 19 h 45 à 21 h 30 - Menus : 68 à 240 F - Carte - Spécialités : saumon aux cèpes, magret de pigeonneau aux choux, filet de sandre aux orties blanches.*

Voilà une des perles de ce guide. Cette belle demeure du XIVe siècle, qui a appartenu au frère de Paul Valéry, vous séduira au premier coup d'œil. Une décoration d'un goût délicat a transformé cette maison de village en un hôtel au caractère intime. La cuisine est ici affaire de passion. C'est avec ferveur que M. Roussel parle des fonds et des fumets qui sont à la base des sauces savoureuses et des plats succulents qui vous seront servis. Tout est local, frais, maison, un travail à l'ancienne, un travail d'amoureux. C'est avec la même passion qu'il collecte de-ci de-là les pierres, les loses, les meubles avec lesquels il décore et restaure son hôtel. Un endroit où l'on se donne beaucoup de mal pour votre plus grand bien. Au sommet du bel escalier, les six chambres, ravissantes, extrêmement soignées, possèdent chacune une salle de bains irréprochable.

♦ *Itinéraire d'accès (voir carte n° 31) : à 42 km à l'est d'Albi par D 999 jusqu'à Saint-Sernin-sur-Rance, puis D 33.*

Hôtel du Midi-Papillon★★

12230 Saint-Jean-du-Bruel (Aveyron)
Tél. 65.62.26.04 - M. et Mme Papillon

♦ *Ouverture des Rameaux au 11 novembre* ♦ *19 chambres avec tél. direct, (11 avec s.d.b., 16 avec w.c.) - Prix des chambres simples et doubles : 69 F, 84 à 172 F - Petit déjeuner 20 F, servi de 8 h à 10 h - Prix de la demi-pension et de la pension : 141 à 194 F, 170 à 223 F (par pers., 3 j. min.)* ♦ *Carte bleue, Eurocard et Visa* ♦ *Chiens admis* ♦ *Possibilités alentour : piscine, baignades en rivière, pêche à la truite, tennis, équitation ; caves de Roquefort, gorges de la Dourbie, grotte des Demoiselles, aven Armand* ♦ *Restaurant : service de 12 h 30 à 14 h, 20 h à 21 h 30 - Menus : 63 à 173 F - Carte - Spécialités : ragoût de mousserons aux asperges et pâtes fraîches, tripoux, confit de canard et champignons des Causses ; blanc-manger aux pommes.*

Sur la route du mont Aigoual, point culminant des Cévennes, Saint-Jean-du-Bruel est une bonne étape dans les gorges de la Dourbie. L'hôtel est un ancien relais de poste géré par la même famille depuis quatre générations. Bien situé, en balcon sur la rivière, il offre une jolie vue de carte postale sur les anciennes maisons du village et sur un vieux pont de pierre. Cet hôtel allie toutes les qualités d'une bonne auberge française : confort et bon goût dans la maison, bonne table, accueil sympathique. Nos chambres préférées : les numéros 3, 4 et 5 qui ont des terrasses sur la rivière. A signaler encore, des chambres plus grandes, idéales pour des familles.

♦ *Itinéraire d'accès (voir carte n° 32) : à 47 km au sud-est de Millau par N 9 jusqu'à La Cavalerie puis D 999.*

Hostellerie du Levézou★★

12410 Salles-Curan (Aveyron)
Tél. 65.46.34.16 - M. Bouviala

♦ *Ouverture de Pâques au 10 octobre - Fermeture le dimanche soir et le lundi en b.s.* ♦ *25 chambres avec tél., (17 avec s.d.b. ou douche), w.c., (9 avec t.v.) - Prix des chambres simples et doubles : 110 F, 180 à 320 F - Petit déjeuner 30 F, servi de 7 h à 10 h - Prix de la demi-pension et de la pension : 220 à 280 F, 280 à 340 F (par pers., 3 j. min.)* ♦ *Cartes de crédit acceptées* ♦ *Chiens admis* ♦ *Possibilités alentour : tennis, équitation, randonnées en sentiers balisés, sports nautiques sur lac de Pareloup, pêche* ♦ *Restaurant : service de 12 h 15 à 14 h, 19 h 15 à 21 h 30 - Fermeture le dimanche soir et le lundi en b.s. - Menus : 110 à 340 F - Carte - Spécialités : râble de lapereau grillé sur la braise flambé au capucin, sandre de Pareloup au verjus, feuilleté de ris d'agneau aux morilles.*

Certes, il s'agit de l'ancienne résidence des évêques de Rodez, mais ce château du XVe siècle, malgré ses murs austères (et un peu décrépis) flanqués d'une imposante tour d'angle et sa herse de bois, n'intimidera plus personne ; ses prix ne font pas renoncer pour autant à un juste confort et à la tranquillité. A noter une belle salle à manger au rez-de-chaussée avec une terrasse en façade pour le restaurant. Les chambres sont simples ; à vous d'en choisir une parmi celles qui disposent de tout l'équipement sanitaire souhaité. Et puis ici, en plein Aveyron, au centre de cet ancien village-forteresse, une belle vue sur le lac de Pareloup et la campagne vous place aux premières loges du Levézou.

♦ *Itinéraire d'accès (voir carte n° 31) : à 40 km au sud-est de Rodez par N 88 jusqu'à La Primaube, puis D 911 jusqu'à Pont-de-Salars et D 993.*

Château Bellevue★★★
Rue Joseph-Cappin
32150 Cazaubon (Gers)
Tél. 62.09.51.95 - Télex 521 429 - Mme Consolaro

♦ *Ouverture du 1er mars à fin novembre - Fermeture le mercredi en décembre* ♦ *26 chambres avec tél. direct, s.d.b. ou douche, w.c. et t.v. - Prix des chambres simples et doubles : 190 F, 340 F - Prix des suites : 495 F - Petit déjeuner 38 F, servi de 7 h 30 à 10 h 30 - Prix de la demi-pension et de la pension : 375 F, 425 F (par pers. 3 j. min.)* ♦ *Amex, Carte bleue, Diners et Visa* ♦ *Chiens non admis - Piscine, jeu de boules, location de vélos à l'hôtel* ♦ *Possibilités alentour : sports nautiques sur le lac de l'Uby, golf, tennis, centre équestre* ♦ *Restaurant : service de 12 h 30 à 14 h 30, 19 h 30 à 21 h 30 - Fermeture le mercredi en décembre - Menus : 135 à 280 F - Carte - Spécialités : cuisine de saison.*

C'est le calme absolu. Dans son jardin bordé d'un grand parc fleuri, le château Bellevue est une demeure du XVIIIe siècle, de belle allure, située à la sortie du village. Spacieux, il prête ses murs à des expositions de peinture. Confortable, on peut aussi apprécier selon la saison son jardin d'hiver ou sa piscine partiellement ombragée et sa terrasse. Toutes ses chambres, aux meubles de style, sont différentes, personnalisées, et l'on peut s'endormir sous le dais d'un lit à baldaquin ou sous les poutres apparentes d'une chambre mansardée. A sa table, ce sont les produits de la Gascogne qui font du château Bellevue une étape sans fausse note.

♦ *Itinéraire d'accès (voir carte n° 30) : à 43 km à l'est de Mont-de-Marsan par D1 jusqu'à Estang, puis D 32.*

Château de Larroque★★★

32200 Gimont-en-Gascogne (Gers)
Tél. 62.67.77.44 - Mlle Fagedet

♦ *Ouverture toute l'année sauf du 1er au 18 janvier*
♦ *15 chambres avec tél., s.d.b., w.c.et t.v - Prix des chambres simples et doubles : 380 F, 540 F - Prix des suites : 1 350 F - Petit déjeuner 45 F, servi de 7 h 30 à 11 h* ♦ *Amex, Diners, Carte bleue et MasterCard* ♦ *Petits chiens admis - Piscine et tennis à l'hôtel* ♦ *Possibilités alentour : équitation à 2 km, randonnées, golf de Las Martines à 15 km, 9 trous* ♦ *Restaurant : service de 12 h à 14 h 30, 19 h 30 à 21 h 30 - Menus : 130 à 250 F - Carte - Spécialités : foie de canard aux raisins - Poulet Souvaroff.*

Situé dans un parc de 10 hectares, le château de Larroque est une importante demeure du Second Empire aménagée aujourd'hui en hostellerie. Sa salle à manger, ses salons et ses chambres équilibrent leurs vastes volumes par de chaudes boiseries, des tapisseries, d'épais rideaux et des moquettes, offrant ainsi le charme et le confort d'un univers solennel et feutré. De grandes terrasses gazonnées dominent un parc aux arbres centenaires où il est impossible de dénombrer les espèces tant elles sont nombreuses et entremêlées. La vue s'étend très loin, au-delà des douces collines du Gers.

♦ *Itinéraire d'accès (voir carte n° 30) : à 25 km à l'est d'Auch par N 124.*

Auberge du Poids Public★★★

31540 Saint-Félix-Lauragais (Haute-Garonne)
Tél. 61.83.00.20 - Fax 61.83.86.21 - M. Taffarello

♦ *Ouverture toute l'année sauf en janvier - Fermeture le dimanche soir en b.s.* ♦ *13 chambres avec tél. direct, s.d.b. ou douche, w.c. - Prix des chambres doubles : 230 à 270 F - Petit déjeuner 35 F, servi de 7 h à 10 h* ♦ *Amex, Carte bleue et Visa* ♦ *Chiens admis* ♦ *Possibilités alentour : tennis, sports nautiques sur le lac, promenades ; route du Pastel, circuit du canal du Midi* ♦ *Restaurant : service de 12 h à 13 h 30, 19 h 30 à 21 h 30 - Fermeture le dimanche soir en b.s. - Menus : 115 à 260 F - Carte - Spécialités : terrine de foie gras aux poireaux, fricassée de homard et de lotte aux pâtes fraîches, gigotin d'agneau de lait aux gousses d'ail ; croustillant aux fruits rouges.*

C'est une ancienne auberge située à l'entrée du village. Ses chambres sont agréables mais mériteraient une meilleure insonorisation. Les numéros 14 et 15 ont une belle vue sur la campagne environnante. Salle à manger spacieuse et salon très intime au rez-de-chaussée, avec des meubles anciens qu'un aménagement soigné met bien en valeur. A l'extérieur, un petit jardin permet de profiter pleinement d'une vue splendide sur la campagne. Cet établissement est surtout à retenir comme une étape gastronomique. Spécialités régionales et belle carte de vins.

♦ *Itinéraire d'accès (voir carte n° 31) : à 40 km au sud-est de Toulouse par D 2 direction Revel.*

Hostellerie des 7 Molles★★★

31510 Sauveterre-de-Comminges (Haute-Garonne)
Tél. 61.88.30.87 - Télex 533 359 - Fax 61.88.36.42. - M. Ferran

♦ *Ouverture du 15 mars au 31 octobre et du 15 décembre au 15 janvier* ♦ *19 chambres avec tél. direct, s.d.b., w.c. et t.v. - Prix des chambres simples et doubles : 495 F, 620 F - Prix des suites : 870 F - Petit déjeuner 60 F, servi de 8 h à 10 h 30 - Prix de la demi-pension et de la pension : 510 à 550 F, 610 à 660 F (par pers., 3 j. min.)* ♦ *Cartes de crédit acceptées* ♦ *Chiens admis - Piscine chauffée, tennis à l'hôtel* ♦ *Possibilités alentour : piscine, tennis, équitation, golf, plan d'eau, promenades en montagne ; monuments gallo-romains* ♦ *Restaurant : service de 12 h 30 à 14 h, 19 h 30 à 21 h - Menus : 160 à 250 F - Carte - Spécialités : foie de canard poêlé aux myrtilles, émincé de veau aux fèves crème de carottes ; pigeonneau ou bécasse à la confiture d'oignon.*

Les sept moulins à eau de Sauveterre accrochés jadis aux méandres du Roussec donnaient un cachet particulier à ce joli coin de Comminges. Les moulins disparus, on récupéra les meules d'où le nom de l'hôtel. L'adresse est intéressante. Avant tout, l'environnement est superbe : prés, vignes, bosquets entourent la maison. Les chambres sont spacieuses. Les meubles de style XVIIIe et la décoration bleu pastel créent une atmosphère un peu bourgeoise, mais raffinée. Même ambiance dans la salle à manger et dans les salons. La nourriture, traditionnelle et nouvelle à la fois, est excellente avec l'utilisation de nombreux produits maison : depuis la charcuterie jusqu'à la pâtisserie, en passant par les confitures et les foies gras.

♦ *Itinéraire d'accès (voir carte n° 30) : à 10 km au sud-ouest de St-Gaudens par D 8 jusqu'à Valentine puis D 9 ; suivre fléchage.*

Grand hôtel de l'Opéra★★★★
1, place du Capitole
31000 Toulouse (Haute-Garonne)
Tél. 61.21.82.66 - Télex 521 998 - Fax 61.23.41.04 -

♦ *Ouverture toute l'année* ♦ *54 chambres climatisées avec tél., s.d.b., w.c., t.v. et minibar - Prix des chambres doubles : 750 à 1 000 F - Prix des suites : 1 000 à 1 400 F - Petit déjeuner 65 F, servi de 7 h à 11 h* ♦ *Cartes de crédit acceptées* ♦ *Chiens admis - Piscine à l'hôtel* ♦ *Restaurant Les Jardins de l'Opéra : service de 12 h à 14 h, 19 h 30 à 21 h   - Carte.*

C'est en plein centre de la ville rose, sur la place du Capitole que Toulouse a son hôtel de charme ; les chambres décorées avec beaucoup de soin, de goût et de confort sont pour la plupart très calmes (la climatisation donnant une assurance supplémentaire). Récemment, celles donnant sur l'arrière ont été réaménagées avec des balcons donnant sur les toits, ce sont les plus agréables. Ne manquez pas lors de votre séjour d'aller prendre un repas au restaurant de l'hôtel, Les Jardins de l'Opéra. La cuisine de Dominique Toulousy (ou le régionalisme réinventé) est tout simplement remarquable. Un centre de remise en forme, un jardin et une piscine en plein centre ville contribuent à l'agrément du lieu.

♦ *Itinéraire d'accès (voir carte n° 30) : dans le centre ville.*

Le Relais de Saux★★

Saux
65100 Lourdes (Hautes-Pyrénées)
Tél. 62.94.29.61 - Mme Heres

♦ *Ouverture toute l'année* ♦ *7 chambres avec tél. direct, s.d.b., w.c. et t.v. - Prix des chambres doubles : 460 F - Petit déjeuner 45 F* ♦ *Amex, Carte bleue et Visa* ♦ *Possibilités alentour : piscine, tennis, golf, ski, promenades en montagne, planche à voile* ♦ *Restaurant : service de 12 h à 14 h, 19 h à 21 h.*

A l'écart de la cohue de Lourdes, le relais de Saux offre calme et quiétude. C'est une maison ancienne au charme campagnard très agréablement meublée et décorée par ses propriétaires. Un petit salon-bar très confortable vous accueillera avant de passer à table ; cuisine de grande qualité et service attentif. Vous pourrez aussi, si le temps le permet, déjeuner ou prendre l'apéritif sur la terrasse face à la campagne. Cuisine d'inspiration régionale et quelques bons petits plats du Sud-Ouest. Les chambres, de confort inégal, sont néanmoins accueillantes et pleines de charme.

♦ *Itinéraire d'accès (voir carte n° 29) : à 3 km au nord de Lourdes par N 21 direction Tarbes.*

Hôtel du Château⋆

46500 Alvignac (Lot)
Tél. 65.33.60.14 - M. Darnis

♦ *Ouverture de Pâques au 15 octobre ♦ 40 chambres avec w.c. (9 avec s.d.b., 10 avec douche) - Prix des chambres simples et doubles : 140 à 180 F, 180 à 250 F - Petit déjeuner 25 F, servi de 8 h à 10 h - Prix de la demi-pension et de la pension : 200 F en b.s., 210 F en h.s., 250 F en b.s., 270 F en h.s. (par pers., 2 j. min.) ♦ Cartes de crédit acceptées ♦ Chiens admis ♦ Possibilités alentour : tennis, piscine à 7 km, centre équestre avec roulotte à 12 km, canoë-kayak, promenades pédestres ou à vélo, gouffre de Padirac à 7 km ; Rocamadour à 7 km ♦ Restaurant : service de 12 h à 13 h 30, 19 h à 20 h 30 - Menus : 60 à 150 F - Carte - Spécialités : cuisine quercynoise, salade de gésiers, tourtière aux manchons de canard, civet de canard au vin de Cahors, chèvre chaud, omelette aux cèpes.*

La même famille dirige depuis 1862 cet hôtel bâti sur les fondations de l'ancien château. Sur la façade, la terrasse fleurie du restaurant prolonge une grande salle et son petit bar agréable où l'on se sent bien. Une cour ombragée de grands arbres assure silence et fraîcheur que de petites tables disposées dans des coins de verdure permettent d'apprécier à tout moment. Les chambres sont très spacieuses, le mobilier aux styles très divers et la décoration quelque peu désuète leur donnent énormément de charme. Evitez d'être logé dans le bâtiment annexe trop récent et qui donne sur la route. En face de l'hôtel, un grand parc permet de rêver dans ce coin du Quercy connu pour ses eaux depuis le XVIIIe siècle.

♦ *Itinéraire d'accès (voir carte n° 24) : à 45 km au nord-ouest de Figeac, à 7 km à l'ouest de Rocamadour par D 673.*

Château de Cousserans

46140 Bélaye (Lot)
Tél. 65.36.25.77 - M. et Mme Mougin

♦ *Ouverture de Pâques à la Toussaint inclus* ♦ *4 chambres avec s.d.b. et w.c. - Prix des chambres doubles : 750 à 850 F (2 pers.) - Petit déjeuner compris pour 2 pers.* ♦ *Carte bleue et Visa* ♦ *Chiens admis sur demande* ♦ *Possibilités alentour : équitation, pêche ; randonnées pédestres, promenades en calèche ancienne* ♦ *Pas de restaurant à l'hôtel.*

Sous l'allure médiévale de ce château perdu dans la campagne, se cachent en fait un luxe et un confort exceptionnels. En effet, les propriétaires sont revenus des Etats-Unis pour réaliser leur rêve : aménager un ancien château avec tout le confort moderne possible. Ainsi trouve-t-on dans un style très simple et de très bon goût de grandes chambres fort agréables, dont une équipée d'un jacuzzi, une superbe salle à manger, et même une salle d'orgue, Mme Mougin étant organiste. Et, comble du luxe, les étages sont reliés par un ascenseur, ce qui est bien pratique dans un si grand château. Quant au petit déjeuner, il se prend l'été dans un petit jardin, et l'hiver dans la salle à manger où le buffet est installé.

♦ *Itinéraire d'accès (voir carte n° 30) : à 30 km à l'ouest de Cahors par D 911, direction Puy-l'Evêque, D 45 au sud sur 10 km.*

La Pescalerie★★★

46330 Cabrerets (Lot)
Tél. 65.31.22.55 - Mme Combette

♦ *Ouverture du 1er avril au 1er novembre* ♦ *10 chambres avec tél. direct, s.d.b., w.c. et t.v. à la demande - Prix des chambres simples et doubles : 450 F, 450 à 620 F - Petit déjeuner 55 F, servi de 8 h à 10 h30* ♦ *Amex, Carte bleue, Diners, MasterCard et Visa* ♦ *Chiens admis* ♦ *Possibilités alentour : canoë-kayak, pêche ; sites préhistoriques* ♦ *Restaurant : service de 12 h 30 à 13 h 30, 19 h 30 à 21 h - Menus : 195 F et 240 F - Carte - Spécialités : foie gras, volaille fermière.*

Un jardin ravissant vous reçoit aux bords du Céré entouré d'imposantes falaises, un véritable hâvre de verdure et de goût. On loge dans une maison de famille transformée en hôtel. Les chambres ont le caractère et les dimensions d'une maison particulière. Des meubles de styles différents s'y mêlent : la belle prestance de l'ancien et le design plus contemporain de grands créateurs créent un raffinement que l'on ressent dès la réception, dès le jardin d'ailleurs. Tout ici est de goût, sans parler de la table fraîche et délicieuse cuisinée avec des produits de ferme d'excellente qualité. Les petits déjeuners sont savoureux. Un séjour de charme.

♦ *Itinéraire d'accès (voir carte n° 31) : à 35 km à l'est de Cahors par D 653 et D 622 direction Saint-Cirq-Lapopie puis D 41.*

Hôtel Les Falaises★★

Gluges
46600 Martel (Lot)
Tél. 65.37.33.59 - M. Dassiou

♦ *Ouverture du 1er mars au 30 novembre* ♦ *15 chambres avec tél. direct ; 14 avec s.d.b. ou douche et w.c. - Prix des chambres doubles : 230 F - Petit déjeuner 25 F, servi de 8 h à 10 h* ♦ *Carte bleue et Visa* ♦ *Chiens non admis* ♦ *Possibilités alentour : tennis, piscine à 5 km, équitation à 10 km, canoë-kayak, vélos tout terrain sur circuits organisés ; visites de grottes* ♦ *Restaurant : service de 12 h 30 à 14 h, 19 h 30 à 21 h - Menus : 85 à 160 F - Carte - Spécialités : poulet sauté au verjus.*

Cette maison ancienne restaurée et transformée en hôtel depuis de nombreuses années est toujours tenue par la même famille. A l'entrée, une maisonnette est devenue le salon de lecture et de télévision. Ensuite, et comme lien entre celle-ci et l'hôtel, s'étend une terrasse ombragée où les repas sont servis en été. Une salle à manger au mobilier simple et accueillant s'ouvre à l'extérieur par de grandes baies vitrées. Les chambres sont confortables et les 9 et 11 ont des terrasses très agréables sur le jardin du devant. Un très beau site, un accueil chaleureux, une cuisine de qualité et un très bon petit déjeuner finiront de vous convaincre des atouts de cet hôtel à la saveur très familiale.

♦ *Itinéraire d'accès (voir carte n° 24) : à 15 km au nord de Rocamadour par N 140 direction Martel ; au bord de la Dordogne.*

Le Pont de l'Ouysse★★★

46200 Lacave (Lot)
Tél. 65.37.87.04 - Fax 65.32.77.41 - M. et Mme Chambon

♦ *Ouverture du 1er mars au 11 novembre - Fermeture le lundi en b.s.* ♦ *13 chambres avec tél. direct, s.d.b., w.c. et t.v. - Prix des chambres doubles : 450 F - Prix des suites : 600 F - Petit déjeuner 50 F, servi de 8 h à 10 h - Prix de la demi-pension : 500 F (par pers., 3 j. min.)* ♦ *Amex, Carte bleue, Diners et Visa* ♦ *Chiens admis - Piscine à l'hôtel* ♦ *Possibilités alentour : tennis, golf du mas del Teil à 18 km (9 trous), pêche et canoë-kayak à 5 km, promenades* ♦ *Restaurant : service de 12 h 30 à 14 h, 19 h 30 à 21 h - Fermeture le lundi à midi toute l'année et le lundi en b.s. - Carte - Spécialités : foie de canard Bonne Maman aux cèpes, aile de pigeon rôtie, caillette de légumes.*

La même famille gère cet hôtel depuis 35 ans. Accrochée au rocher, la maison est noyée aujourd'hui dans la verdure. Les chambres vastes et claires sont très confortables et plaisantes. Le petit chemin enjambant la rivière et conduisant à l'hôtel est sans issue, ce qui leur assure beaucoup de calme.
Le charme de cet établissement, c'est aussi la superbe terrasse ombragée par un tilleul et un marronnier où l'on sert les repas en été. La carte n'est pas très longue, mais varie souvent au gré de l'imagination et du savoir-faire de M. Chambon. Mme Chambon, quant à elle, assure l'accueil, qui est très aimable.

♦ *Itinéraire d'accès (voir carte n° 23) : à 37 km au sud de Brive par N 20 jusqu'à Souillac, puis D 43.*

Hôtel Les Vieilles Tours★★

Lafage
46500 Rocamadour (Lot)
Tél. 65.33.68.01 - M. et Mme Zozzoli

♦ *Ouverture du 24 mars au 4 novembre* ♦ *17 chambres avec tél. direct, s.d.b. ou douche, w.c., (certaines avec t.v.) - Prix des chambres doubles : 200 à 420 F - Petit déjeuner 32 à 49 F, servi à partir de 8 h - Prix de la demi-pension : 210 à 335 F (par pers.)* ♦ *Carte bleue, Eurocard, MasterCard et Visa* ♦ *Chiens admis avec 20 F de supplément - Piscine, stages de lithographie et aquarelle à l'hôtel* ♦ *Possibilités alentour : tennis, équitation, canoë-kayak, baignade, pêche, randonnées en calèche* ♦ *Restaurant : service de 19 h 30 à 21 h - Menus : 100 à 150 F - Menu enfant : 50 F - Carte - Spécialités : cailles désossées farcies aux foie gras et truffes, confit de canard à l'ancienne, coulibiac, foie gras poêlé aux pommes, truite sauce roquefort, tournedos Rossini.*

Très bien restauré en belle pierre du pays, le relais est en pleine campagne et le site est d'un calme et d'une beauté incroyables, à 2,5 km de Rocamadour. La réception et la salle à manger ont gardé leurs murs de pierre nue et les tables sont dressées avec goût. Peintures, gravures et lithos du propriétaire ornent les murs, car il a su allier à sa passion d'artiste le métier d'hôtelier. Les chambres sont, elles, dans un autre bâtiment, ce qui vous assure repos et intimité. Le confort y est présent, les sanitaires sont irréprochables. Le mobilier est bien choisi et on trouvera partout des détails soignés. Bonne table et très grande gentillesse ; il est préférable de réserver.

♦ *Itinéraire d'accès (voir carte n° 24) : à 53 km au sud de Brive par N 20 et N 140, puis D 673 ; à 2,5 km de Rocamadour direction Payrac.*

Hostellerie Le Vert ★★

Le Vert - 46700 Mauroux (Lot)
Tél. 65.36.51.36 - M. et Mme Philippe

◆ *Ouverture du 10 mars au 5 janvier (sur réservation en b.s.)* ◆ *7 chambres avec tél. direct, s.d.b. ou douche, w.c., (2 avec t.v.) - Prix des chambres simples et doubles : 190 F, 220 à 320 F - Petit déjeuner 30 F, servi de 7 h 30 à 10 h - Prix de la demi-pension et de la pension : 240 à 290 F, 310 à 360 F (par pers., 3 j. min.)* ◆ *Amex, Carte bleue, Eurocard, MasterCard et Visa* ◆ *Chiens admis avec 20 F de supplément* ◆ *Possibilités alentour : plan d'eau, piscine, tennis, équitation, randonnées ; château de Bonaguil, vignobles* ◆ *Restaurant : service jusqu'à 13 h 15 et 21 h - Fermeture le jeudi sauf pour les résidents, sur réservation en b.s. - Menus : 95 à 185 F - Carte - Spécialités : foie gras de canard chaud aux poires, saumon mariné aux herbes du jardin.*

L'hostellerie Le Vert occupe une ancienne ferme. Les modestes ouvertures de la ferme d'autrefois, les mansardes surplombant les quatre façades et la belle fenêtre à meneaux de la salle à manger diffusent une lumière égale et douce sur des intérieurs spacieux, confortables et raffinés. Une très belle terrasse sur voûtes donne sur la campagne environnante. La table est très bonne et l'ambiance extrêmement chaleureuse. En été, installez-vous dans la chambre aménagée dans l'ancien cellier voûté. Elle est fraîche et surprenante (numéro 6). Au-dessus d'elle, une nouvelle chambre vient d'être créée, très vaste, claire, avec au plafond des poutres, au sol du travertin, une belle cheminée et un piano. Les chambres se trouvant dans l'hôtel même sont moins originales mais non moins séduisantes et confortables.

◆ *Itinéraire d'accès (voir carte n° 30) : à 31 km à l'est de Villeneuve-sur-Lot par D 911 jusqu'à Fumel, puis D 139 ; au lieu-dit Le Vert.*

Hôtel de la Pelissaria★★★

46330 Saint-Cirq-Lapopie (Lot)
Tél. 65.31.25.14 - Mme Matuchet

♦ *Ouverture du 1er avril au 15 novembre* ♦ *8 chambres avec tél., s.d.b. ou douche, w.c. et t.v. - Prix des chambres simples et doubles : 260 F, 350 à 450 F - Prix des suites : 450 F - Petit déjeuner 32 F, servi de 8 h à 10 h* ♦ *Carte bleue, Eurocard, MasterCard et Visa* ♦ *Chiens admis avec 15 F de supplément* ♦ *Possibilités alentour : équitation, canoë-kayak, randonnées ; village médiéval* ♦ *Restaurant : service 19 h 30 à 20 h 30 - Fermeture le jeudi - Carte - Spécialités : pâtes fraîches maison.*

Le village de Saint-Cirq-Lapopie a quelque chose de magique ; classé monument historique, c'est certainement l'un des plus beaux villages médiévaux de France, et il est agréable d'y trouver un des plus beaux hôtels de ce guide. Bâtie au XIIIe siècle avec la belle pierre du pays, cette maison a été restaurée avec un goût et un soin irréprochables par les jeunes et sympathiques propriétaires. Partout règne une atmosphère de raffinement. Dans la salle à manger, on peut se tenir près de la cheminée, confortablement installé dans des canapés, en attendant de prendre place autour de quelques tables, à côté du piano. Toutes les chambres sont idéales. Nous avons une préférence pour le numéro 4, dont la petite fenêtre ouvre directement sur le village et la vallée du Lot. Deux petites maisonnettes abritent deux chambres très charmantes perdues dans un jardin où règne un savant désordre.

Très bonne cuisine et excellent rapport qualité-prix. Le nombre de couverts étant limité, il est indispensable de réserver au restaurant.

♦ *Itinéraire d'accès (voir carte n° 31) : à 33 km à l'est de Cahors par D 653 direction Saint-Géry et D 662.*

Auberge du Sombral★

46330 Saint-Cirq-Lapopie (Lot)
Tél. 65.31.26.08 - M. Hardeveld

♦ *Ouverture du 1er avril au 15 novembre - Fermeture le mardi soir et le mercredi* ♦ *8 chambres avec tél. direct, s.d.b. ou douche, w.c. - Prix des chambres simples et doubles : 200 F, 300 F - Petit déjeuner 35 F, servi de 8 h à 9 h 30* ♦ *Carte bleue, Eurocard et Visa* ♦ *Chiens admis* ♦ *Possibilités alentour : piscine, tennis, canoë-kayak, promenades dans la vallée du Lot, visites de grottes, randonnées pédestres* ♦ *Restaurant : service de 12 h à 14 h, 19 h 30 à 21 h - Fermeture le mardi soir et le mercredi - Menus : 90 F, 140 F et 275 F - Carte - Spécialités : gratin quercynois aux cèpes, truite au vieux cahors, terrine de foie de canard confit.*

L'auberge est une ancienne maison parfaitement restaurée, tournée vers la place de la mairie, au cœur d'un village escarpé classé monument historique, au-dessus de la vallée du Lot. L'ambiance y est très calme grâce au site exceptionnel mais aussi à un aménagement et à une décoration en harmonie avec le cadre. Aucun ton tranché dans les teintes choisies, que ce soit dans la salle à manger du rez-de-chaussée ou dans les chambres, agréables et confortables. Et si tout le village est à découvrir avec ses venelles et ses maisons pittoresques, l'auberge propose son propre "musée" en exposant en permanence des tableaux d'artistes locaux. Le restaurant mérite aussi une étape, cuisine et bons plats régionaux ; c'est l'autre bonne adresse de Saint-Cirq-Lapopie.

♦ *Itinéraire d'accès (voir carte n° 31) : à 33 km à l'est de Cahors par D 653 direction Saint-Géry et D 662.*

Les Granges Vieilles★★★
Route de Sarlat
46200 Souillac (Lot)
Tél. 65.37.80.92 - M. Cayre

♦ *Ouverture du 10 février au 2 janvier* ♦ *11 chambres avec tél. direct, s.d.b. et w.c. - Prix des chambres doubles : 250 à 400 F - Petit déjeuner 30 F, servi de 8 h à 10 h 30 - Prix de la demi-pension et de la pension : 285 à 360 F, 415 à 490 F (par pers., 3 j. min.)* ♦ *Carte bleue, Eurocard et Visa* ♦ *Chiens non admis* ♦ *Possibilités alentour : piscine, tennis, équitation, canoë-kayak* ♦ *Restaurant : service de 12 h 30 à 13 h 30, 20 h à 21 h - Menus : 78 à 230 F - Carte - Spécialités : foie gras, confit, magret, truffes en croustade.*

A deux kilomètres du village de Souillac, les Granges Vieilles est une grande maison bourgeoise de curieuse architecture. Dominant le paysage, au centre d'un très beau parc, cet hôtel, outre son confort et un raffinement certain, se trouve être un véritable îlot de calme. Depuis la salle à manger aux grandes baies largement ouvertes sur l'extérieur, depuis le bar, le salon ou les chambres, c'est toujours le parc et ses grands arbres que l'on retrouve. En saison, on peut se faire servir le dîner sur la terrasse qu'ils ombragent. Les spécialités régionales servies sont en parfait accord avec le cadre.

♦ *Itinéraire d'accès (voir carte n° 23) : à 29 km de Sarlat - D 70 - D 703 le long de la Dordogne jusqu'à Souillac.*

La Source Bleue★★★

Touzac
46700 Puy-l'Evêque (Lot)
Tél. 65.36.52.01 - Fax 65.24.65.69 - M. et Mme Bouyou

♦ *Ouverture du 1er avril au 15 novembre* ♦ *12 chambres avec tél. direct, s.d.b. et w.c., (5 avec t.v.) - Prix des chambres doubles : 240 à 395 F - Petit déjeuner 35 F, servi de 7 h 30 à 9 h 30 - Prix de la demi-pension et de la pension : 270 F, 400 F (par pers., 3 j. min.)* ♦ *Amex, Carte bleue et Visa* ♦ *Chiens admis avec 30 F de supplément - Piscine à l'hôtel* ♦ *Possibilités alentour : tennis, canoë-kayak, randonnées pédestres (chemin de Saint-Jacques) ; musée Marguerite Moréno, château de Bonaguil* ♦ *Restaurant : service de 12 h à 14 h, 19 h 30 à 21 h - Fermeture le mardi à midi - Menus : 80 à 200 F (le mardi, menu unique) - Carte - Spécialités : foie gras chaud au cidre, magret aux airelles, rouelle d'agneau du Quercy à l'ail doux.*

La Source Bleue occupe un ancien moulin à papier du XIVe siècle bâti sur la rive gauche du Lot, et ses propriétaires l'ont restauré avec beaucoup de goût. Les chambres, parfois modernes dans leur ameublement, sont confortables et leurs installations sanitaires irréprochables. Une cuisine raffinée vous est servie dans une belle salle à manger avec parfois, témoignage agréable d'attention discrète, la diffusion d'une musique bien choisie. Le cadre de l'hôtel a belle allure avec ses jardins et son parc aux espèces variées où vous serez surpris par une impressionnante forêt de bambous géants.

♦ *Itinéraire d'accès (voir carte n° 30) : à 48 km à l'ouest de Cahors par D 911 direction Fumel, à Touzac, franchir le Lot.*

Hostellerie Saint-Antoine★★★★
17, rue Saint-Antoine
81000 Albi (Tarn)
Tél. 63.54.04.04 - Télex 520 850 - Fax 63.47.10.47
MM. Rieux et fils

♦ *Ouverture toute l'année* ♦ *48 chambres climatisées avec tél., s.d.b., w.c. et t.v. - Prix des chambres simples et doubles : 360 à 450 F, 450 à 750 F - Prix des suites : 850 à 950 F - Petit déjeuner 55 F - Prix de la demi-pension et de la pension : 380 à 580 F, 420 à 720 F* ♦ *Cartes de crédit acceptées* ♦ *Possibilités alentour : piscine, tennis, privés et gratuits, golf 18 trous ; cathédrale Ste Cécile, musée Toulouse-Lautrec* ♦ *Restaurant : service de 12 à 14 h, 19 h à 21 h 30 - Fermeture à midi le samedi et le dimanche - Menus : 150 à 260 F - Carte - Spécialités : foie gras, saumon au beurre de ciboulette, daube de bœuf à l'albigeoise, tournedos Périgueux, tarte à l'ancienne, glace aux noix.*

Depuis cinq générations, la famille Rieux exploite cette auberge, une des plus anciennes hostelleries de France. Fondée au XVIIIe siècle sur l'emplacement d'un monastère de saint Antoine, les moines eux-mêmes ouvrirent une auberge attenante au couvent. Reconstruite dans les années 60, c'est aujourd'hui un hôtel d'allure moderne. Les chambres, toutes confortablement équipées, sont élégamment décorées de meubles anciens créant une atmosphère chaude et feutrée. Il en est de même pour le salon et la salle à manger s'ouvrant sur un jardin verdoyant et fleuri. Cuisine traditionnelle agréable ; service et accueil attentifs.

♦ *Itinéraire d'accès (voir carte n° 31) : dans le centre ville.*

Château de Garrevaques

81700 Garrevaques (Tarn)
Tél. 63.75.04.54 - Fax 63.70.26.44
Mme Barande et M. et Mme Combes

♦ *Ouverture de mars à novembre (en hiver sur demande préalable)* ♦ *12 chambres avec s.d.b. et w.c. - Prix des chambres simples et doubles : 300 F, 400 à 600 F - Prix des suites : 600 à 800 F (2 à 5 pers) - Petit déjeuner compris - Prix de la demi-pension et de la pension : 350 F, 500 F (par pers., 3 j. min.)* ♦ *Carte bleue et Visa* ♦ *Chiens admis - Piscine, tennis, vélos à l'hôtel* ♦ *Possibilités alentour : lac de Saint-Férréol à 8 km* ♦ *Table d'hôtes : 150 à 300 F - Spécialités : foie gras, confit, cassoulet, poule-au-pot farcie.*

Il est des châteaux qui sauvent leur toiture en vous accueillant. Vous y êtes reçus, choyés comme des amis, et votre obole est plus perçue comme une participation aux frais que comme un profit d'entreprise. Garrevaques est de ceux-là. Les chambres sont de tous ordres : modulables lorsqu'elles sont sur le même étage, elles permettent aux parents l'apparat et aux enfants la simplicité. Ce sont les chambres d'une belle maison de famille. Une salle de billard, deux salons dont l'un aux murs recouverts de grisailles sont d'un grand attrait. La règle veut que les repas se prennent en commun autour d'une même table : confits et foie gras du château vous y sont proposés ainsi que toutes les spécialités gastronomiques de cette région gourmande.

♦ *Itinéraire d'accès (voir carte n° 31) : à 32 km au nord de Castelnaudary par D 624 direction Revel, puis D 622 et D 45 direction Garrevaques ; à la sortie du village.*

Château de Montlédier★★★
Route d'Anglès - 81660 Pont-de-L'Arn (Tarn)
Tél. 63.61.20.54 - Mme Thiercelin

♦ *Ouverture du 1er février au 31 décembre* ♦ *9 chambres avec s.d.b. ou douche, w.c., (7 avec t.v.) - Prix des chambres simples et doubles : 300 à 360 F, 370 à 550 F - Petit déjeuner 45 F - Prix de la demi-pension et de la pension : 320 à 440 F, 390 à 510 F (3 j. min.)* ♦ *Cartes de crédit acceptées* ♦ *Chiens admis - Piscine à l'hôtel* ♦ *Possibilités alentour : tennis, golf de la Barouge (18 trous), équitation, randonnées pédestres, lacs ; musée Goya, châteaux cathares, parc naturel régional du Haut-Languedoc, gorges du Tarn* ♦ *Restaurant : service de 12 h à 14 h, 19 h 30 à 21 h 30 - Fermeture le dimanche soir et le lundi en b.s. - Menus : 90 à 200 F - Carte - Spécialités : foie gras, gambas à l'ancienne, carré d'agneau ; feuillantine de poires.*

Le château est, d'un côté, comme calmement posé sur la colline tandis que de l'autre il donne sur un précipice vertigineux. On arrive toujours dans la cour d'honneur du château. A l'intérieur, différents petits salons ont été aménagés afin que chacun trouve son plaisir. Les chambres sont belles de taille comme d'allure et la décoration a été soignée ; chacune a son style, ses meubles et ses formes et le confort n'a pas été oublié ; les plus petites et les moins coûteuses ne sont pas les moins charmantes (Victoria et Alexandra), la chambre Raymond IV a une salle de bains des plus agréables : vaste, sa fenêtre se perd dans les arbres et plonge dans le ravin. Les repas sont servis dans une petite salle à manger ou sur la terrasse ombragée qui prolonge le salon. Très grande cordialité de l'accueil.

♦ *Itinéraire d'accès (voir carte n° 31) : à 19 km au sud-est de Castres par N 112 direction Mazamet, puis au Bout-du-Pont-de-l'Arn D 65.*

La Métairie Neuve★★★

81660 Pont-de-L'Arn (Tarn)
Tél. 63.61.23.31 - Fax 63.61.94.75 - Mme Tournier

♦ *Ouverture du 5 janvier au 22 décembre* ♦ *11 chambres avec tél. direct, s.d.b., w.c. et t.v. - Prix des chambres simples et doubles : 250 à 350 F, 280 à 370 F - Petit déjeuner 45 F, servi de 7 h à 9 h 30 - Prix de la demi-pension et de la pension : 390 F, 480 F (par pers., 3 j. min.)* ♦ *Carte bleue, Diners, Eurocard, MasterCard et Visa* ♦ *Chiens admis - Piscine, tennis à l'hôtel* ♦ *Possibilités alentour : tennis, golf de la Barouge (18 trous), équitation, randonnées pédestres, lacs ; musée Goya, châteaux cathares, parc naturel régional du Haut-Languedoc, Gorges du Tarn* ♦ *Restaurant : service de 12 h à 13 h 30, 19 h 30 à 21 h - Fermeture le samedi en b.s., le samedi à midi en h.s. - Menus : 90 à 300 F - Carte - Spécialités : foie gras frais, poissons frais.*

C'est une ancienne et belle ferme au bout d'un village qui s'urbanise : pavillons et centres commerciaux sont en train de gagner du terrain, mais cet hôtel reste une enclave de calme et de verdure. Les chambres sont toutes très bien équipées et leur aménagement témoigne, dans le soin du détail, d'un agréable raffinement. Ce sont de délicieux camaïeux de tons, et le mobilier ancien s'harmonise parfaitement avec les éléments modernes que l'on a su lui associer. L'hôtel dispose d'une belle cour et d'un grand jardin avec terrasse. Une piscine vient d'être construite non loin du jardin potager. Deux restaurants permettent de déjeuner ou dîner d'une simple grillade, d'un menu buffet ou d'un repas plus élaboré et plus onéreux ; un égard appréciable pour la clientèle de long séjour. Une très bonne étape sur la route de Toulouse.

♦ *Itinéraire d'accès (voir carte n° 31) : à 19 km au sud-est de Castres par N 112 direction Mazamet, puis au Bout-du-Pont-de-l'Arn D 65.*

Au Vieux Relais
3, place de l'Hôtel de Ville
82150 Montaigu-du-Quercy (Tarn-et-Garonne)
Tél. 63.94.46.63 - M. Gauthier

♦ *Ouverture du 3 mars au 2 janvier - Fermeture le dimanche soir et le lundi sauf du 15 juillet au 15 septembre* ♦ *3 chambres avec douche et w.c. - Prix des chambres doubles : 190 F - Petit déjeuner 25 F et 45 F, servi jusqu'à 10 h 30* ♦ *Carte bleue, Eurocard et Visa* ♦ *Chiens admis* ♦ *Possibilités alentour : piscine, tennis, centre équestre à 6 km, lac, promenades pédestres ; visite de châteaux, chapelles anciennes* ♦ *Restaurant : service à 12 h et 19 h - Fermeture le dimanche soir et le lundi sauf du 15 juillet au 15 septembre - Menus : 115 à 200 F - Carte - Spécialités : terrine fraîche de foie gras, lapereau cadurcienne, magret de canard, filet de bœuf à l'armagnac.*

Cet hôtel occupe un ancien relais de poste du XVe siècle, face à la place de la mairie, en haut du vieux village de Montaigu-du-Quercy. Dans ce cadre d'époque aux modestes dimensions et entretenu avec soin sont aménagées trois chambres très confortables et personnalisées, un petit salon avec télévision et une jolie salle à manger (que les éclats dorés de la décoration rehaussent peut-être avec excès). On peut profiter pleinement du site en s'installant au pied de la façade à colombages, sur la petite terrasse ornée de fleurs et de verdure. Le propriétaire, qui est le chef de cuisine, propose des spécialités régionales bien cuisinées et une cave de vins millésimés.

♦ *Itinéraire d'accès (voir carte n° 30) : à 47 km au sud-ouest de Cahors par N 20, D 635 et D 953 direction Agen par Lauzette, puis D 2.*

Château de Ligny★★★
59191 Ligny-Haucourt (Nord)
Tél. 27.85.25.84 - Télex 820 211 - M. et Mme Boulard

♦ *Ouverture toute l'année sauf 5 jours à Noël et du 8 janvier au 20 février* ♦ *6 chambres et 3 suites avec tél., s.d.b. et t.v. - Prix des chambres doubles : 440 à 570 F - Prix des suites : 650 à 1 100 F - Petit déjeuner 45 F* ♦ *Amex, Carte bleue, Diners, Eurocard et Visa* ♦ *Chiens admis dans les chambres avec 50 F de supplément* ♦ *Possibilités alentour : tennis à 1 km, golf à Valenciennes ; abbaye de Vaucelles ; musée Matisse du Cateau* ♦ *Restaurant : service de 12 h 30 à 14 h, 19 h 30 à 21 h 30 - Fermeture le lundi matin et le samedi matin - Menus : 60 à 270 F - Carte - Spécialité : tournedos aux 3 saumons.*

A côté de l'église du village, les grilles du château s'ouvrent sur une charmante cour au milieu de laquelle un beau magnolia s'arc-boute sur une fontaine de pierre. Ses dimensions le rendent très agréable à habiter, évitant ainsi les ambiances un peu grandioses qu'on rencontre parfois dans les autres châteaux-hôtels. Les chambres ont toutes été aménagées avec un effort particulier concernant la décoration, ce qui donne à chacune son caractère particulier. La chambre Rustique est entièrement verte, moquette comprise ; une inspiration plus moderne se retrouve dans la suite Royale avec ses couleurs claires et la petite verrière de la salle de bains. Amateur d'antiquités, le propriétaire fait profiter de ses découvertes ; ainsi, dans la chambre Régente, une des deux chambres installées dans les anciennes écuries, un superbe bélier en bois sculpté retient l'attention. Autour, un petit parc garantit la tranquillité.

♦ *Itinéraire d'accès (voir carte n° 2) : à 15 km au sud-est de Cambrai par N 43 et D 16 ; A 2 sortie Cambrai.*

Le Jardin Fleuri★★
23, rue du Moulin
59990 Sebourg (Nord)
Tél. 27.26.53.31 - Mme Delmotte

♦ *Ouverture toute l'année* ♦ *13 chambres avec tél., s.d.b. ou douche et w.c. (6 avec t.v.) - Prix des chambres doubles : 150 à 190 F - Petit déjeuner 20 F, servi de 7 h à 10 h - Prix de la demi-pension et de la pension : 240 à 300 F, 330 à 390 F (par pers., 4 j. min.)* ♦ *Carte bleue et Visa* ♦ *Chiens admis* ♦ *Possibilités alentour : tennis à 500 m* ♦ *Restaurant : service de 12 h à 14 h 30, 19 h à 22 h - Fermeture le dimanche soir - Menus : 90 à 130 F - Carte - Spécialités : langue Lucullus, saumon à l'unilatérale ; tarte aux pommes.*

Dans la petite rue du Moulin, on aperçoit d'abord le restaurant puis, derrière, un charmant jardin dont les couleurs attrayantes, le petit ruisseau avec son pont en bois et les beaux sapins retiennent l'attention. C'est au fond qu'apparaît l'hôtel, une petite maison en brique. Il contient treize chambres réparties sur deux étages ; intimes et confortables, elles donnent toutes sur de la verdure et deux d'entre elles ont un balcon. Bonne cuisine et prix très raisonnables.

♦ *Itinéraire d'accès (voir carte n° 3) : à 9 km à l'est de Valenciennes par A 2 sortie Curgies et D 8.*

Auberge du Bon Fermier★★★
64-66, rue de Famars
59300 Valenciennes (Nord)
Tél. 27.46.68.25 - Télex 810 343 - M. Paul

♦ *Ouverture toute l'année* ♦ *14 chambres avec tél. direct, s.d.b.,*
w.c., t.v. et minibar - Prix des chambres simples et doubles :
430 F, 480 F - Petit déjeuner 32 F, servi de 7 h à 11 h ♦ *Cartes de*
crédit acceptées ♦ *Chiens admis* ♦ *Restaurant : service de12 h à*
15 h 30, 19 h à 22 h 30 - Menus : 140 à 200 F - Carte -
Spécialités : langue Lucullus, cochon de lait à la broche.

Faire une halte à l'auberge du Bon Fermier c'est revivre
confortablement une soirée dans un relais de la poste royale qui au
XVIIe siècle se trouvait sur la route des Tuileries à Bruxelles.
Devenu auberge en 1840, il fut classé monument historique, puis
scrupuleusement restauré par les actuels propriétaires. Les briques
rouges recouvrant les murs extérieurs et souvent l'intérieur même de
la maison, les poutres, les planchers de chêne reconstituent de façon
étonnante l'ambiance d'époque. Les chambres sont spacieuses, avec
un coin salon, et toutes sont ravissantes, mais les plus calmes sont
celles qui donnent sur le parc. Le confort a été très bien intégré à la
décoration. Le restaurant sert des spécialités régionales mais
propose aussi un grand choix de viandes rôties à la broche et des
homards du vivier de l'hôtel. Une atmosphère un peu théâtrale mais
une étape à ne pas manquer dans cette région.

♦ *Itinéraire d'accès (voir carte n° 3) : dans le centre ville ; entre la*
place du Canada et l'Hôtel de Ville.

Hôtel Cléry★★★

62360 Hesdin-l'Abbé (Pas-de-Calais)
Tél. 21.83.19.83 - Télex 135 349 - M. Osseland

♦ *Ouverture du 15 janvier au 15 décembre* ♦ *18 chambres avec tél., s.d.b. ou douche, w.c. et t.v. - Prix des chambres simples et doubles : 220 F, 270 à 430 F - Petit déjeuner 40 F, servi de 7 h 30 à 10 h* ♦ *Amex, Carte bleue, Eurocard, MasterCard et Visa* ♦ *Chiens non admis - Tennis à l'hôtel* ♦ *Possibilités alentour : golf d'Hardelot à 7 km, plage* ♦ *Pas de restaurant à l'hôtel.*

C'est dans ce petit château que Napoléon aurait pris la décision de lever le camp de Boulogne. Une jolie petite allée, qui se divise devant un parterre de primevères, conduit au perron. L'aménagement intérieur de l'hôtel est tout récent et les tons pastel des murs font flotter un parfum de fraîcheur et de gaité. Au rez-de-chaussée, trois salons : une grande salle claire pour les petits déjeuners, un bar et une belle pièce où il fait bon se tenir autour de la cheminée dans de profonds fauteuils en cuir. Un élégant escalier à rampe en fer battu de style Louis XV mène à l'étage. Les chambres sont confortables et la décoration simple. Celles du second étage sont légèrement mansardées. Qu'elles donnent sur le joli parc planté de marronniers ou sur l'allée, le calme est assuré. Derrière une belle cour pavée d'anciennes pierres et fleurie de géraniums, sept autres chambres se partagent les écuries. La chambre 8 est de plain-pied et parmi les autres, au 1er, vous trouverez deux mignonnes petites chambres simples. A courte distance de la nationale, l'hôtel est stratégiquement placé sur la route de Grande Bretagne, et l'accueil est très sympathique.

♦ *Itinéraire d'accès (voir carte n° 1) : à 9 km au sud-est de Boulogne par N 1.*

Hostellerie du Moulin du Pré★★

14860 Bavent (Calvados)
Tél. 31.78.83.68 - Famille Hamchin-Holtz

♦ *Ouverture du 15 mars au 30 septembre et du 1er novembre au 1er mars - Fermeture le dimanche soir et le lundi sauf en juillet, en août et les jours fériés* ♦ *10 chambres avec tél. direct, (8 avec s.d.b. ou douche, 5 avec w.c.) - Prix des chambres doubles : 165 à 280 F - Petit déjeuner 32 F* ♦ *Cartes de crédit acceptées* ♦ *Chiens non admis* ♦ *Possibilités alentour : tennis, équitation, sports nautiques* ♦ *Restaurant : service de 12 h 30 à 13 h 30, 19 h 30 à 21 h - Fermeture le dimanche soir et le lundi sauf en juillet, en août et les jours fériés - Menus : 235 à 280 F - Carte - Spécialités : fleur de courgette farcie à la mousse de saumon frais, goujonnettes de sole au beurre de safran et aux pâtes fraîches, cuisses de canette fumées et leur jus à l'embeurrée de choux.*

A la limite du pays d'Auge, cette ancienne ferme rénovée vous transporte en pleine campagne, dans une grande propriété avec étang. Mais la mer n'est pas loin, à 4 km à peine, et plage et campagne peuvent s'associer aisément. L'intérieur est confortable. Les chambres personnalisées donnent sur la verdure et bénéficient d'un grand calme (mais l'équipement sanitaire et l'insonorisation dépendront beaucoup de la chambre choisie). Au rez-de-chaussée, la grande salle à manger et le salon sont accueillants et font que l'on s'y sent tout simplement bien. Les repas, servis uniquement à l'intérieur, sont l'occasion d'apprécier une cuisine maison saisonnière. Certainement un hôtel où il fait bon séjourner, même hors saison.

♦ *Itinéraire d'accès (voir carte n° 7) : à 7 km au sud-ouest de Cabourg par D 513 direction Caen, puis D 95 direction Gonneville-en-Auge.*

Hôtel d'Argouges★★
21, rue Saint-Patrice
14400 Bayeux (Calvados)
Tél. 31.92.88.86 - Télex 772 402 - Fax 31.92.69.16
M. et Mme Auregan

♦ *Ouverture toute l'année* ♦ *25 chambres avec tél. direct, s.d.b. (5 avec douche), w.c., (18 avec t.v.) - Prix des chambres simples et doubles : 190 à 270 F, 250 à 340 F - Prix des suites : 450 à 530 F - Petit déjeuner 29 F, servi de 7 h 30 à 11 h* ♦ *Amex, Carte bleue, Diners, MasterCard et Visa* ♦ *Chiens admis avec 25 F de supplément* ♦ *Possibilités alentour : piscine, tennis, golf 27 trous à 10 km, plages à 10 km, forêts à 15 km ; plages du débarquement, musées, cathédrale* ♦ *Pas de restaurant à l'hôtel.*

A l'une des extrémités calmes de la vieille ville, à distance piétonne de tous les centres d'intérêt, cet ancien hôtel particulier de la famille d'Argouges est en somme un peu le vôtre si vous souhaitez faire étape à Bayeux. On y trouve 25 chambres très au calme, sobrement mais très confortablement aménagées, avec de belles hauteurs des plafonds qui se peuplent de poutres, et parfois de belles proportions ; elles se distribuent entre deux bâtiments. Les chambres 23 et 24, situées dans les anciens greniers, sont de petits appartements très bien conçus, chacun regroupant une grande chambre et une autre plus petite pour des enfants. A l'arrière de l'hôtel, devant sa façade XVIIIe, se trouve un grand jardin où l'on peut prendre les petits déjeuners à moins que l'on ne lui préfère la très séduisante salle à manger. Une bonne et raisonnable adresse.

♦ *Itinéraire d'accès (voir carte n° 7) : à 27 km à l'ouest de Caen par N 13.*

Auberge Saint-Christophe★★

14690 Pont-d'Ouilly (Calvados)
Tél. 31.69.81.23 - M. Lecoeur

♦ *Ouverture toute l'année sauf en février et en novembre - Fermeture le lundi toute l'année, et le dimanche soir en b.s.* ♦ *7 chambres avec tél. direct, s.d.b. ou douche, w.c. - Prix des chambres doubles : 230 F - Petit déjeuner 32 F, servi de 8 h à 9 h 30 - Prix de la demi-pension et de la pension : 235 F, 320 F (par pers., 3 j. min.)* ♦ *Amex, Carte bleue, Eurocard et Visa* ♦ *Chiens admis avec supplément* ♦ *Possibilités alentour : tennis, équitation, pêche, canoë-kayak, alpinisme à 10 km à Clécy* ♦ *Restaurant : service de 12 h à 13 h 30, 19 h 30 à 21 h - Fermeture le lundi toute l'année, et le dimanche soir en b.s. - Menus : 80 à 200 F en semaine, 102 à 200 F le dimanche - Carte - Spécialités : foie gras de canard normand, ris et rognons de veau au pommeau ; marquise au chocolat.*

L'auberge est une belle maison raffinée de la Suisse normande. L'aménagement intérieur répond par mille détails au souci du confort. Plantes et fleurs agrémentent des lieux où il fait bon séjourner : petit salon, salle des petits déjeuners qui, le soir, se transforme en petit bar, angles de pièces en retrait et aménagés pour qui recherche plus de calme encore. Les chambres sont coquettes et donnent sur la verdure d'un beau jardin. En saison, les déjeuners peuvent être servis en terrasse. A signaler d'ailleurs une bonne cuisine à l'image de l'auberge elle-même. Enfin les propriétaires, jeunes et sympathiques, vous accueillent très agréablement.

♦ *Itinéraire d'accès (voir carte n° 7) : à 26 km au sud de Caen par D 562 direction Flers ou N 158 direction Falaise puis D 1 ; à 1,5 km de Pont-d'Ouilly par D 23 direction Thury-Harcourt.*

Relais de la Poste★★★
3, Route de Caen
14220 Thury-Harcourt (Calvados)
Tél. 31.79.72.12 - M. et Mme Frémond

♦ *Ouverture toute l'année* ♦ *9 chambres et 2 appartements avec tél. direct, s.d.b. ou douche, (8 avec w.c.) - Prix des chambres simples et doubles : 190 F, 280 F - Prix des suites : 400 F - Petit déjeuner 35 F, servi de 7 h 30 à 9 h - Prix de la demi-pension et de la pension : 374 F, 482 F (par pers., 3 j. min.) ; 509 F, 725 F (2 pers., 3 j. min.)* ♦ *Amex, Carte bleue, Diners et Visa* ♦ *Chiens admis* ♦ *Possibilités alentour : tennis, golf 18 trous, équitation, canoë-kayak, randonnée pédestre* ♦ *Restaurant : service de 12 h 30 à 14 h, 19 h 30 à 21 h 30 - Menus : 130 à 300 F - Carte - Spécialités : homard grillé, ris de veau aux langoustes.*

Dans cette auberge située à l'orée du charmant village de Thury-Harcourt vous trouverez un accueil chaleureux et sympathique. M. Frémond, le patron, est lui-même aux cuisines et son restaurant souvent cité comme l'un des meilleurs de Normandie, a fait l'objet de quelques réserves l'année dernière. Vous dégusterez ses spécialités de poisson fumé dans la belle salle à manger rustique. Près de l'entrée se trouve un bar du même style où l'on peut regarder la télévision.

Les chambres, décorées avec goût et simplicité dans des couleurs chaudes et pastel, sont toutes différentes mais elles ont en commun le confort. L'hôtel étant situé sur la petite route, à l'entrée du village, mieux vaut réserver celles donnant sur le jardin.

♦ *Itinéraire d'accès (voir carte n° 7) : à 26 km au sud de Caen par D 562.*

Relais Moulin de Balisne★★

Balines - 27130 Verneuil-sur-Avre (Eure)
Tél. 32.32.03.48 - Fax 32.60.11.22 - M. Gastaldi

◆ *Ouverture toute l'année* ◆ *9 chambres avec tél. direct, s.d.b. et w.c. - Prix des chambres doubles : 250 à 350 F - Prix des suites : 400 F - Petit déjeuner 40 F, servi de 8 h à 11 h - Prix de la demi-pension et de la pension : 320 F, 450 F (par pers.)* ◆ *Cartes de crédit acceptées* ◆ *Chiens admis - Pêche dans la rivière ou l'étang à l'hôtel* ◆ *Possibilités alentour : piscine, tennis, équitation, promenades en barque* ◆ *Restaurant : service de 12 h à 15 h, 19 h 30 à 22 h - Menus : 130 et 175 F - Carte - Spécialités : feuilleté de langoustes au jus de truffes, cassolette d'escargots, langoustines aux petits lardons, "œuf d'autruche farci".*

Au premier abord, lorsque l'on aperçoit l'hôtel depuis la nationale, on frémit un peu de cette proximité. Mais bien vite, une fois le porche franchi, l'on se rend à l'évidence : le calme règne, les seuls bruits de carrefour étant ceux de l'Avre et de l'Iton qui se rencontrent là. Dix hectares de terres alentour sont propriété de l'hôtel, deux étangs s'y trouvent ainsi que quelques barques ; elles sont à votre disposition si la pêche vous tente. Lorsqu'il reprit ce moulin après avoir quitté Paris et la publicité, l'actuel propriétaire mit autant de ferveur à reconstruire ce qui n'était alors que ruine qu'il en met désormais à donner aux chambres ce que l'on y trouve : caractère, charme et personnalité. Formes et ameublement varient, certaines chambres sous les toits donnent l'impression d'être perchées dans les arbres, mais toutes ont un "petit quelque chose". Une bonne adresse pas trop éloignée de Paris, de Giverny, du Haras du Pin et du château d'Anet.

◆ *Itinéraire d'accès (voir carte n° 8) : à 35 km à l'ouest de Dreux par N 12 direction Verneuil-sur-Avre.*

Château de la Rapée★★★

27140 Bazincourt-sur-Epte (Eure)
Tél. 32.55.11.61 - Télex 771 097 - M. et Mme Bergeron

♦ *Ouverture du 1er mars au 15 août et du 1er septembre au 15 janvier - Fermeture le mercredi* ♦ *15 chambres avec tél. direct, s.d.b. (2 avec douche), w.c. et t.v. - Prix des chambres simples et doubles : 300 F, 420 F - Prix des suites : 600 F - Petit déjeuner 42 F, servi de 8 h à 10 h - Prix de la demi-pension et de la pension : 440 à 580 F (par pers. en chambre simple), 560 F et 970 F (pour 1 et 2 pers. en chambre double), 3 j. min.* ♦ *Amex, Carte bleue, Diners et Visa* ♦ *Chiens non admis* ♦ *Possibilités alentour : équitation, balltrap, 3 golfs dans un rayon de 20 km ; châteaux, musées* ♦ *Restaurant : service de 12 h 30 à 14 h, 19 h 30 à 21 h - Fermeture le mercredi - Menus : 140 à 185 F - Carte - Spécialités : selle de lotte au jus de viande, pigeonneau rôti, anguille en matelotte au cidre brut.*

A moins d'une heure de Paris et à quelques kilomètres de Gisors, cette grande demeure normande du XIXe siècle offre un cadre exceptionnel et idéal pour ceux qui recherchent le calme. Perdu au milieu de bois et de champs, au bout d'un sentier de terre, avec comme seul voisin un haras, cet hôtel possède des chambres confortables (les quatre grandes chambres sont au 1er étage, la numéro 15 a une terrasse), une salle à manger d'été et une d'hiver avec une belle cheminée. M. Bergeron fait une bonne cuisine, et Mme Bergeron est à l'accueil. Une atmosphère familiale et sympathique. Des tables permettent de prendre petits déjeuners et consommations à l'extérieur, lorsque le temps le permet.

♦ *Itinéraire d'accès (voir carte n° 9) : à 70 km au nord-ouest de Paris par A 15 sortie Pontoise, D 915 jusqu'à Gisors ; à 4 km au nord de Gisors par D 915.*

Auberge de l'Abbaye★★★

27800 Le Bec-Hellouin (Eure)
Tél. 32.44.86.02 - Mme Sergent

♦ *Ouverture du 23 février au 5 janvier - Fermeture le lundi soir et le mardi en b.s.* ♦ *8 chambres avec tél., s.d.b. et w.c. - Prix des chambres doubles : 320 à 350 F - Prix des suites : 480 F - Petit déjeuner 35 F, servi à partir de 8 h* ♦ *Carte bleue, Eurocard, MasterCard et Visa* ♦ *Chiens admis* ♦ *Possibilités alentour : piscine, tennis, équitation, pêche, golf ; abbaye du Bec-Hellouin, châteaux, musée de l'automobile* ♦ *Restaurant : service de 12 h 15 à 14 h 30, 19 h 15 à 21 h 30 - Fermeture le lundi soir et le mardi en b.s. - Menus : 120 à 250 F - Carte - Spécialités : cassolette de homard, lapin au cidre, turbot à l'oseille ; tarte aux pommes.*

C'est une demeure du XVIIIe siècle, agréablement rénovée, toute proche de l'abbaye, au centre d'un très joli village.
Ce sont d'abord huit chambres de style rustique, petites mais confortables et calmes, avec un équipement sanitaire complet. C'est une belle salle à manger aux murs blanchis à la chaux avec cheminée et c'est, dans ce cadre soigné, une table savoureuse et appréciée. Ajoutez l'agrément d'une cour intérieure fleurie, une petite terrasse sur le devant où prendre le frais, face à la place du village et enfin l'accueil très agréable des propriétaires qui connaissent de longue date leur métier et leurs clients.

♦ *Itinéraire d'accès (voir carte n° 8) : à 39 km au sud-ouest de Rouen par A 13 et N 138 direction Brionne, puis D 130.*

Château de Brécourt★★★

Douains
27120 Pacy-sur-Eure (Eure)
Tél. 32.52.40.50 - Télex 172 250 - Fax 32.52.69.65
MM. Charpentier et Savry

♦ *Ouverture toute l'année* ♦ *25 chambres avec tél. direct, s.d.b. et w.c. - Prix des chambres simples et doubles : 600 F, 850 F - Prix des suites : 1 100 F - Petit déjeuner 55 F, servi de 7 h 30 à 11 h 30 - Prix de la demi-pension et de la pension : 700 à 935 F, 1 100 à 1 420 F (par pers., 2 j. min.)* ♦ *Amex, Carte bleue, Diners, Eurocard, MasterCard et Visa* ♦ *Chiens admis avec supplément - Piscine couverte et chauffée, jacuzzi, tennis à l'hôtel* ♦ *Possibilités alentour : musée Monet à Giverny, Route des châteaux et abbayes* ♦ *Restaurant : service de 12 h 15 à 13 h 30 - Menus : 230 à 350 F - Carte - Spécialités : pigeonneau fermier, canard au cidre, tarte aux pommes en fin feuilleté.*

Aux portes de la Normandie et à seulement 70 kilomètres de Paris, le château de Brécourt d'époque Louis XIII est un lieu idéal de week-end. En effet ce beau château du XVIIe, entouré de douves, offre à ses clients son superbe parc de 22 hectares où il fait bon se promener en toute saison. Les plus sportifs pourront profiter du tennis et de la piscine. Quant aux gastronomes, deux salles de restaurant proposent de bonnes spécialités normandes avec une très belle vue sur les bois et la campagne. La décoration est à l'image de l'ensemble de la maison, raffinée et très confortable.

♦ *Itinéraire d'accès (voir carte n° 8) : à 21 km à l'est d'Evreux par N 13 sortie Pacy-sur-Eure puis D 181 et D 533 ; à 70 km à l'est de Paris par A 13 sortie Vernon .*

Auberge du Vieux Puits★★
6, rue Notre-Dame-du-Pré - 27500 Pont-Audemer (Eure)
Tél. 32.41.01.48 - M. et Mme Foltz

♦ *Ouverture du 19 janvier au 1er juillet et du 11 juillet au 16 décembre - Fermeture le lundi soir et le mardi* ♦ *12 chambres avec tél., s.d.b. ou douche, (9 avec w.c. et 6 avec t.v.) - Prix des chambres simples et doubles : 150 à 290 F, 200 à 360 F - Petit déjeuner 33 F* ♦ *Carte bleue, Eurocard, MasterCard et Visa* ♦ *Chiens non admis* ♦ *Possibilités alentour : piscine, tennis, équitaton à 10 mn ; côte normande à 20 mn, route des abbayes à 30 mn* ♦ *Restaurant : service de 12 h à 14 h, 19 h 30 à 21 h - Fermeture le lundi soir et le mardi - Menus : 160 F (au déjeuner et en semaine seulement) à 260 F - Carte - Spécialités : canard aux griottes, filet de sole au coulis d'étrilles et riz sauvage .*

Pont-Audemer est directement desservi par l'autoroute, parfaite étape sur le chemin d'une Normandie intime, pour qui s'étonnera d'y dénicher ces bâtiments de style parfaitement normand à colombages du XVIIe, protégeant un jardin fleuri où trônent le vieux puits et deux saules impressionnants (l'on y sert l'apéritif, le café et de bons goûters à la belle saison). Plusieurs petits salons douillets où prendre le thé ou lire au coin du feu, et une salle à manger un peu plus grande, décorée de faïences anciennes et de cuivres rutilants, où vous sera servie une cuisine très personnelle, avec des références à quelques recettes de la région. Pour dormir, vous avez le choix entre le charme rustique et simple des chambres des anciennes maisons, et le confort moderne de celles ouvertes dans un bâtiment nouveau, bien dans le style de l'ensemble lui aussi.

♦ *Itinéraire d'accès (voir carte n° 8) : à 52 km à l'ouest de Rouen par A 13 sortie Pont-Audemer, puis D 139 et N 182 ; à 300 m du centre ville.*

Les Saisons★★★
Route des Saisons
Vironvay
27400 Louviers (Eure)
Tél. 32.40.02.56 - Fax 32.25.05.26 - M. Guillet

♦ *Ouverture toute l'année* ♦ *20 chambres avec tél. direct, s.d.b., w.c. et t.v. - Prix des chambres : 490 F - Prix des suites : 750 F - Petit déjeuner 50 F, servi de 7 h à 11 h 30 - Prix de la demi-pension et de la pension : 365 F, 485 F (par pers, 3 j. min.)* ♦ *Amex, Carte bleue, Eurocard et Visa* ♦ *Chiens admis avec supplément - Tennis, jeux pour enfants à l'hôtel* ♦ *Possibilités alentour : piscine, équitation, golf du Vaudreuil à 4 km (18 trous), base nautique ; promenades en forêt* ♦ *Restaurant : service de 12 h à 14 h, 19 h à 22 h - Fermeture le dimanche soir sauf jours de fête - Menus : 135 à 175 F - Carte - Spécialités : foie gras de canard cuit au torchon, homard grillé, harmonie de la mer.*

Un hôtel dont les chambres se trouvent disséminées dans un parc ombragé ponctué çà et là de roseraies et de vergers : c'est ce que propose Les Saisons en pleine Normandie verdoyante. Si vous pouvez ainsi apprécier le charme d'un pavillon isolé au détour d'un bosquet, vous pouvez également vous détendre à toute heure du jour dans de petits salons propices à la lecture et aux plaisirs de la conversation.

Sur votre table, au gré des saisons, sont servis des plats typiques de la gastronomie régionale préparés avec les produits du potager et de l'élevage propre à l'hôtel.

♦ *Itinéraire d'accès (voir carte n° 8) : à 21 km au sud de Rouen par A 13 sortie Louviers-Sud, puis N 154.*

Hôtel du Château d'Agneaux★★★
Avenue Sainte-Marie
50180 Agneaux (Manche)
Tél. 33.57.65.89/33.57.68.85 - M. et Mme Groult

♦ *Ouverture toute l'année* ♦ *12 chambres avec tél. direct, s.d.b., w.c., t.v. et minibar - Prix des chambres doubles : 400 à 750 F - Prix des suites : 750 F - Petit déjeuner 39 F ; 49 F dans les chambres* ♦ *Chiens admis - Tennis, sauna à l'hôtel* ♦ *Possibilités alentour : équitation* ♦ *Restaurant : service de 19 h 30 à 20 h sur réservation - Menus : 140 à 250 F.*

Oubliez les abords disgracieux des faubourgs de Saint-Lô. Agneaux c'est, en marge de toute les inepties des urbanistes, une petite route de terre et de pierre qui vous transporte d'un coup bien loin des rocades. Puis c'est la vieille chapelle, le château, la tour de guet surveillant la vallée vierge, paisible, sans autre vis-à-vis que le bocage et la Vire qui coule au milieu de toute cette campagne verdoyante. Après avoir tenu, des années durant, une ferme auberge, M. et Mme Groult se portèrent acquéreurs des pierres et des lieux qui les avaient charmés, et se trouvèrent une vocation d'hôteliers déjà bien rodée par l'hébergement rural, tout en continuant d'ailleurs à exploiter leurs terres. Tout ici est à l'image de ces passions, bien refait, plaisamment aménagé ; les chambres sont très confortables, joliment décorées, avec juste la bonne mesure de baldaquins et de ciels de lit, de jolis dallages et de beaux parquets. Les chambres 11 et 12 sont très calmes, la 4 dispose de cinq fenêtres qui éclairent cette pièce immense par trois des quatre points cardinaux. Une très charmante enclave de calme et de nature.

♦ *Itinéraire d'accès (voir carte n° 7) : à 1,5 km à l'ouest de Saint-Lô par D 900.*

Manoir de Roche Torin★★★

50220 Bas Courtils (Manche)
Tél. 33.70.96.55 - Télex 170 380 - Fax 33. 48.35.20
Mme Barraux

♦ *Ouverture du 15 mars au 15 novembre* ♦ *12 chambres avec tél. direct, (11 avec s.d.b.ou douche, w.c.), (10 avec t.v.) - Prix des chambres doubles : 390 F - Prix des suites : 580 F - Petit déjeuner 40 F, servi de 8 h à 10 h - Prix de la demi-pension : 390 F (par pers.)* ♦ *Amex, Carte bleue, Diners, MasterCard et Visa* ♦ *Chiens admis avec supplément* ♦ *Possibilités alentour : piscine, tennis, équitation, pêche, golf, plages, promenades pédestres ; le mont Saint-Michel, musées* ♦ *Restaurant : service de 12 h 30 à 13 h 30, 19 h 30 à 21 h - Fermeture le lundi - Menus : 140 à 180 F - Carte - Spécialités : saumon de la baie, agneau de pré-salé.*

Un heureux compromis entre l'ancien et le contemporain caractérise la décoration de cette maison de maître du début du siècle.
Des tissus à fleurs ont été choisis pour le salon et ses confortables canapés. Dans la grande cheminée de la salle à manger grillent homards, côtes de bœuf et agneaux de pré-salé. Les chambres, comme le reste de la maison, mélangent le moderne, le rotin, les meubles d'époque et de style. Elles sont d'un grand confort. Terrasse et jardin sont très agréables, avec service de bar et restauration à la belle saison. C'est un superbe endroit : outre les deux hectares du parc, entre le mont Saint-Michel et l'hôtel, il n'y a que la campagne et les prés...

♦ *Itinéraire d'accès (voir carte n° 7) : à 9 km à l'est du mont Saint-Michel par D 275 direction Ducey.*

Auberge de la Sélune★★
2, rue Saint-Germain
50220 Ducey (Manche)
Tél. 33.48.53.62 - M. Girres

♦ *Ouverture du 15 février au 15 janvier - Fermeture le lundi du 1er octobre au 1er mars* ♦ *19 chambres avec tél. direct, s.d.b., w.c., (3 avec t.v.) - Prix des chambres simples et doubles : 150 F, 220 à 250 F - Petit déjeuner 28 F, servi de 7 h 30 à 9 h 30 - Prix de la demi-pension : 205 à 220 F (par pers., 4 j. min.)* ♦ *Cartes de crédit acceptées* ♦ *Chiens non admis* ♦ *Possibilités alentour : pêche au saumon, tennis* ♦ *Restaurant : service de 12 h à 14 h, 19 h à 20 h 30 - Fermeture le lundi du 1er octobre au 1er mars - Menus : 68 à 160 F - Carte - Spécialités : pie au crabe, truite soufflée à la ducéenne, râble de lapereau farci au vinaigre de cidre.*

L'auberge de la Sélune est un ancien hospice aux belles proportions. Champêtre, elle se trouve à l'orée du village, dans un parc-jardin en bordure de rivière, la Sélune, où l'on peut avoir la chance d'attraper un saumon... L'auberge se compose de vastes pièces aux plafonds élevés, dans un entrelacs de couloirs et de dégagements. Les chambres ont été soigneusement aménagées de façon personnelle. La décoration, avec meubles et teintes de tendance moderne, est très soignée. Très bien tenue, raffinée et confortable, cette auberge est en droite ligne dans la bonne tradition hôtelière.

♦ *Itinéraire d'accès (voir carte n° 7) : à 10 km au sud-est d'Avranches par N 175 puis N 176 direction Saint-Hilaire-du-Harcouët ; suivre fléchage à l'entrée de Ducey.*

Hôtel de France et des Fuchsias★★
50550 Saint-Vaast-la-Hougue (Manche)
Tél. 33.54.42.26 - Fax 33.43.46.79 - M. et Mme Brix

♦ *Ouverture toute l'année sauf 2 semaines début janvier* ♦ *32 chambres avec tél. direct, (30 avec s.d.b. ou douche et 28 avec w.c.), et t.v. - Prix des chambres doubles : 250 à 350 F - Petit déjeuner 32 F - Prix de la demi-pension et de la pension : 250 à 300 F, 320 à 360 F (par pers., 3 j. min.)* ♦ *Amex, Carte bleue, Diners, MasterCard et Visa* ♦ *Chiens admis avec supplément - Location de vélos à l'hôtel* ♦ *Possibilités alentour : tennis, voile, golf de Fontenay à 15 km, pêche* ♦ *Restaurant : service de 12 h à 14 h, 19 h à 21 h 15 - Fermeture le lundi sauf en juillet et août et pendant les vacances scolaires - Menus : 100 à 190 F - Carte - Spécialités : choucroute de la mer.*

Les fuchsias sont partout, sur la façade, en bouquets sur votre table dans la jolie salle à manger lambrissée tendue de tissu vieux rose, en longues grappes depuis la verrière de la salle à manger d'été et jusque dans les motifs qui ornent votre assiette. A Saint-Vaast-la-Hougue, sur la côte orientale de la presqu'île du Cotentin si douce qu'y fleurissent les mimosas, cet ancien relais de poste devenu auberge au siècle dernier a su trouver le ton juste avec ses chambres simples et raffinées dans leur ameublement et leurs dégradés de teintes. La table associe avec bonheur les produits de la mer à ceux de la ferme voisine de Quettehou. Ce bel hôtel est en outre à proximité d'un petit port de pêche, d'une plage de sable fin, des haies et des bocages d'une Normandie au climat particulièrement hospitalier. La dernière quinzaine d'août, le jardin sert de cadre à des concerts de musique de chambre dont les résidents de l'hôtel peuvent profiter gratuitement.

♦ *Itinéraire d'accès (voir carte n° 7) : à 17 km à l'ouest de Valognes par D 902 et D 1 ; dans le centre ville.*

Verte Campagne★★

50660 Trelly (Manche)
Tél. 33.47.65.33 - Mme Meredith

♦ *Ouverture toute l'année sauf du 15 novembre au 6 décembre et du 15 au 28 février - Fermeture le dimanche soir et le lundi d'octobre à Pâques* ♦ *8 chambres avec tél., s.d.b. et w.c. - Prix des chambres doubles : 170 à 330 F - Petit déjeuner 30 F, servi de 8 h 30 à 10 h* ♦ *Amex, Carte bleue et Visa* ♦ *Chiens non admis* ♦ *Possibilités alentour : tennis, équitation, golf, mer à 12 km* ♦ *Restaurant : service de 12 h 30 à 14 h 30, 19 h 30 à 22 h - Fermeture le dimanche soir et le lundi d'octobre à Pâques - Menus : 105 à 125 F - Carte - Spécialités : pot-au-feu de poisson, cassolette de soles.*

C'est une authentique ferme normande du XVIIIe siècle, située au cœur du bocage normand, et qui mérite bien son nom de Verte Campagne. Ses dimensions sont modestes, ce qui préserve le caractère familier et même intime de la maison. La pierre apparente, le bois des poutres et du mobilier, les faïences anciennes et les cuivres créent un intérieur à la fois rustique et recherché, confortable et chaleureux. La petite salle à manger et le salon possèdent de belles cheminées. Les chambres sont toutes différentes et aménagées avec le même souci d'unité et de confort. On peut apprécier le grand calme des lieux en s'installant dans le jardin fleuri (où les repas ne sont cependant pas servis). Enfin, une cuisine très appréciée et l'amabilité de l'accueil font de cette auberge une adresse précieuse à tous égards.

♦ *Itinéraire d'accès (voir carte n° 7) : à 15 km au sud de Coutances par D 971 direction Bréhal jusqu'à Quettreville-sur-Sienne, puis D 35 et D 49 ; dans le village, suivre fléchage.*

Manoir du Lys★★★

La Croix Gauthier - 61140 Bagnoles-de-l'Orne (Orne)
Tél. 33.37.80.69 - Télex 170 525 - Fax 33.30.05.80
M. et Mme Quinton

♦ *Ouverture du 1er mars au 7 janvier ♦ 11 chambres avec tél. direct, s.d.b., w.c. et t.v. - Prix des chambres : 290 à 470 F - Prix des suites : 500 à 620 F - Petit déjeuner 40 F - Prix de la demi-pension et de la pension : 480 à 620 F, 630 à 780 F (par pers., 3 j. min.) ; 650 à 850 F, 800 à 980 F (2 pers., 3 j. min.) ♦ Amex, Carte bleue, Diners, Eurocard et Visa ♦ Chiens admis avec supplément - Tennis, golf (3 greens) à l'hôtel ♦ Possibilités alentour : équitation, tennis, promenades ♦ Restaurant : service de 12 h 15 à 14 h, 19 h 45 à 21 h 30 - Fermeture le dimanche soir et le lundi en b.s. - Menus : 95 à 320 F - Carte - Spécialités : raviolis de grenouilles aux escargots, rosette d'agneau de pré -salé.*

En pleine forêt d'Andenne et tout près de Bagnoles-de-l'Orne, unique station thermale de l'Ouest, le manoir du Lys jouit d'un très grand calme. Le luxe et le confort ambiant opèrent un charme immédiat. Les chambres sont claires, très bien équipées. La numéro 1 est à conseiller aux couples avec enfants car une mezzanine a été aménagée avec deux lits ; la numéro 2 a une spacieuse terrasse. Les chambres mansardées ont vue sur le verger et il est courant d'y apercevoir des biches attirées par les fruits. De belles pelouses constituent les alentours immédiats de l'hôtel et il arrive qu'on y serve les repas. M. Quinton est aux fourneaux et sa cuisine, qui privilégie les recettes normandes, est d'excellente qualité.

♦ *Itinéraire d'accès (voir carte n° 7) : à 53 km à l'ouest d'Alençon par N 12 jusqu'au Pré-au-Pail, puis N 176 et D 916.*

Château du Landel★★★

76220 Bezancourt (Seine-Maritime)
Tél. 35.90.16.01 - Fax 35.90.62.47 - M. Cardon

♦ *Ouverture toute l'année sauf du 15 novembre au 15 mars*
♦ *17 chambres avec tél., s.d.b. et w.c. - Prix des chambres : 350 à 600 F - Petit déjeuner 40 F - Prix de la demi-pension : sur demande (min. 3 j.)* ♦ *Carte bleue, Eurocard, MasterCard et Visa* ♦ *Petits chiens admis avec supplément - Tennis, piscine chauffée, billard à l'hôtel* ♦ *Possibilités alentour : équitation, promenades, golf ; châteaux, abbayes* ♦ *Restaurant : service de 12 h 30 à 13 h 30, 20 h à 21 h - Fermeture le dimanche soir et le lundi - Carte - Spécialités : fonds d'artichauts pochés au saumon rose, escargots sautés aux petits lardons.*

Perdue en pleine forêt de Lyons, cette ancienne verrerie du début du XVIIIe siècle bénéficie d'un emplacement exceptionnel. M. Cardon, ancien agriculteur, sa femme et leurs fils ont transformé la maison familiale en hôtel. L'un de leurs fils s'occupe essentiellement de la cuisine et prépare avec amour des mets délicieux et raffinés que l'on vous servira dans un petit salon orné d'une magnifique cheminée avec feu de bois et sur une musique de Vivaldi. La décoration est à l'image des propriétaires, qui ont su garder un style demeure familiale ; toutes les chambres sont personnalisées et confortables. Sur l'arrière de la maison s'étend un très grand parc (sur lequel donnent les chambres les plus agréables) et où, à la belle saison, est installé un service bar. Comme dans beaucoup de maisons anciennes, l'insonorisation n'est pas toujours parfaite.

♦ *Itinéraire d'accès (voir carte n° 9) : à 90 km de Paris, N 14 dir. Rouen, 5 km après Pontoise, D 53 dir. Dieppe puis D 915 ; à Neufmarché prendre direction Bezancourt.*

Manoir de Rétival★★★
2, rue Saint-Clair
76490 Caudebec-en-Caux (Seine-Maritime)·
Tél. 35.96.11.22 - M. et Melle Tartara

♦ *Ouverture du 1er février au 31 octobre - Fermeture le dimanche soir et le lundi ♦ 5 chambres avec tél., s.d.b. et w.c. - Prix des chambres : 300 à 600 F - Petit déjeuner 50 F, servi de 8 h 30 à 10 h 30 ♦ Amex, Diners ♦ Chiens non admis ♦ Possibilités alentour : piscine, tennis, minigolf, équitation ♦ Restaurant : service de 12 h 30 à 14 h, 19 h 30 à 21 h 30 - Fermeture le lundi et le mardi midi - Menus : 275 F - Carte - Spécialités : tempura de langoustine aux agrumes.*

Sur la route des abbayes normandes, à proximité de celle de Saint-Wandrille que les Bénédictins occupent toujours, ce manoir insolite doit son charme à sa position dominante en bordure de Seine et à sa vue exceptionnelle sur la forêt de Brotonne, mais aussi à sa réfection méticuleuse selon les goûts du siècle dernier, friand de reconstitutions historiques et de mélange des genres. L'intérieur a conservé le confort un peu désuet et nostalgique des demeures d'autrefois : les lambris, les meubles anciens, les portraits de famille, les lustres, les pendules et les girandoles vous retiennent dans leurs rets, loin des turbulences touristiques.

♦ *Itinéraire d'accès (voir carte n° 8) : à 34 km à l'ouest de Rouen par D 982 ; dans le village, direction site de Rétival.*

Auberge du Val au Cesne

**Le Val au Cesne
76190 Croix-Mare (Seine-Maritime)
Tél. 35.56.63.06 - M. Carel**

♦ *Ouverture toute l'année* ♦ *5 chambres avec tél. direct, s.d.b., w.c. et t.v. - Prix des chambres doubles : 320 F - Petit déjeuner 45 F, servi de 8 h à 11 h - Prix de la demi-pension et de la pension : 280 F, 330 F (par pers., 3 j. min.)* ♦ *Amex, Carte bleue et Visa* ♦ *Chiens admis* ♦ *Possibilités alentour : tennis, équitation, randonnées ; abbaye de Saint-Wandrille* ♦ *Restaurant : service de 12 h à 14 h, 19 h à 21 h - Carte uniquement : 200 F - Spécialités : tête et fraise de veau sauce ravigotte, escalope de dinde "vieille Henriette".*

D'abord restaurant de très bonne réputation, c'est à la demande de ses clients que M. Carel a ouvert voici quatre ans cinq chambres confortables dans une maison toute proche de l'auberge. Celle-ci, située dans une charmante petite vallée, offre une atmosphère raffinée et accueillante à la fois grâce à sa décoration de très bon goût, fidèle au style régional et à l'architecture initiale qui donnent une impression de chez-soi. Le jardin autour est en partie consacré aux animaux : on peut y admirer un couple de paons, une volière et un élevage de chats. Seule ombre au tableau, la proximité de la route départementale, mais elle devient heureusement silencieuse avant que la nuit ne tombe en plein cœur du pays de Caux.

♦ *Itinéraire d'accès (voir carte n° 8) : à 5 km au sud-est d'Yvetot par N 15 direction Rouen.*

Le Donjon
Chemin de Saint-Clair
76790 Etretat (Seine-Maritime)
Tél. 35.27.08.23 - M. et Mme Abo Dib

♦ *Ouverture toute l'année* ♦ *8 chambres avec tél. direct, s.d.b.,
w.c. et t.v. - Petit déjeuner 40 F, servi de 8 h à 10 h - Prix de la
demi-pension : 500 à 800 F (par pers.)* ♦ *Amex, Carte bleue,
Diners et Visa* ♦ *Chiens admis avec 50 F de supplément - Piscine
à l'hôtel* ♦ *Possibilités alentour : tennis, golf ; promenades, visite
de châteaux* ♦ *Restaurant : service de 12 h à 14 h, 19 h 30 à
22 h - Menus : 95 à 260 F - Carte - Spécialités : huîtres chaudes,
poisson.*

Surplombant la charmante ville d'Etretat, ses galets et ses falaises,
ce petit château enfoui sous le lierre est séduisant à tous points de
vue. Ses chambres, refaites récemment et toutes plus jolies les unes
que les autres, portent des noms originaux : la *Koala room* (suite
avec chambre d'enfants), la chambre d'Arsène, la *Serge room* (la
plus petite et une des plus charmantes avec vue sur la piscine), la
suite orientale ou la *rétro room* avec dentelles et photos du mariage
des grands-parents de Mme Abo Dib, la charmante propriétaire. Le
rez-de-chaussée est formé de plusieurs petits salons décorés dans le
style 1900, L'un d'eux offre une vue panoramique sur les falaises
d'Etretat. Le chef, plein d'idées, vous mijotera des plats de qualité.

♦ *Itinéraire d'accès (voir carte n° 8) : à 28 km au nord du Havre
par A 13 sortie Pont-de-Tancarville, D 910 direction Bolbec et
Goderville, puis D 139.*

Auberge du Clos Normand⋆
22, rue Henri IV
76370 Martin-Eglise (Seine-Maritime)
Tél. 35.82.71.01/35.82.71.31 - M. et Mme Hauchecorne

♦ *Ouverture toute l'année - Fermeture le lundi soir et le mardi* ♦ *9 chambres avec tél. direct, s.d.b. ou douche, w.c. et t.v. - Prix des chambres simples et doubles : 230 F, 230 à 295 F - Prix des suites : 370 F - Petit déjeuner 28 F, servi de 8 h à 10 h - Prix de la demi-pension : 280 à 340 F (par pers., 3 j. min.)* ♦ *Amex, Carte bleue, Diners* ♦ *Chiens admis avec 50 F de supplément* ♦ *Possibilités alentour : tennis, équitation, golf 18 trous, thalassothérapie, châteaux du pays de Caux* ♦ *Restaurant : service de 12 h 15 à 14 h, 19 h 30 à 21 h - Fermeture lundi soir et mardi - Menus : Carte seulement - Spécialités : tarte aux moules, turbot sauce crème estragon, caneton "ma pomme", fricassée ris et rognon de veau.*

C'est une belle auberge du XVe siècle en lisière de la forêt d'Arques et à quelques kilomètres de la mer. De la salle à manger, coquette et rustique, on peut voir le chef à ses fourneaux, ce qui crée une atmosphère détendue et complice. Grâce au jardin en bordure de rivière, vous pouvez déjeuner dans un cadre verdoyant. Neuf chambres ont été aménagées en annexe, au fond du jardin, et bénéficient d'un grand calme ; elles sont toutes différentes, égayées de papiers peints fleuris, et toutes donnent sur la verdure.

♦ *Itinéraire d'accès (voir carte n° 1) : à 5 km au sud-est de Dieppe direction par D 1 direction Neufchâtel-en-Bray.*

Auberge de la Rouge★★★
Route du Havre
Saint-Léonard
76400 Fécamp (Seine-Maritime)
Tél. 35.28.07.59 - M. et Mme Guyot

♦ *Ouverture toute l'année sauf 3 semaines en février* ♦ *8 chambres avec tél. direct, s.d.b., w.c. et t.v. - Prix des chambres doubles : 260 F - Petit déjeuner 28 F, servi de 7 h à 10 h* ♦ *Cartes de crédit acceptées* ♦ *Chiens admis* ♦ *Possibilités alentour : sports nautiques, pêche en mer et en rivière, golf d'Etretat 18 trous (tél. 35.27.04.89) ; musées, les falaises d'Etretat* ♦ *Restaurant : service de 12 h à 14 h 30, 19 h à 21 h - Fermeture le dimanche soir et le lundi sauf jours fériés - Menus : 90 F, 170 F et 240 F - Carte - Spécialités : salade de langouste et de homard, turbot à l'oseille, ris de veau aux morilles.*

Bien que située sur une route nationale à 2 km de Fécamp, cette auberge normande n'en a aucun des inconvénients : les chambres récemment construites dans l'ancienne salle de bal donnent sur le jardin et sont insonorisées. Toutes identiques, elles ont une mezzanine avec un lit supplémentaire, elles sont modernes et confortables. Les salles de bains sont équipées de douches. Au restaurant, les menus proposés sont délicieux et copieux. Avec un décor soigné et rustique, un accueil des plus chaleureux, cet hôtel marque une étape agréable et confortable.

♦ *Itinéraire d'accès (voir carte n° 8) : à 2 km au sud de Fécamp par D 925 direction Goderville.*

Auberge de Kerhinet★★

44410 Saint-Lyphard (Loire-Atlantique)
Tél. 40.61.91.46 - M. et Mme Pebay-Arnauné

♦ *Ouverture toute l'année - Fermeture le mardi soir et le mercredi sauf en juillet et août* ♦ *7 chambres avec tél., s.d.b. et w.c. - Prix des chambres doubles : 220 F (supplément single : 110 F) - Petit déjeuner 35 F, servi de 8 h 30 à 10 h 30 - Prix de la demi-pension : 245 F (par pers.)* ♦ *Cartes de crédit acceptées* ♦ *Chiens admis* ♦ *Possibilités alentour : randonnées pédestres, location de vélos, promenades en barque, en calèche, à cheval ; La Baule* ♦ *Restaurant : service de 12 h à 15 h, 19 h à 23 h - Fermeture le mardi soir et le mercredi sauf en juillet et août - Menus : 75 à 190 F - Carte - Spécialités : cuisses de grenouilles, anguilles au roquefort, sandre au beurre blanc, canette aux pêches, petits foies de canard aux pleurotes.*

Cette merveilleuse petite auberge fait partie d'un village classé, parfaitement reconstitué et restauré. Toit de chaume, pierre, la recette est simple et le résultat a la beauté de tout ce qui est fait avec respect. Esprit rustique, saveur campagnarde aussi bien dans la salle à manger et le bar que dans les chambres, regroupées dans un pavillon calme. Bonne cuisine et accueil chaleureux, bonne adresse du terroir.

♦ *Itinéraire d'accès (voir carte n° 14) : à 20 km au nord de La Baule par D 92 jusqu'à Guérande, puis D 51.*

Abbaye de Villeneuve★★★★
Route des Sables d'Olonne
44840 Les Sorinières (Loire-Atlantique)
Tél. 40.04.40.25 - Télex 710 451 - Fax 40.31.28.45 - M. Savry

♦ *Ouverture toute l'année* ♦ *20 chambres avec tél. direct, s.d.b., w.c., (11 avec t.v.) - Prix des chambres simples et doubles : 470 à 510 F, 580 à 880 F - Prix des suites : 990 à 1 230 F - Petit déjeuner 55 F - Prix de la demi-pension et de la pension : 580 à 670 F, 770 à 850 F (par pers.)* ♦ *Cartes de crédit acceptées* ♦ *Chiens admis avec 45 F de supplément - Piscine à l'hôtel* ♦ *Possibilités alentour : golf, tennis, équitation, pêche, chasse ; vignoble nantais, jardin botanique, château des ducs de Bretagne, spectacle du Puy-du-Fou* ♦ *Restaurant : service de 12 h 15 à 14 h, 19 h 30 à 22 h - Menus : 140 à 340 F - Carte - Spécialités : saumon fumé à l'abbaye, salade croquante de cuisses de grenouilles et radis noirs, fricassée d'amandes de mer et langoustines.*

Cette abbaye, fondée en 1201 par Constance de Bretagne, fut en partie détruite à la Révolution ; restaurée en 1977, l'abbaye cistercienne est aujourd'hui un hôtel. La grande salle des moines abrite le restaurant, et les chambres ont conservé le magnifique colombage de la charpente. Dans les salons, les plafonds à la française et les cheminées de pierre créent une atmosphère un peu majestueuse mais bien préférable, quand il s'agit d'y séjourner, à l'austérité d'une abbaye. Un grand confort et une grande élégance règnent dans cet établissement, à seulement 10 minutes du centre ville de Nantes. Cuisine classique. Service et accueil d'un grand hôtel.

♦ *Itinéraire d'accès (voir carte n° 14) : à 10 km au sud de Nantes par N 137 direction La Roche-sur-Yon ; à 4 km des Sorinières.*

Château des Briottières

49330 Champigné (Maine-et-Loire)
Tél. 41.42.00.02 - Télex 720 943 - Fax 41.42.01.55
M. et Mme de Valbray

♦ *Ouverture du 10 janvier au 15 décembre* ♦ *8 chambres avec tél. direct, s.d.b. et w.c. - Prix des chambres simples et doubles : 450 F, 650 à 700 F - Prix des suites : 800 F - Petit déjeuner 45 F, servi à partir de 8 h 30 - Prix de la demi-pension : 630 F (par pers.)* ♦ *Cartes de crédit acceptées* ♦ *Chiens admis* ♦ *Possibilités alentour : golf, tennis, équitation, promenades, pêche* ♦ *Table d'hôtes à 20 h sur réservation : 300 F - Spécialités : cuisine régionale.*

Ce beau château du XVIIe siècle qui a préservé son parc d'origine de 40 hectares n'est pas un hôtel mais un château privé recevant des hôtes. François et Hedwige de Valbray tiennent beaucoup à cette distinction et ils reçoivent pour dîner à leur propre table comme leurs ancêtres y accueillaient leurs amis. Dans le magnifique parc, vous verrez des chevaux et des moutons, tandis que l'étang est le domaine des cygnes et des canards. Les 7 chambres méritent plutôt le nom d'appartements par leur taille et l'antichambre qu'il faut franchir avant d'y pénétrer. Leur décoration, très soignée, est entièrement constituée de meubles d'époque n'ayant jamais quitté la maison. Les salles de bains sont luxueusement équipées et très claires. Au rez-de-chaussée, la salle à manger est une grande pièce solennelle au parquet à la Versailles mais quand la nuit tombe, les chandelles s'allument sur la belle table ovale et l'intimité s'installe autour des délicieux plats que prépare Hedwige.

♦ *Itinéraire d'accès (voir carte n° 15) : à 32 km au nord d'Angers par A11 sortie Durtal, puis D 859 et D 770 direction Le Lion-d'Angers ; dans Champigné, suivre fléchage.*

Château de la Grifferaie

Echemiré
49150 Baugé (Maine-et-Loire)
Tél. 41.89.70.25 - MM. Pintos et Lang

♦ *Ouverture toute l'année* ♦ *20 chambres avec tél. direct, s.d.b. ou douche, w.c. et t.v. - Prix des chambres doubles : 350 à 900 F - Prix des suites : 1 000 F - Petit déjeuner 40 F - Prix de la demi-pension : 480 F (par pers.)* ♦ *Amex, Carte bleue, Eurocard, MasterCard et Visa* ♦ *Chiens admis avec supplément - Piscine, tennis à l'hôtel* ♦ *Possibilités alentour : équitation, golf 18 trous ; châteaux et bords de la Loire, abbaye de Fontevraud* ♦ *Restaurant : service à 12 h et 20 h - Menus : 150 et 210 F - Carte - Spécialités : cuisine traditionnelle, poisson, gibier.*

Le château Napoléon III de style Louis XIII, typiquement angevin, en pierre de tuffeau, très ouvragé et construit sur les ruines d'un ancien château par le marquis d'Andigné, est situé dans un très beau parc aux essences multiples et variées, agrémenté d'une roseraie.

Les nouveaux propriétaires vous proposent une vie de château dans une demeure confortable située dans un beau paysage vallonné et boisé du Beaugeois. Vous y goûterez aussi à l'excellente cuisine du chef. Les propriétaires proposent également la visite de châteaux et demeures privés de la région : Le Lude Beaugé, Montgeoffroy, Brissac, Serrant, Angers, dans un rayon de 30 km.

Un agréable lieu de détente et de loisirs.

♦ *Itinéraire d'accès (voir carte n° 15) : à 30 km au nord-est d'Angers par A 11, sortie Seiches-sur-le-Loir, puis D 766 direction Baugé.*

Relais du Gué de Selle★★★
Route de Mayenne
53600 Mézangers (Mayenne)
Tél. 43.90.64.05 - Télex 722 615 - Fax 43.90.60.82
MM. Paris et Peschard

♦ *Ouverture du 1er mars au 30 janvier* ♦ *26 chambres avec tél. direct, s.d.b., w.c. et t.v. - Prix des chambres simples et doubles : 238 à 299 F, 260 à 334 F - Prix des suites : 397 F - Petit déjeuner 34 F - Prix de la demi-pension et de la pension : 208 à 275 F, 267 à 313 F (par pers., 3 j. min.)* ♦ *Cartes de crédit acceptées* ♦ *Chiens admis avec 34 F de supplément - Tennis à l'hôtel* ♦ *Possibilités alentour : équitation, voile, pêche en étang ; châteaux, ruines gallo-romaines* ♦ *Restaurant : service de 12 h à 14 h, 19 h 45 à 21 h - Fermeture le dimanche soir et le lundi en b.s. - Menus : 80 à 180 F - Carte - Spécialités : chausson de homard au foie gras, filet d'agneau à la crème de morilles.*

Le relais est une ancienne ferme en forme de U bâtie en 1843 comme en témoigne une belle poutre gravée dans le hall d'entrée. Bien qu'à proximité de la route, sa situation est tout de même privilégiée car il se trouve en bordure même d'un étang dans un site protégé de 80 hectares. Les activités proposées sont nombreuses : voile, tennis, cyclotourisme (des vélos sont mis à la disposition des clients), il y a même une salle de gymnastique. Les chambres, comme les salles de bains, sont parfaitement équipées et celles qui donnent sur le plan d'eau sont à recommander. La salle à manger où l'on sert une bonne cuisine et un bon vin d'Anjou est une vaste pièce à l'ambiance agréable, autrefois étable et grenier à foin.

♦ *Itinéraire d'accès (voir carte n° 7) : à 35 km à l'est du Mans par A 81 sortie Vaiges, puis D 24 jusqu'à La Chapelle-Rainsoin, D 20 jusqu'à Evron et D 7 direction Mayenne.*

Hôtel L'Ermitage★★★

53340 Saulges (Mayenne)
Tél. 43.90.52.28 - Télex 723 405 - Fax 43.90.56.61
M. et Mme Janvier

♦ *Ouverture du 5 mars au 10 janvier - Fermeture le dimanche soir et le lundi en b.s.* ♦ *23 chambres avec tél. direct, s.d.b. ou douche, w.c., t.v. et minibar - Prix des chambres doubles : de 200 à 320 F - Petit déjeuner 32 F, servi de 7 h 30 à 10 h - Prix de la demi-pension et de la pension : 200 à 260 F, 250 à 350 F (par pers., 4 j. min.)* ♦ *Amex, Carte bleue, Diners, Eurocard, MasterCard et Visa* ♦ *Chiens admis avec supplément* ♦ *Possibilités alentour : baignade, tennis ; abbaye de Solesmes, grottes préhistoriques, église mérovingienne* ♦ *Restaurant : service de 12 h à 14 h, 19 h 15 à 21 h - Menus : 85 à 210 F - Carte - Spécialités : foie gras maison, poissons fumés, volailles du pays, filet de truite saumonée fumée maison.*

L'Ermitage est situé dans la région Erve et Vegre, deux charmantes rivières poissonneuses, au cœur de la Mayenne. C'est un bâtiment moderne, installé au centre du petit bourg très calme de Saulges. Les chambres viennent d'être rénovées, toutes sont avec vue sur la campagne. Le jardin qui s'est agrandi d'un pré est très agréable et la cuisine de M. Janvier légère et inventive sera servie l'an prochain dans la nouvelle salle à manger donnant sur le parc. Les possibilités touristiques ne manquent pas avec deux belles églises, les grottes de Roquefort et Margot à Saulges même, les châteaux de Sillé-le-Guillaume, de Fresnay et de Lassay.

♦ *Itinéraire d'accès (voir carte n° 15) : à 37 km au sud-est de Laval par N 157 jusqu'à Vaiges, puis D 24 et D 166.*

Relais Cicéro
18, boulevard d'Alger
72200 La Flèche (Sarthe)
Tél. 43.94.14.14 - Mme Levasseur

♦ *Ouverture toute l'année sauf 15 jours fin décembre et début janvier* ♦ *20 chambres avec tél., s.d.b. et w.c. - Prix des chambres : 350 à 620 F - Petit déjeuner 42 F, servi à partir de 7 h* ♦ *Amex et Visa* ♦ *Petits chiens admis* ♦ *Possibilités alentour : chapelle Notre-Dame-des-Vertus, parc zoologique du Tertre Rouge, château de Lude, abbaye de Solesmes* ♦ *Pas de restaurant à l'hôtel.*

Cet hôtel n'est pas à proprement parler un hôtel de campagne puisqu'il est dans la jolie petite ville de La Flèche. Cependant nous avons pensé que sa situation, sur une belle allée plantée d'arbres à l'écart de l'agitation et des bruits du centre ville, son grand jardin calme, la beauté de cette demeure des XVIe et XVIIIe aménagée avec raffinement et un grand sens du confort : un bar, un salon de lecture, un salon de télévision et une salle à manger pour de très bons petits déjeuners, avec une cheminée où l'hiver crépite un bon feu, contribuent à faire de ce lieu une étape de qualité. Les chambres sont confortables et meublées avec soin. Nous préférons pour notre part celles du bâtiment principal. Il y a un restaurant indépendant de l'hôtel à quelques mètres ; sinon le restaurant de l'Hôtel du Vert Galant (tél. 43 94 00 51) à cinq minutes à pied dans la grand rue, est bon et raisonnable.

♦ *Itinéraire d'accès (voir carte n° 15) : à 52 km d'Angers.*

Auberge du Port des Roches★★

72800 Luché-Pringé (Sarthe)
Tél. 43.45.44.48 - M. Martin

♦ *Ouverture toute l'année - Fermeture le dimanche soir et le lundi en b.s.* ♦ *15 chambres avec tél. direct, (12 avec s.d.b. ou douche, 8 avec w.c.), t.v. - Prix des chambres doubles : 180 à 270 F - Petit déjeuner 25 F - Prix de la demi-pension et de la pension : 210 à 250 F, 250 à 300 F (par pers., 5 j. min.)* ♦ *Cartes de crédit acceptées* ♦ *Chiens non admis* ♦ *Possibilités alentour : sports nautiques sur le plan d'eau de Mansigné, randonnées équestres et pédestres ; château de Lude, zoo de La Flèche* ♦ *Restaurant : service de 12 h à 13 h 30, 19 h 15 à 20 h 30 - Fermeture le dimanche soir et le lundi en b.s. - Menus : 120 à 160 F - Carte - Spécialités : filet de sandre au vinaigre de cidre, salade de foies et gésiers.*

Situé au bord d'une jolie route départementale dans la vallée du Loir, cet hôtel au confort simple possède une charmante terrasse (de l'autre côté de la route) qui donne sur le Loir. Même si l'auberge est accueillante avec ses quinze chambres confortables et claires, il faut tout de même signaler que l'hôtel se trouve entre deux petites routes. L'accueil de Mme Martin est souriant et la cuisine de M. Martin à base des produits du marché. Le salon avec télévision et la vaste salle à manger ainsi que la plupart des chambres donnent sur la cour d'arrivée où sont garées les voitures. Seules trois d'entre elles donnent sur le Loir. Une gentille étape pour visiter la vallée du Loir et les châteaux de la Loire.

♦ *Itinéraire d'accès (voir carte n° 16) : à 55 km au sud du Mans par A 11 sortie Durtal, puis N 23 direction Le Mans jusqu'à Clermont-Créan et D 13 ; à 2 km du village au lieu-dit Le Port-des-Roches.*

Hôtel du Martinet★★
Place de la Croix Blanche
85230 Bouin (Vendée)
Tél. 51.49.08.94 - Mme Huchet

♦ *Ouverture toute l'année* ♦ *16 chambres avec tél. direct, s.d.b. ou douche, w.c., (10 avec t.v.) - Prix des chambres simples et doubles : 170 à 190 F, 215 à 260 F - Petit déjeuner 50 F* ♦ *Cartes de crédit acceptées* ♦ *Chiens admis - Vélos à l'hôtel* ♦ *Possibilités alentour : piscine, tennis, golf, promenades dans le marais, visite du parc à huîtres* ♦ *Dégustation d'huîtres.*

On ne peut qu'être séduit par cette vieille demeure de la fin du XVIIIe siècle où règne une atmosphère de maison bien entretenue et où l'odeur de la cire se mêle à celle des bouquets de fleurs coupées. Dans les chambres du rez-de-chaussée ou du premier étage, le mobilier est simple mais très confortable. Sous les combles on a aménagé 2 chambres, idéales pour des familles de 4 personnes. Un grand parc s'étend derrière la maison d'où l'on a une belle vue sur la campagne et le marais vendéen. Il n'y a pas de restaurant à l'hôtel mais le mari de la propriétaire, ostréiculteur, se fera un plaisir de vous faire déguster les huîtres de son parc.

♦ *Itinéraire d'accès (voir carte n° 14) : à 51 km au sud-ouest de Nantes par D 751 et D 758 direction Noirmoutier.*

Flux Hôtel★★
27, rue Pierre-Henry
85350 Ile d'Yeu (Vendée)
Tél. 51.58.36.25 - Mme Cadou

♦ *Ouverture toute l'année* ♦ *15 chambres avec tél., s.d.b. et w.c. - Prix des chambres : 220 à 290 F - Petit déjeuner 27 F, servi de 8 h à 9 h* ♦ *Carte bleue et Eurocard* ♦ *Chiens admis avec 25 F de supplément* ♦ *Possibilités alentour : pêche ; baignades* ♦ *Restaurant : service de 12 h à 14 h, 19 h à 21 h - Fermeture le dimanche soir en b.s. - Spécialités : poissons, crustacés ; tarte aux pruneaux.*

A quelques mètres de Port-Joinville, il existe un petit hôtel dont le nom est gardé secret par des générations d'habitués, le Flux hôtel. Les chambres sont toutes calmes et confortables, celles de l'annexe ont en plus des terrasses, l'aménagement est moderne et simple. Les crustacés pêchés par vous et vos enfants dans l'après-midi seront préparés à la cuisine et servis à votre table le soir même. Mais pour pouvoir se fondre parmi ces gens heureux, il faudra réserver longtemps à l'avance.

♦ *Itinéraire d'accès (voir carte n° 14) : liaisons maritimes de Port-Joinville (tél. 51.58.36.66) et de Fromentine (tél. 51.68.52.32).*

Hôtel du Général d'Elbée★★★
Place d'Armes
85330 Noirmoutier-en-l'Ile (Vendée)
Tél. 51.39.10.29 - Fax 51.39.69.12 - M. Savry

♦ *Ouverture de Pâques au 1er octobre* ♦ *27 chambres avec tél. direct, s.d.b. et w.c. - Prix des chambres simples et doubles : 380 à 485 F, 300 à 835 F - Prix des suites : 535 à 1020 F - Petit déjeuner 45 F, servi de 7 h à 11 h - Prix de la demi-pension et de la pension : 380 à 550 F, 415 à 550 (par pers.)* ♦ *Amex, Diners, Eurocard, MasterCard* ♦ *Chiens admis avec 45 F de supplément - Piscine à l'hôtel* ♦ *Possibilités alentour : tennis, équitation, promenade en mer ; sports nautiques* ♦ *Restaurant : service de 12 h 30 à 14 h, 19 h 30 à 22 h - Menus : 115 à 205 F - Carte - Spécialités : plateau de fruits de mer, canette de Challans, agneau de pré-salé, pommes de terre de Noirmoutier.*

L'hôtel du Général d'Elbée occupe une grande et ancienne bâtisse située en bordure du petit port-canal. L'hôtel propose trente chambres douillettes et confortables, décorées de meubles anciens, ce qui ajoute encore au charme de cette maison. Un jardin intérieur, clos de murs, abrite une grande piscine. La cuisine est bonne, sans artifice, privilégiant les produits frais du marché. Accueil et service attentifs.

♦ *Itinéraire d'accès (voir carte n° 14) : dans le centre ville.*

Hôtel Les Prateaux★★

Bois de la Chaize
85330 Noirmoutier (Vendée)
Tél. 51.39.12.52 - Fax 51.39.46.28 - M. Blouard

♦ *Ouverture du 15 mars au 30 septembre* ♦ *13 chambres avec tél. direct, s.d.b. ou douche, (9 avec w.c.) - Prix des chambres doubles : 250 à 380 F - Petit déjeuner 35 F - Prix de la demi-pension et de la pension : 270 à 365 F, 320 à 420 F (par pers. ; pension obligatoire du 15 juin au 15 septembre)* ♦ *Carte bleue, Eurocard et Visa* ♦ *Chiens non admis* ♦ *Possibilités alentour : tennis, plage, voile, équitation ; musées, châteaux, marais salants* ♦ *Restaurant : service de 12 h 30 à 13 h 30, 19 h 30 à 20 h 30 - Carte - Spécialités : poissons et crustacés.*

Cet hôtel a gardé des airs de la pension de famille qu'il était autrefois. Les chambres agréables à la décoration désuète et les repas aux heures peu variables constituent sûrement une partie du charme de l'endroit ; mais c'est d'abord son emplacement qui rend l'hôtel si attrayant. Construit en 1939 à l'extrémité de l'île de Noirmoutier au milieu du bois de la Chaize, il bénéficie d'un calme absolu et de la proximité de la mer. Celle-ci n'est qu'à 300 mètres et on accède à une jolie petite plage en prenant un chemin à travers bois. La maison principale abrite les salles de restaurant, le salon et une partie des chambres tandis que les autres sont à quelques pas dans le jardin. L'ambiance est très estivale et il y flotte un parfum de Côte d'Azur grâce aux pins mimosas et aux arbousiers aux superbes couleurs.

♦ *Itinéraire d'accès (voir carte n° 14) : à 1,5 km de Noirmoutier jusqu'au Bois de la Chaize, puis suivre fléchage.*

Logis de La Couperie★★

85000 La Roche-sur-Yon (Vendée)
Tél. 51.37.21.19 - Mme Oliveau

♦ *Ouverture toute l'année* ♦ *8 chambres avec tél. direct et s.d.b.*
(6 avec w.c.) t.v sur demande - Prix des chambres simples et
doubles : 180 à 275 F, 215 à 375 F - Petit déjeuner 30 F, servi de
7 h 30 à 9 h 30 ♦ *Cartes de crédit acceptées* ♦ *Chiens non admis*
♦ *Possibilités alentour : équitation, randonnées, circuit vélo, vol à*
voile, planche à voile ♦ *Pas de restaurant à l'hôtel.*

Le Logis de la Couperie est situé en pleine campagne, dans un grand
jardin de 3 000 mètres carrés, à cinq minutes de La Roche-sur-Yon.
Vous y trouverez le calme et un accueil chaleureux.
Les chambres, toutes confortables, sont meublées avec goût avec du
mobilier régional. Un magnifique escalier à colombages mène aux
étages et une bibliothèque bien fournie est à votre disposition pour le
cas où vous auriez déserté le salon, où l'on peut bien sûr regarder la
télévision. Le petit déjeuner est servi dans la salle à manger, une
ancienne boulangerie qui a conservé ses fours.

♦ *Itinéraire d'accès (voir carte n° 14) : à 2 km à l'ouest du centre*
ville par D 80 direction Château-Fromage.

Le Castel du Verger

85670 Saint-Christophe-du-Ligneron (Vendée)
Tél. 51.93.04.14/51.93.30.50 - Télex 700 846 - M. Gouon

♦ *Ouverture toute l'année - Fermeture le dimanche soir*
♦ *7 chambres d'hôtes avec s.d.b. et w.c. - Prix des chambres doubles : de 280 à 330 F - Petit déjeuner 30 F, servi de 7 h à 10 h - Prix de la demi-pension : 400 F (par pers.) 550 F (pour 2 pers.)* ♦ *Carte bleue* ♦ *Chiens admis - Piscine chauffée, vélos à l'hôtel* ♦ *Possibilités alentour : golf à 18 km, château et barrage d'Apremont, marais salants, moulins* ♦ *Table d'hôtes sur réservation. - Fermeture le dimanche soir et le lundi - Menu : 110 F - Carte - Spécialités : cuisine saisonnière avec les produits de la ferme.*

Vous êtes ici pour vivre selon votre bon plaisir, telle est l'incroyable règle que vous proposent les propriétaires de ce château du XVIIe siècle. Le petit déjeuner vous est servi dans la vaste cuisine familiale. Mme Gouon est une excellente cuisinière, elle accepte volontiers que vous lui donniez un coup de main en échange de ses recettes. M. Gouon a rassemblé une étonnante collection de statues religieuses polychromes dans une chapelle protestante attenante au château.

♦ *Itinéraire d'accès (voir carte n° 14) : à 9 km à l'est de Challans par D 948.*

Hôtel La Barbacane★★
2, place de l'Eglise
85130 Tiffauges (Vendée)
Tél. 51.65.75.59 - Fax 51.65.71.91 - Mme Bidan

♦ *Ouverture toute l'année* ♦ *16 chambres avec tél. direct, s.d.b. ou douche, w.c. et t.v. - Prix des chambres simples et doubles : 200 F, 305 F - Petit déjeuner 25 à 37 F* ♦ *Carte bleue, Eurocard, MasterCard et Visa* ♦ *Chiens admis - Piscine à l'hôtel* ♦ *Possibilités alentour : tennis, équitation ; château de Barbe Bleue, visite de vignobles, spectacle de Puy-du-Fou* ♦ *Pas de restaurant à l'hôtel.*

La Barbacane est une belle demeure du XIXe siècle avec un parc d'un hectare qui s'étend derrière la maison. Toutes les chambres sont confortables, pourvues d'agréables salles de bains très fonctionnelles. Certaines donnent sur la cour d'arrivée devant l'église, d'autres sur le parc et celles du dernier étage ont une vue panoramique sur le château de Barbe Bleue. En été un service bar est assuré au bord de la piscine et dans le jardin planté de cèdres centenaires et de magnolias, où fleurissent rosiers et glycines.

♦ *Itinéraire d'accès (voir carte n° 15) : à 20 km à l'ouest de Cholet par D 753 direction Montaigu.*

Baumotel - La Chaumière★★★
Boulevard du Poitou
La Trique - 85290 Saint-Laurent-sur-Sèvre (Vendée)
Tél. 51.67.80.12 - Télex 701 758 - Fax 51.67.82.87
M. et Mme Baume

♦ *Ouverture toute l'année* ♦ *23 chambres avec tél. direct, s.d.b. ou douche, (21 avec w.c.) et t.v. - Prix des chambres simples et doubles : 250 à 390 F, 260 à 420 F - Petit déjeuner 36 F - Prix de la demi-pension et de la pension : 260 à 420 F, 350 à 510 F (par pers., 3 j. min.)* ♦ *Cartes de crédit acceptées* ♦ *Chiens admis avec 40 F de supplément - Piscine, tennis de table à l'hôtel* ♦ *Possibilités alentour : promenades pédestres dans la vallée de la Serre, pêche en rivière ; spectacle de Puy-du-Fou* ♦ *Restaurant : service de 12 h à 14 h, 19 h 30 à 21 h 30 - Fermeture 1 semaine en février - Menus : 98 à 270 F - Carte - Spécialités : foie gras frais de canard, cuisses de grenouilles, langoustines croustillantes.*

Derrière cet hôtel composé d'une partie ancienne (la chaumière) et d'un bâtiment plus récent s'étire un jardin de 2 hectares abritant une piscine, un "pavillon" et un bungalow.
Les chambres, qui donnent sur le parc, offrent toutes un confort moderne et nous avons une préférence pour celles qui sont situées dans la chaumière, même si elles sont moins grandes que les autres. On déguste l'excellente cuisine du propriétaire dans une salle à manger qui surplombe le jardin, ou même sur la terrasse en plein été. Seul point noir, la situation du Baumotel qui est au bord d'une route dans une zone un peu abîmée, mais dont on arrive à faire abstraction tant la vie de l'hôtel est définitivement tournée vers le jardin. Une étape agréable si vous vous trouvez en Vendée.

♦ *Itinéraire d'accès (voir carte n° 15) : à 10 km de Cholet par D 752.*

Auberge de la Rivière★★

85770 Velluire (Vendée)
Tél. 51.52.32.15 - M. et Mme Pajot

♦ *Ouverture du 1er février au 20 décembre - Fermeture le dimanche soir et le mardi sauf en juillet et en août* ♦ *11 chambres avec tél. direct, s.d.b., w.c., (6 avec t.v.) - Prix des chambres doubles : 270 à 320 F - Petit déjeuner 33 F, servi de 7 h 30 à 10 h 30 - Prix de la demi-pension et de la pension : 230 à 275 F, 285 à 330 F (par pers., 3 j. min.)* ♦ *Carte bleue et Visa* ♦ *Chiens admis avec supplément* ♦ *Possibilités alentour : pêche, promenade* ♦ *Restaurant : service de 12 h 15 à 14 , 20 h à 21 h 30 - Fermeture le dimanche soir et le mardi en b.s. - Menus : 75 à 200 F - Carte - Spécialités : feuilleté de langoustines, pigeon aux choux sauce morilles, poisson.*

A quelques kilomètres de Fontenay-le-Comte, l'auberge de la Rivière se trouve dans le petit village de Velluire, sur les rives mêmes de la Vendée. L'endroit est très calme et propose différents types de chambres dont les prix varient sensiblement selon le confort souhaité. Les plus agréables sont les chambres 11 et 12 au 1er étage : elles surplombent la rivière ; la 5 et la 6, situées dans une annexe au rez-de-chaussée, donnent directement sur l'eau. Dans la grande salle de restaurant qu'égayent de nombreuses fenêtres sont servis poissons de mer et spécialités régionales cuisinés par Mme Pajot. Loin des routes touristiques, c'est une adresse agréable et sans prétention, étape avant l'île de Ré ou les marais poitevins et la Venise verte.

♦ *Itinéraire d'accès (voir carte n° 15) : à 40 km au nord de La Rochelle par N 11, N 137 et D 938ter direction Fontenay-le-Comte jusqu'à Nizeau, puis D 68.*

L'Echassier★★★

Châteaubernard - 16100 Cognac (Charente)
Tél. 45.35.01.09 - Télex 790 798 - Fax 45.32.22.43
M. et Mme Lambert, M. et Mme Goarn

♦ *Ouverture du 16 février au 14 novembre - Fermeture dimanche soir* ♦ *21 chambres avec tél., s.d.b., w.c. et t.v. - Prix des chambres simples et doubles : 345 F, 385 F - Petit déjeuner 50 F, servi de 7 h à 11 h - Prix de la demi-pension : 450 F à 530 F (par pers.)* ♦ *Amex, Carte bleue et Diners* ♦ *Chiens admis avec 30 F de supplément - Piscine chauffée à l'hôtel* ♦ *Possibilités alentour : golf 18 trous, équitation ; promenades au bord de la Charente* ♦ *Restaurant : service de 12 h 15 à 13 h 45, 19 h 15 à 20 h 45 - Fermeture du 15 novembre au 15 février - Menus : de 125 F à 165 F.*

Situé à 2 kilomètres de Cognac, l'Echassier est plutôt un hôtel de ville dans un cadre campagnard. L'hôtel et le restaurant sont dans deux bâtiments séparés. L'hôtel est moderne, mais dans une architecture un peu Nouvelle-Orléans. Les chambres sont très confortables (quatre chambres du 1er ont un balcon, quatre chambres du rez-de-chaussée ont une terrasse de plain-pied) mais la décoration impersonnelle de l'ensemble donne le sentiment d'un manque d'âme, même si le service et l'accueil sont très professionels. (A signaler aussi un très bon petit déjeuner.) La piscine est belle, chauffée, mais aurait elle aussi besoin de quelques fleurs et plantes pour l'humaniser et cacher le parking. Le restaurant, à 50 mètres dans la même propriété, est une des bonnes adresses de la région, et la salle à manger est agréable. Une bonne adresse pour visiter Cognac à proximité d'un très beau golf 18 trous.

♦ *Itinéraire d'accès (voir carte n° 22) : à 2 km au sud de Cognac par D 24.*

Hostellerie Château Sainte-Catherine★★★
Route de Marthon - 16220 Montbron (Charente)
Tél. 45.23.60.03 - Fax 45.70.72.00 - Mme Chupin

♦ *Ouverture de mars à décembre* ♦ *15 chambres avec tél. direct, s.d.b. (2 avec douche), w.c. et t.v. - Prix des chambres doubles : 250 F en b.s., 500 F en h.s. - Petit déjeuner 50 F - Prix de la demi-pension et de la pension : 400 à 500 F, 500 à 600 F (par pers., 3 j. min.)* ♦ *Cartes de crédit acceptées* ♦ *Chiens admis - Piscine, tennis de table à l'hôtel* ♦ *Possibilités alentour : tennis, équitation, golf, canoë-kayak, escalades, promenades pédestres et à vélo ; grotte du Querois* ♦ *Restaurant : service de 12 h 30 à 14 h, 19 h 15 à 21 h 30 - Menus : 140 à 240 F - Carte - Spécialités : cuisine légère des produits du terroir.*

Cet hôtel bénéficie d'une situation exceptionnelle, en pleine nature boisée et vallonnée. Cette ancienne demeure du XVIIe siècle agrandie au XIXe par l'impératrice Joséphine est au milieu d'un parc de 6 hectares et l'été, la terrasse sur le parc est un lieu magique. La décoration intérieure feutrée est aux limites du kitsch par l'accumulation de couleurs et d'impressions, des moquettes aux tapisseries. Les grandes chambres qui donnent sur le parc sont confortables, et ont du charme : on ne peut pas en dire autant de certaines petites. Le bar est chaleureux ainsi que le salon avec sa grande cheminée, et la petite salle à manger est plus gaie que la grande. Nous n'avons pas été convaincus par le restaurant, mais l'accueil et le service sont gentils ; et si l'on ne craint pas un côté un petit peu amateur, l'hostellerie Sainte-Catherine est un hôtel de charme.

♦ *Itinéraire d'accès (voir carte n° 23) : à 30 km à l'est d'Angoulême par D 699 direction Montbron, puis D 16 direction Marthon ; au lieu-dit Sainte-Catherine.*

Les Trois Saules★★

Saint-Groux
16230 Mansle (Charente)
Tél. 45.20.31.40 - M. Faure

♦ *Ouverture toute l'année - Fermeture le dimanche soir et le lundi à midi* ♦ *10 chambres avec tél. direct, douche (1 avec s.d.b.), w.c., (5 avec t.v.) - Prix des chambres simples et doubles : 160 F, 184 F - Petit déjeuner 22 F, servi de 8 h à 10 h - Prix de la demi-pension et de la pension : 157 F, 202 F (par pers., 3 j. min.)* ♦ *Carte bleue et Visa* ♦ *Chiens admis* ♦ *Possibilités alentour : baignade, pêche en rivière, vélo, jeu de boules* ♦ *Restaurant : service de 12 h 15 à 13 h 45, 19 h à 20 h 45 - Fermeture 2 semaines en février, 2 semaines en novembre - Menus : 53 à 145 F - Carte - Spécialités : sole aux cèpes, rognons de veau aux morilles ; sabayon au cognac.*

C'est la véritable auberge de campagne, modeste mais confortable. Les chambres ne sont pas très grandes, leur décoration est très simple, mais toutes ont des douches (une avec salle de bains). Les habitués se retrouvent ici chaque été, ils font du vélo, pêchent, se reposent, se baignent dans la Charente. La famille Faure, propriétaire de l'auberge depuis plusieurs générations, est la plus grande famille du village. Ils s'occupent de leur clientèle, très familiale, avec beaucoup de gentillesse. La table est renommée dans toute la région pour ses confits de caille et ses omelettes d'escargots.

♦ *Itinéraire d'accès (voir carte n° 23) : à 26 km au nord d'Angoulême par N 10 jusqu'à Mansle, puis D 361.*

Le Moulin de Cierzac★★★

16130 Saint-Fort-sur-le-Né (Charente)
Tél. 45.83.01.32 - M. Labouly

♦ *Ouverture toute l'année sauf en février* ♦ *10 chambres avec tél. direct, s.d.b. ou douche, (5 avec w.c., 3 avec t.v.) - Prix des chambres simples et doubles : 290 F, 490 F - Petit déjeuner 55 F, servi à partir de 7 h 30* ♦ *Amex, Carte bleue et Visa* ♦ *Chiens admis avec supplément* ♦ *Possibilités alentour : piscine, tennis, équitation* ♦ *Restaurant : service (restaurant 4 étoiles) de 12 h à 14 h 15, 19 h à 21 h 45 - Fermeture le lundi en b.s. - Menus : 160 à 210 F - Carte - Spécialités : cuisine de saison.*

A la sortie de Saint-Fort-sur-le-Né, cet ancien moulin, demeure du XVIIe qui dispose d'un joli parc arboré avec une rivière et un petit pont qui l'enjambe, est une bonne adresse. L'accueil de M. Labouly et de son équipe est agréable, la salle à manger très accueillante avec sa belle cheminée, et la nourriture de grande qualité (spécialités charentaises, nouvelle cuisine). La partie salon-bar mériterait une décoration plus chaleureuse. Les chambres sont confortables mais nous vous recommanderons la 9 et la 10, plus proches du parc et de la rivière. Bien que la route soit peu fréquentée la nuit, elle rend moins agréable dans la journée un séjour sur la terrasse devant l'hôtel et dans les chambres les plus rapprochées ; mais il reste le parc où sont disposées tables et chaises. Une haie d'arbres pour cacher la route serait une amélioration suffisante.

♦ *Itinéraire d'accès (voir carte n° 22) : à 30 km à l'ouest de l'A 10 sortie Pons ; à 14 km au sud de Cognac par D 731 direction Cierzac.*

Le Logis

17610 Dompierre-sur-Charente (Charente-Maritime)
Tél. 46.91.02.05 - Mme Cocuaud

♦ *Ouverture du 1er février au 31 octobre* ♦ *5 chambres d'hôtes (4 avec s.d.b., 1 avec w.c.) - Prix des chambres doubles : 380 F - Petit déjeuner 36 F* ♦ *Cartes de crédit non acceptées* ♦ *Chiens non admis* ♦ *Possibilités alentour : tennis, pêche* ♦ *Table d'hôtes sur réservation : 180 F - Spécialités : cuisine de saison.*

Le Logis est une très belle maison du XVIIe siècle construite un peu en hauteur à quelques centaines de mètres de la Charente, au milieu des vignobles de Cognac. Toutes les pièces principales sont accessibles aux hôtes qui y trouveront un mobilier de qualité et d'agréables volumes. Les chambres obéissent aux mêmes caractéristiques : confortables, lumineuses et très joliment décorées, elles sont avant tout des "chambres d'amis". Mme Cocuaud a autant de caractère que d'humour ; elle anime brillamment sa table et sert une cuisine préparée avec les produits achetés le matin même au marché.

♦ *Itinéraire d'accès (voir carte n° 22) : à 13 km à l'ouest de Cognac par N 141, puis D 83 (par les bords de la Charente).*

Hôtel de la Monnaie★★★
3, rue de la Monnaie
17000 La Rochelle (Charente-Maritime)
Tél. 46.50.65.65 - Télex 793 434 - Fax 46.80.63.19

♦ *Ouverture toute l'année* ♦ *36 chambres climatisées avec tél., s.d.b., w.c., t.v. satellite et minibar - Prix des chambres doubles : 410 à 550 F - Petit déjeuner 47 F* ♦ *Amex, Diners et Visa* ♦ *Chiens admis* ♦ *Pas de restaurant à l'hôtel.*

Dans le centre historique de La Rochelle, au pied de la Tour de la Lanterne et faisant face au vieux port, l'hôtel est l'ancienne demeure où l'on frappait monnaie jadis. Les chambres sont grandes, claires, bien équipées de salles de bains fonctionnelles. Les tissus aux couleurs pastel y créent une atmosphère douce et reposante. Aucune crainte d'être gêné par les bruits de la rue, les chambres donnent soit sur la cour intérieure pavée, soit sur le jardin. Quatre beaux piliers de chêne séparent le salon de la réception qui sont des pièces très accueillantes (avec cheminée et piano). Pas de restaurant mais un petit service de restauration est assuré par l'hôtel si vous ne voulez pas sortir dîner en ville.

♦ *Itinéraire d'accès (voir carte n° 22) : dans le centre ville.*

Château des Salles

17240 Saint-Fort-sur-Gironde (Charente-Maritime)
Tél. 46.49.95.10 - M. et Mme Couillaud

♦ *Ouverture de Pâques à fin septembre* ♦ *5 chambres d'hôtes avec s.d.b. ou douche, w.c. - Prix des chambres doubles : 250 à 440 F - Petit déjeuner 40 F, servi de 8 h 15 à 10 h 15 - Prix de la demi-pension : 270 à 350 F (par pers., 3 j. min.)* ♦ *Carte bleue, Eurocard, MasterCard et Visa* ♦ *Chiens non admis* ♦ *Possibilités alentour : randonnées, pêche, plages ; vignobles du Médoc et de Cognac, églises romanes* ♦ *Dîner à la table d'hôtes : 158 F - Spécialités : mouclade saintongeoise, crêpe aux fruits de mer, gigot d'agneau de la ferme, poissons grillés ; pineau et cognac de la propriété.*

Dans leur château du XVe siècle, Thésy et Jean font tout eux-mêmes : les aquarelles qui ornent les chambres, les rideaux, la décoration, l'accueil de leurs hôtes, la cueillette des cerises mais aussi la délicieuse cuisine qui vous est servie dans la salle de restaurant (pâté et jambon maison, alose à l'oseille, tartes aux fruits du verger). Les chambres sont spacieuses avec douche ou salle de bains mais décorées avec soin et goût. Les habitués viennent ici pour le calme, ils retrouvent chaque année l'ombre des magnolias et la gentillesse de Thésy et de sa fille.

♦ *Itinéraire d'accès (voir carte n° 22) : à 35 km au sud-est de Royan par D 25 et D 145 (bord de mer) direction Saint-Genis-de-Saintonge ; à 1 km du village.*

Le Soubise★★
62, rue de la République
17780 Soubise (Charente-Maritime)
Tél. 46.84.92.16/46.84.93.36 - Fax 46.99.13 28 - Mme Benoit

♦ *Ouverture du 1er novembre au 30 septembre - Fermeture le dimanche soir et le lundi sauf en h.s. et 3 semaines en janvier* ♦ *23 chambres avec tél. direct, s.d.b. (8 avec douche), (19 avec w.c.), (5 avec t.v.) - Prix des chambres doubles : 120 à 315 F - Petit déjeuner compris, servi de 7 h 30 à 10 h - Prix de la demi-pension : 350 à 400 F* ♦ *Cartes de crédit acceptées* ♦ *Chiens admis* ♦ *Possibilités alentour : tennis, promenades à cheval, mer à 6 km ; maison de Pierre Loti et Corderie royale à Rochefort* ♦ *Restaurant : service de 12 h 30 à 13 h 30, 19 h 30 à 21 h - Menus : 100 à 160 F - Carte - Spécialités : grand choix de coquillages et de poissons.*

Le Soubise a cet air modeste des bonnes auberges de campagne, il cache pourtant une des meilleures tables des Charentes. Depuis maintenant trente ans que Lilyanne Benoit et son mari ont repris cette auberge, elle est devenue le lieu de rencontre de tout le village et l'étape gastronomique de la région où l'on sert une cuisine riche utilisant surtout les produits de la mer. L'hôtel attenant reste fort calme avec son patio intérieur, dans lequel est pris le petit déjeuner, son allée de troènes et de roses trémières. Les chambres sont simples mais très accueillantes tout comme la direction.

♦ *Itinéraire d'accès (voir carte n° 22) : à 8 km au sud-ouest de Rochefort par D 733 et D 238e direction Port-des-Barques.*

Le Prieuré★★
14, rue de Cornebouc
17380 Tonnay-Boutonne (Charente-Maritime)
Tél. 46.33.20.18 - M. Vernoux

♦ *Ouverture du 3 janvier au 23 décembre* ♦ *18 chambres avec tél., s.d.b., w.c. et t.v. - Prix des chambres doubles : 270 à 450 F - Prix des suites : 600 F - Petit déjeuner 45 F, servi de 8 h à 10 h* ♦ *Carte bleue, Visa* ♦ *Chiens admis* ♦ *Possibilités alentour : tennis, piscine, plage* ♦ *Restaurant : service de 20 h à 21 h 30 - Fermeture le dimanche soir en b.s. - Menus : 140 F - Carte - Spécialités : cuisine saisonnière.*

L'accès et l'environnement de l'hôtel ne sont pas très plaisants et c'est regrettable, car le Prieuré est une agréable étape. C'est une maison charentaise typique avec son allure massive, sa pierre et ses angles droits. Maison, elle l'est toujours, tant le climat "familial" est fort. Ses petits salons à l'entrée n'ont rien de guindé ; on y trouve cheminée, coin détente, lecture et plantes vertes. La salle à manger offre un beau camaïeu de différents bois : bois du plancher, bois du mobilier et bois des fenêtres. Des tableaux aux tons reposants s'intègrent bien à l'ensemble. Les chambres de style sont très confortables et les salles de bains sont toutes neuves, le tout d'une grande propreté. En annexe se trouve une petite maison avec deux chambres, en plein jardin, dans la verdure. Enfin, les propriétaires sont des gens de contact facile et agréable.

♦ *Itinéraire d'accès (voir carte n° 22) : à 7 km à l'est de Rochefort par N 137.*

Résidence de Rohan★★★
Plage de Nauzan
17640 Vaux-sur-Mer (Charente-Maritime)
Tél. 46.39.00.75 - Fax 46.38.29.99 - M. et Mme Seguin

♦ *Ouverture du 20 mars au 15 novembre* ♦ *41 chambres avec tél. direct, s.d.b. (5 avec douche), w.c. et t.v. - Prix des chambres doubles : 300 à 590 F - Petit déjeuner 39 F, servi de 7 h 30 à 12 h* ♦ *Amex, Carte bleue et Visa* ♦ *Chiens admis - Tennis à l'hôtel* ♦ *Possibilités alentour : plage de Nauzan à proximité ; golf de la Côte de Beauté (18 trous) à 4 km ; promenades au phare de Cordouan* ♦ *Pas de restaurant à l'hôtel.*

Cette jolie maison bourgeoise se trouve dans le parc des fées, joli petit bois qui borde la plage de Nauzan. Le bosquet qui entoure la maison, la pelouse en pente douce qui descend vers la mer, quelques chaises longues entre les pins parasols font tout le charme de cette villa rose et blanche de la fin du XIXe siècle. L'intérieur n'a pas le décor habituel d'une maison en bordure de mer : les fauteuils en velours capitonné du salon, le mobilier acajou de style Charles X du bar, les tapis et moquettes créent un confort cossu. Toutes les chambres sont bien aménagées mais celles de l'annexe sont plus spacieuses et certaines donnent de plain-pied sur le jardin où l'on peut prendre son petit déjeuner.

♦ *Itinéraire d'accès (voir carte n° 22) : à 3 km au nord-ouest de Royan par le bord de mer (D 25) direction Saint-Palais-sur-Mer.*

Au Marais★★★
46-48, quai Louis Tardy
79510 Coulon (Deux-Sèvres)
Tél. 49.35.90.43 - Fax 49.35.81.98 - Mme Mathé et M. Nerrière

♦ *Ouverture du 15 mars au 15 novembre* ♦ *11 chambres avec tél. direct, s.d.b., w.c. et t.v. - Prix des chambres doubles : 290 F - Petit déjeuner 45 F - Prix de la demi-pension : 490 F (par pers. ou 690 F pour 2 pers.)* ♦ *Carte bleue et Visa* ♦ *Chiens admis avec 40 F de supplément* ♦ *Possibilités alentour : tennis, piscine, promenades dans le marais poitevin, promenades en barque, équitation à 10 km* ♦ *Restaurant : service de 12 h à 14 h, 20 h à 21 h 30 - Fermeture le dimanche soir et le lundi ; le dimanche soir et le lundi à midi en juillet et août - Menus : 150 F - Carte - Spécialités : cuisine du marché.*

Toute la magie du marais poitevin est là, à deux pas, devant vous, car la Sèvre niortaise passe en face même de l'hôtel, à demi couverte de lentilles, et les bateaux qui vous mènent en promenade prennent leur départ à quelques mètres de là. La maison est une construction classique du Poitou, totalement restaurée mais sans être dénaturée. On a pris soin de choisir un mobilier qui soit du style de la région. Les chambres sont agréables et les installations sanitaires bien conçues. Le restaurant est séparé de l'hôtel, ce qui vous assure davantage de calme et de tranquillité. Et c'est un restaurant où sont faites de vraies bonnes choses à base de produits du marché. Enfin, à noter, un accueil d'une très grande gentillesse.

♦ *Itinéraire d'accès (voir carte n° 15) : à 10 km à l'ouest de Niort D 9 et D 1 ; au bord de la Sèvre Niortaise.*

Le Logis Saint-Martin★★★
Chemin de Pissot
79400 Saint-Maixent-l'Ecole (Deux-Sèvres)
Tél. 49.05.58.68 - M. et Mme Verdier

♦ *Ouverture toute l'année sauf en janvier - Fermeture le lundi*
♦ *10 chambres avec tél., s.d.b. ou douche, w.c. et t.v. - Prix des chambres : 270 à 340 F - Petit déjeuner 37 F, servi de 7 h 30 à 9 h 30* ♦ *Amex, Carte bleue, Diners et Visa* ♦ *Chiens admis*
♦ *Possibilités alentour : piscine, tennis, centre équestre*
♦ *Restaurant : service de 12 h 30 à 14 h 30, 19 h 30 à 21 h 30 - Fermeture le lundi - Carte - Spécialités : feuilleté de Lima, coquilles saint-jacques au riesling, tournedos, mousse d'angélique.*

Cette grande maison de pierre du XVIIe siècle, si fraîche lorsqu'il fait chaud, si chaleureuse l'hiver, est une halte pleine de charme pour un week-end. Elle peut être le point de départ de promenades le long de la Sèvre niortaise qui coule devant l'hôtel, dans les paysages de *L'Eglise verte* de René Bazin, mais aussi de visites architecturales (la région est riche en art roman.) Toutes les chambres donnent sur la rivière, la 2 est très lumineuse avec ses deux grandes fenêtres côté cour et côté jardin.

♦ *Itinéraire d'accès (voir carte n° 15) : à 24 km au nord-est de Niort par N 11.*

Le Roumanin★★

04550 Esparron-de-Verdon (Alpes-de-Haute-Provence)
Tél. 92.77.15.91 - Mme Tellier

♦ *Ouverture du 1er février au 31 décembre ♦ 10 chambres avec tél., s.d.b. et w.c., (2 avec t.v.) - Prix des chambres doubles : 240 à 350 F - Petit déjeuner 28 F, servi de 8 h à 10 h 30 - Prix de la demi-pension : 225 à 270 F (par pers.) ♦ Cartes de crédit non acceptées ♦ Chiens admis avec supplément - Piscine à l'hôtel ♦ Possibilités alentour : tennis, club nautique, golf, vol à voile, équitation ; gorges du Verdon, le Luberon ♦ Restaurant : service à 20 h, sur réservation uniquement - Spécialités : spécialités provençales.*

Cet hôtel dont la construction s'est achevée récemment jouit d'une très belle vue sur le lac d'Esparron dont l'eau est d'une superbe couleur turquoise. L'hôtel se présente comme un bâtiment sur un niveau aux multiples décrochements afin que l'intimité de chaque chambre et de sa terrasse soit préservée. Six d'entre elles surplombent le lac, les quatre autres face à la colline bénéficient de plus de fraîcheur. A l'intérieur règne une sobriété peut-être un peu exagérée, ce qui n'empêche pas les chambres d'être agréables, même si quelques petits détails laissent à désirer.
Autour de la piscine qui est en contrebas s'étend un jardin de plantes aromatiques dessiné par un paysagiste réputé. Signalons enfin le calme du lieu et l'amabilité d'Evelyne Tellier qui font de l'hôtel un lieu de séjour très agréable aux prix raisonnables, dans cette belle région où la proximité du lac est une source de loisirs.

♦ *Itinéraire d'accès (voir carte n° 34) : à 60 km au nord d'Aix-en-Provence par A 51 sortie Gréoux-les-Bains, puis D 952 jusqu'à Gréoux-les-Bains et D 82 ; à 1 km du village.*

Auberge Charembeau★★
Route de Niozelles
04300 Forcalquier (Alpes-de-Haute-Provence)
Tél. 92.75.05.69 - M. Berger

♦ *Ouverture du 15 février au 15 novembre* ♦ *12 chambres avec tél., s.d.b. ou douche, w.c. - Prix des chambres simples et doubles : 210 F, 272 F - Petit déjeuner 32 F, servi de 8 h à 9 h 30 - Prix de la demi-pension et de la pension : 223 à 247 F, 298 à 332 F (par pers., 2 j. min.)* ♦ *Carte bleue et Visa* ♦ *Chiens admis avec 20 F de supplément - Piscine , tennis, vélos tout terrain à l'hôtel* ♦ *Possibilités alentour : randonnées pédestres et à vélo tout terrain ; observatoire de Haute-Provence* ♦ *Restaurant : service réservé aux clients, de 12 h 30 à 13 h, 19 h 30 à 20 h 30 - Fermeture le lundi sauf en juillet et août - Menus : 105 F - Carte - Spécialités : brouillade de cèpes, ragoût de coquilles saint-jacques, pieds et paquets ; charlotte aux noix, glace aux marrons.*

Cette petite auberge enchanteresse se trouve en pleine campagne dans la très belle région de Forcalquier. C'est une vieille maison restaurée, au climat très familial, tenue par un couple fort sympathique. Au rez-de-chaussée, une salle à manger intime vous attend pour savourer une bonne cuisine du terroir, et, à côté, un petit salon vous offre ses lectures. Les chambres, qui donnent toutes sur la campagne environnante, sont un exemple de simplicité et de bon goût. Devant la maison, une terrasse promet des farnientes paresseux dans un décor de campagne provençale.

♦ *Itinéraire d'accès (voir carte n° 34) : à 39 km au sud de Sisteron par N 85 (ou A 51), puis D 12 direction Forcalquier ; à 4 km de Forcalquier D 100 direction Niozelles.*

Mas Djoliba★★★
29, avenue de Provence
06600 Antibes (Alpes-Maritimes)
Tél. 93.34.02.48 - Télex 461 686 - Fax 93.34.05.81 - M. Peyrot

♦ *Ouverture toute l'année* ♦ *13 chambres avec tél., s.d.b. ou douche, w.c. et t.v. - Prix des chambres simples et doubles : 340 à 450 F, 430 à 610 F - Prix des suites : 800 F - Petit déjeuner 40 F, servi de 8 h à 10 h - Prix de la demi-pension : 430 à 600 F* ♦ *Cartes de crédit acceptées* ♦ *Chiens admis avec 25 F de supplément - Piscine, parc à l'hôtel* ♦ *Restaurant : service pour les résidents seulement à 19 h 30 - Menus : 140 F - Carte.*

Ce mas provençal est particulièrement bien situé, à cinq minutes du vieil Antibes et des plages, dans un parc de trois hectares. L'hôtel, qui a changé de direction, a subi quelques rénovations. Les chambres, toutes meublées en style rustique et provençal sont d'un bon confort, avec douches et salles de bains. A noter la chambre 3, où peuvent loger 4 à 5 personnes et qui a une terrasse et vue sur le Cap d'Antibes et la piscine. Celle-ci s'étend devant la maison, tandis qu'on dîne en été sur une petite terrasse ombragée devant la salle de restaurant. Accueil très agréable.

♦ *Itinéraire d'accès (voir carte n° 35) : près du vieil Antibes.*

Hôtel de Paris★★★
34, boulevard d'Alsace
06400 Cannes (Alpes-Maritimes)
Tél. 93.38.30.89 - Télex 470 995 - Fax 93.39.04.61 - M. Lazzari

♦ *Ouverture du 20 janvier au 10 novembre* ♦ *50 chambres avec tél. direct, s.d.b. ou douche, w.c. et t.v. - Prix des chambres simples et doubles : 290 à 490 F, 320 à 520 F - Prix des suites : 800 à 1 100 F - Petit déjeuner 40 F, servi de 7 h à 11 h* ♦ *Amex, Carte bleue, Diners, Eurocard, Mastercard et Visa* ♦ *Chiens non admis - Piscine, jacuzzi, bain turc, baignoire thalassa à l'hôtel* ♦ *Possibilités alentour : tennis, plage, golf ; festivals* ♦ *Nombreux restaurants alentour.*

L'Hôtel de Paris occupe une grande maison blanche dont la façade s'orne de colonnes à chapiteaux et de frontons, typiques de l'architecture début du siècle de la Côte d'Azur. Bien située dans le centre de Cannes, vous profiterez néanmoins d'un beau jardin où foisonnent palmiers et cyprès, entourant une très agréable piscine. L'intérieur est très soigné. On a décoré les chambres de copies provençales bien réussies. Les suites sont plus luxueuses avec un salon particulier. Toutes sont cependant climatisées et bien insonorisées ; certaines ont un balcon pour prendre son petit déjeuner. Une adresse de vacances en plein centre ville.

♦ *Itinéraire d'accès (voir carte n° 34) : dans le centre ville.*

La Bergerie★★★

**Castillon
06500 Menton (Alpes-Maritimes)
Tél. 93.04.00.39 - M. Ballairé**

♦ *Ouverture du 1er avril au 30 septembre* ♦ *14 chambres avec tél., s.d.b. et w.c. - Prix des chambres doubles : 330 F - Petit déjeuner 30 F, servi de 8 h à 11 h - Prix de la demi-pension et de la pension : 290 F, 385 F (par pers.)* ♦ *Cartes de crédit non acceptées* ♦ *Chiens admis* ♦ *Possibilités alentour : tennis, piscine, équitation, plages, promenades balisées, ski à 50 km* ♦ *Restaurant : service de 12 h à 14 h, 19 h à 22 h - Menus : 95 et 120 F - Spécialités : coq au vin, brochettes Bergerie, petit salé.*

La Bergerie, c'est d'abord une très vaste salle à manger meublée en rotin, avec une belle vue sur le village et la mer. A l'étage, un salon ouvre sur la terrasse réservée aux clients de l'hôtel. Les chambres, personnalisées, plaisent autant par la décoration intimiste que pour le confort de leurs salles de bains. Partout, beau mobilier ancien de divers styles et sols couverts par de grands tapis. Autour, beau panorama sur la vallée.

♦ *Itinéraire d'accès (voir carte n° 35) : à 12 km au nord de Menton par D 2566 direction Sospel.*

Auberge du Soleil★
Quartier Porta Savel
06390 Coaraze (Alpes-Maritimes)
Tél. 93.79.08.11 - M. et Mme Jacquet

♦ *Ouverture du 15 mars au 15 novembre* ♦ *8 chambres et 2 suites annexes avec tél. direct, s.d.b. ou douche, w.c. et t.v. sur demande (t.v. dans les suites) - Prix des chambres simples et doubles : 260 à 340 F, 280 à 440 F - Prix des suites : 360 à 880 F (selon le nb. d'occupants) - Petit déjeuner 35 F, servi de 8 h à 12 h - Prix de la demi-pension : 280 à 360 F (par pers., 3 j. min.)* ♦ *Carte bleue, Eurocard, MasterCard et Visa* ♦ *Chiens admis avec 32 F de supplément - Piscine, jeu de boules, tennis de table à l'hôtel* ♦ *Possibilités alentour : entre mer et montagne ; réserve du Mercantour, vallée des Merveilles, ski à Turini et Pierra-Cava, randonnées* ♦ *Restaurant : service de 12 h à 14 h, 19 h 30 à 21 h - Menus : 112 F - Carte - Spécialités : cuisine traditionnelle.*

A une demi-heure de Nice et non loin du magnifique parc naturel du Mercantour, l'auberge du Soleil est située dans un village médiéval perché sur un piton à 640 m d'altitude, auquel ses rues piétonnes assurent une très grande tranquillité. (Prévenez l'hôtel si vous voulez qu'on vous aide à porter vos bagages.)
Dans cette vieille demeure du XIXe siècle, restaurée avec goût et raffinement, vous trouverez des chambres confortables, un salon aménagé dans les caves voûtées, une salle de restaurant avec cheminée, aussi accueillante que ses propriétaires qui vous mijoteront une très bonne cuisine. Un jardin en terrasse orienté au sud et les équipements de loisir mis à votre disposition par l'hôtel vous permettront de passer un séjour de rêve.

♦ *Itinéraire d'accès (voir carte n° 35) : à 25 km au nord de Nice par voie rapide direction L'Escarène, au lieu-dit La Pointe, D 15.*

Hôtel Hermitage★★

Col d'Eze
06360 Eze (Alpes-Maritimes)
Tél. 93.41.00.68/93.41.21.11 - Mme Berardi

◆ *Ouverture toute l'année sauf du 23 décembre au 3 janvier et du 20 au 27 février* ◆ *14 chambres avec tél. direct, s.d.b. ou douche, (11 avec w.c.) - Prix des chambres : 160 à 230 F - Petit déjeuner 22 F, servi de 7 h 45 à 9 h 30 - Prix de la demi-pension : 350 F (2 pers., 3 j. min.)* ◆ *Cartes de crédit acceptées* ◆ *Chiens admis* ◆ *Possibilités alentour : tennis ; promenades pédestres et à cheval dans le parc départemental* ◆ *Restaurant : service de 12 h 30 à 14 h, 19 h 30 à 21 h - Fermeture le lundi et le mercredi à midi, sauf pour les résidents - Menus : 80 à 165 F - Carte - Spécialités : lapin au pistou, loup sauce citron, civet de porcelet.*

Un chalet aux volets rouges à l'entrée du parc départemental de la Justice offre l'air piquant des Alpes à quinze minutes de la torpeur de la Riviera. L'hôtel est chaleureux, les chambres au décor simple et rustique sont confortables, les fenêtres s'ouvrent sur la mer ou la montagne, la table est renommée, que demander de plus ?

◆ *Itinéraire d'accès (voir carte n° 35) : à 11 km à l'est de Nice par N 98.*

Hostellerie de l'Ancienne Gendarmerie★★★

**Le Rivet
06450 Lantosque (Alpes-Maritimes)
Tél. 93.03.00.65 - M. Winther**

♦ *Ouverture du 1er janvier au 15 novembre* ♦ *9 chambres avec tél. direct, s.d.b. ou douche, w.c., (2 avec t.v.) - Prix des chambres simples et doubles : 220 à 300 F, 220 à 440 F - Prix des suites : 440 F - Petit déjeuner 35 F, servi de 8 h à 10 h - Prix de la demi-pension : 360 F (par pers., 3 j. min.)* ♦ *Amex, Carte bleue, Diners et Visa* ♦ *Chiens admis avec 45 F de supplément - Piscine à l'hôtel* ♦ *Possibilités alentour : tennis, baignades, pêche à la truite, chasse, promenades ; réserve du Mercantour* ♦ *Restaurant : service de 12 h à 14 h, 20 h à 21 h 30 - Fermeture le lundi à midi en b.s. - Menus : 190 à 255 F - Carte - Spécialités : estouffade d'escargots aux champignons sauvages, poissons frais, foie gras.*

L'Ancienne Gendarmerie de Lantosque se trouve bien placée, dans la vallée de la Vésubie, entre Nice, la vallée des Merveilles et le parc du Mercantour. C'est une importante bâtisse dressée sur des rochers, aux dix-sept fenêtres fleuries de géraniums et qui surplombe un jardin en pente, au bas duquel coule la rivière. Il faut loger côté jardin, les chambres sont confortables, ensoleillées et la vue donne sur la montagne et le village. Dans tout l'hôtel le bois clair des meubles scandinaves apportés de leur pays par les propriétaires fait un heureux ménage avec le reste du mobilier simple et moderne. Dans ce cadre lumineux, abondamment fleuri et calme, l'accueil chaleureux achève de vous mettre parfaitement à l'aise. Et puisque les propriétaires sont danois, vous y découvrirez de nombreuses recettes à base de saumon.

♦ *Itinéraire d'accès (voir carte n° 35) : à 50 km au nord de Nice par N 202 jusqu'à Plan-du-Var, puis D 2565 Lantosque.*

Le Manoir de l'Etang★★★

06250 Mougins (Alpes-Maritimes)
Tél. 93.90.01.07 - Mme Gridaine-Labro

♦ *Ouverture toute l'année sauf en février* ♦ *15 chambres avec tél., s.d.b. ou douche, w.c., (10 avec t.v. et minibar) - Prix des chambres doubles : 500 à 800 F - Prix des suites : 1 000 F (+ 200 F par pers. supplémentaire) - Petit déjeuner 50 F, servi de 8 h à 10 h 30* ♦ *Amex, Carte bleue et Visa* ♦ *Chiens non admis - Piscine à l'hôtel* ♦ *Possibilités alentour : golf 18 trous, tennis, plages* ♦ *Restaurant : service de 12 h 30 à 14 h 30, 20 h à 22 h - Fermeture le dimanche soir et le mardi en b.s. - Menus : 150 et 210 F - Carte.*

Le manoir de l'Etang devait servir de décor au tournage d'un film, Maurice Gridaine, décorateur de cinéma, a préféré l'acheter pour faire rêver sa fille. Perdue dans un parc vallonné de sept hectares, entourée de cyprès et de lauriers roses, cette maison familiale du XIXe siècle transformée depuis peu en hôtel se prolonge par une rotonde fleurie d'impatientes et de jasmin où sont servis petits déjeuners et déjeuners. La piscine, encadrée de deux oliviers, domine toute la campagne. Les chambres sont joliment decorées avec leur rotin recouvert d'un tissu rayé bleu et jaune, et chaleureuses avec leurs tapis et leurs bouquets de fleurs séchées (petits carreaux provencaux aux vitres). Monique Gridaine a laissé son Pleyel dans la salle à manger, son utilisation est recommandée.

♦ *Itinéraire d'accès (voir carte n° 34) : à 7 km au nord de Cannes par N 85.*

Hôtel La Pérouse★★★★
11, quai Rauba-Capeu
06300 Nice (Alpes-Maritimes)
Tél. 93.62.34.63 - Télex 461 411 - Fax 93.62.59.41 - M.Mercadal

♦ *Ouverture toute l'année* ♦ *65 chambres avec tel., s.d.b., w.c. et t.v. - Prix des chambres simples et doubles : 310 à 420 F, 395 à 800 F - Prix des suites : 1 100 à 1 800 F - Petit déjeuner 70 F, servi de 7 h à 10 h 30* ♦ *Cartes de crédit acceptées* ♦ *Chiens admis - Piscine, sauna, jaccuzi à l'hôtel* ♦ *Restaurant : service de 12 h à 15 h et de 19 h à 22 h - Fermeture du 16 septembre au 14 mai - Carte.*

Au pied du château dominant la baie des Anges et le vieux Nice, au milieu de citronniers et d'aloès, l'hôtel occupe une grande maison de style méditerranéen. L'accès se situe cependant sur le quai ; ce sont deux ascenseurs qui vous conduisent au niveau de l'hôtel. Les chambres sont toutes spacieuses et calmes, mais les prix varient selon la vue, sur le jardin ou sur la mer. Certaines ont aussi de grandes terrasses avec transat ; les plus confortables et les plus jolies sont celles qui ont été récemment décorées. En été, un grill permet de vivre davantage à l'hôtel, de paresser au bord de la piscine tout en profitant du solarium panoramique.

♦ *Itinéraire d'accès (voir carte n° 35) : dans le centre ville.*

Auberge de la Madone★★★

06440 Peillon (Alpes-Maritimes)
Tél. 93.79.91.17 - famille Millo

♦ *Ouverture toute l'année sauf en novembre* ♦ *19 chambres avec tél. direct, s.d.b. ou douche, w.c., (3 avec t.v.) - Prix des chambres doubles : 360 à 490 F - Prix des suites : 490 à 550 F - Petit déjeuner 44 F, servi de 8 h à 10 h - Prix de la demi-pension : 350 à 520 F (par pers., 3 j. min.)* ♦ *Cartes de crédit non acceptées* ♦ *Chiens non admis - Tennis, héliport à l'hôtel* ♦ *Possibilités alentour : équitation, plages à 18 km ; site classé de Peillon, Côte d'Azur et son arrière-pays* ♦ *Restaurant : service de 12 h à 14 h (sur commande le soir en b.s.) - Fermeture du 7 novembre au 20 décembre et du 7 janvier au 28 janvier - Menus : 120 à 280 F - Carte - Spécialités : tourton des pénitents, filets de rouget au basilic, carré d'agneau aux petits légumes.*

A 20 minutes de Nice, ravins et crêtes mettent à l'abri des curiosités intempestives un paysage insoupçonné que l'auberge de la Madone invite à découvrir. Depuis ses belles terrasses ensoleillées, en balcon sur la vallée , vous aurez tout loisir de contempler Peillon, un des plus spectaculaires villages de l'arrière pays niçois niché sur un rocher abrupt et dominant un horizon très pur. Vous pourrez y flâner en suivant les rues en escaliers qui montent en serpentant jusqu'à la chapelle des Pénitents blancs. L'auberge propose, avec les raffinements de son confort, une très bonne cuisine de pays à des prix raisonnables et ne peut qu'inciter à élire domicile dans ce coin retiré de la côte, loin des dégradations qu'un tourisme effréné inflige au littoral niçois.

♦ *Itinéraire d'accès (voir carte n° 35) : à 19 km au nord de Nice par D 2204 direction L'Escarène, au pont de Peille D 21 direction Peillon ; en entrant dans le village sur la gauche.*

Hôtel Les Deux Frères

Roquebrune Village
06100 Cap-Martin (Alpes-Maritimes)
Tél. 93.28.99.00 -

♦ *Ouverture du 7 décembre au 1er novembre* ♦ *10 chambres avec tél., s.d.b., w.c. et t.v. - Prix des chambres : 450 F - Petit déjeuner compris, servi de 8 h à 10 h* ♦ *Amex, Carte bleue et Visa* ♦ *Chiens admis* ♦ *Possibilités alentour : plages, randonnées pédestres en montagne* ♦ *Restaurant : service de 12 h à 14 h, 19 h 30 à 22 h - Menus : 100 à 250 F - Spécialités : salade de filet de canard au vinaigre de framboise et poivre rose, sautés en crépinette dans son jus à l'estragon.*

Dans le village moyenâgeux de Roquebrune, protégé par son château carolingien, l'école construite en 1854 avait eu le meilleur emplacement, juste en face du café de la grotte, sur la place des deux-frères (du nom des deux rochers qui sont à l'origine du village) qui domine toute la baie de Monte Carlo. Pourtant peu à peu l'école a été désertée. Elle était abandonnée depuis quinze ans lorsque ses fenêtres se sont rouvertes. La maison aux volets verts a été restaurée par un architecte hollandais, les salles de classe transformées en jolies chambres toutes blanches, le préau en terrasse de restaurant. Autour de la cheminée, de gros canapés en cuir ont été installés pour donner l'envie aux invités de rester après la cloche de six heures.

♦ *Itinéraire d'accès (voir carte n° 35) : à 5 km au sud de Menton.*

Auberge Le Vieux Mas★★
515, route de Valbonne
06330 Roquefort-les-Pins (Alpes-Maritimes)
Tél. 93.77.00.16 - Mme Bertolini

♦ *Ouverture toute l'année sauf en octobre - Fermeture le lundi*
♦ *11 chambres avec tél., s.d.b. ou douche, w.c. - Prix des chambres simples et doubles : 240 F, 290 F - Petit déjeuner 35 F, servi de 8 h à 10 h - Prix de la demi-pension : 240 à 275 F (par pers.)*
♦ *Carte bleue et Visa* ♦ *Chiens admis - Piscine, jeu de boules et balançoire à l'hôtel* ♦ *Possibilités alentour : tennis, équitation ; golf 18 trous à 3 km ; musée Fernand Léger à Biot (14 km)*
♦ *Restaurant : service de 12 h 30 à 13 h 30, 19 h 30 à 21 h - Fermeture le lundi - Menus : 100 à 140 F - Carte en saison - Spécialités : terrines et raviolis maison.*

Cette très jolie maison du XVIIe siècle, avec cour intérieure, est un hôtel depuis cinquante ans. Les propriétaires ont fait quelques transformations : une véranda et une terrasse ombragée, où sont servis les repas en été, n'enlèvent rien au charme de l'hôtel. Un jardin fleuri de lilas et de mimosas cache une piscine en mosaïque et un jeu de boules. Mme Bertolini fait elle-même la cuisine et elle en est très fière. Les habitués viennent pour ses recettes familiales et pour le calme, d'autres pour les nombreux terrains de golf et de tennis situés à proximité. Le mobilier est simple et rustique ; les quatre chambres décorées dans un style simple et rustique donnent toutes sur le jardin.

♦ *Itinéraire d'accès (voir carte n° 34) : à 10 km à l'est de Grasse par D 2085 ; à 10 km de l'A 8, sortie Villeneuve-Loubet.*

Hôtel Brise Marine★★
58, avenue Jean Mermoz
06230 Saint-Jean-Cap-Ferrat (Alpes-Maritimes)
Tél. 93.76.04.36 - M. Maîtrehenry

♦ *Ouverture du 1er février au 30 octobre* ♦ *15 chambres avec tél., s.d.b. ou douche, w.c. et t.v. - Prix des chambres : 242 à 583 F - Petit déjeuner 45 F, servi de 8 h à 10 h* ♦ *Carte bleue, Eurocard, MasterCard et Visa* ♦ *Chiens admis* ♦ *Possibilités alentour : plage à 100 m, plongée, voile, tennis ; musées, chapelle Saint-Pierre* ♦ *Pas de restaurant à l'hôtel.*

A Saint-Jean-Cap-Ferrat, il y a des villas fastueuses, des palaces de légende, des demeures de prince et une petite maison construite à l'italienne à la fin du siècle dernier. Elle a conservé son jardin en espaliers planté de palmiers, ses balustres, fontaines et terrasses. Depuis quarante-cinq ans, c'est le propriétaire qui veille jalousement sur ses quinze petites chambres au confort modeste qui ont toutes pour elles le luxe gratuit d'ouvrir leurs fenêtres sur le jardin d'un château inaccessible et la mer tout autour.

♦ *Itinéraire d'accès (voir carte n° 35) : à 15 km à l'est de Nice.*

Hôtel Le Hameau★★★
528, route de La Colle
06570 Saint-Paul-de-Vence (Alpes-Maritimes)
Tél. 93.32.80.24 - Télex 970 846 - M. Huvelin

♦ *Ouverture du 15 février au 16 janvier* ♦ *14 chambres et 2 appartements avec tél. direct, s.d.b. ou douche, w.c. - Prix des chambres simples et doubles : 280 à 490 F, 330 à 490 F - Prix des suites : 580 F - Petit déjeuner 45 F, servi de 8 h à 10 h* ♦ *Cartes de crédit acceptées sauf Diners* ♦ *Chiens admis - Piscine à l'hôtel* ♦ *Possibilités alentour : tennis, golf, pétanque ; fondation Maeght* ♦ *Pas de restaurant à l'hôtel.*

Une allée de citronniers mène vers cette maison blanche 1920 qui domine toute la vallée et le village de St-Paul-de-Vence. L'hôtel, construit en terrasses et en arcades, est enfoui sous le chèvrefeuille, les figuiers et les vignes grimpantes. Les chambres sont spacieuses et très joliment décorées avec leurs meubles provençaux anciens, certaines ont une loggia avec une vue impressionnante sur Saint-Paul (les n° 1, 2 et 3). Les carrelages anciens vert irisé de certaines salles de bains sont magnifiques. Dans la ferme attenante du XVIIIe siècle, les chambres sont plus petites et mansardées mais bénéficient de la même vue.

♦ *Itinéraire d'accès (voir carte n° 34) : à 20 km à l'ouest de Nice par A 8 sortie Cagnes-sur-Mer, puis D 7 direction Vence par La Colle-sur-Loup ; à 1 km avant Saint-Paul-de-Vence.*

LES GUIDES
DE CHARME
RIVAGES

GUIDE
DES AUBERGES
DE CAMPAGNE
ET HÔTELS
DE CHARME
EN FRANCE

Rivages

GUIDE
DES AUBERGES
ET HÔTELS
DE CHARME
EN ITALIE

Rivages

GUIDE
DES AUBERGES
ET HÔTELS
DE CHARME
EN MONTAGNE

France - Italie - Suisse - Autriche

Rivages

GUIDE
DES CHAMBRES
D'HÔTES
DE CHARME
EN FRANCE

Rivages

GUIDE DES VILLAGES DE CHARME DE FRANCE

Rivages

GUIDE DES HOTELS DE CHARME DE PARIS

Rivages

HOTELS DE CHARME D'ESPAGNE ET DU PORTUGAL

Rivages

AUBERGES ET HOTELS DE CHARME D'IRLANDE D'ANGLETERRE ET D'ECOSSE

Rivages

SOPHIE et REGIS FAUCON

ILES ET HOTELS DE CHARME DES ANTILLES

Rivages

GUIDE DES ILES DE CHARME EN MEDITERRANEE

GRECE, ITALIE.

Rivages

Auberge des Seigneurs et du Lion d'Or★★
Place de Fresne
06140 Vence (Alpes-Maritimes)
Tél. 93.58.04.24 - M. et Mme Rodi

♦ *Ouverture du 1er décembre au 15 octobre - Fermeture le dimanche soir et le lundi* ♦ *7 chambres avec tél., douche et w.c. - Prix des chambres doubles : 240, 250 ou 260 F - Petit déjeuner 30 F, servi de 8 h à 12 h* ♦ *Amex, Carte bleue, Diners et Visa* ♦ *Chiens admis* ♦ *Possibilités alentour : plages à 10 km ; chapelle Matisse et musée Carzou* ♦ *Restaurant : service de 12 h 30 à 14 h, 19 h 30 à 21 h - Menus : 150 et 180 F - Carte - Spécialités : carré d'agneau à la broche.*

C'est une très belle auberge cossue, sans âge (certaines parties datant du XIVe siècle, d'autres du XVIIe) qui a accueilli de nombreux hôtes illustres comme François Ier, et plus récemment Renoir, Modigliani, Dufy, Soutine. Le propriétaire, M. Rodi, connaît la date exacte de chacune de leurs visites et vous les commentera avec plaisir. L'hôtel est situé dans une aile du château des Villeneuve de Vence, occupé aujourd'hui pour l'essentiel par le musée Carzou, sur la place du célèbre fresne planté par François Ier. La décoration des salons est constituée d'une collection d'objets hétéroclites (un lavabo du XVIe, une presse de moulin à huile, des lithographies modernes...) qui ont tous une histoire. Les chambres sont grandes, aménagées de façon très sobre. Les plus sympathiques donnent sur la place, les plus calmes sont celles qui donnent sur les toits.

♦ *Itinéraire d'accès (voir carte n° 34) : à 10 km au nord de Cagnes-sur-Mer par D 36.*

Les Olivettes★★★
17, avenue Léopold II
06320 Villefranche-sur-Mer (Alpes-Maritimes)
Tél. 93.01.14.46 - Fax 93.76.67.25 - Mme Masson

♦ *Ouverture toute l'année* ♦ *19 chambres avec tél., s.d.b. ou douche, w.c. et t.v. - Petit déjeuner 35 F, servi de 8 h à 12 h* ♦ *Cartes de crédit non acceptées* ♦ *Chiens admis avec 30 F de supplément - Piscine à l'hôtel* ♦ *Possibilités alentour : plages à 10 mn, tennis ; chapelle Cocteau ; marché le dimanche* ♦ *Pas de restaurant à l'hôtel.*

Au début du siècle, la mode était au style "retour des colonies", dans la rade de Villefranche, les princes russes, les lords anglais se faisaient construire des villas mauresques, la plupart sont aujourd'hui détruites et remplacées par des marinas. La villa "les Olivettes" construite en 1910 a gardé ses colonnades, ses arcades et patios, ses carrelages anciens et son jardin en terrasse qui surplombe toute la rade de Villefranche. Les chambres sont peu à peu restaurées, les meubles 1920 ont été renovés tout comme les carreaux de Tunis longtemps cachés sous un papier à fleurs. C'est une adresse rare dont le style et la vue n'ont pas été gâchés par les constructions attenantes.

♦ *Itinéraire d'accès (voir carte n° 35) : à 6 km de Nice par l'avenue Albert Ier.*

Hôtel Welcome★★★
1, quai Courbet
06230 Villefranche-sur-Mer (Alpes-Maritimes)
Tél. 93.76.76.93 - Télex 470 281 - Fax 93.01.88.81
M. et Mme Galbois

♦ *Ouverture du 20 décembre au 20 novembre* ♦ *32 chambres climatisées avec tél. direct, s.d.b. ou douche, w.c., (25 avec t.v.) - Prix des chambres simples et doubles : 350 à 650 F, 350 à 900 F - Petit déjeuner 40 F, servi de 7 h à 10 h - Prix de la demi-pension : 375 à 590 F (par pers.)* ♦ *Cartes de crédit acceptées* ♦ *Chiens admis avec 25 F de supplément* ♦ *Possibilités alentour : tennis, plages, planches à voile, plongée sous-marine ; chapelle Saint-Pierre, marché à la brocante le dimanche* ♦ *Restaurant : service de 12 h 30 à 14 h, 19 h 30 à 22 h - Menus : 155 à 248 F - Carte - Spécialités : loup grillé, bourride traditionnelle, blanc de saint-pierre à la marinière de bouchot.*

Sur les quais du petit port de Villefranche, il y a des bateaux de pêcheurs de toutes les couleurs, une chapelle décorée par Jean Cocteau, et un hôtel construit dans une zone piétonne, sur les ruines d'un monastère du XVIIe siècle. Il est moderne, parcouru de balcons sur lesquels donnent des chambres grandes, confortables, ensoleillées et climatisées. Les balcons sont équipés de chaises longues, de petites tables où peut être pris le petit déjeuner. Au dernier étage, les chambres décorées en cabines de bateau sont plus petites mais chaleureuses.

♦ *Itinéraire d'accès (voir carte n° 35) : à 6 km de Nice par N 559.*

Hôtel des Augustins★★★
3, rue Masse
13100 Aix-en-Provence (Bouches-du-Rhône)
Tél. 42.27.28.59 - Télex 441 052

♦ *Ouverture toute l'année* ♦ *32 chambres climatisées avec tél., s.d.b., w.c. et t.v. - Prix des chambres doubles : 400 à 600 F - Prix des suites : 1 200 F - Petit déjeuner 50 F, servi de 7 h à 10 h 30* ♦ *Cartes de crédit acceptées* ♦ *Chiens non admis* ♦ *Pas de restaurant à l'hôtel.*

Bien situé en plein centre d'Aix-en-Provence, dans une petite rue perpendiculaire au cours Mirabeau, les Augustins est un ancien couvent. On retrouve à la réception les volumes et le bel escalier des bâtiments anciens.

Les chambres ont été bien aménagées, avec goût et confort. Plus ou moins grandes, certaines sont mansardées et éclairées par une verrière posée sur le toit. Les chambres sont climatisées, mais pour plus de prudence, évitez de dormir sur la rue, même si le centre ville est piétonnier. Grand avantage, l'hôtel possède un garage privé.

♦ *Itinéraire d'accès (voir carte n° 33) : dans le centre ville.*

Le Prieuré★★
Route de Sisteron
13100 Aix-en-Provence (Bouches-du-Rhône)
Tél. 42.21.05.23 - M. et Mme Le Hir

♦ *Ouverture toute l'année* ♦ *25 chambres avec tél. direct, (18 avec s.d.b. et w.c.) - Prix des chambres doubles : 145 à 340 F - Petit déjeuner 28 F, servi de 7 h à 10 h* ♦ *Cartes de crédit non acceptées* ♦ *Chiens non admis - Solarium à l'hôtel* ♦ *Possibilités alentour : golf des Milles, golf de Provence ; le pays d'Aix* ♦ *Pas de restaurant à l'hôtel.*

Situé sur la route des Alpes, à l'écart du centre ville, le Prieuré faisait autrefois partie du pavillon Lenfant. Le château et son parc sont devenus propriété de la faculté de droit et le Prieuré, un calme petit hôtel, qui n'a pas accès aux allées du jardin à la française.
Les chambres sont de taille et de confort différents, les prix suivent. Celles du deuxième étage sont plus vastes et plus confortables.
L'établissement n'offre pas de service de restauration.
Grande gentillesse de l'accueil.

♦ *Itinéraire d'accès (voir carte n° 33) : à 2 km au nord d'Aix-en-Provence, sur la route de Sisteron.*

Hôtel des Quatre Dauphins★★
54, rue Roux-Alphéran
13100 Aix-en-Provence (Bouches-du-Rhône)
Tél. 42.38.16.39 - MM. Darricau et Juster

♦ *Ouverture toute l'année* ♦ *12 chambres avec tél., s.d.b. ou douche, w.c. et t.v. - Prix des chambres simples et doubles : 280 à 300 F, 320 à 350 F - Prix des suites : 480 F (3 pers.) - Petit déjeuner 30 F, servi de 7 h à 10 h* ♦ *Carte bleue et Visa* ♦ *Chiens admis* ♦ *Possibilités alentour : musées, cinémas* ♦ *Pas de restaurant à l'hôtel.*

Située dans une des ruelles d'Aix, tout près de la célèbre place des Quatre Dauphins, cette maison bourgeoise de trois étages vient tout récemment d'être transformée en hôtel. Une petite réception et un salon, qui est aussi la salle de petit déjeuner, se trouvent au rez-de-chaussée. Les chambres se répartissent dans les étages. On a opté pour une décoration de style provençal avec de jolis imprimés qui s'assortissent au mobilier de bois peint. Les chambres ne sont pas très spacieuses et les rangements succincts mais assez fonctionnels pour que ce ne soit pas un problème. Les salles de bains sont bien équipées. Tout a été fait avec beaucoup de goût. Un petit hôtel de charme.

♦ *Itinéraire d'accès (voir carte n° 33) : dans le centre ville.*

Mas de la Bertrande★★★

Beaurecueil
13100 Aix-en-Provence (Bouches-du-Rhône)
Tél. 42.66.90.09 - Télex 403 521 - Fax 42.66.82.01
M. et Mme Bertrand

♦ *Ouverture du 15 mars au 15 février ♦ 10 chambres avec tél. direct, s.d.b., w.c., t.v. sur demande - Prix des chambres simples et doubles : 300 F, 300 à 500 F - Petit déjeuner 35 F, servi de 8 h à 11 h - Prix de la demi-pension : 385 F ♦ Amex, Carte bleue, Diners et Visa ♦ Chiens admis avec supplément - Piscine à l'hôtel ♦ Possibilités alentour : golf des Milles (18 trous) à 9 km (tél. 42.24.20.41), golf de Fuveau (18 trous) ; randonnées dans la Sainte-Victoire ♦ Restaurant : service de 12 h à 14 h, 20 h à 22 h - Fermeture le dimanche soir et le lundi du 15 septembre au 15 juin - Menus : 130 à 280 F - Carte - Spécialités : cuisine provençale.*

La Bertrande se trouve à 7 km d'Aix-en-Provence, au pied de la Sainte-Victoire chère à Cézanne. C'est un mas entièrement rénové où le cadre et l'accueil sentent bon la Provence.
Le salon et la salle à manger, dont le décor mériterait d'être plus soigné, sont tous deux prolongés par des terrasses très agréables en été. La cuisine, qui s'est simplifiée et allégée, y est fort bonne. Les deux chambres du corps principal sont un peu plus spacieuses mais les autres ont toutes une petite terrasse individuelle sur le jardin. La piscine, entourée de pelouses et de cyprès, est très appréciable dans cet arrière-pays où il peut faire très chaud.

♦ *Itinéraire d'accès (voir carte n° 33) : à 10 km à l'est d'Aix-en-Provence par D 17 (route Cézanne), puis D 46 jusqu'à Beaurecueil et D 58 ; suivre fléchage.*

Hôtel d'Arlatan★★★
26, rue du Sauvage
13200 Arles (Bouches-du-Rhône)
Tél. 90.93.56.66 - Télex 441 203 - Fax 90.49.65.48 - M. Desjardin

♦ *Ouverture toute l'année* ♦ *42 chambres avec tél. direct, s.d.b. (2 avec douche), w.c. et t.v. - Prix des chambres : de 385 à 620 F - Prix des suites : 720 à 1 250 F - Petit déjeuner 48 F* ♦ *Cartes de crédit acceptées* ♦ *Chiens admis* ♦ *Possibilités alentour : la Provence romaine, la Camargue* ♦ *Pas de restaurant à l'hôtel.*

Arles, ville musée, a un hôtel à sa mesure, où s'amoncellent à travers les vestiges, les traces des différentes époques. Construit sur l'emplacement de la basilique et des thermes de Constantin, le bâtiment tout entier est un véritable patchwork architectural. C'est donc un hôtel bien particulier que l'Arlatan, propriété de la même famille depuis trois générations ; l'on y restaure les chambres autant qu'on les rénove. Le respect des pierres et de l'histoire a valu à la famille Desjardin le grand prix 1989 de l'innovation touristique. Et la direction est fière et heureuse d'apposer dans ses chambres de petits papillons muséographiques vous rappelant que vos songes seront entourés de fragments de murs du IVe siècle et de poutres du XVIIe (suite 43, par ailleurs extrêmement vaste et séduisante) ou bien que votre tête de lit n'est autre qu'une cheminée monumentale du XVIIe, les croisées d'ogives du salon datant elles du XVIe (suite 41). Décrire les chambres de l'Arlatan ferait en soi l'objet d'un ouvrage. Préférez celles qui viennent d'être très bien refaites, entre autres les numéros 23 et 27, avec vue sur le Rhône, la 34, une des moins coûteuses avec de très beaux murs de pierre, ou bien une des suites, grandes ou petites. Un singulier hôtel de charme, caché dans une ruelle donnant sur les jardins, qui ne pourra que vous séduire.

♦ *Itinéraire d'accès (voir carte n° 33) : dans le centre ville.*

Grand Hôtel Nord-Pinus★★★★
Place du Forum
13200 Arles (Bouches-du-Rhône)
Tél. 90.93.44.44. - Fax 90.93.34.00 - Mme Igou

♦ *Ouverture toute l'année sauf en janvier et en février* ♦ *22 chambres avec tél. direct, s.d.b., w.c., t.v. et minibar - Prix des chambres doubles : 600 à 750 F - Prix des suites : 1 200 F - Petit déjeuner 50 F, servi de 7 h à 11 h* ♦ *Cartes de crédit acceptées* ♦ *Petits chiens admis avec supplément* ♦ *Possibilités alentour : la Provence romaine, la Camargue* ♦ *Restaurant : service de 12 h à 15 h, 20 h à 23 h - Carte : 160 à 200 f - Spécialités : cuisine méditerranéenne.*

Comme Giono, on se demande : « Pourquoi Pinus ? Nord, je comprenais, mais Pinus ? Or, c'est m'a-t-on dit, simplement le nom du fondateur de l'hôtel. Rien de plus logique. J'ai compris que je venais d'entrer dans le pays de l'imagination et de la démesure ». Le livre d'or égrène ainsi les souvenirs de cette maison ayant abrité Picasso, Cocteau, Dominguez... tenu pendant longtemps par Germaine, une ancienne chanteuse, et Nello, clown célèbre en son temps, devenus des figures hautes en couleur de la ville d'Arles. A leur mort, l'hôtel avait perdu son âme. Fort heureusement repris par une amoureuse des lieux, Anne Igou a su avec beaucoup de simplicité, de goût et de sensibilité faire revivre la magie et l'atmosphère de l'hôtel. Les chambres sont spacieuses, les salles de bains confortables, décorées de jolis meubles et de tissus provençaux. A retenir, la suite 10 (notre préférée) et les chambres qui donnent sur la cour, recommandées à ceux qui redoutent l'animation de la place en été. Un véritable hôtel de charme.

♦ *Itinéraire d'accès (voir carte n° 33) : dans le centre ville.*

Hôtel Castel Mouisson★★

13570 Barbentane (Bouches-du-Rhône)
Tél. 90.95.51.17 - Mme Mourgue

♦ *Ouverture du 15 mars au 15 octobre* ♦ *17 chambres avec tél. direct, s.d.b. et w.c. - Prix des chambres simples et doubles : 230 F, 230 à 260 F - Prix des suites : 340 F - Petit déjeuner 28 F, servi de 8 h 30 à 10 h 30* ♦ *Cartes de crédit non acceptées* ♦ *Chiens non admis - Piscine, tennis à l'hôtel* ♦ *Possibilités alentour : golfs ; la Provence romaine* ♦ *Pas de restaurant à l'hôtel.*

Non loin d'Avignon, au pied de la Montagnette, l'hôtel Castel Mouisson est une halte calme et abordable : c'est un petit mas de style provençal construit il y a quatorze ans, entouré par la quiétude de la campagne. Cyprès et arbres fruitiers s'alignent sous les falaises grises de la Montagnette qui surveillent le paysage. Les chambres sont sans grande extravagance, d'un confort acceptable. Pas de restaurant, seuls les petits déjeuners vous y seront servis mais les villes et villages alentour ne manquent pas de bonnes tables. Une piscine vous permettra de vous détendre et de vous rafraîchir l'été.

♦ *Itinéraire d'accès (voir carte n° 33) : à 8 km au sud-ouest d'Avignon par N 570 et D 35 direction Tarascon par les bords du Rhône.*

Hôtel La Benvengudo★★★

13520 Les Baux-de-Provence (Bouches-du-Rhône)
Tél. 90.54.32.54 - Fax 90.54.42.58 - M. et Mme Beaupied

♦ *Ouverture du 15 février au 1er novembre - Fermeture le dimanche* ♦ *20 chambres avec tél. direct, s.d.b., w.c. et t.v. (climatisation dans certaines chambres) - Prix des chambres simples et doubles : 375 à 480 F, 385 à 480 F - Prix des suites : 750 F - Petit déjeuner 46 F, servi de 8 h à 10 h 30 - Prix de la demi-pension : 840 à 950 F (2 pers., 3 j. min.)* ♦ *Carte bleue, Eurocard, MasterCard et Visa* ♦ *Chiens admis avec supplément - Piscine, tennis à l'hôtel* ♦ *Possibilités alentour : équitation, 3 golfs ; cathédrale d'images, la Provence romaine* ♦ *Restaurant : service à partir de 20 h - Fermeture le dimanche - Menus : 200 F - Spécialités : royale de turbot aux fruits de mer, rouget de Méditerranée meunière.*

Etranges et belles Alpilles, dont l'aspect déchiqueté rappellerait quelques-unes des plus hautes crêtes du monde, tandis que leur végétation et la blancheur de leur roc donnent à cette partie de la Provence un petit air de Grèce. C'est au pied de cette chaîne que se camoufle la Benvengudo. Construit il y a vingt et un ans, le mas semble avoir toujours été là.

Les chambres, dont certaines sont climatisées, sont très confortables, chacune dans son style et sa teinte et quelques-unes avec des petites terrasses privées. Le salon comme la salle à manger ont une petite note rustique ; il est possible de dîner dehors près de la piscine entourée d'oliviers.

♦ *Itinéraire d'accès (voir carte n° 33) : à 19 km au nord-est d'Arles par N 570 et D 17 direction Les Baux-de-Provence ; à 1 km des Baux par D 78 f.*

Le Mas d'Aigret★★★

13520 Les Baux-de-Provence (Bouches-du-Rhône)
Tél. 90.54.33.54 - Fax 90.54.41.37 - M. Phillips

♦ *Ouverture du 21 février au 3 janvier* ♦ *15 chambres avec tél. direct, s.d.b., w.c et t.v. - Prix des chambres : 410 à 700 F - Prix des suites : 700 F - Petit déjeuner 50 F, servi de 8 h à 10 h - Prix de la demi-pension et de la pension : 475 à 620 F, 715 à 860 F (par pers.)* ♦ *Cartes de crédit acceptées* ♦ *Chiens admis avec supplément sauf au restaurant - Piscine à l'hôtel* ♦ *Possibilités alentour : tennis, équitation, golfs ; les Alpilles, la Camargue* ♦ *Restaurant : service de 12 h 30 à 14 h, 19 h 30 à 21 h 30 - Fermeture le mercredi à midi - Menus : 160 à 380 F - Carte - Spécialités : lasagnes de langoustine au miel de romarin, tatin de petite lotte au lie de vin de Trevallon, pigeon à l'aigre doux.*

Construit dans un abri de rocher qui fut un habitat troglodyte, le Mas d'Aigret est une ancienne ferme de 1730 récemment rénovée. Toutes les chambres possèdent à présent leur propre terrasse, un minibar et la télévision avec trois chaînes satellite. La chambre 16 et l'appartement 15, situés un peu à l'écart, sont les plus charmants. Un salon voûté attend les voyageurs avec ses grandes tables et ses lectures. La salle à manger en pierre occupe aussi une partie des anciens espaces sous le rocher, ainsi qu'un petit salon-bar et un salon de musique. Le mobilier, de style ancien et moderne, se marie avec goût aux tissus provençaux.

Le restaurant, repris par l'ancien chef de l'Auberge de Noves, vous offre une excellente cuisine à des prix encore très abordables. A noter que l'hôtel propose avec les nombreux golfs de la région des forfaits intéressants. Un vrai séjour de charme.

♦ *Itinéraire d'accès (voir carte n° 33) : à 25 km au nord-est d'Arles par D 17, puis D 78 f.*

Le Clos des Arômes
10, rue Paul-Mouton
13260 Cassis (Bouches-du-Rhône)
Tél. 42.01.71.84 - Mme Grinda

♦ *Ouverture toute l'année sauf de novembre au 20 décembre et en janvier* ♦ *8 chambres avec tél. direct, s.d.b. ou douche, w.c. et t.v. sur demande - Prix des chambres doubles : 240 à 380 F - Petit déjeuner 30 F* ♦ *Amex, Carte bleue et Visa* ♦ *Chiens non admis* ♦ *Possibilités alentour : plage à 2 mn ; les calanques, plongée sous-marine, golf à 30 mn ; circuit Paul Ricard* ♦ *Restaurant : service de 12 h à 14 h, 19 h à 21 h - Menus : 90 F - Carte - Spécialités : cuisine régionale.*

Le Clos des Arômes vient juste d'ouvrir. Bien que située dans une petite ruelle du village, cette "maison de poupée" est entourée d'un jardin planté de fleurs au camaïeu de bleu et blanc (lavande, pivoines, arums, marguerites.). Dès les beaux jours, on prend son petit déjeuner et on dîne sur de petites tables au milieu de ces fleurs odorantes. La cuisine provençale est confectionnée de façon légère. Les chambres, habillées de tissus provençaux bleu et jaune, sont petites mais confortables et 4 d'entre elles donnent sur le jardin.
Situé au centre du village, à quelques mètres du vieux port, l'hôtel est très calme. Mme Grinda, la propriétaire, est sympathique et accueillante.

♦ *Itinéraire d'accès (voir carte n° 33) : à 23 km à l'est de Marseille.*

Hôtel Les Roches Blanches★★★
13260 Cassis (Bouches-du-Rhône)
Tél. 42.01.09.30 - Télex 441 287 - Fax 42.01.94.23
Famille Dellacase

♦ *Ouverture toute l'année sauf en janvier et février* ♦ *30 chambres avec tél., s.d.b., w.c. et t.v. - Prix des chambres doubles : 178 à 558 F - Petit déjeuner - Prix de la demi-pension et de la pension : 364 à 744 F (par pers., 3 j. min.), 558 à 938 F (pour 2 pers., 3 j. min.)* ♦ *Amex, Carte bleue et Visa* ♦ *Chiens admis avec 30 F de supplément - Piscine à l'hôtel* ♦ *Possibilités alentour : plongée sous-marine, baignades* ♦ *Restaurant : service de 12 h 30 à 14 h, 19 h 30 à 21 h - Menu si demi-pension - Carte : 150 F - Spécialités : cuisine régionale.*

Les Roches Blanches est un ancien hôtel particulier construit en 1885 et transformé en hôtel en 1930. Cette grande maison, construite sur les rochers, en bordure des calanques de Cassis, allie les charmes d'un hôtel de la plage – le jardin en terrasse descend directement sur une plage privée – aux charmes désuets d'une maison de famille avec sa vaste salle à manger rose dont les grandes fenêtres donnent sur la mer. La plupart des chambres ont été refaites dans les années 60 et la décoration est un peu démodée ; elles sont modernes, très lumineuses et ont des terrasses où affleurent les pins avec vue soit sur la mer, soit sur le port et le Cap Canaille. Les plus anciennes, même si elles sont confortables, ont un décor un peu passé. Les propriétaires de l'hôtel, qui tiennent à conserver à la maison son caractère, ont gardé quelques jolis meubles 1930, la porte et le vaste escalier en fer forgé Art Déco, et les jolies tables en mosaïques de faïence du jardin.

♦ *Itinéraire d'accès (voir carte n° 33) : à 23 km à l'est de Marseille ; à 5 km de l'A 50, sortie Cassis.*

Hôtel Beauvau★★★
4, rue Beauvau
13001 Marseille (Bouches-du-Rhône)
Tél. 91.54.91.00 - Télex 401 778 - Fax 91.54.15.76
Mme Glickman

♦ *Ouverture toute l'année* ♦ *72 chambres climatisées avec tél., s.d.b., w.c., t.v. et minibar - Prix des chambres simples et doubles : 600 à 750 F, 660 à 810 F - Prix des suites : 1 500 F - Petit déjeuner 55 à 60 F, servi de 6 h à 11 h 30* ♦ *Cartes de crédit acceptées* ♦ *Chiens admis* ♦ *Pas de restaurant à l'hôtel.*

Le Vieux Port est à jamais lié à l'image de Marseille. C'est face à cet emplacement exceptionnel, occupé aujourd'hui par les barques et les voiliers qui viennent mouiller jusqu'aux pieds de la Canebière que se dresse l'hôtel Beauvau. L'histoire de l'hôtel, riche en personnages célèbres, raconte même que Francis Poulenc fit monter son piano à queue jusqu'au 5e étage. Récemment rénové, l'hôtel a gagné en confort et en charme. De jolis meubles XIXe, souvent de style provençal, décorent les chambres. Elles sont grandes, climatisées, certaines avec cette vue superbe qui s'étend jusqu'aux jardins du Pharo. Un bar très cosy sert tard le soir apéritifs et cocktails.

♦ *Itinéraire d'accès (voir carte n° 33) : sur le Vieux Port.*

New Hôtel Bompard★★★
2, rue des Flots Bleus
13007 Marseille (Bouches-du-Rhône)
Tél. 91.52.10.93 - Télex 400 430 - Fax 91.31.02.14 - M. Antoun

♦ *Ouverture toute l'année* ♦ *47 chambres avec tél. direct, s.d.b., w.c., t.v. et minibar - Prix des chambres simples et doubles : 330 F, 360 F - Petit déjeuner 40 F, servi de 7 h à 12 h* ♦ *Cartes de crédit acceptées* ♦ *Chiens admis - Parking privé à l'hôtel* ♦ *Nombreux restaurants alentour.*

Le plaisir d'un grand jardin dans la ville, c'est ce qu'offre l'hôtel Bompard, situé sur les hauteurs de la Corniche qui longe la baie de Marseille. Les chambres, dont la plupart ont de grandes terrasses donnant sur les acacias et les palmiers du parc, sont accueillantes. Celles donnant sur la rue sont plus bruyantes. Le mobilier fonctionnel est agréable et rien ne manque au confort (ni le radio-réveil, ni Canal +, ni le minibar). A 10 minutes du centre ville, le cadre, le calme et l'accueil de l'hôtel Bompard valent qu'on y séjourne, mais il faut savoir qu'on est tributaire d'une voiture ou d'un taxi.

♦ *Itinéraire d'accès (voir carte n° 33) : sur la corniche J. F. Kennedy ; suivre fléchage à partir du restaurant Le Ruhl.*

Hôtel de Servanes★★

13890 Mouriès (Bouches-du-Rhône)
Tél. 90.47.50.03 - Fax 90.47.56.77 - M. Revoil

♦ *Ouverture du 15 février au 15 décembre* ♦ *22 chambres avec tél. et t.v. (20 avec s.d.b, 10 avec w.c) - Prix des chambres : 200 à 400 F - Petit déjeuner 30 F - Prix de la demi-pension et de la pension : 200 à 300 F, 300 à 400 F (par pers., 3 j. min.)* ♦ *Cartes de crédit acceptées* ♦ *Chiens admis - Piscine à l'hôtel* ♦ *Possibilités alentour : équitation, tennis, golf ; St Remy-de-Provence à 16 km* ♦ *Restaurant : service de 12 h à 14 h 30, 19 h à 20 h 30 - Fermeture du 15 décembre au 31 janvier - Menus : 90 et 130 F - Carte - Spécialités : cuisine provençale.*

Le rêve commence dès la route caillouteuse bordée de cyprès et d'oliviers. Ce beau domaine provençal tenu par la même famille depuis cinq générations voit ses deux cents hectares plantés de plusieurs milliers de ces arbres méditerranéens. Il règne en ces lieux une atmosphère désuète des plus charmantes. Sur les murs, quelques toiles et gravures orientalistes, souvenirs des voyages en Orient d'un aïeul diplomate, un petit salon mauresque dont les murs sont revêtus de carreaux ramenés de Constantinople par cet ancêtre voyageur. Les chambres ont du charme et certaines d'entre elles de l'allure, comme les chambres 3 et 5, dont les vastes proportions renforcent la majesté des meubles qui s'y trouvent, avec toujours ce séduisant côté vieillot. Quelques autres, plus simples, ont des terrasses donnant sur la piscine. On dîne dans les anciennes cuisines, de manière tout à fait agréable, d'un unique menu du jour. L'hôtel jouxte le golf de Servanes.

♦ *Itinéraire d'accès (voir carte n°33) : à 14 km à l'ouest de Salon-de-Provence par N 113, puis D 5 direction Les Baux-de-Provence.*

Hostellerie de Cacharel★★★
Route de Cacharel
13460 Les Saintes-Maries-de-la-Mer (Bouches-du-Rhône)
Tél. 90.97.95.44 - Fax 90.97.87.97 - M. et Mme Colomb de
Daunant

♦ *Ouverture du 15 mars au 15 novembre ♦ 13 chambres avec tél., s.d.b. ou douche, w.c. - Prix des chambres simples et doubles : 421 F (prix au 01.01.90), 512 F (prix au 01.01.90) - Prix des suites : 562 F (prix au 01.01.90) - Petit déjeuner compris, servi de 8 h à 10 h 30 ♦ Carte bleue et Visa ♦ Chiens admis avec supplément - Piscine, randonnées à cheval, promenades à pied ou à vélo à l'hôtel ♦ Possibilités alentour : tennis ; plage à 5 km ; circuit pédestre et cycliste en Camargue ♦ Possibilité de restauration : 60 F l'assiette campagnarde + vin .*

C'est aux abords de la réserve de Camargue, au milieu des étangs et des chevaux, et dans un vrai mas traditionnel que l'on découvre Cacharel. Les chambres, meublées avec charme et goût, donnent de plain-pied soit sur une jolie cour intérieure fleurie, soit sur les étangs et les marais. L'hôtel faisant partie intégrante du mas, les clients peuvent à loisir se promener sur la propriété ou y faire du cheval. Pas de restaurant, mais l'on pourra vous indiquer toutes les bonnes adresses gastronomiques de la région. Calme, gentillesse de l'accueil. Une adresse authentique dans cette région très touristique.

♦ *Itinéraire d'accès (voir carte n° 33) : à 4 km au nord des Saintes-Maries-de-la-Mer par D 85a dite route de Cacharel.*

Mas de la Fouque★★★★
Route du Petit-Rhône
13460 Les Saintes-Maries-de-la-Mer (Bouches-du-Rhône)
Tél. 90.97.81.02 - Télex 403 155 - Fax 90.97.96.84 - M. Cochat

♦ *Ouverture du 15 mars au 3 janvier* ♦ *13 chambres et 1 suite avec tél. direct, s.d.b., w.c., t.v. et minibar - Prix des chambres simples et doubles : 1 200 F, 1 200 à 1 600 F - Prix des suites : 2 300 F - Petit déjeuner 70 F, servi de 8 h à 10 h - Prix de la demi-pension : 885 F (par pers.)* ♦ *Amex, Carte bleue, Diners, MasterCard et Visa* ♦ *Chiens admis avec 60 F de supplément - Piscine chauffée, tennis à l'hôtel* ♦ *Possibilités alentour : location de vélos, safari photo, pêche, chasse; plage à 3 km ; la Provence romaine* ♦ *Restaurant : service de 12 h 30 à 14 h 30, 19 h 30 à 21 h - Fermeture le mardi - Menus : 240 à 350 F - Carte - Spécialités : poisson, gibier, cuisine provençale.*

Un îlot de calme et de luxe en pleine Camargue. Situé au bord des étangs aux canards et aux foulques, le Mas de la Fouque est une grande bâtisse superbement aménagée. Les quinze chambres sont toutes spacieuses et calmes, de grands lits *king size*, une terrasse privée donnant sur l'étang, de merveilleuses salles de bains, certaines avec de grandes baignoires carrées et jacuzzi.
Trois chambres ont eu cependant notre préférence : Iris, Romarin et Flamengo.

♦ *Itinéraire d'accès (voir carte n° 33) : à 3 km au nord des Saintes-Maries-de-la-Mer par D 38 puis chemin privé.*

361

Château de Vergières

13310 Saint-Martin-de-Crau (Bouches-du-Rhône)
Tél. 90.47.17.16 - M. et Mme Pincédé

♦ *Ouverture du 1er mars au 30 octobre* ♦ *6 chambres d'hôtes avec s.d.b et w.c - Prix des chambres doubles : 600 à 695 F - Petit déjeuner 50 F* ♦ *Carte bleue, Eurocard et Visa* ♦ *Chiens non admis* ♦ *Possibilités alentour : piscine, tennis, golf , équitation, plages à 21 km ; la Provence romaine, les Alpilles* ♦ *Restaurant : service réservé aux résidents - Menus : 250 F - Spécialités : cuisine provençale.*

Construit en 1783 et habité alors par le maire d'Arles, le château de Vergières n'a jamais quitté la famille. Dans cette propriété, véritable oasis en bordure de la plaine de la Crau, dernière steppe d'Europe qui est un spectacle saisissant de pierres à perte de vue, Jean et Marie-Andrée Pincédé proposent six belles chambres d'hôtes. Chacune d'elles porte le nom d'une des bergeries des alentours et diffère agréablement. L'Escoubire par exemple, toute rose, a une petite antichambre et dans l'Opéra se trouve le beau mobilier 1930 d'un ébéniste marseillais. Les salles de bains sont à l'image des chambres, vastes et confortables. Partout le mobilier, les objets, les tableaux souvent d'inspiration tauromachique créent une atmosphère raffinée et vivante. Si vous désirez rester dîner vous partagerez la table d'hôte et goûterez la bonne cuisine provençale préparée par la maîtresse de maison.

♦ *Itinéraire d'accès (voir carte n° 33) : à 17 km à l'est d'Arles par N 113 direction Saint-Martin-de-Crau, puis D 24 direction La Dynamite et le Mas des Aulmes ; suivre fléchage.*

Château de Roussan
Route de Tarascon
13210 Saint-Rémy-de-Provence (Bouches-du-Rhône)
Tél. 90.92.11.63 - Fax 90.49.01.79 - Mlle Mc Hugo

♦ *Ouverture du 15 mars au 31 octobre* ♦ *20 chambres avec tél. direct, s.d.b., (17 avec w.c.) - Prix des chambres simples et doubles : 285 à 600 F, 360 à 750 F - Petit déjeuner 55 F, servi de 7 h à 10 h - Prix de la demi-pension et de la pension : 495 F, 630 F (par pers.)* ♦ *Amex, Carte bleue, Eurocard, MasterCard et Visa* ♦ *Chiens admis* ♦ *Possibilités alentour : tennis, promenades à cheval, golf ; la Provence romaine* ♦ *Restaurant : service de 12 h à 13 h 30, 19 h à 21 h - Menus : 135 F - Carte - Spécialités : cuisine provençale.*

Le château de Roussan, c'est d'abord cette allée de platanes séculaires, puis le parc, l'orangerie, le bassin de baignades et la pièce d'eau qui se termine par un petit îlot où le divin marquis aurait donné des soupers galants. Les siècles passés s'entrecroisent dans les chambres, les salons, la bibliothèque. Une splendeur surannée, un authentique air d'autrefois planent sur ses sols cirés. Le Roussan reste avant tout une maison de famille, un hôtel par nécessité, avec son histoire qui rôde au détour des couloirs. Les chambres y sont donc sans luxe superflu, mais quel charme, quelle élégance ! Le Roussan est exploité par de nouveaux propriétaires ; espérons qu'ils conserveront l'esprit et l'authenticité des lieux.

♦ *Itinéraire d'accès (voir carte n° 33) : à 25 km au nord-est d'Arles par D 17 jusqu'à Maussane-les-Alpilles, puis D 5.*

Auberge des Adrets★★
Les Adrets-de-l'Estérel - 83600 Fréjus (Var)
Tél. 94.40.36.24 - M. Niel et Mme de Megvinet

♦ *Ouverture toute l'année sauf en janvier* ♦ *7 chambres avec tél., s.d.b. ou douche, w.c. - Prix des chambres doubles : 300 F - Petit déjeuner 35 F - Prix de la demi-pension : 400 F (par pers.)* ♦ *Carte bleue et Visa* ♦ *Chiens admis - Piscine, salle de gym et jacuzzi (sous réserve) à l'hôtel* ♦ *Possibilités alentour : tennis et équitation à 5 km, golf à 8 km* ♦ *Restaurant : service de 12 h à 14 h, 19 h à 23 h - Menus : 195 F - Menu enfant - Carte - Spécialités : foie gras de canard maison, tresse de poissons, porcelet farci rôti à la broche, gibier l'hiver.*

Cet ancien relais de poste, caché dans le massif de l'Estérel, était au XVIIe siècle un repaire de brigands. Jean-Marie Niel et sa compagne Cosima de Megvinet ont sauvegardé le merveilleux jardin planté d'herbes odorantes et d'arbres fruitiers qui s'ouvre sur la vallée. Les chambres, très grandes, mais dont les structures anciennes ont été conservées, sont d'un confort encore modeste ; elles devraient être progressivement restaurées. Le chef cuisinier, François Mauroux, a pour règle de tout faire lui-même : il prépare le pain, les brioches, les confitures du petit déjeuner et fume saumons et gibiers. Les soirs d'été, on dîne dans le jardin, bercé par l'odeur de jasmin et par l'orchestre de jazz et de musique classique. Une adresse de charme qui, d'ici quelques mois, devrait être tout à fait confortable.

♦ *Itinéraire d'accès (voir carte n° 34) : à 16 km au nord de Fréjus par A 8 sortie Les Adrets-de-l'Estérel, puis D 837 et D 237.*

Logis du Guetteur★★
Place du Château - 83460 Les Arcs-sur-Argens (Var)
Tél. 94.73.30.82 - Fax 94.73.39.95 - M. Callegari

♦ *Ouverture toute l'année sauf du 15 novembre au 15 décembre - Fermeture le vendredi en b.s.* ♦ *10 chambres avec tél. direct, s.d.b. ou douche, w.c., t.v. et minibar - Prix des chambres doubles : 280 à 350 F - Petit déjeuner 30 F, servi de 8 h à 9 h 30 - Prix de la demi-pension et de la pension : 320 F, 420 F (par pers., 3 j. min.)* ♦ *Amex, Carte bleue, Diners et Visa* ♦ *Chiens admis avec supplément - Piscine à l'hôtel* ♦ *Possibilités alentour : équitation, tennis, pêche, canoë-kayak ; à 15 mn de la mer ; village médiéval, reconstitution historique en juillet et août* ♦ *Restaurant : service à 12 h et 19 h 15 - Fermeture le vendredi en b.s. - Menus : 110 à 280 F - Carte - Spécialités : foie gras au frontignan, escabèche de rouget, soufflé de morilles.*

L'ancien château de Villeneuve (XIe siècle) restauré en 1970 est devenu aujourd'hui le Logis du Guetteur. Il existe encore, tel qu'au Moyen Age, dans son appareillage rustique de pierres brutes, le logis du guetteur, comme si les siècles l'avaient épargné.
Nul risque pourtant d'invasions vous surprenant au réveil, dans le confort des chambres agréablement aménagées et disposant toutes d'une vue panoramique sur les environs. Il n'y a plus qu'à se laisser prendre aux charmes des lieux : salle à manger installée dans les caves, astucieusement prolongée par un balcon qui surplombe les toits du village et où sont installées quelques tables ; menus appétissants conçus et cuisinés par le jeune gérant lui-même soucieux de ne rien laisser échapper à sa vigilance, mais qui mériterait plus de simplicité.

♦ *Itinéraire d'accès (voir carte n° 34) : à 12 km au sud de Draguignan par N 555 et D 555 ; dans le village médiéval.*

Hostellerie Bérard★★★

83740 La Cadière d'Azur (Var)
Tél. 94.90.11.43/94.90.14.98 - Télex 400 509 - Fax 94.90.01.94
M. et Mme Bérard

♦ *Ouverture toute l'année sauf du 9 janvier au 15 février ♦ 46 chambres avec tél. direct, s.d.b. ou douche, w.c. et t.v. - Prix des chambres doubles : de 350 à 506 F (b.s.) et de 387 à 750 F (h.s.) - Prix des suites : 900 F (b.s.) et 1 200 F (h.s.) - Petit déjeuner 60 F♦ Amex, Carte bleue et Visa ♦ Chiens non admis - Piscine chauffée et salle de jeux à l'hôtel ♦ Possibilités alentour : plages et calanques à 6 km ; circuit Paul Ricard ♦ Restaurant : service de 12 h 30 à 13 h 30, 19 h 30 à 21 h 30 - Menus : 140 à 296 F - Carte - Spécialités : morilles farcies à la mousse de loup truffée.*

Il faut arriver dans ce joli village de La Cadière-d'Azur le jour du marché, le jeudi, ou un jour de fête quand tout le monde se retrouve à la terrasse du café Le Théâtre, sur la place du marché. L'hostellerie Bérard profite de cette animation, mais possède un jardin très calme, derrière ses vieux murs médiévaux ; le bâtiment occupe en effet l'emplacement d'un ancien couvent construit en 977 sur les remparts. Les chambres qui occupent les anciennes cellules sont petites et peu lumineuses ; en contrepartie, on apprécie leur fraîcheur en été. Toutes sont confortables et agréablement meublées. Les tons chauds de la décoration sont rehaussés par les jolies faïences de Salernes qui ornent les salles de bains. On peut choisir sa vue : les toits, le jardin, les remparts ou le village. L'hostellerie doit surtout sa réputation à M. Bérard qui prépare une cuisine provençale raffinée comme les filets de rougets aux artichauts violets et un authentique fraisier. L'accueil de Danièle Bérard est sympathique et attentif.

♦ *Itinéraire d'accès (voir carte n° 34) : à 24 km au nord de Bandol par D 559 et D 266.*

Auberge du Puits Jaubert⋆
Route du Lac de Fondurane
83440 Callian (Var)
Tél. 94.76.44.48 - M. Fillatreau

♦ *Ouverture du 15 décembre au 15 novembre - Fermeture le mardi* ♦ *8 chambres avec s.d.b. ou douche, w.c. - Prix des chambres doubles : 220 à 250 F - Petit déjeuner 28 F, servi jusqu'à 10 h 30 - Prix de la demi-pension et de la pension : 260 F, 380 F (par pers., 3 j. min.)* ♦ *Carte bleue et Visa* ♦ *Chiens admis* ♦ *Possibilités alentour : golf de Valescure (18 trous), randonnées à cheval, vol à voile, sports nautiques sur le lac de Saint-Cassien ; massif du Tanneron* ♦ *Restaurant : service de 12 h à 13 h 30, 20 h à 21 h 30 - Fermeture le mardi - Menus : 165 et 220 F - Carte - Spécialités : foie gras, escalopes de saumon, rognons de veau.*

A l'ouest de Cannes, le massif du Tanneron est le pays du mimosa. C'est dans ce bel environnement, en pleine campagne, au bout d'un sentier qui serpente dans la garrigue le long des rives du lac de Saint-Cassien, que vous trouverez cette ancienne bergerie du XVe siècle. C'est une belle bâtisse de pierres sèches couverte d'une élégante génoise de tuiles rondes. On retrouve dans la grande salle à manger ce même bel appareillage de pierres et une collection d'anciens outils agricoles qui complètent l'ambiance campagnarde. L'été c'est un vrai plaisir de déjeuner et de dîner sous la tonnelle ou à l'ombre des platanes. La cuisine est très bonne. Les chambres, simples, ne manquent cependant pas de confort.Toutes ont des salles de bains, même si la plupart ne sont dotées que de douches.

♦ *Itinéraire d'accès (voir carte n° 34) : à 33 km de Fréjus par A 8 sortie Les Adrets-de-l'Estérel, puis D 37 direction Montauroux et D 56 ; suivre fléchage.*

Hostellerie Lou Calen★★★
1, cours Gambetta
83850 Cotignac (Var)
Tél. 94.04.60.40 - Télex 400 287 - M. Mendes

♦ *Ouverture du 1er mars au 1er janvier* ♦ *16 chambres avec tél., s.d.b., (1 avec douche, 15 avec w.c, 12 avec t.v) - Prix des chambres doubles : 256 à 432 F - Prix des suites : 460 à 548 F - Petit déjeuner 44 F, servi de 8 h à 10 h 30 - Prix de la demi-pension et de la pension : 304 à 451 F, 436 à 584 F (par pers.,)* ♦ *Amex, Carte bleue, Diners, Eurocard, MasterCard et Visa* ♦ *Chiens admis avec supplément - Piscine à l'hôtel* ♦ *Possibilités alentour : tennis et boulodrome à 100 m ; abbaye du Thoronet, les gorges du Verdon, lac de Ste-Croix* ♦ *Restaurant : service de 12 h à 13 h 30, 19 h 30 à 21 h 30 - Fermeture le mercredi sauf en juillet et août - Menus : 120 à 253 F - Carte.*

Cotignac se ramasse sous des falaises coiffées de tours sarrasines. Avec son cours ombragé de platanes, ses terrasses de café et sa fontaine moussue, il incarne bien la douceur de vivre d'un petit village provençal. A l'entrée du village, près du vieux lavoir, se tient l'hôtel de Cotignac ; un hôtel de village donc, mais la campagne reste présente alentour et dans ce jardin caché, qui préfère rester secret et insoupçonnable derrière la façade de l'hostellerie.
La salle à manger semble faire corps avec le jardin-terrasse en contrebas duquel se trouve la piscine. Des chambres de toutes tailles, de tous styles et de tous prix, quelques-unes avec des loggias, d'autres avec des cheminées où des feux s'allument dès l'automne.

♦ *Itinéraire d'accès (voir carte n° 34) : à 24 km au nord de Brignoles par A8 sortie Brignoles, D 562 direction Carcès et D 13 direction Cotignac.*

Moulin de la Camandoule★★★
Chemin Notre-Dame-des-Cyprès
83440 Fayence (Var)
Tél. 94.76.00.84 - M. et Mme Rilla

♦ *Ouverture du 14 mars au 2 janvier* ♦ *11 chambres avec tél., s.d.b. ou douche, w.c., (8 avec t.v) - Prix des chambres simples et doubles : 200 à 390 F, 390 à 530 F - Prix des suites : 550 F - Petit déjeuner 45 F, servi de 8 h à 10 h - Prix de la demi-pension : de 400 à 500 F (obligatoire du 15 mars au 31 octobre)* ♦ *Carte bleue, Eurocard et Visa* ♦ *Chiens admis avec supplément - Piscine à l'hôtel* ♦ *Possibilités alentour : tennis, équitation, excursions, pêche dans le lac de Saint-Cassien* ♦ *Restaurant : service de 12 h à 14 h, 19 h 30 à 22 h - Menus : 195 F - Carte - Spécialités : filet de saint-pierre poêlé au champagne, filet de bœuf au foie gras ; soupe de fruits.*

Cet authentique moulin à huile, conservé en l'état, est aujourd'hui la propriété d'un couple d'Anglais. On trouve dans ce lieu toute la chaleur, le charme et l'accueil propres aux *guest houses* anglaises, le confort et le service d'un très bon hôtel. L'aménagement intérieur témoigne de beaucoup de goût : certaines chambres sont en duplex et le soin du détail y est tel que l'on trouve aussi un grand choix éclectique de livres qui les rend encore plus sympathiques. L'hôtel est entouré d'un grand parc, au bord de la Camandre. Les menus qui décorent les murs du bar de la piscine témoignent du souci que porte aux bonnes choses Mme Rilla, qui travailla longtemps en Angleterre pour des émissions gastronomiques et qui a fait de la Camandoule une étape gourmande.

♦ *Itinéraire d'accès (voir carte n° 34) : à 31 km au nord de Fréjus par D 4, puis D 19.*

La Grillade au feu de bois★★

**Flassans-sur-Issole
83340 Le Luc (Var)
Tél. 94.69.71.20 - M. et Mme Babb**

♦ *Ouverture toute l'année* ♦ *9 chambres avec tél., douche, w.c. et t.v. suite avec jacuzzi - Prix des chambres doubles : 330 à 420 F - Prix des suites : 900 F - Petit déjeuner 40 F, servi de 8 h à 10 h 30* ♦ *Cartes de crédit acceptées* ♦ *Chiens admis - Piscine réservée aux résidents à l'hôtel* ♦ *Possibilités alentour : tennis à 7 km, équitation à 2 km, chasse privée, plage (40 km), promenades* ♦ *Restaurant : service de 12 h 30 à 14 h, 19 h 30 à 20 h 45 - Menus : 170 F - Carte - Spécialités : morue aux poireaux, sardines farcies, cuisine provençale traditionnelle et saisonnière, grilllades au feu de bois.*

Ce mas du XVIIIe siècle bien restauré est tenu par le même propriétaire depuis son ouverture. Une salle à manger voûtée, blanche et accueillante, ouvre sur une terrasse ombragée par de grands arbres, dont un mûrier centenaire. Les chambres sont superbes, grandes et confortables, et tout à fait indépendantes. Vous pouvez aussi loger dans des bungalows dispersés dans la nature. En effet, un très grand parc assure le calme et la paix. Bien que la N 7 ne soit qu'à cinq cents mètres, vous ne l'entendrez pas. Très bonne cuisine et très bonnes grillades, comme il se doit.

♦ *Itinéraire d'accès (voir carte n° 34) : à 13 km à l'est de Brignoles par N 7.*

La Vieille Bastide

83780 Flayosc (Var)
Tél. 94.70.40.57 - M. Travassac

♦ *Ouverture toute l'année - Fermeture le lundi en hiver* ♦ *7 chambres avec tél., s.d.b., w.c .et t.v. - Prix des chambres doubles : 230 F - Petit déjeuner 28 F, servi de 7 h 30 à 12 h - Prix de la demi-pension et de la pension : 240 F, 340 F (1 pers., 3 j. min.)* ♦ *Amex, Carte bleue, Visa* ♦ *Chiens admis avec supplément - Piscine à l'hôtel* ♦ *Possibilités alentour : tennis, équitation* ♦ *Restaurant : service de 12 h à 14 h, 19 h à 21 h 30 - Fermeture le lundi en hiver - Menus : de 90 à 280 F - Carte - Spécialités : brouillade de cèpes truffée, poulet à l'ail, st-jacques à la provençale.*

L'hôtel est une vieille bastide prolongée, refaite et améliorée car on y trouve désormais une belle piscine d'où l'on voit la vallée, des chambres confortables (la 2 dispose d'une terrasse donnant sur Flayosc), qui se dotent petit à petit de vieux meubles provençaux. Une vaste salle de restaurant à laquelle on peut préférer la terrasse ombragée permettant de dîner ou déjeuner entouré par la campagne.

♦ *Itinéraire d'accès (voir carte n° 34) : à 7 km à l'ouest de Draguignan par D 557 par Salernes.*

Auberge du Vieux Fox★★
Place de l'Eglise
83670 Fox-Amphoux (Var)
Tél. 94.80.71.69 - M. Martha

♦ *Ouverture du 15 février au 17 décembre* ♦ *10 chambres avec tél. direct, s.d.b. ou douche, w.c., (2 avec t.v.) - Prix des chambres : 100 à 280 F - Prix des chambres doubles : 280 F - Petit déjeuner 35 F, servi de 8 h 30 à 10 h 30 - Prix de la demi-pension : 490 F (2 pers., 3 j. min.)* ♦ *Amex, Carte bleue, Eurocard, MasterCard et Visa* ♦ *Chiens admis avec 30 F de supplément* ♦ *Possibilités alentour : tennis à 5 km, piscine à 7 km, chasse, pêche, planche à voile ; abbaye du Thoronet, lac et gorges du Verdon* ♦ *Restaurant : service de 12 h 15 à 20 h - Menus : 115 à 245 F - Carte - Spécialités : agneau du Verdon, carré à l'estragon, galette du berger.*

Perché sur une butte boisée, le village de Fox-Amphoux fut d'abord un ancien camp romain, puis un relais de chevaliers templiers. Installée dans l'ancien presbytère, l'auberge occupe, avec l'église attenante, la place du village.

A l'intérieur, un vrai coup de charme : adorable la salle à manger, où les tables joliments dressées côtoient de beaux meubles anciens, charmante la petite terrasse ombragée par un gros figuier, où l'on déjeune l'été, confortables et fraîches les chambres qui s'ouvrent sur les massifs de la Sainte-Victoire et de la Sainte-Beaume.

Si on ajoute au charme et au confort le calme, une bonne cuisine, et des prix plus que raisonnables, il est difficile d'en dire plus...

♦ *Itinéraire d'accès (voir carte n° 34) : à 32 km au nord de Brignoles par A 8 sortie Saint-Maximin-la-Sainte-Baume, puis D 560 jusqu'à Tavernes, D 71, D 32 et D 13.*

La Boulangerie★★★
Route de Collobrières
83310 Grimaud (Var)
Tél. 94.43.23.16 - Mme Piget

♦ *Ouverture du 1er avril au 10 octobre ♦ 11 chambres avec tél. direct, s.d.b. et w.c, (2 avec t.v.) - Prix des chambres simples et doubles : 520 F, 620 F - Prix des suites : 1 150 F - Petit déjeuner 45 F, servi de 8 h à 11 h ♦ Carte bleue et Visa ♦ Chiens admis - Piscine, tennis, tennis de table à l'hôtel ♦ Possibilités alentour : équitation, golf; plages à 5 km ; festival Gérard Philippe à Ramatuelle ♦ Restaurant : service de 12 h à 14 h (déjeuner seulement du 15 mai au 15 septembre) - Carte - Spécialités : poulet fermier aux truffes.*

Cette Boulangerie n'a pas grand rapport avec la fabrication du pain – elle doit son nom à un lieu-dit – et son atmosphère est différente de celle d'un hôtel classique. On y retrouve l'ambiance d'une maison de vacances de l'arrière-pays, loin des foules, bien au calme dans le massif des Maures. Tout concourt à cela, depuis la terrasse où peuvent se prendre tous les repas, à la salle à manger que rien ne sépare du salon ; c'est un lieu un peu informel, gai et confortable. Les chambres répondent également à cette définition : chacune a son style et toutes ressemblent plus à des chambres d'amis qu'à des chambres d'hôtel.

♦ *Itinéraire d'accès (voir carte n° 34) : à 10 km à l'ouest de Saint-Tropez par D 14 ; à 1 km du village.*

Le Verger
Route de Collobrières - 83360 Grimaud (Var)
Tél. 94.43.25.93/94.43.32.92 - Fax 94.43.33.92 - Mme Zachary

♦ *Ouverture de mars à novembre* ♦ *6 chambres avec tél., s.d.b., w.c. et t.v. (par satellite) - Prix des chambres doubles : 620 F en b.s., 720 F en h.s. - Petit déjeuner 55 F, servi de 8 h 30 à 12 h* ♦ *Carte bleue, Eurocard et Visa* ♦ *Chiens admis - Piscine à l'hôtel* ♦ *Possibilités alentour : tennis, équitation, golf à 6 km* ♦ *Restaurant : service de 12 h à 14 h 30, 19 h 30 à 24 h - Carte - Spécialités : courgettes en fleur sauce mousseline, médaillon de lotte au curry, carré d'agneau au miel, filet de sole en chausson ; fruits et légumes du potager.*

Rénovée il y a trois ans, cette jolie maison a des dimensions qui n'évoquent pas un hôtel traditionnel, ce qui est à l'avantage des quatre chambres aux tons pastel dont les portes-fenêtres s'ouvrent sur une belle pelouse plantée d'arbres fruitiers et sur une piscine. Les salles de bains sont vastes et aussi soignées que les chambres (une cinquième chambre plus sombre et aménagée pour trois personnes est à éviter si l'on a le choix). Chaque jour, des fidèles du temps où M. Zachary officiait au *Bigourneau* à Saint-Tropez et de nouveaux amateurs vite convaincus, s'assoient sous la grande ramade du restaurant et goûtent à une très bonne cuisine dont les herbes aromatiques et les légumes proviennent d'un potager un peu en retrait. Grâce aux bambous poussant juste derrière la petite rivière qui délimite la propriété, on est ici à l'abri de tout bruit et à quelques kilomètres seulement de l'agitation côtière.

♦ *Itinéraire d'accès (voir carte n° 34) : à 9 km à l'ouest de Saint-Tropez ; A 8 sortie Le Luc, D 558 direction Saint-Tropez et avant Grimaud, D 14 direction Collobrières (suivre fléchage).*

Le Manoir★★★

Ile de Port-Cros
83400 Hyères (Var)
Tél. 94.05.90.52 - M. Buffet

♦ *Ouverture du 4 mai au 1er octobre* ♦ *25 chambres avec tél. direct, s.d.b et w.c - Prix des chambres doubles : demi-pension seulement - Petit déjeuner compris, servi de 8 h à 10 h 30 - Prix de la demi-pension et de la pension : 550 à 850 F, 670 à 970 F (par pers., 3 j. min.)* ♦ *Cartes de crédit non acceptées* ♦ *Chiens non admis* ♦ *Possibilités alentour : Voile - Ski nautique - Porquerolles* ♦ *Restaurant : service à 13 h et 20 h - Menus : 185 à 230 F - Carte - Spécialités : bourride provençale, poisson grillé, soufflé au melon, crêpes soufflées.*

Les eucalyptus, les palmiers, la blancheur de ce manoir, les colonnes de son entrée, tout ici évoquerait une exotique et douce rêverie, une île perdue, une époque passée et pourtant... Toulon n'est qu'à quelques dizaines de milles. L'île de Port-Cros est une réserve naturelle, sous-marine et terrestre, seuls les piétons peuvent s'y rendre. Cette demeure familiale transformée en hôtel juste après la guerre conserve précieusement une atmosphère rare, mélange de convivialité et d'un raffinement sans emphase. Dès le seuil passé, un grand salon vous accueille, d'autres plus petits mais tout aussi chaleureux hébergent les parties de cartes interminables de la fin de saison. Les chambres y sont fraîches et charmantes, certaines ont de petites loggias ; de la chambre 8 on aperçoit la mer à travers les feuillages. Douze hectares de parc sont les gardiens de la tranquillité de cet endroit très agréable à vivre.

♦ *Itinéraire d'accès (voir carte n° 34) : liaison maritime depuis Le Lavandou et Cavalaire (tél : 94.71.01.02), depuis Hyères - La Tour Fondue (tél : 94.58.21.81).*

Mas des Brugassières★★

Plan-de-la-Tour
83120 Sainte-Maxime (Var)
Tél. 94.43.72.42 - M. et Mme Geffine

♦ *Ouverture toute l'année* ♦ *14 chambres avec tél. direct, s.d.b. ou douche, w.c. - Prix des chambres : 420 à 480 F - Prix des suites : 780 F (5 pers.) - Petit déjeuner 30 à 55 F, servi de 8 h 30 à 10 h* ♦ *Carte bleue, Eurocard, MasterCard et Visa* ♦ *Chiens admis avec 60 F de supplément - Piscine, tennis à l'hôtel* ♦ *Possibilités alentour : mer à 7 km, randonnées pédestres, vélo tout terrain, promenades dans les Maures* ♦ *Pas de restaurant à l'hôtel.*

Au cœur même du massif des Maures, un peu en bordure de route mais néanmoins tranquille, le mas des Brugassières semble être l'endroit rêvé si vous souhaitez pour quelques jours vivre autour d'une piscine dans l'arrière-pays de Saint-Tropez. Des chambres agréables, fraîches et gaies avec leurs murs blancs, donnent de plain-pied sur la piscine ou sur de petites terrasses privées. Si les petits déjeuners peuvent être copieux, l'hôtel ne possède pas de restaurant mais propose certains jours de la semaine des formules buffet ou barbecue à déguster au bord de la piscine.

♦ *Itinéraire d'accès (voir carte n° 34) : à 15 km au nord-ouest de Sainte-Maxime par D 25 et D 74 ; à 1 km du village.*

La Maurette

83520 Roquebrune-sur-Argens (Var)
Tél. 94.45.46.81 - M. et Mme Rapin

♦ *Ouverture du 15 mars au 30 novembre* ♦ *9 chambres avec s.d.b ou douche, w.c et t.v., (3 avec cuisinette) - Prix des chambres doubles : 270 à 390 F - Petit déjeuner 30 F, servi de 8 h à 10 h* ♦ *Carte bleue, Eurocard et Visa* ♦ *Chiens non admis - Piscine à l'hôtel* ♦ *Possibilités alentour : tennis, équitation, golf 18 trous à 17 km ; plages à 10 km, Rocher de Roquebrune* ♦ *Restaurant : service à 19 h 30 - Fermeture le mercredi - Menu : 90 F - Spécialités : cuisine familiale provençale.*

Est-ce à un grand-père propriétaire d'un hôtel cannois que M. Rapin doit sa vocation d'hôtelier ? Mais, hôtelier, est-ce vraiment le mot car la Maurette est plus que cela, c'est une maison d'hôtes. Ce type d'endroit pousse la courtoisie jusqu'à vous donner presque l'impression d'avoir été invité là, comme le ferait une *guest house* anglaise. D'ailleurs quel hôtel irait se nicher là, loin du monde et de la clientèle ? Un splendide emplacement de monastère, en face du rocher de Roquebrune, les premières collines des Maures et un magnifique silence. A l'arrière, l'Estérel, la Méditerranée et la vallée. Les chambres sont gaies, claires, très confortables, toutes renferment des meubles, des objets, des tableaux qui leur confèrent un charme certain. A maison d'hôtes, table d'hôtes : une cuisine familiale à la saveur provençale, des gratins, des desserts, des rôtis confectionnés dans un vieux four à bois. A cela s'ajoute une grande gentillesse et une piscine d'honnêtes dimensions ; que demander de plus ?

♦ *Itinéraire d'accès (voir carte n° 34) : à 5 km de l'A 8 sortie Le Muy ; à 10 km à l'ouest de Fréjus par N 7 et D 7 ; à 2 km du village dans la colline (suivre fléchage).*

La Tartane★★★
Route des Salins
83990 Saint-Tropez (Var)
Tél. 94.97.21.23 - Fax 94.97.09.16 - MM. Lepanot et Trochet

♦ *Ouverture du 15 mars au 5 novembre* ♦ *12 chambres avec tél. direct, s.d.b., w.c., minibar et t.v. - Prix des chambres : 600 à 875 F - Petit déjeuner 60 F* ♦ *Carte bleue, MasterCard et Visa* ♦ *Chiens admis avec 50 F de supplément - Piscine à l'hôtel* ♦ *Possibilités alentour : 8 courts de tennis à 200 m (possibilité de stages d'une semaine), plage des Canoubiers ; musée de l'Annonciade* ♦ *Restaurant : service du déjeuner uniquement de 13 h à 15 h - Fermeture le mardi - Menus : 150 à 180 F - Carte.*

Le succès de Saint-Tropez a doté le village de nombreux hôtels de qualité. Ce qui est plus rare, c'est de trouver un établissement qui permette d'être à l'écart de la foule estivale.

La Tartane est un ensemble de 12 bungalows dispersés dans un magnifique jardin autour de la piscine. Leur aménagement est chic et confortable : chaque chambre est climatisée et dispose d'une terrasse privée ombragée sans aucun vis-à-vis. Les abords de la piscine sont délicieux : de grands bouquets d'arbres et une belle pelouse entourent le solarium où l'on prend le soleil allongé sur les transats ou bien à l'ombre des grands parasols de marché.

Le bar et le restaurant servent d'agréables déjeuners au bord de l'eau. La campagne qui entoure la propriété et qui garantit le calme, l'attention et l'accueil amical, voilà des qualités qui ne sont pas à négliger à Saint-Tropez.

♦ *Itinéraire d'accès (voir carte n° 34) : à 3 km à l'est de St-Tropez par la route des Salins.*

Hôtel Le Pré de la Mer★★★
Route des Salins
83990 Saint-Tropez (Var)
Tél. 94.97.12.23 - Mme Blum

♦ *Ouverture de Pâques au 30 septembre* ♦ *3 chambres et 9 studios (avec kitchenette) avec tél., s.d.b., w.c. et t.v. - Prix des studios : 600 à 730 F - Petit déjeuner 50 F, servi de 8 h à 11 h* ♦ *Cartes de crédit acceptées* ♦ *Chiens non admis* ♦ *Possibilités alentour : plage des Canoubiers ; musée de l'Annonciade* ♦ *Pas de restaurant à l'hôtel.*

C'est une maison basse et blanche construite dans le plus pur style mexicano-tropézien. Les chambres sont grandes et confortables, certaines sont équipées d'une cuisine afin de pouvoir oublier les prix des restaurants de Saint-Tropez. Elle ouvrent toutes sur une petite terrasse individuelle, équipée d'une table et de chaises en bois blanc où peuvent être pris le petit déjeuner et éventuellement les repas. Les terrasses donnent de plain-pied dans un jardin où fleurissent lauriers roses, alteas, grenadiers et citronniers. Mais pour accéder à ce havre de paix, à quelques minutes de Saint-Tropez, il faut savoir séduire Joséphine Blum, la propriétaire, qui veut choisir sa clientèle.

♦ *Itinéraire d'accès (voir carte n° 34) : à 3 km à l'est de St-Tropez par la route des Salins.*

La Ferme d'Augustin★★★
Route de Tahiti
83350 Ramatuelle (Var)
Tél. 94.97.23.83/94.97.18.12 - Télex 462 809 - Fax 94.97.40.30 -
Mme Vallet

♦ *Ouverture de Pâques au 15 octobre* ♦ *34 chambres avec tél. direct, s.d.b. (4 avec douche), w.c. et t.v. sur demande - Prix des chambres : 620 à 1 600 F - Petit déjeuner 60 F, servi de 6 h à 12 h* ♦ *Carte bleue et Visa* ♦ *Chiens admis avec 60 F de supplément* ♦ *Possibilités alentour : piscine, tennis, golf, sports nautiques, plage à 50 m, practice de golf* ♦ *Pas de restaurant à l'hôtel.*

On adore d'abord le nom, la Ferme d'Augustin, et l'on n'est pas déçu par les lieux. C'est en effet l'ancienne ferme de la famille, mais entièrement rénovée. Dès l'arrivée, on tombe sous le charme de la pinède et du jardin méridional qui déborde de glycines, de bougainvillées, de rosiers grimpants et de grands mûriers taillés en parasol.
Dans les salons, on trouve un agréable mélange de mobilier campagnard ancien et de canapés contemporains. Les chambres ont de jolies salles de bains revêtues de carreaux de Salernes ; toutes donnent sur le jardin et ont des balcons ou des terrasses avec vue sur la mer. Il faut dire que l'hôtel jouit d'un splendide emplacement, à deux pas de la plage de Tahiti. Si vous souhaitez passer la journée à la plage, vous pourrez vous faire préparer un pique-nique. Au total, un bon rapport qualité-prix pour Saint-Tropez.

♦ *Itinéraire d'accès (voir carte n° 34) : à 5 km de St-Tropez sur la route de la plage de Tahiti.*

La Ferme d'Hermès★★★
Route de l'Escalet
Val de Pons
83350 Ramatuelle (Var)
Tél. 94.79.27.80 - Fax 94.79.26.86 - Mme Verrier

♦ *Ouverture de Pâques au 31 octobre* ♦ *10 chambres avec tél., s.d.b., w.c., t.v., (9 avec cuisine) - Prix des chambres doubles : 450 à 550 F - Prix des suites : 800 à 900 F - Petit déjeuner 60 F, servi de 8 h 30 à 12 h* ♦ *Carte bleue et Visa* ♦ *Chiens admis avec supplément - Piscine à l'hôtel* ♦ *Possibilités alentour : tennis, équitation, plages, plongée ; festival Gérard Philippe* ♦ *Pas de restaurant à l'hôtel.*

Un chemin de terre à travers des vignobles, un jardin odorant planté de romarins et d'oliviers, une maison toute rose, font de cet hôtel joli et raffiné la maison du Midi dont on rêve pour accueillir ses amis. Mme Verrier, la propriétaire, a pensé à tous les détails : cheminée, confitures et gâteaux maison servis au petit déjeuner, bouquets de fleurs, tout ce qui fait le charme d'une maison.
Les chambres sont coquettes, certaines avec une petite terrasse de plain-pied dans les vignes. La plupart ont une petite cuisine agréable pour ceux qui ne veulent pas toujours courir les restaurants de Saint-Tropez.

♦ *Itinéraire d'accès (voir carte n° 34) : à 2 km au sud de Ramatuelle par la route de l'Escalet.*

La Figuière★★★
Route de Tahiti
83350 Ramatuelle (Var)
Tél. 94.97.18.21 - M. Béraud et Mme Chaix

♦ *Ouverture du 23 mars au 6 octobre* ♦ *45 chambres climatisées avec tél. direct, s.d.b. (4 avec douche), w.c., (32 avec t.v.) - Prix des chambres doubles : 500 à 850 F - Prix des suites : 1 000 à 1 500 F - Petit déjeuner compris, servi de 7 h 30 à 11 h* ♦ *Carte bleue et Visa* ♦ *Chiens admis avec supplément - Piscine, tennis à l'hôtel* ♦ *Possibilités alentour : practice de golf, plage de Tahiti à 500 m ; Saint-Tropez à 2,5 km* ♦ *Restaurant : service de 12 h à 15 h, 20 h à 23 h - Carte - Spécialités : poissons et viandes au gril.*

Ouvrir ses volets le matin et s'éveiller dans un vignoble est un plaisir rare. C'est un des charmes de cet hôtel isolé dans la campagne à quelques kilomètres de Saint-Tropez. La Figuière, c'est d'abord cinq petites maisons aux couleurs du midi dissimulées dans un jardin de figuiers. Les chambres sont calmes, bien isolées les unes des autres, certaines s'ouvrent directement sur les vignes, d'autres sur une terrasse fleurie. Des grillades sont servies à l'heure du déjeuner au bord d'une piscine entourée par la lavande. Un tennis est caché derrière l'hôtel.

♦ *Itinéraire d'accès (voir carte n° 34) : à 2,5 km au sud de Saint-Tropez par la route de Tahiti.*

Hôtel des Deux Rocs★★★

83440 Seillans (Var)
Tél. 94.76.87.32 - Mme Hirsch

♦ *Ouverture du 25 mars au 31 octobre* ♦ *15 chambres avec tél., s.d.b. ou douche, w.c. - Prix des chambres : 220 à 450 F - Petit déjeuner 34 F, servi de 8 h à 10 h 30 - Prix de la demi-pension et de la pension : 270 à 385 F, 395 à 510 F (par pers., 3 j. min.)* ♦ *Carte bleue et Visa* ♦ *Chiens admis* ♦ *Possibilités alentour : centre de vol à voile, plages à 30 mn ; lac de Saint-Cassien, gorges du Verdon* ♦ *Restaurant : service de 12 h à 14 h, 19 h 30 à 21 h 30 - Fermeture le mardi et le jeudi à midi - Menus : 130 à 180 F - Carte - Spécialités : terrine de légumes, carré d'agneau, gigot de lotte au curry.*

En haut du village de Seillans, près des remparts et du vieux château, l'hôtel des Deux Rocs est une grosse bâtisse provençale et bourgeoise, réplique rustique et modeste, avec ses alignements de fenêtres, de certaines demeures italiennes. Un goût très sûr, ennemi de l'uniformité, a présidé à l'aménagement des lieux. Un petit salon avec cheminée vous met à l'abri du mistral ; vous y lirez ou vous vous y reposerez comme chez vous. Aucune chambre n'est semblable aux autres : meubles anciens, tissus muraux, rideaux, et jusqu'aux serviettes de la salle de bains, tout contribue à privilégier le séjour de chacun. Chaque chambre est équipée d'un réfrigérateur. Le matin, quelques tables dressées sur la petite place, en face, permettent de prendre des petits déjeuners variés dont les confitures maison disent de façon savoureuse tous les égards qui vous sont réservés.

♦ *Itinéraire d'accès (voir carte n° 34) : à 34 km au nord de Fréjus par A 8 sortie Les Adrets, puis D 562 direction Fayence et D 19 direction Seillans.*

Relais de l'Abbaye

Les Bruns
83340 Le Thoronet (Var)
Tél. 94.73.87.59 - M. Quillon

♦ *Ouverture toute l'année* ♦ *5 chambres avec tél., (3 avec douche et 2 avec w.c.) - Prix des chambres : 190 à 380 F - Petit déjeuner 40 F, servi à partir de 8 h 30* ♦ *Cartes de crédit non acceptées* ♦ *Chiens admis* ♦ *Possibilités alentour : équitation et piscine à 9 km, tennis à 12 km, promenades pédestres, à bicyclette ; abbaye du Thoronet, château d' Entrecasteaux, gorges du Verdon* ♦ *Restaurant : service de 12 h 15 à 14 h, 20 h à 22 h - Fermeture lundi soir et mardi, sauf pour les résidents - Menus : 160 F - Carte - Spécialités : fromage de tête maison, brouillade aux morilles, sole pochée au fumet de vin blanc, lapin paquet aux herbes ; gâteau Christine.*

Voilà qui prouve que l'on peut faire à la fois joli et moderne. Le nombre restreint des chambres donne tout de suite le ton : on est ici comme chez soi, et l'extrême gentillesse du propriétaire et de son personnel ne peut que vous conforter dans cette impression. Le site isolé vous garantit un calme sans égal : autour de vous, ce ne sont que vignobles et pinèdes. Un tel site vous fera peut-être trouver insolite la décoration, mais le propriétaire a passé de longues années au Maroc et en a rapporté de nombreux objets qui ornent aujourd'hui le relais. La terrasse est à l'ombre de vieux mûriers. On y goûte au petit déjeuner une confiture de pastèque, et bien d'autres produits ici sont faits maison.

♦ *Itinéraire d'accès (voir carte n° 34) : à 48 km au nord de Toulon par A 8 sortie Le Luc, puis N 7 et D 17.*

La Petite Auberge★★

Tourtour
83690 Salernes (Var)
Tél. 94.70.57.16 - Télex 470 673 - M. Jugy

♦ *Ouverture du 1er avril au 15 octobre - Fermeture le mardi* ♦ *10 chambres avec tél., s.d.b et w.c - Prix des chambres : 320 à 450 F - Petit déjeuner 37 F, servi de 8 h à 12 h - Prix de la demi-pension et de la pension : 300 F, 400 F (1 pers., 3 j. min.)* ♦ *Carte bleue, Eurocard, MasterCard et Visa* ♦ *Chiens admis - Piscine à l'hôtel* ♦ *Possibilités alentour : tennis, équitation, planche à voile* ♦ *Restaurant : service de 12 h 30 à 14 h, 20 h à 21 h 30 - Fermeture le mardi et de novembre à avril - Menus : 150 F - Carte - Spécialités : écrevisses, cuisses de grenouilles, civet de porcelet , sorbet au calvados.*

Une très belle vue que l'on ne se lasse pas d'admirer. Des terrasses des chambres et de la piscine on aperçoit à perte de vue une nature vierge et le calme est à la mesure du panorama. Les chambres, pourtant d'un bon confort, manquent un peu de clarté et n'ont pas autant de charme que le cadre, ce qui pourrait paraître un peu décevant ; la chambre 9 avec son balcon est la plus agréable. Néanmoins une bonne adresse, à prendre comme son nom l'indique.

♦ *Itinéraire d'accès (voir carte n° 34) : à 23 km à l'ouest de Draguignan par D 557.*

Château de Trigance★★★

83840 Trigance (Var)
Tél. 94.76.91.18 - Fax 94.47.58.99 - M. Thomas

♦ *Ouverture du 17 mars au 11 novembre* ♦ *10 chambres avec tél., s.d.b., w.c. et t.v. - Prix des chambres doubles : 430 à 620 F - Prix des suites : 730 F - Petit déjeuner 53 F, servi de 7 h 30 à 10 h - Prix de la demi-pension : 460 à 600 F (par pers.)* ♦ *Amex, Carte bleue, Diners et Visa* ♦ *Chiens admis avec 10 F de supplément* ♦ *Possibilités alentour : tennis, chasse, pêche, promenades en sentiers balisés, rafting et escalade dans les gorges du Verdon* ♦ *Restaurant : service de 12 h à 14 h, 19 h 30 à 21 h - Fermeture le mercredi à midi en mars-avril et octobre-novembre - Menus : 170 à 260 F - Carte - Spécialités : foie gras de canard et sa sauce tiède au laupiac, gâteau de veau aux morilles, paupiettes de saumon au basilic.*

Cette forteresse fut créée par les moines de l'abbaye de Saint-Victor au IXe siècle et devint château, propriété des comtes de Provence, au XIe siècle. C'est une construction massive faite en belle pierre du pays et située en nid d'aigle au sommet d'une colline. Un salon et une salle à manger ornés de voûtes occupent une aile avec le bar. Les chambres sont disposées autour de l'énorme et magnifique terrasse, ce qui vous assure davantage de calme et d'intimité. Elles sont très confortables, personnalisées, leur décoration est sobre mais d'un goût sûr. Une excellente cuisine régionale vous sera servie seulement à l'intérieur, mais vous pourrez avoir le service bar en terrasse face à ce fantastique paysage. Propriétaires au contact très amical.

♦ *Itinéraire d'accès (voir carte n° 34) : à 44 km au nord de Draguignan par D 995 direction les gorges du Verdon, à Comps-sur-Artuby D 995 puis D 90.*

Relais de Roquefure★★

84400 Apt (Vaucluse)
Tél. 90.04.88.88 - M. et Mme Rousset

♦ *Ouverture du 15 février au 1er janvier* ♦ *15 chambres avec tél. direct, s.d.b., (11 avec w.c.) - Prix des chambres : 160 à 260 F - Petit déjeuner 32 F - Prix de la demi-pension : 200 à 240 F (par pers., 2 j. min.)* ♦ *Cartes de crédit acceptées* ♦ *Chiens admis avec supplément - Equitation, location de vélos, piscine à l'hôtel* ♦ *Possibilités alentour : tennis, randonnées ; le Luberon* ♦ *Restaurant : service de 12 h à 14 h, 20 h à 21 h 30 - Fermeture le mardi en b.s. - Menus : 98 F - Spécialités : cuisine saisonnière.*

L'accueil de Mme Roussel est si amical et si cordial que l'on se demande si l'on n'est pas, en fait, des invités. Même impression dans la maison, qui est restée très personnalisée et où règne une ambiance de vacances.

La salle à manger est coquette, les chambres d'un confort inégal mais toutes sont imprégnées du charme désuet qui caractérise la maison. L'été on installe tables et fauteuils sous les grands cèdres de la propriété. Un centre hippique et la location de vélos à l'hôtel permettent de projeter d'agréables balades dans les environs.

♦ *Itinéraire d'accès (voir carte n° 33) : à 31 km à l'est de Cavaillon par D 2 et N 100 ; 7 km avant Apt, suivre fléchage.*

Hôtel d'Europe★★★★
12, place Crillon
84000 Avignon (Vaucluse)
Tél. 90.82.66.92 - Télex 431 965 - Fax 90.85.43.66

♦ *Ouverture toute l'année* ♦ *47 chambres climatisées avec tél. direct, s.d.b., w.c. et t.v. - Prix des chambres doubles : 475 à 1 050 F - Prix des suites : 1 750 F - Petit déjeuner 75 F, servi de 6 h 30 à 11 h* ♦ *Cartes de crédit acceptées* ♦ *Chiens admis avec 50 F de supplément - Garage privé (45 F) à l'hôtel* ♦ *Possibilités alentour : la Provence et ses festivals* ♦ *Restaurant La Vieille Fontaine ouvert pour le déjeuner et le dîner - Menus : 170 F à midi, 210 F le soir - Spécialités : risotto d'épaule, pigeon aux truffes du Luberon, épaule en navarin au pistou. - Carte.*

A l'intérieur des remparts, l'hôtel d'Europe occupe l'ancienne maison du marquis de Graveson, construite au XVIIe siècle. On a conservé à la maison son caractère raffiné : des meubles et des tableaux anciens, des tapisseries d'Aubusson décorent les salons et la très belle salle à manger. Les chambres, de tailles inégales, sont toutes meublées d'époque et dotées d'un grand confort. Trois suites ont été récemment ouvertes, avec terrasse privée offrant le soir un spectacle unique sur les toits de la ville et le palais des Papes illuminé. L'été, on prend ses repas dans le joli patio à l'ombre des platanes et des palmiers, plantés dans de grands pots d'Anduze. Cuisine excellente, très bonne cave. A noter, un garage privé qui résout le problème du stationnement dans la vieille ville.

♦ *Itinéraire d'accès (voir carte n° 33) : à l'intérieur des remparts près du Rhône.*

Hôtel de la Mirande★★★★

84000 Avignon (Vaucluse)
Tél. 90.85.93.93 - Fax 90.86.26.85 - M.Stein

♦ *Ouverture toute l'année* ♦ *19 chambres avec tél. direct, s.d.b., w.c. et t.v. - Prix des chambres doubles : 1 200 à 1 700 F - Prix des suites : 2 200 F - Petit déjeuner 85 F (95 F en chambre)* ♦ *Cartes de crédit acceptées* ♦ *Chiens admis avec 50 F de supplément - Garage, jardin, sauna, jacuzzi, UVA à l'hôtel* ♦ *Possibilités alentour : la Provence et ses festivals* ♦ *Restaurant : service de 12 h à 13 h 45 et de 19 h 45 à 21 h 45 - Menus : 245 F et 430 F - Carte.*

Avignon vient d'ouvrir grâce au talent de l'architecte Gilles Grégoire et du décorateur François-Joseph Grap un merveilleux hôtel où le charme n'est pas ici un moindre mot. La cour intérieure a été transformée en un délicieux jardin d'hiver où les fauteuils d'osier aux couleurs délicates de berlingots donnent le ton. Se succèdent ensuite les salons luxueusement décorés de belles antiquités, de percales fleuries, de tissus provençaux, de perses ou d'indiennes d'inspiration XVIIIe. Les chambres sont grandes avec toujours un salon ou une antichambre. Elégantes, confortables, elles sont plus spacieuses au premier étage, plus intimes au second et à l'entresol. Un hôtel exquis et somptueux à la fois qui devrait ouvrir la voie à une nouvelle génération d'hôtels.

♦ *Itinéraire d'accès (voir carte n° 33) : dans le centre ville, au pied du Palais des Papes.*

Les Géraniums
Place de la Croix
Le Barroux
84330 Caromb (Vaucluse)
Tél. 90.62.41.08 - Fax 90.62.56.48 - M. Roux

♦ *Ouverture toute l'année - Fermeture mercredi en b.s.* ♦ *22 chambres avec tel. direct, s.d.b. et w.c. (t.v. sur demande) - Prix des chambres : 180 à 220 F - Petit déjeuner 30 F, servi de 8 h à 9 h 30 - Prix de la demi-pension et de la pension : 190 à 210 F, 250 à 270 F (par pers., 3 j. min.)* ♦ *Amex, Diners, Visa, Carte bleue, Eurocard, Diners et chèques vacances* ♦ *Chiens admis avec supplément* ♦ *Possibilités alentour : Avignon à 33 km, Vaison-la-Romaine à 19 km* ♦ *Restaurant : service de 12 h 15 à 14 h, 19 h 15 à 21 h - Fermeture le mercredi en b.s.. - Menus : 70 à 230 F - Carte - Spécialités : pintade au basilic, lapin à la sarriette, chevreau au romarin, civet en saison.*

Le Barroux est perché sur sa colline entre le Ventoux et les dentelles de Montmirail ; de sa hauteur, on aperçoit tout le Comtat Venaissin. Le village n'est pas sans charme et il est possible d'y séjourner dans ce petit hôtel d'un confort séduisant qui tient lieu également de "café de la place". Les chambres sont simples mais agréables et leur rénovation récente les a dotées d'un meilleur confort. Préférez celles avec les petites terrasses. On dîne bien d'une cuisine de produits locaux (gibier en saison) dans la haute salle de restaurant comme sur la terrasse.

♦ *Itinéraire d'accès (voir carte n° 33) : à 9 km de Carpentras - entre Carpentras et Malaucène.*

Relais de la Belle Ecluse

84500 Bollène (Vaucluse)
Tél. 90.30.15.14 - M. Journet et M. Davis

♦ *Ouverture toute l'année sauf février* ♦ *16 chambres avec tél.(14 avec s.d.b, 11 avec w.c) - Prix des chambres : 240 à 420 F - Petit déjeuner 33 F, servi de 7 h30 à 10 h30 - Prix de la demi-pension et de la pension : 525 à 680 F, 775 à 920 F (2 pers.)* ♦ *Amex, Carte bleue, Diners et Visa* ♦ *Chiens admis avec supplément* ♦ *Possibilités alentour : canoë-kayak, piscine, tennis* ♦ *Restaurant : service de 12 h à 14 h 15, 19 h 30 à 22 h 15 - Fermeture le lundi midi - Menus : 145 et 235 F - Carte - Spécialités : curry d'agneau, crabe farci Louisiane, canard aux pêches.*

C'est une belle maison de notable qui aurait pu être celle d'un notaire et qui se retrouve hôtel. Un beau jardin de belles proportions, une bonne table mais un charme désuet qui va parfois un peu trop loin. Car si les chambres sont grandes, claires et confortables, elles manquent un peu de gaieté. La plus attrayante est la 6, dont la terrasse domine le jardin et la plus amusante est la 8, qui se trouve dans l'ancienne chapelle et qui est encore éclairée par des vitraux. L'accueil est prévenant et courtois.

♦ *Itinéraire d'accès (voir carte n° 33) : à 25 km d'Orange - A9 sortie Bollène, direction centre ville puis Nyons.*

L'Aiguebrun★★★
Relais de la Courbe
84480 Bonnieux (Vaucluse)
Tél. 90.74.04.14 - Mme Ferraris et M.Studhalter

♦ *Ouverture du 1er mars au 15 novembre et du 15 décembre au 5 janvier* ♦ *7 chambres avec tél. direct, s.d.b. et w.c. - Prix des chambres simples et doubles : 370 F, 460 à 500 F - Prix des suites : 620 à 640 F - Petit déjeuner 50 F, servi de 8 h à 10 h 30 - Prix de la demi-pension : 510 F (par pers., 2 j. min.)* ♦ *Amex, Carte bleue, Eurocard et Visa* ♦ *Chiens admis* ♦ *Possibilités alentour : équitation, randonnées pédestres ; les villages du Luberon* ♦ *Restaurant : service de 12 h 30 à 14 h, 20 h à 22 h - Fermeture le mercredi - Menus : 220 F - Carte - Spécialités : cuisine du marché.*

L'Aiguebrun, petite rivière torrentueuse du Luberon, a donné son nom à cette auberge située dans un beau vallon boisé, à l'écart de la route, non loin de la rivière. C'est une belle bâtisse provençale aux grandes façades de pierre blanche. Les chambres sont spacieuses, confortables et décorées avec recherche. Le salon, au rez-de-chaussée, avec sa grande cheminée, est idéal pour s'y retrouver ou pour lire. Il est tout aussi agréable de se restaurer dans la salle à manger aux larges baies vitrées que sur la terrasse ombragée par un énorme sapin, face à la campagne et aux bois alentour.

♦ *Itinéraire d'accès (voir carte n° 33) : à 27 km de Cavaillon par D 2 et N 100 direction Apt, puis D 36.*

Hostellerie du Prieuré★★★

84480 Bonnieux (Vaucluse)
Tél. 90.75.80.78 - Mme Keller et M. Chapotin

♦ *Ouverture du 15 février au 5 novembre ♦ 10 chambres avec tél.
direct, s.d.b. (1 avec douche et 9 avec w.c.), (8 avec t.v.) - Prix des
chambres simples et doubles : 320 F, 420 à 460 F - Petit déjeuner
36 F, servi de 8 h à 11 h - Prix de la demi-pension et de la
pension : 366 à 386 F, 496 à 516 F (par pers.) ♦ Carte bleue,
Eurocard, MasterCard et Visa ♦ Chiens admis avec 30 F de
supplément ♦ Possibilités alentour : piscine, tennis et équitation à
10 km, golf ; les villages du Luberon ♦ Restaurant : service de
12 h à 13 h 30, 19 h 30 à 21 h - Fermeture le mardi et le mercredi
à midi, les mardi, mercredi et jeudi à midi en juillet, août et
septembre - Menus : 130 F et 182 F - Spécialités : cassolette de
ris de veau à l'orange, filet de canard aux poires, mignon de lotte
au safran, fricassée de rognon de veau aux baies roses.*

L'Hostellerie du Prieuré se trouve dans le village mais l'essentiel des
pièces de réception et des chambres sont tournées vers le jardin et la
vallée. Les aménagements et la décoration sont très confortables,
raffinés (voire précieux) créant une atmosphère intime et cossue. Les
chambres sont ravissantes, toutes différentes mais la numéro 9 a une
terrasse avec vue sur la vallée. En été le service bar et restaurant est
assuré dans le jardin.
Pas de carte, mais deux menus qui offrent des spécialités bien
diversifiées.

♦ *Itinéraire d'accès (voir carte n° 33) : à 25 km à l'est de
Cavaillon par D 2 et N 100 direction Apt puis D 36 ; au pied des
remparts.*

Logis d'Arnavel★★★
Route de Roquemaure
84230 Châteauneuf-du-Pape (Vaucluse)
Tél. 90.83.73.22 - Mlle Faleur

♦ *Ouverture toute l'année* ♦ *16 chambres avec s.d.b., tél. et w.c. - Prix des chambres doubles : 300 F - Petit déjeuner 30 F, servi de 7 h 30 à 10 h - Prix de la demi-pension et de la pension : 300 F, 400 F* ♦ *Amex, Carte bleue, Diners et Eurocard* ♦ *Chiens admis avec supplément - Piscine à l'hôtel* ♦ *Possibilités alentour : tennis ; vignobles, visite de caves et dégustation ; Orange (16 km) Avignon (20 km)* ♦ *Restaurant : service de 12 h 30 à 13 h 30, 19 h 30 à 21 h - Menus : 120 et 180 F - Carte - Spécialités : cuisine saisonnière traditionnelle.*

Cette ancienne bergerie restaurée se trouve au cœur des vignobles de Châteauneuf-du-Pape. C'est d'abord un grand salon-bar avec de confortables fauteuils contemporains où trône une grande cheminée ; ensuite, deux salles à manger spacieuses au mobilier provençal, aux tonalités douces. Le tout ouvre sur la terrasse où sont servis les repas et les rafraîchissements à côté de la piscine qui vous attend aux beaux jours. Les chambres, simples et confortables, ont de belles installations sanitaires. Une table soignée, un accueil très amical sont les atouts supplémentaires de cette bonne adresse.

♦ *Itinéraire d'accès (voir carte n° 33) : à 13 km au sud d'Orange par D 976 (route des vins).*

Hostellerie de Crillon le Brave★★★★
84410 Crillon-le-Brave (Vaucluse)
Tél. 90.65.61.61 - Fax 90.65.62.86 - M. Chittick

♦ *Ouverture toute l'année* ♦ *20 chambres avec tél. direct, s.d.b., w.c. et t.v. sur demande - Prix des chambres simples et doubles : 450 F, 650 à 850 F - Prix des suites : 1 150 F - Petit déjeuner 65 F, servi de 8 h à 11 h - Prix de la demi-pension et de la pension : + 220 F, + 320 F (par pers.)* ♦ *Amex, Carte bleue et Visa* ♦ *Chiens non admis - Piscine à l'hôtel.* ♦ *Possibilités alentour : tennis à 3 km, golf, randonnées pédestres, vélos* ♦ *Restaurant : service de 12 h à 14 h, 19 h 30 à 21 h 30 - Menus : 175 à 220 F - Carte - Spécialités : truffes du mont Ventoux, panier de poissons d'eau douce.*

A quelques champs d'oliviers du mont Ventoux, niché en haut d'une colline, se trouve le petit village de Crillon le Brave. Juste à côté de l'église, un très bel hôtel : une grande maison de famille dont les chambres portent encore le nom des anciens occupants. La maison a conservé ses anciennes tomettes bien patinées et on l'a très joliment décorée de terres cuites et de meubles provençaux anciens, chinés chez les brocanteurs de L'Isle-sur-Sorgue. Dans les chambres, très douillettes et confortables, les murs jaune-ocre restituent tout le soleil du Midi. La chambre de Virginie, la fille de l'ancien propriétaire, a une petite terrasse qui donne sur la place de l'église. Les deux salons sont ceux d'une maison de vacances : rayonnages chargés de vieux livres, canapés accueillants et fenêtres qui s'ouvrent sur les toits roses du village. Un jardin en escalier, aux multiples recoins, mène d'un bassin de nénuphars à la piscine, et un joli mobilier en fer forgé aménage les coins d'ombre du jardin.

♦ *Itinéraire d'accès (voir carte n° 33) : à 15 km au nord de Carpentras par D 974 et D 138.*

Hostellerie La Manescale
Route de Faucon
Les Essareaux
84340 Entrechaux (Vaucluse)
Tél. 90.46.03.80 - Mme Warland

♦ *Ouverture de Pâques à fin octobre* ♦ *6 chambres avec tél. direct, s.d.b. ou douche, w.c., t.v. et minibar - Prix des chambres doubles : 275 à 450 F - Prix des suites : 550 F - Petit déjeuner 45 F, servi de 8 h 30 à 10 h - Prix de la demi-pension : 335 à 470 F (par pers., 2 j. min.)* ♦ *Amex, Carte bleue, Diners, Eurocard et Visa* ♦ *Chiens admis avec 35 F de supplément - Piscine à l'hôtel* ♦ *Possibilités alentour : tennis, équitation, minigolf ; Vaison-la-Romaine à 8 km, Séguret, le mont Ventoux* ♦ *Restaurant : service réservé aux résidents, à partir de 19 h 45 - Menus : 165 F - Spécialités : cuisine du marché, légère et raffinée.*

Edifiée sur une ancienne bergerie très bien reconstruite cette séduisante hostellerie se perd au milieu des vignes et des oliviers, entre Drôme et Vaucluse, en face du mont Ventoux. On y trouve des chambres d'un grand confort, très bien équipées. Certaines sont de véritables petites suites (la chambre Provence), et d'un goût très sûr qui montre que rien ici n'a été laissé au hasard, comme pour faire honneur à la magie du paysage. Une vallée paisible, où trône le Ventoux dans un jeu subtil de lumières et de teintes. Une terrasse divine à l'heure du robuste petit déjeuner vous ferait déserter l'agréable salle à manger au moment du dîner, tant le tableau qu'elle vous offre est grandiose. Une superbe piscine complète le tout. Un endroit que l'on aimerait garder pour soi, bien secret, mais que l'on est heureux d'avoir partagé si l'on en croit le courrier des lecteurs.

♦ *Itinéraire d'accès (voir carte n° 33) : à 8 km à l'est de Vaison-la-Romaine par D 205.*

Les Florets★★
Route des Dentelles
84190 Gigondas (Vaucluse)
Tél. 90.65.85.01 - Mmes Germano et Bernard

♦ *Ouverture du 1er mars au 1er janvier* ♦ *15 chambres avec tél., (13 avec s.d.b. ou douche, 12 avec w.c.) - Prix des chambres : 300 à 330 F - Petit déjeuner 35 F, servi de 8 h à 10 h - Prix de la demi-pension et de la pension : 300 F, 400 F (par pers., 3 j. min.)* ♦ *Amex, Carte bleue, Diners, Eurocard et Visa* ♦ *Chiens admis avec 30 F de suppément* ♦ *Possibilités alentour : tennis ; la Provence romaine* ♦ *Restaurant : service de 12 h 30 à 14 h, 19 h 30 à 21 h - Fermeture le mercredi - Menus : 130 à 180 F - Carte - Spécialités : aïolade du comtat, pieds et paquets maison, gâteau d'aubergines, caillette provençale.*

En pleine verdure, au pied des dentelles de Montmirail, et au cœur du vignoble du Gigondas, Les Florets est un hôtel de campagne, simple, traditionnel et familial. Il possède une terrasse ornée d'une treille d'où l'on aperçoit les dentelles de pierre très ouvragées, bien à l'abri d'un soleil parfois sans tendresse. Situé à 400 mètres d'altitude, il fait tout de même plus frais que dans la plaine. Des chambres simples aux fenêtres donnant sur les arbres, sans grand éclat mais d'un confort tout à fait acceptable. La cuisine régionale mêle produits locaux et vins de Gigondas. Le patron sera heureux de vous faire visiter sa cave et de vous faire goûter sa production.

♦ *Itinéraire d'accès (voir carte n° 33) : à 25 km à l'est d'Orange par D 975 direction Vaison-la-Romaine, puis D 8 et D 80 ; sur la route des Dentelles de Montmirail.*

Hôtel La Gacholle★★★
Route de Murs
84220 Gordes (Vaucluse)
Tél. 90.72.01.36 - M. Roux

♦ *Ouverture du 10 mars au 15 novembre et du 26 décembre au 3 janvier* ♦ *11 chambres avec tél. direct, s.d.b., w.c. et t.v. - Prix des chambres doubles : 380 F - Petit déjeuner 42 F, servi de 7 h 30 à 10 h - Prix de la demi-pension : 370 F (par pers.)* ♦ *Carte bleue, Eurocard, MasterCard et Visa* ♦ *Chiens admis avec supplément - Piscine chauffée et tennis à l'hôtel* ♦ *Possibilités alentour : golf, équitation ; les villages du Luberon, musée Vasarely, abbaye de Sénanque* ♦ *Restaurant : service de 7 h 30 à 21 h - Menu pour les pensionnaires ; carte - Spécialités : noisette d'agneau au beurre d'anis, surprise de saumon à l'ail doux ; gâteau au chocolat à l'écorce d'orange.*

Gordes est, comme Apt, Bonnieux et Roussillon, le lieu de séjour idéal pour ceux qui veulent visiter le Luberon. La Gacholle dresse ses murs de pierre sèche en pleine garrigue, à un kilomètre du village, qui s'étage sur un des promontoires du Vaucluse.
A l'intérieur de la bastide on a recréé l'atmosphère provençale rustique des maisons de vacances de la région. Les chambres, tout aussi soignées dans leur décoration et dans leur confort, bénéficient d'une vue superbe. (Les numéros 1, 2 et 3, de plain-pied sur le jardin, ont une petite terrasse individuelle). Beau panorama de la terrasse et de la piscine sur la vallée du Coulon, la montagne du Luberon et les côteaux d'Aix. Excellente adresse pour un week-end.

♦ *Itinéraire d'accès (voir carte n° 33) : à 25 km de Cavaillon par D 2 ; dans le village D 15.*

Domaine Le Moulin Blanc★★★★
Chemin du Moulin
Les Beaumettes
84220 Gordes (Vaucluse)
Tél. 90.72.34.50 - Télex 432 926 - Fax 90.72.25.41 - Mme Diez

♦ *Ouverture toute l'année* ♦ *18 chambres avec tél. direct, s.d.b., w.c. et t.v. - Prix des chambres doubles : 410 à 830 F - Prix des suites : 800 à 1 000 F - Petit déjeuner 60 F, servi jusqu'à 10 h 30 - Prix de la demi-pension et de la pension : 420 à 670 F, 570 à 820 F (par pers.)* ♦ *Cartes de crédit acceptées* ♦ *Chiens admis - Piscine, tennis à l'hôtel* ♦ *Possibilités alentour : golf, équitation ; les villages du Luberon, musée Vasarely, abbaye de Sénanque* ♦ *Restaurant : service du dîner jusqu'à 21 h - Menus : 190 à 300 F - Spécialités : foie gras de canard frais, petite marmite de homard et saint-jacques, gigot d'agneau des Alpes en croûte.*

Tour à tour relais de poste puis moulin à farine, le Moulin Blanc a été superbement restauré. Les chambres sont magnifiques (préférez celles ouvrant sur le jardin, plus calmes que celles donnant sur la route) ; la salle à manger, et le salon occupent une très belle salle voûtée. Le charme est présent aussi dans le parc planté de pins et de cyprès. Au restaurant on vous servira une bonne cuisine utilisant les produits frais du marché. Au centre du triangle formé par Gordes, Roussillon et Bonnieux, le Moulin Blanc est au cœur de la Provence historique et touristique.

♦ *Itinéraire d'accès (voir carte n° 33) : à 20 km de Cavaillon par D 2 et N 100 direction Apt.*

Mas de Cure Bourse★★★
Route de Caumont-sur-Durance
84800 L'Isle-sur-la-Sorgue (Vaucluse)
Tél. 90.38.16.58 - M. et Mme Donzé

♦ *Ouverture toute l'année sauf en octobre* ♦ *12 chambres avec tél. direct, s.d.b., w.c. et t.v. - Prix des chambres simples et doubles : 280 à 400 F, 340 à 460 F - Prix des suites : 580 F - Petit déjeuner 40 F, servi à partir de 7 h 45 - Prix de la demi-pension : 200 F (par pers., 5 j. min.)* ♦ *Carte bleue* ♦ *Chiens admis avec 25 F de supplément - Piscine, jeu de boules à l'hôtel* ♦ *Possibilités alentour : tennis, équitation, golf, canoë-kayak ; le Luberon, la Provence romaine, la Camargue, Fontaine-de-Vaucluse* ♦ *Restaurant : service de 12 h à 13 h 30, 20 h à 21 h 30 - Fermeture le dimanche soir et le lundi - Menus : 160 à 248 F - Carte.*

Cet ancien relais de poste fut construit en 1734 dans la plaine de l'Isle-sur-la-Sorgue. C'est dans ce vieux mas plein de charme, entouré de vergers et d'un parc de 2 hectares, que les Donzé reçoivent leurs visiteurs. Françoise, qui est le chef de cuisine, vous régalera suivant la saison dans la jolie salle à manger, devant un grand feu de cheminée, ou sur la terrasse ombragée. Si vous préférez ne pas quitter la piscine, vous pourrez aussi déjeuner rapidement au bord de l'eau. La décoration et le confort des chambres sont parfaits.

♦ *Itinéraire d'accès (voir carte n° 33) : à 23 km à l'est d'Avignon par N 100, puis D 25 direction Caumont-sur-Durance.*

Le Mas des Grès★★
Route d'Apt
84800 Lagnes (Vaucluse)
Tél. 90.20.32.85 - M. et Mme Hermitte

♦ *Ouverture du 1er mars au 1er novembre* ♦ *12 chambres avec tél. direct, s.d.b., w.c., (6 avec t.v.) - Prix des chambres doubles : 280 à 420 F - Prix des suites : 800 F - Petit déjeuner 40 F, servi de 8 h à 10 h - Prix de la demi-pension : 280 à 350 F (par pers.)* ♦ *Carte bleue, Eurocard, MasterCard et Visa* ♦ *Chiens non admis - Piscine, tennis à l'hôtel* ♦ *Possibilités alentour : pêche, location de vélos, golf ; le Luberon* ♦ *Restaurant : service à 20 h - Spécialités : aïoli, estouffade provençale.*

C'est avec un réel plaisir que nous réintégrons Le Mas des Grès. Précisons tout de suite que le mas est ravissant, que tout y est gai et de bon goût ; c'est un endroit de charme, un hôtel qui est le contraire d'un hôtel, plutôt une maison de vacances où règnent gaieté, joie de vivre et un brin d'excentricité. Le maître des lieux, qui fut autrefois décorateur savoyard, plaisante sur le style rustico-byzantin qui y règne. Le salon comme les chambres sont d'une simplicité très raffinée ; elles ont le charme de belles chambres d'amis, et en ont aussi parfois le côté pratique : la numéro 8 peut accueillir toute une famille, la 6 est parfaite pour des enfants. Pas de restaurant, mais une cuisine honorable qui peut vous être servie en demi-pension, sous la treille ; les dîners sont, grâce à la personnalité chaleureuse de M. Hermitte, des moments agréables. Entouré de vergers, Le Mas des Grès est une adresse précieuse : un peu votre maison dans le Luberon.

♦ *Itinéraire d'accès (voir carte n° 33) : à 5 km au sud-est de l'Isle-sur-la-Sorgue par N 100 et D 99.*

Hostellerie Le Roy Soleil★★★
Route des Beaumettes
84560 Ménerbes (Vaucluse)
Tél. 90.72.25.61 - Fax 90.72.36.55 - M. Derine

♦ *Ouverture du 15 mars au 15 novembre* ♦ *14 chambres avec tél. direct, s.d.b. ou douche, w.c. et t.v. - Prix des chambres simples et doubles : 380 F, 380 à 780 F - Prix des suites : 1 100 F - Petit déjeuner 60 F - Prix de la demi-pension et de la pension : 460 à 700 F, 610 à 850 F (par pers., 3 j. min.)* ♦ *Cartes de crédit acceptées* ♦ *Chiens admis avec 60 F de supplément - Piscine, tennis à l'hôtel* ♦ *Possibilités alentour : équitation, golf ; le Luberon* ♦ *Restaurant : service de 12 h à 13 h 30, 19 h 30 à 21 h 30 - Menus : 195 F - Carte - Spécialités : ravioli de tourteau aux courgettes et fleur de thym, croustillant de sandre à l'émulsion d'huile d'olive, ris de veau au jus de carottes acidulées.*

Cette ancienne demeure du XVIIe siècle, merveilleusement restaurée et transformée en hôtel, a beaucoup de charme de par sa situation géographique privilégiée au cœur du Lubéron, avec ses garrigues et ses sentiers sauvages, et la proximité des vieux villages fortifiés de Menerbes, Oppède-le-Vieux, Bonnieux et Lacoste. Charme également dans son aspect extérieur (vieilles pierres de Provence), et intérieur (salle voûtée, belles poutres en bois). Le repos et la détente sont garantis, au bord de la très belle piscine, à moins que vous ne préfériez vous mesurer à un adversaire sur le court de tennis. La cuisine gourmande, l'accueil sympathique et le confort des chambres contribuent également à faire de ce petit hôtel une adresse à recommander.

♦ *Itinéraire d'accès (voir carte n° 33) : à 14 km de Cavaillon par D 2 et N 100 direction Apt, puis D 103.*

Mas des Capelans

84580 Oppède-le-Vieux (Vaucluse)
Tél. 90.76.99.04 - M. et Mme Poiri

♦ *Ouverture du 15 février au 15 novembre et du 20 décembre au 5 janvier* ♦ *8 chambres d'hôtes et 2 suites familiales avec s.d.b. et w.c., t.v. dans les suites - Prix des chambres doubles : 300 à 400 F - Prix des suites : 500 à 600 F - Petit déjeuner 42 F - Prix de la demi-pension : 3 000 à 4 000 F selon la saison (forfait de 6 j. pour 2 pers.)* ♦ *Amex, Carte bleue, Diners, Eurocard, MasterCard et Visa* ♦ *Chiens admis avec supplément - Piscine chauffée à l'hôtel* ♦ *Possibilités alentour : tennis à 2 km, équitation, pêche à la truite, randonnées à cheval, à pied ou en mountain-bike dans le Luberon* ♦ *Restaurant : service plateau-piscine de 12 h à 14 h, repas du soir à 20 h - Fermeture le mercredi - Menus : plateau-piscine 75 F, menu du soir de 125 à 170 F - Spécialités : saumon mariné aux baies et à l'aneth, pintade aux fruits ; reine de Saba.*

Le mas des Capelans est une ancienne magnanerie ayant appartenu aux moines de l'abbaye de Sénanque. Les huit chambres d'hôtes offrent toutes un grand confort et sont très soignées. Spacieuses, chacune porte le nom de la vue dont elle profite : Roussillon, Gordes ou plus simplement les vignes comme certaines au rez-de-chaussée où elles ont toutes des entrées indépendantes. La présence de bois de sapin un peu partout et de couettes sur les lits est originale dans cette région, l'atmosphère est celle d'un douillet intérieur de chalet égaré au pays de la lavande ! Les alentours sont bien fleuris et les dîners dans la cour intérieure sous les mûriers et les acacias sont merveilleux.

♦ *Itinéraire d'accès (voir carte n° 33) : à 10 km de l'A7 sortie Cavaillon ; à 10 km à l'est de Cavaillon par D 2 direction Apt, puis D 29 direction Maubec et D 178.*

Hôtel Arène★★★
Place de Langes
84100 Orange (Vaucluse)
Tél. 90.34.10.95 - Télex 432 357 - Fax 90.34.91.62
M. et Mme Coutel

♦ *Ouverture du 15 décembre au 31 octobre* ♦ *30 chambres avec tél., s.d.b. ou douche, w.c. (22 avec t.v.) - Prix des chambres : 270 à 350 F - Petit déjeuner 35 F, servi de 7 h à 11 h* ♦ *Cartes de crédit acceptées* ♦ *Chiens admis* ♦ *Possibilités alentour : théâtre antique, arc de triomphe* ♦ *Pas de restaurant à l'hôtel.*

Bien placé près du théâtre antique, sur une petite place piétonne ombragée de platanes centenaires, l'hôtel Arène est l'hôtel le plus recherché de la ville. M. et Mme Coutel, soucieux de satisfaire au mieux leurs clients et amis sont sans cesse en train d'embellir et de rénover. Les chambres sont toutes différentes mais toutes sont gaies (même celles qui sont un peu sombres et bien confortables). Pas de restaurant, mais un salon accueillant avec une grande cheminée et des meubles anciens. Une adresse très appréciée et pour laquelle une réservation est indispensable, surtout en période de festival.

♦ *Itinéraire d'accès (voir carte n° 33) : dans le cœur historique de la ville, derrière la mairie.*

Hôtel L'Hermitage★★
Route de Carpentras
84210 Pernes-les-Fontaines (Vaucluse)
Tél. 90.66.51.41 - Mme Oury

♦ *Ouverture du 15 février au 21 janvier ♦ 20 chambres avec tél. direct, s.d.b. et w.c., (10 avec t.v.) - Prix des chambres simples et doubles : 230 à 250 F, 240 à 320 F - Petit déjeuner 30 F, servi de 7 h 30 à 11 h - Prix de la demi-pension et de la pension : 240 F, 320 F (par pers., 3 j. min.) ♦ Carte bleue, Diners, Eurocard et Visa ♦ Chiens admis avec 20 F de supplément ♦ Possibilités alentour : piscine, tennis, équitation, golf ; le Luberon, Orange, Carpentras, Vaison-la-Romaine ♦ Restaurant : service de 12 h à 14 h, 19 h 30 à 22 h (à 1 km) - Menus : 85 à 190 F - Carte - Spécialités : gratin de langouste flambé, panaché de poissons au beurre d'écrevisse, tournedos aux morilles.*

Très bien placé par rapport aux centres d'intérêt de la région, l'Hermitage est une belle bastide installée dans un parc de deux hectares. Beaucoup de charme règne dans cette maison où de nombreux objets personnels se mêlent à un mobilier de style provençal. Les chambres sont très soignées : celles du dernier étage ont une belle vue sur le Ventoux, les chambres 6, 7 et 14 partagent la grande terrasse tandis que les chambres 8 et 10 ont un grand balcon. La glycine qui ombrage la terrasse, les grands platanes du jardin, les pots d'Anduze fleuris donnent au parc beaucoup d'agrément. Le restaurant à un kilomètre de l'hôtel garantit encore plus le calme, appréciable dans cette région très touristique.

♦ *Itinéraire d'accès (voir carte n° 33) : à 4 km au sud de Carpentras par D 938 .*

Auberge de Cassagne★★★
450, allée de Cassagne - 84130 Le Pontet (Vaucluse)
Tél. 90.31.04.18 - Télex 432 997 - Fax 90.32.25.09
M. et Mme Gallon

♦ *Ouverture toute l'année* ♦ *16 chambres avec tél. direct, s.d.b. ou douche, w.c., t.v. et minibar - Prix des chambres simples et doubles : 480 F, 480 à 760 F - Prix des suites : 980 à 1 450 F - Petit déjeuner 65 F - Prix de la demi-pension et de la pension : 665 à 805 F, 805 à 945 F (par pers., en h.s.)* ♦ *Cartes de crédit acceptées* ♦ *Chiens admis avec 30 F de supplément - Piscine à l'hôtel* ♦ *Possibilités alentour : tennis, équitation à 800 m, squash, sauna, salle de relaxation, golf à 3 km (18 trous) ; Avignon* ♦ *Restaurant : service de 12 h à 13 h 30, 19 h 30 à 21 h 30 - Menus : 190 à 405 F - Carte - Spécialités : terrine provençale au cœur de foie gras au fumet de pigeonneau, pistou de rascasse sur sa pomme nouvelle au safran, émincé d'agneau et ses véritables côtelettes de lapereau panées aux petits légumes farcis.*

C'est une vieille demeure provençale où vous accueilleront avec beaucoup de gentillesse Jean-Michel et Françoise Gallon. L'été, vous pourrez prendre vos repas dans le magnifique parc fleuri. La cuisine, de grande renommée, est préparée par le jeune chef Philippe Boucher, qui a fait ses classes chez Georges Blanc et chez Bocuse. La très belle cave est dans les mains d'André Trestour.
Les chambres, agréablement décorées, au mobilier provençal, sont confortables et toutes équipées d'un téléviseur, d'un minibar et même d'un coffre-fort individuel. Certaines sont situées dans le corps principal et d'autres autour de la très belle piscine, qui est également un atout pour un séjour agréable.

♦ *Itinéraire d'accès (voir carte n° 33) : à 5 km à l'est d'Avignon par N 7 direction Le Pontet, puis route de Vedine.*

Mas de Garrigon★★★

84220 Roussillon (Vaucluse)
Tél. 90.05.63.22 - Fax 90.05.70.01 - Mme Rech-Druart

♦ *Ouverture toute l'année* ♦ *8 chambres avec tél., s.d.b., w.c. et t.v. - Prix des chambres simples et doubles : 600 F, 600 à 650 F - Prix des suites : 750 à 850 F - Petit déjeuner 60 F, servi de 7 h 30 à 10 h 30 - Prix de la demi-pension et de la pension : 600 à 650 F, 750 à 800 F (par pers.)* ♦ *Amex, Carte bleue, Diners et Visa* ♦ *Chiens admis avec 35 à 65F de supplément - Piscine, équitation à l'hôtel* ♦ *Possibilités alentour : tennis, golf à 28 km ; le Luberon* ♦ *Restaurant : service de 12 h à 14 h, 20 h à 21 h 15 - Fermeture le dimanche soir et lundi et du 15 novembre au 27 décembre - Menus : 145 à 285 F - Carte - Spécialités : salade d'endives aux truffes, château au citron vert, bar sauce vierge.*

Cette demeure de caractère, typiquement provençale, située au pied du Luberon offre un séjour attrayant, quelle que soit la saison. Au bord de la piscine, les chaises longues invitent à la détente ; vous pourrez même y déjeuner. Le salon possède une magnifique cheminée. Vous écouterez de la musique classique installés dans les très confortables fauteuils, ou vous emprunterez quelques livres aux rayons de la bibliothèque. Les chambres, au mobilier raffiné, possèdent toutes une terrasse particulière plein sud avec vue sur le Luberon. La cuisine recherchée varie avec les produits frais du marché. Les possibilités touristiques sont nombreuses : tous les hauts lieux de la Provence à visiter sont dans un rayon de 100 km ; Aix-en-Provence, Arles, Saint-Rémy et Les Baux, pour ne citer qu'eux.

♦ *Itinéraire d'accès (voir carte n° 33) : à 48 km à l'est d'Avignon par N 100 direction Apt, D 2 direction Gordes et D 102.*

Auberge du Presbytère
Place de la Fontaine
Saignon
84400 Apt (Vaucluse)
Tél. 90.74.11.50 - Mme Bernardi

♦ *Ouverture toute l'année sauf du 15 novembre au 15 décembre - Fermeture le mercredi* ♦ *10 chambres (5 avec w.c. privés) - Prix des chambres simples et doubles : 125 à 195 F, 250 à 300 F - Petit déjeuner 25 F, servi de 8 h 30 à 10 h - Prix de la demi-pension et de la pension : 345 à 375 F, 465 à 500 F (par pers. 2 j. min.)* ♦ *Cartes de crédit acceptées* ♦ *Chiens admis* ♦ *Possibilités alentour : randonnées* ♦ *Restaurant : service de 12 h 30 à 14 h, 20 h à 22 h - Menus : 108 à 115 F - Spécialités : cuisine familiale et traditionnelle.*

La première idée de M. et Mme Bernardi, lorsqu'ils quittèrent Saint-Tropez, fut d'ouvrir une maison avec chambres d'hôtes. L'opportunité en décida autrement, mais l'idée resta la même : accueillir leurs hôtes comme des amis. L'auberge du Presbytère est constituée de trois maisons du village réunies, créant d'amusantes différences de niveaux. A l'intérieur, on a décoré comme on l'aurait fait pour une maison de campagne : meubles anciens, tissus de Pierre Frey et de Souleïado dans le goût provençal. Les chambres, qui n'ont pas encore toutes de salle de bains, sont charmantes avec de superbes rideaux cousus par Mme Bernardi (diplômée en tapisserie). Le restaurant propose un menu quotidien avec d'appétissantes recettes traditionnelles et régionales. Une maison de vacances pleine de charme et de bonne humeur au cœur du Lubéron.

♦ *Itinéraire d'accès (voir carte n° 33) : à 6 km au sud-est d'Apt ; dans le village.*

Hostellerie Le Beffroi★★★
Rue de l'Evêché
84110 Vaison-la-Romaine (Vaucluse)
Tél. 90.36.04.71 - Télex 306 022 - Fax 90.36.24.78 - M. et Mme
Christiansen

♦ *Ouverture du 15 mars à début janvier* ♦ *21 chambres avec tél.,
s.d.b., w.c. et t.v. - Prix des chambres simples et doubles : 270F,
370 à 520 F - Petit déjeuner 39 F, servi de 7 h 30 à 9 h 45 - Prix
de la demi-pension et de la pension : 380 à 455 F, 510 à 580 F
(par pers., 3 j. min.)* ♦ *Amex, Carte bleue, Diners, Eurocard et
Visa* ♦ *Chiens admis avec 30 F de supplément - Minigolf, jeux,
ping-pong à l'hôtel* ♦ *Possibilités alentour : piscine, tennis au
village, pêche, promenades* ♦ *Restaurant : service de 12 h à
13 h 45, 19 h à 21 h 30 - Fermeture le lundi et le mardi à midi -
Menus : 98 à 195 F - Carte - Spécialités : salade de lapereau aux
airelles, rôti de lotte aux aromates, caille farcie au jus de truffe.*

L'établissement est situé en hauteur, dans le vieux Vaison médiéval.
Il résulte de la réunion de plusieurs hôtels particuliers dont il a
conservé l'atmosphère avec ses carrelages et ses boiseries cirés, ses
escaliers à vis, ses beaux meubles, ses tableaux et ses bibelots. Les
chambres, toutes différentes, sont d'autant plus séduisantes que le
mobilier d'époque, de bonne facture, est en parfait état. Les salons
d'entrée avec cheminée sont aussi agréablement meublés. A
l'extérieur un superbe jardin en balcon offre une très belle vue sur
les toits de la ville.

♦ *Itinéraire d'accès (voir carte n° 33) : à 30 km au nord-est
d'Orange par D 975 ; dans la haute ville.*

La Fontaine Venasque
Place de la Fontaine
84210 Venasque (Vaucluse)
Tél. 90.66.02.96 - Fax 90.66.13.14 - M. et Mme Sœhlke

♦ *Ouverture toute l'année* ♦ *5 chambres suites climatisées avec tél. direct, s.d.b., w.c. et t.v. - Prix des suites : 590 et 690 F - Petit déjeuner 30 F* ♦ *Cartes de crédit acceptées* ♦ *Chiens admis* ♦ *Restaurant : service tous les soirs et le dimanche à midi - Fermeture le mercredi - Menu : 180 F - Carte - Spécialités : cuisine de marché et régionale.*

L'auberge de la Fontaine est une ancienne et belle maison du village. Ingrid et Christian Sœhlke ont complètement restructuré l'intérieur en créant un amusant enchevêtrement de mezzanines, de terrasses et d'escaliers ; tout en conservant l'aspect noble de cette maison ils ont surtout voulu créer une maison d'amis où l'on prend ses habitudes, où l'on se sent libre et à l'aise. Difficile de ne pas l'être : chaque suite (il y en a cinq) comporte une chambre et un salon avec cheminée, meublés et décorés avec goût dans une note très provençale. Une terrasse à l'abri des regards, un téléphone direct, un téléviseur, un lecteur de cassettes et de disques compacts et même un telex et un minitel sont à votre disposition.
Vous pouvez aussi préparer vos repas dans la kitchenette, mais la cuisine savoureuse des Sœhlke et le charme de la salle à manger mérite qu'on fasse aussi la connaissance du restaurant.

♦ *Itinéraire d'accès (voir carte n° 33) : à 11 km au sud de Carpentras par D 9.*

Auberge Les Bichonnières★★

01330 Ambérieux-en-Dombes (Ain)
Tél. 74.00.82.07 - Fax 74.00.89.61 - M. Sauvage

♦ *Ouverture du 21 janvier au 7 décembre* ♦ *10 chambres avec tél. direct, s.d.b. ou douche, w.c. - Prix des chambres simples et doubles : 220 F, 250 à 280 F - Petit déjeuner 27 F - Prix de la demi-pension et de la pension : 350 à 450 F, 410 à 540 F (par pers., 3 j. min.)* ♦ *Amex, Carte bleue, Eurocard, MasterCard et Visa* ♦ *Chiens admis* ♦ *Possibilités alentour : sports nautiques sur plan d'eau ; parc ornithologique de Villard-les-Dombes* ♦ *Restaurant : service de 12 h à 14 h, 19 h 30 à 21 h - Fermeture le dimanche soir et le lundi à midi - Menus : 98 à 295 F - Carte - Spécialités : grenouilles, cuisine de saison.*

A quelques dizaines de kilomètres au nord de Lyon, dans cette région de la Dombe parsemée d'étangs, en bordure de route mais néanmoins au calme, cette ancienne ferme est désormais une auberge rustique. Ici bien sûr le mot est synonyme de charme campagnard, et ce cachet ne tombe d'ailleurs pas dans le kitsch ou le mauvais goût ; il s'agit d'un rustique de charme, tout à fait plaisant et mille fois préférable aux hôtels de pèlerins des villages voisins. Une cour fleurie où l'on peut prendre ses repas sous de grands parasols blancs rappelle les terrasses de café italiennes. Les chambres sont confortables, agréablement décorées, dans la même note champêtre. Une bonne étape un peu avant Lyon, la base idéale pour explorer la Dombe et goûter la cuisine du terroir de Marc Sauvage, ancien élève de Fernand Point.

♦ *Itinéraire d'accès (voir carte n° 26) : à 30 km au nord de Lyon par A 6 sortie Villefranche, puis D 904 direction Villard-les-Dombes.*

Auberge des Chasseurs★★★

Naz-Dessus - 01170 Echenevex (Ain)
Tél. : 41.54.07 - M. Lamy

♦ *Ouverture de mars   décembre* ♦ *12 chambres avec tél. direct, s.d.b. (2 avec de   ie), w.c. et t.v. - Prix des chambres simples et doubles : 350 F, 400 F - Petit déjeuner 40 F - Prix de la demi-pension : 380 F (par pers., 3 j. min.)* ♦ *Amex, Carte bleue, MasterCard et Visa* ♦ *Chiens admis - Piscine, tennis à l'hôtel* ♦ *Possibilités alentour : golf de Divonne-les-Bains (18 trous) à 10 km, équitation à 1 km, tennis à 2 km ; randonnées dans le Jura* ♦ *Restaurant : service de 12 h à 14 h, 19 h à 21 h 30 - Fermeture le dimanche soir et le lundi (le lundi à midi en juillet et aôut) - Menus : 165 à 280 F - Carte - Spécialités : poisson.*

A 15 minutes de Genève, aux flancs du Jura, au milieu des champs et des bois l'auberge des chasseurs est une ancienne ferme très bien restaurée. Depuis le hall un très joli escalier de bois conduit à des chambres qui ont chacune leur style et leur couleur mais qui sont toutes également confortables et bien équipées. On trouve aussi à l'étage, une salle de télévision et de lecture intime et agréable. L'auberge, entourée d'un beau jardin, se prolonge par une terrasse ombragée d'où par temps clair on peut voir le massif du Mont-Blanc. Au restaurant le service est très attentif et c'est avec beaucoup de gentillesse qu'on vous conseillera sur quelques spécialités de poisson de la maison (bon turbot à la rhubarbe). Le jeune propriétaire, par ailleurs passionné de photographie (de très belles prises de vue de Cartier-Bresson sont accrochées dans l'auberge) est très sympathique.

♦ *Itinéraire d'accès (voir carte n° 20) : à 17 km au nord-ouest de Genève par D 984 direction St-Genis-Pouilly, D 978c direction Echenevex, à Chevry direction Naz-Dessus.*

Ostellerie du Vieux Pérouges★★★★
Place du Tilleul - 01800 Pérouges (Ain)
Tél. 74.61.00.88 - Télex 306 898 - M. Thibaut

♦ *Ouverture toute l'année* ♦ *28 chambres avec tél., s.d.b. et w.c. (3 avec t.v.) - Prix des chambres simples et doubles : 400 à 650 F, 490 à 850 F - Prix des suites : 900 F - Petit déjeuner 55 F, servi de 8 h à 12 h* ♦ *Carte bleue et Visa* ♦ *Chiens admis* ♦ *Possibilités alentour : tennis à 1 km, 3 golfs 18 trous à 20 km ; les Dombes, parc des oiseaux de Villars* ♦ *Restaurant : service de 12 h à 14 h, 19 h à 21 h - Fermeture le mercredi en b.s. - Menus : 150 à 350 F - Carte - Spécialités : filet de carpe farci à l'ancienne, volaille de Bresse, omelette aux morilles et bisque d'écrevisses.*

L'hôtel s'étage dans les ruelles de la cité médiévale. Les chambres sont charmantes ; du Pavillon des trois saisons (l'hiver ayant été mis au ban) le printemps est exceptionnellement frais et clair, comme son sol dallé. L'annexe a un peu moins de charme peut-être, ou celui plus désuet d'une vieille maison de notable : les chambres donnent sur le jardin et la campagne, la 2 aux teintes plus chaudes et au mobilier ancien, bien que donnant sur la ruelle, est très séduisante. Plus onéreuses, les chambres de l'hôtel vous font en quelque sorte voyager dans le temps : ambiance et décor médiéval, des escaliers en pierre, des fenêtres en vitrail, des lits à baldaquin ; seigneuriale comme la chambre Noble, ou plus proche d'une alcôve comme la chambre des Remparts, chacune dans son registre vous transporte dans le vieux Pérouges. Même atmosphère dans le restaurant, où une cuisine régionale vous est servie par un personnel en costume traditionnel, dans un cadre où se mêlent les époques.

♦ *Itinéraire d'accès (voir carte n° 26) : à 35 km au nord-est de Lyon par A 42 sortie Pérouges.*

Château d'Urbilhac★★★

07270 Lamastre (Ardèche)
Tél. 75.06.42.11 - Fax 75.06.51.66 - M. et Mme Xompero

♦ *Ouverture du 1er mai au 10 octobre* ♦ *13 chambres avec tél. direct, s.d.b. ou douche, w.c. - Prix des chambres simples et doubles : 400 F, 450 à 600 F - Petit déjeuner 50 F, servi de 8 h à 11 h - Prix de la demi-pension : 480 et 505 F (par pers.)* ♦ *Cartes de crédit acceptées* ♦ *Chiens admis avec supplément - Piscine chauffée, tennis à l'hôtel* ♦ *Possibilités alentour : équitation à Nozières, gorges de l'Ardèche, basiliques du Puy et de Louvesc, petit train du Vivarais* ♦ *Restaurant : service à 12 h 30 et 19 h 30 - Fermeture le jeudi à midi - Menus : 180 à 280 F - Spécialités : saumon rôti aux pâtes fraîches et truffes d'été, sandre juste raidi garni de sa quenelle et légumes en verdurette.*

Le château d'Urbilhac, bâti au siècle dernier dans le style Renaissance sur les caves d'une maison forte du XVIe siècle, est situé dans un parc de 60 hectares, en position dominante. C'est un hôtel rêvé pour un week-end — rêve XIXe siècle sans fausse note — véritable musée de meubles d'époque. Que ce soit dans les chambres, plus ou moins richement aménagées, dans les salons ou la salle à manger, on retrouve partout le velours ou le damassé de lourdes tentures en harmonie parfaite avec les tapisseries. Des gravures, des tableaux, des lustres et des miroirs et même la vaisselle donnent l'impression d'être reportés d'un siècle en arrière (sans avoir à renoncer à un confort sanitaire bien contemporain). Grand calme et accueil chaleureux pour une vie de château à un prix raisonnable.

♦ *Itinéraire d'accès (voir carte n° 26) : à 36 km à l'ouest de Valence par D 533.*

Grangeon

07800 Saint-Cierge-la-Serre (Ardèche)
Tél. 75.65.73.86 - Mme Guépin-Vallette

♦ *Ouverture du 1er avril au 11 novembre* ♦ *7 chambres avec s.d.b. ou douche et w.c. - Prix des chambres : 210 à 280 F - Prix des suites : 310 F (2 pers.), 420 F (2 pers.) - Prix des chambres en duplex : 460 et 520 F - Petit déjeuner 30 F, servi de 8 h à 9 h - Prix de la demi-pension : 255 à 315 F (par pers.)* ♦ *Cartes de crédit non acceptées* ♦ *Petits chiens admis avec supplément* ♦ *Possibilités alentour : baignades, pêche en rivière, randonnées* ♦ *Restaurant : service à 19 h 30 sur réservation - Menus : 100 F et 130 F - Spécialités : agneau au miel, papillotes de lapin à l'aneth et au pastis, champignons farcis au fromage de chèvre.*

Grangeon est un endroit idéal pour les amoureux de la nature et les amateurs de calme. C'est une propriété de 63 hectares d'un seul tenant dont la moitié est en forêt, à quatre kilomètres du premier village. On y accède par une petite route qui serpente le long des collines boisées. A l'intérieur de la maison, qui date du début du XVIIIe siècle, règne une atmosphère campagnarde et chaleureuse, et dans les sept chambres se marient le bois et la pierre. Un magnifique jardin en terrasse où pousse une impressionante diversité de légumes permet à M. et Mme Guépin de vivre presque entièrement en autarcie ; ils font aussi eux-mêmes leur pain et possèdent 50 brebis. Au cœur de l'Ardèche mais à 15 km seulement de l'autoroute, Grangeon est un lieu unique qui invite à venir vivre un véritable "rêve en vert".

♦ *Itinéraire d'accès (voir carte n° 26) : à 35 km au sud de Valence par A 7 sortie Loriol, puis N 304 direction Privas, aux Fonts-du-Pouzin, D 265 direction Saint-Cierge-la-Serre ; suivre fléchage.*

415

Hostellerie Gourmande Mère Biquette★★

07580 Saint-Pons (Ardèche)
Tél. 75.36.72.61 - M. Bossy

♦ *Ouverture du 1er mars au 30 novembre* ♦ *11 chambres avec tél., s.d.b. ou douche, w.c., t.v. à la demande - Prix des chambres : 200 à 400 F - Petit déjeuner 38 F, servi de 8 h à 9 h 30 - Prix de la demi-pension et de la pension : 280 F, 370 F (par pers., 3 j. min.)* ♦ *Carte bleue, Eurocard, MasterCard et Visa* ♦ *Chiens admis avec supplément - Piscine à l'hôtel* ♦ *Possibilités alentour : tennis, équitation, canoë-kayak, randonnées* ♦ *Restaurant : service de 12 h à 14 h, 19 h 30 à 21 h 30 - Menus : 100 à 180 F - Carte - Spécialités : escalope de veau à la mousseline de cèpes, magret de canard aux nouilles et à l'oseille.*

Difficile de faire mieux pour les amateurs de solitude : une vieille ferme perdue au bout d'une route d'un autre âge qui tourne et vire à n'en plus finir dans cette vallée de Saint-Pons, qui ne semble peuplée que par les chênes et les châtaigniers. Toute cette nature est protégée et la vallée, classée site inconstructible, ne vous offre pas d'autres vis-à-vis que la cime verte des arbres.

Le fermier rêvait depuis longtemps d'être hôtelier et, lorsqu'il abattait un chêne il pensait au jour où cet arbre deviendrait armoire, table ou porte ; l'hôtel est ainsi meublé des "fruits de ses bois". Les chambres sont d'un bon confort à l'indéniable cachet rustique. La cuisine et le service mériteraient un peu plus de professionnalisme. Un endroit calme, très calme.

♦ *Itinéraire d'accès (voir carte n° 26) : à 25 km à l'ouest de Montélimar par N 102 puis D 293.*

Le Scipionnet★★★

07140 Les Vans (Ardèche)
Tél. 75.37.23.84 - Fax 75.37.26.83 - M. et Mme Ziegelbaum

♦ *Ouverture toute l'année sauf du 15 novembre au 15 décembre - Fermeture le mercredi en b.s.* ♦ *29 chambres avec tél. direct, s.d.b. ou douche, w.c. - Prix des chambres simples et doubles : 335 à 398 F, 398 à 490 F - Prix des suites : 565 à 640 F - Petit déjeuner 52 F - Prix de la demi-pension et de la pension : 428 à 474 F, 525 à 571 F (par pers., 3 j. min.)* ♦ *Cartes de crédit acceptées* ♦ *Chiens admis avec supplément - Piscine, tennis, plage privée sur la rivière, practice de golf à l'hôtel* ♦ *Possibilités alentour : pêche, canoë-kayak, équitation, randonnées ; grottes, gorges de l'Ardèche, églises romanes* ♦ *Restaurant : service de 12 h 30 à 14 h, 19 h 30 à 22 h - Menus : 180 à 250 F - Carte - Spécialités : sauvageon farci aux noix et ses petits légumes glacés au miel .*

En bordure du Chassezac, un parc de 12 hectares abrite ce château Napoléon III construit sur un vieux mas ardéchois du XVIIIe siècle. Un délicieux salon (avec de nombreux coins de conversation) attend les voyageurs désireux de trouver un cadre de charme. A côté, une adorable petite bibliothèque comblera ceux qui cherchent l'isolement. Un autre salon, aussi agréable et intime, possède un piano pour les virtuoses... Deux salles à manger, fraîches et gaies, ouvrent leurs fenêtres sur le jardin et la verdure, de même que les très jolies chambres, toutes très confortables et d'une grande diversité dans leur décoration. Deux grandes terrasses (dont une à côté de la piscine) offrent le plaisir des rafraîchissements pris sous des arbres centenaires et la vue sur le château de Chambonas.

♦ *Itinéraire d'accès (voir carte n° 32) : à 36 km au sud-ouest d'Aubenas par D 104 direction Alès jusqu'à Lablachère, puis D 104 A.*

Hôtel Bellier★★
Avenue de Provence
26420 La Chapelle-en-Vercors (Drôme)
Tél. 75.48.20.03 - Télex 306 022 - Fax 75.48.25.31 - M. Bellier

♦ *Ouverture du 1er juillet au 5 septembre* ♦ *12 chambres avec tél. direct, (10 avec s.d.b. ou douche, 9 avec w.c.), t.v. - Prix des chambres : 100 F - Prix des chambres simples : 230 à 390 F - Petit déjeuner 35 F, servi de 8 h à 10 h - Prix de la demi-pension et de la pension : 210 à 350 F, 310 à 460 F (par pers., 3 j. min.)* ♦ *Amex, Carte bleue, Diners et Visa* ♦ *Chiens admis - Piscine à l'hôtel* ♦ *Possibilités alentour : tennis, équitation, golf 9 trous, mountain bike ; musées* ♦ *Restaurant : service de 12 h 30 à 14 h, 19 h 30 à 21 h - Menus : 90 à 210 F - Carte - Spécialités : truite Bellier, poulet aux écrevisses, pintadeau au genièvre, ballotine de caneton aux pistaches et foie gras.*

Cette auberge, de style chalet, est située sur une hauteur à l'entrée du village. Une terrasse et un jardin attenants permettent de profiter d'une belle vue sur les pâturages et les montagnes alentour. C'est un hôtel de montagne et l'aménagement intérieur a été résolument conçu dans le style alpin. Les chambres sont calmes, confortables et elles sont diversement équipées : demandez au moment de la réservation celle qui correspondra au confort recherché. Les petits déjeuners sont copieux et excellents. Le restaurant propose des menus variés et raffinés qui peuvent être pris sous les ombrages dans un jardin très fleuri. La propriétaire, qui connaît bien son affaire, vous réserve un très bon accueil dans cette auberge certainement bien adaptée à la montagne d'été.

♦ *Itinéraire d'accès (voir carte n° 26) : à 73 km à l'est de Valence direction le Vercors.*

Domaine du Colombier★★★

Route de Donzère - Malataverne - 26780 Montélimar (Drôme)
Tél. 75.51.65.86 - Télex 345 126 - Fax 75.51.79.40
M. et Mme Barette

♦ *Ouverture du 1er mars au 31 janvier* ♦ *25 chambres dont 5 suites avec tél., s.d.b, w.c et t.v. - Prix des chambres simples et doubles : de 400 F à 440 F, de 450 F à 860 F - Prix des suites : de 700 F à 1300 F - Petit déjeuner 55 F* ♦ *Cartes de crédit acceptées* ♦ *Chiens admis avec supplément - Piscine, boulodrome, vélos à l'hôtel* ♦ *Possibilités alentour : tennis, équitation, golf, canoë-kayak ; nombreux circuits culturels* ♦ *Restaurant : service de 12 h 15 à 14 h 30, 19 h à 21 h - Fermeture dimanche soir et lundi midi en b.s.- Menus : 180 à 230 F - Carte - Spécialités : foie gras d'oie aux pommes sauvages, canard "sauvaki" au confit d'oignons doux.*

Pratique et agréable étape sur la route du sud que cette ancienne abbaye du XIVe siècle qui, comme en des temps plus reculés, offre toujours l'hospitalité aux voyageurs. Bien qu'à quelques minutes de l'autoroute, l'hôtel est comme perdu en plein campagne. Lorsqu'on pénètre dans le hall, on est tout d'abord surpris par le nombre de tissus et de meubles qui s'amoncellent dans cette entrée boutique. Surprenante double activité qui offre au moins l'avantage de vous épargner les éternels et trop incontournables papiers peints sinistres, qu'on trouve dans bien trop d'hôtels. Les chambres sont donc plutôt gaies et d'un très bon confort, trois d'entre elles ont en plus de petites mezzanines qui allient le charme et la commodité. Dans le jardin, se tient une piscine entourée de fauteuils. Après une journée de soleil, il est encore possible de dîner ou de prendre un verre dans le patio.

♦ *Itinéraire d'accès (voir carte n° 33) : à 2 km de Montélimar, sortie Montélimar sud.*

Bastide des Hautes Tours

26740 Marsanne (Drôme)
Tél. 75.90.31.63 - Fax 75.90.32.45 - M. de Loye

♦ *Ouverture du 2 février au 2 janvier* ♦ *5 chambres et 1 suite avec s.d.b. ou douche, w.c. - Prix des chambres doubles : 380 à 530 F - Prix des suites : 790 à 900 F - 1/2 pension sur demande, 4 j. min. - Petit déjeuner 40 F, servi de 8 h 30 à 10 h 30* ♦ *Carte bleue et Visa* ♦ *Chiens admis avec 60 F de supplément - Piscine à la propriété* ♦ *Possibilités alentour : vélo, tennis, équitation , golf 18 trous ; châteaux, route des vins, musées, gorges de l'Ardèche* ♦ *Table d'hôtes à 20 h 30, sur réservation - Dîner tout compris : 220 F - Spécialités : caillettes provençales, gratin dauphinois, estouffade de bœuf.*

La Bastide des Hautes Tours a été élevée sur les ruines d'une villa romaine ; elle a retrouvé depuis peu sa splendeur d'antan grâce à Michel de Loye, homme de goût, qui a entièrement rénové cette belle demeure qui surplombe la plaine de Marsanne là même où commence la Provence. Les quatre chambres et la suite ainsi que les belles salles de bains sont très vastes et confortables : lits moelleux, bouquets de fleurs et corbeilles de fruits, jolis tissus provençaux et portes en noyer. Dehors vous attend une piscine à côté d'un charmant verger, et un peu à l'écart se trouve une petite chapelle romane. Les dîners sont servis dans une splendide pièce voûtée ; on monte ensuite au premier pour prendre le café dans le salon où partout photos et souvenirs de famille donnent l'impression d'avoir été convié chez un ami.

♦ *Itinéraire d'accès (voir carte n° 26) : à 9 km au nord-est de Montélimar par A7 sortie Montélimar-nord, N 7 jusqu'à La Coucourde, puis D 107 et D 105.*

La Capitelle★★
Rue du rempart
26270 Mirmande (Drôme)
Tél. 75.63.02.72 - Mme Boucher

♦ *Ouverture du 1er mars au 2 janvier - Fermeture le mardi et le mercredi à midi* ♦ *10 chambres avec tél. direct, s.d.b. ou douche (8 avec w.c.) - Prix des chambres doubles : 210 à 410 F - Petit déjeuner 38 F - Prix de la demi-pension : 285 à 385 F (par pers. en chambre double)* ♦ *Carte bleue, Diners, Eurocard et Visa* ♦ *Chiens admis avec supplément* ♦ *Possibilités alentour : piscine et tennis à 6 km, golf à 25 km* ♦ *Restaurant : service de 12 h à 14 h, 19 h à 21 h - Fermeture le mardi et le mercredi à midi - Menus : 107 à 192 F - Carte - Spécialités : chausson aux escargots, gigot de la Drôme, civet de porcelet aux ravioles de Romans ; tulipe de poire au coulis de myrtilles.*

La Capitelle est une haute maison Renaissance aux fenêtres à meneaux. Dans les pièces voûtées du rez-de-chaussée aux belles cheminées de pierre sont installés salon et salle à manger. Les meubles anciens et rustiques y font bon ménage avec un mobilier contemporain aux lignes sobres et aux couleurs chaudes. Les chambres sont elles aussi sobres, de bon goût, joliment meublées et toutes différentes. Situé au centre du village classé de Mirmande, l'hôtel est sans jardin mais il est situé dans un cadre de verdure qui assure calme et tranquillité. Sa cuisine régionale et ses spécialités gastronomiques vous sont proposées par un excellent cuisinier, attentif et sympathique.

♦ *Itinéraire d'accès (voir carte n° 26) : à 17 km au nord de Montélimar par N 7 puis D 57 ; à l'entrée de Mirmande.*

Auberge du Vieux Village d'Aubres★★
Route de Gap - Aubres - 26110 Nyons (Drôme)
Tél. 75.26.12.89 - Fax 75.26.38.10 - Mme Colombe

♦ *Ouverture toute l'année* ♦ *23 chambres avec tél., s.d.b., w.c. et t.v. - Prix des chambres doubles : 420 à 780 F - Prix des suites : 1 100 F - Petit déjeuner 52 F, servi de 8 h à 10 h 30 - Prix de la demi-pension : 452 à 817 F (par pers.)* ♦ *Cartes de crédit acceptées* ♦ *Chiens admis - Piscine chauffée, sauna et UVA avec supplément, salle de gym à l'hôtel* ♦ *Possibilités alentour : tennis, randonnées pédestres, location de vélos tout terrain, pêche, tir à l'arc, parapente ; excursions* ♦ *Restaurant : service de 12 h à 13 h 30, 19 h à 20 h 30 (interdiction de fumer pendant le repas) - Fermeture le mercredi à midi en b.s. - Menus : 80 F et 140 F à midi, 190 et 240 F - Carte - Spécialités : agneau au miel, poulet fermier à l'estragon, darne de saumon de Norvège grillée, brochette de gigot.*

Cet hôtel est bâti sur un belvédère, à l'emplacement de l'ancien château ; c'est dire combien est exceptionnelle sa vue sur le village et la vallée. L'hôtel dispose d'ailleurs d'une terrasse très agréable, avec chaises longues, ce qui permet de profiter pleinement du panorama. Les chambres sont sobres et confortables ; toutes sont équipées de postes de télévision couleur ; elles ont évidemment une vue imprenable et sont d'un très grand calme. La salle à manger ancienne (panetière, horloge de parquet) bénéficie elle aussi du beau point de vue grâce à de grandes baies vitrées ; elle épargne les non-fumeurs, toute cigarette étant bannie : voilà un égard qui illustre très bien le dynamisme de son hôtesse et la qualité de l'accueil.

♦ *Itinéraire d'accès (voir carte n° 33) : à 55 km au sud-est de Montélimar par A 7 sortie Montélimar-sud, puis D 133, D 141, D 538 et D 94 direction Gap ; à 7 km de Nyons.*

Auberge des 4 Saisons
Restaurant des 36 soupières★★★
Place de l'Eglise
26130 Saint Restitut (Drôme)
Tél. 75.04.71.88 - Fax 75.04.70.88 - M. Fritsch

♦ *Ouverture toute l'année* ♦ *10 chambres avec tél. , s.d.b. ou douche, w.c. et 5 avec t.v. - Prix des chambres simples et doubles : de 215 à 370 F, 275 à 435 F - Petit déjeuner 40 F, servi de 8 h à 10 h - Prix de la demi-pension et de la pension : 260 à 360 F, 350 à 450 F (par pers., 7 j. min.)* ♦ *Amex, Carte bleue, Dîners et Visa* ♦ *Chiens admis* ♦ *Possibilités alentour : tennis à 500 m, piscine à 2 km, équitation, randonnées à cheval, promenades à pied* ♦ *Restaurant : service de 12 h 30 à 13 h 30, 19 h 30 à 21 h 30 - Fermeture le samedi à midi en b.s. - Carte - Spécialités : escargots à la sauce roquefort, carré d'agneau.*

L'auberge des 4 Saisons et, tout à côté, le restaurant des 36 Soupières, ont été aménagés dans d'anciennes maisons romanes en pierre de taille couvertes de vigne vierge ; elles sont situées dans la partie médiévale du village et donnent sur la petite place de l'église. Les chambres sont toutes très confortables, agréables et très calmes ; elles sont meublées d'ancien et tout y est soigné et bien assorti ; certaines sont même comme de petits appartements et l'on a su tirer parti d'une petite soupente pour en faire une véritable chambre d'enfant.

♦ *Itinéraire d'accès (voir carte n° 33) : à 9 km au nord de Bollène par D160 ; dans le village.*

Hôtel Valle-Aurea
Route de Grignan - 26230 Valaurie (Drôme)
Tél. 75.98.56.40/75.98.55.45 - Fax 75.98.59.59
M. et Mme Simoens

♦ *Ouverture toute l'année - Fermeture le mardi* ♦ *4 chambres avec tél. direct, s.d.b., w.c. et t.v. - Prix des chambres simples et doubles : 290 F, 370 F - Petit déjeuner 45 F, servi de 7 h 30 à 10 h 30* ♦ *Carte bleue, Eurocard et Visa* ♦ *Chiens admis au restaurant seulement* ♦ *Possibilités alentour : tennis, golf 18 trous ; château de Grignan, villages médiévaux, vignobles du Tricastin* ♦ *Restaurant : service de 12 h à 14 h 30, 19 h à 21 h 30 - Fermeture le mardi - Menus : 145 à 255 F - Carte - Spécialités : truite saumonée à l'Antiboise, pièce d'agneau de la Drôme, canard aux pêches de vigne.*

C'est une très belle partie de la Drôme, pays de vigne et de vin, mais aussi pays d'histoire qui abrite bien des splendeurs : Valaurie, La Garde-Adhémar, autant de superbes vieux villages qui s'accrochent aux collines, sans oublier Grignan qui se coiffe d'un château Renaissance où séjourna Mme de Sévigné. Séduits par les environs, un couple d'hôteliers belges a entrepris de restaurer une ancienne magnanerie, bien au calme dans la campagne. Les chambres y sont séduisantes – on n'en compte que quatre – mais elles vous offrent un très bon confort : teintes, matières et ameublement, tout y est feutré. Il est agréable de retrouver après dîner la cheminée de ce petit salon, où se trouvent quelques meubles de famille, venus d'au-delà des Ardennes ; le matin, on prend son petit déjeuner sous le portrait d'un aïeul d'occasion. La cuisine est l'œuvre de madame Simoens et le digne produit d'une expérience acquise dans différents établissements européens.

♦ *Itinéraire d'accès (voir carte n° 33) : à 28 km de Montélimar par A 7 sortie Montélimar-sud, puis D 103 direction Grignan.*

Relais des Vieilles Postes★★
Nappes (Les) - 38630 Les Avenières (Isère)
Tél. 74.33.62.99 - Fax 74.33.66.84 - M. et Mme Jallut

♦ *Ouverture du 17 janvier au 2 avril et du 11 avril au 22 décembre - Fermeture le mardi soir et le mercredi sauf en juillet et en août* ♦ *17 chambres avec tél. direct, s.d.b. ou douche, w.c. et t.v. - Prix des chambres simples et doubles : 200 à 235 F, 237 à 270 F - Petit déjeuner 30 F, servi de 7 h 30 à 9 h 30* ♦ *Amex, Carte bleue, Eurocard, MasterCard et Visa* ♦ *Chiens admis avec supplément - Half court de tennis à l'hôtel* ♦ *Possibilités alentour : équitation, randonnées, plan d'eau ; musées* ♦ *Restaurant : service de 12 h à 13 h 30, 19 h 30 à 21 h 30 - Fermeture le mardi soir et le mercredi sauf en juillet et en août - Menus : 150 à 220 F - Carte - Spécialités : foie gras poêlé aux airelles, duo de sole et saumon au vermouth.*

L'hôtel fut un relais de poste à l'époque napoléonienne, et de belles poutres apparentes ainsi que certains murs en pisé témoignent encore de l'ancienneté de la construction. De même, le beau four à pain de la salle à manger où l'on fait parfois de bonnes flambées, crée une atmosphère feutrée dans cette salle où le soir l'on dîne aux chandelles. En saison, les repas sont servis sur une terrasse ombragée ou dans le restaurant qui a su gagner une réputation régionale. L'hôtel proprement dit est à quelques pas. Les chambres calmes, au premier étage, sont aménagées dans un style rustique, intime et confortable (les salles de bains des chambres ont fait l'objet de récentes améliorations). L'hôtel dispose d'un solarium, d'un petit jardin et, chose inattendue, d'un salon de coiffure. L'accueil, enfin, est très agréable.

♦ *Itinéraire d'accès (voir carte n° 26) : à 50 km à l'ouest de Chambéry par A 43 sortie Les Abrets, puis D 592 et D 40 direction Les Avenières ; avant le village D 40b direction Les Nappes.*

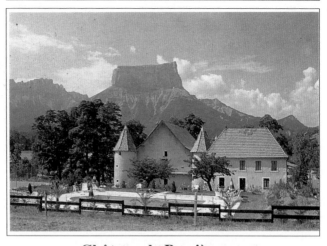

Château de Passières★★

38930 Chichilianne (Isère)
Tél. 76.34.45.48 - Fax 76.34.46.25 - M. Perli

♦ *Ouverture du 20 décembre au 20 novembre - Fermeture le lundi en b.s.* ♦ *23 chambres avec tél. direct, s.d.b. ou douche, (20 avec w.c., 8 avec t.v.) - Prix des chambres doubles : 220 à 350 F - Petit déjeuner 25 F - Prix de la demi-pension et de la pension : 230 à 280 F, 260 à 320 F (par pers., 3 j. min.)* ♦ *Amex, Carte bleue, Eurocard, MasterCard et Visa* ♦ *Chiens admis - Piscine, tennis, pétanque, salle de musculation, sauna à l'hôtel* ♦ *Possibilités alentour : randonnées pédestres et équestres, escalade, mountain-bike, ski de fond en hiver* ♦ *Restaurant : service de 12 h 15 à 13 h 30, 19 h 30 à 21 h - Menus : 95 à 195 F - Carte - Spécialités : pigeon aux girolles ; nougat glacé.*

Le site est exceptionnel : au pied du mont Aiguille. Cette magnifique paroi rocheuse fait régner sur tout le pays du Trièves une atmosphère un peu irréelle. Le château du XVe siècle a été restauré avec beaucoup de talent par Yvon Perli. Parmi les 25 chambres, trois d'entre elles, entièrement en boiseries d'époque, sont absolument magnifiques et feront de vous le châtelain d'un soir. Les autres, modernes, offrent beaucoup d'agrément pour des prix raisonnables. Une cuisine traditionnelle mais sans lourdeur est servie dans une grande salle très claire ou en terrasse. Dans le salon, romantique à souhait, le propriétaire a laissé libre cours à ses goûts ; une collection de portraits orne les murs aux côtés de profonds canapés et de nombreux bibelots. Dehors, une jolie piscine permet de profiter du paysage. Dans cette région à découvrir absolument, le château de Passières est l'hôtel qui s'impose.

♦ *Itinéraire d'accès (voir carte n° 26) : à 50 km au sud de Grenoble par N 75 direction Sisteron jusqu'à Clelles, puis D 7 et D 7b.*

Domaine de Clairefontaine★★

38121 Chonas-l'Amballan (Isère)
Tél. 74.58.81.52 - Télex 308 132 - Fax 74.58.84.18
Mme Girardon

♦ *Ouverture du 1er février au 30 novembre - Fermeture le dimanche soir en b.s. et le lundi midi toute l'année* ♦ *14 chambres et 2 appartements avec tél. (13 avec s.d.b et w.c), t.v. sur demande - Prix des chambres : 150 à 350 F - Prix des suites : 350 à 700 F - Petit déjeuner 40 F* ♦ *Carte bleue, Eurocard, MasterCard et Visa* ♦ *Chiens admis à l'hôtel seulement - Tennis, jeu de boules à l'hôtel* ♦ *Possibilités alentour : équitation ; Vienne, ville gallo-romaine, dégustation de vins* ♦ *Restaurant : service de 12 h 15 à 13 h 45, 19 h 15 à 21 h 30 - Fermeture le dimanche soir en b.s. et le lundi à midi toute l'année - Menus : 115 à 300 F - Carte.*

C'est une affaire de famille que Clairefontaine, tenu par Mme Girardon et ses deux fils. Ceux-ci s'apprêtent à assurer une brillante relève et sont surtout responsables de la bonne cuisine que l'on y sert. L'un s'occupe des douceurs : croissants du matin, pâtisseries et autres sucreries, tandis que l'autre soigne les plats, des fonds jusqu'aux sauces. Voilà pour les papilles, dont le plaisir se double de la vue d'un beau parc où, sur une pelouse ombragée d'arbres séculaires, quelques paons évoluent. Des chambres de tous styles et de tous prix pour tous les goûts et toutes les bourses ; elles sont de style vieille maison provinciale avec leurs hauts plafonds, leurs parquets qui craquent, et leur mobilier classique (la 3 est sans doute la plus belle, mais les autres ont aussi du charme), ou d'un bon confort plus actuel dans l'annexe.

♦ *Itinéraire d'accès (voir carte n° 26) : à 12 km au sud de Vienne par A 7 sortie Vienne puis N 7 ou N 86 et D 7 direction Le Péage-en-Roussillon.*

Boustigue Hôtel★★

38970 Corps (Isère)
Tél. 76.30.01.03 - M. et Mme Dumas, M. et Mme Gielly

♦ *Ouverture du 15 avril à la Toussaint* ♦ *30 chambres avec s.d.b.
ou douche, w.c. - Prix des chambres simples et doubles : 220 F,
245 à 315 F - Petit déjeuner 35 F, servi de 7 h 30 à 9 h 30 - Prix
de la demi-pension et de la pension : 290 à 305 F, 315 à 340 F
(3 pers., 3 j. min.)* ♦ *Cartes de crédit acceptées* ♦ *Chiens admis -
Piscine, tennis, practice de golf, jeu de boules à l'hôtel*
♦ *Possibilités alentour : golfs 18 trous, équitation, sports
nautiques sur le lac du Sautet, ski sur place* ♦ *Restaurant : service
de 12 h 30 à 14 h, 19 h 30 à 21 h - Menus : 90 à 200 F - Carte -
Spécialités : ravioles de Royan aux escargots, fricassée de saint-
jacques au safran, saumon fumé maison.*

La petite route qui vous y mène serpente dans la montagne à travers
les bois. En haut, à 1 200 mètres, le chalet rustique vous attend, si
vous êtes un amoureux de la nature et de la solitude. La vue est
magnifique : devant vous s'étend l'Obion et à vos pieds le village de
Corps et le lac du Sautet. La salle à manger est très vaste, les larges
baies donnent sur le paysage. Une série de petits salons, coins de
lecture et bar avec cheminée forment un espace très agréable et
assez intime. Pour la tranquillité de tous, la salle de télévision est
isolée. Attentifs à leurs clients, les propriétaires ont préparé pour
vous toute une série d'itinéraires pour découvrir la région.

♦ *Itinéraire d'accès (voir carte n° 27) : à 60 km au sud de
Grenoble par N 85.*

Château de la Commanderie★★★

Eybens - 38320 Grenoble (Isère)
Tél. 76.25.34.58 - Télex 980 882 - Fax 76.24.07.31
M. de Beaumont

♦ *Ouverture toute l'année* ♦ *29 chambres avec tél. direct, s.d.b. (3 avec douche), w.c., t.v. et minibar - Prix des chambres simples et doubles : 320 à 400 F, 360 à 550 F - Petit déjeuner 40 F, servi de 9 h à 10 h* ♦ *Amex, Carte bleue, Diners et Visa* ♦ *Chiens admis avec 35 F de supplément - Piscine à l'hôtel* ♦ *Possibilités alentour : tennis, équitation à 500 m, golf de Bresson à 4 km (18 trous) ; ski à Chamrousse, alpinisme, randonnées* ♦ *Restaurant : service de 19 h 30 à 21 h - Fermeture le samedi - Menus : 150 à 250 F - Carte.*

A 5 km du centre de Grenoble et à une demi-heure des pistes olympiques, cette ancienne hospitalerie des chevaliers de Malte jouit d'une situation exceptionnelle. Le parc, clos de murs et planté d'arbres séculaires, assure dépaysement et silence pour un hôtel de ville.
Dans les chambres, le confort moderne ne nuit pas au charme du lieu, restitué par la présence de meubles anciens. Les explorateurs du temps pourront demander la chambre Rouge, une pièce de 35 mètres carrés meublée comme un salon et dominée par un plafond à la française. Les petits déjeuners sont servis, l'été, au bord de la piscine. Un bar-fumoir se trouve dans une suite de petits salons aux boiseries Louis XVI donnant sur le parc. Le restaurant est ouvert le soir pour ceux qui réservent leurs forces avant d'affronter, au soleil levant, les montagnes alentour.

♦ *Itinéraire d'accès (voir carte n° 26) : à 4 km à l'est de Grenoble par la rocade sud, sortie Eybens (route Napoléon) ; à 500 m d'Eybens.*

Domaine de la Garenne★★
Route de Sermérieu
38510 Morestel (Isère)
Tél. 74.80.31.14 - Fax 74.80.14.43 - M. Georges

♦ *Ouverture toute l'année - Fermeture le dimanche soir en b.s.* ♦
24 chambres avec tél., s.d.b. ou douche, (23 avec w.c.) - Prix des chambres simples et doubles : 230 F, 250 F - Petit déjeuner 28 F, servi à partir de 7 h - Prix de la demi-pension et de la pension : 260 F, 340 F (par pers.) ♦ *Carte bleue et Visa* ♦ *Chiens admis - Piscine, tennis, centre équestre à l'hôtel* ♦ *Possibilités alentour : pêche dans l'étang de Levaz* ♦ *Restaurant : service de 12 h 30 à 13 h 30, 19 h 30 à 21 h - Fermeture le dimanche soir en b.s. - Menus : 85 à 230 F - Carte - Spécialités : cuisine de saison.*

Au cœur d'un parc de chênes de 10 hectares où les écureuils sont chez eux, vous découvrez un beau manoir fin de siècle. Dans la salle à manger, boiseries et tonalités sombres sont en harmonie avec une grande cheminée décorée d'armoiries. Tout autour de l'hôtel, situé au sommet d'une petite colline, court une terrasse dominant le paysage. Mobilier simple mais original, sauf peut-être dans les chambres qui, tout en étant très confortables, manquent de personnalité. Certains bungalows situés près de la piscine ont été décorés dans un goût plus moderne. Un nouveau cuisinier vous propose une carte gastronomique.

♦ *Itinéraire d'accès (voir carte n° 26) : à 57 km à l'est de Lyon par D 517 jusqu'à Morestel, puis D 244 direction Sermérieu.*

Hôtel Le Violet⋆

38650 Sinard (Isère)
Tél. 76.34.03.16 - M. Mazet

♦ *Ouverture du 1er mars au 31 janvier - Fermeture le vendredi soir et le samedi à midi en b.s.* ♦ *12 chambres avec tél. direct, s.d.b. ou douche, (6 avec w.c.) - Prix des chambres simples et doubles : 155 à 210 F, 165 à 235 F - Petit déjeuner 25 F, servi de 7 h à 11 h - Prix de la demi-pension et de la pension : 200 F, 250 F (par pers., 3 j. min.)* ♦ *Amex, Carte bleue, Diners, Eurocard et Visa* ♦ *Chiens admis - Piscine, tennis, jeu de boules à l'hôtel* ♦ *Possibilités alentour : sports nautiques sur le lac de Monteynard* ♦ *Restaurant : service de 12 h à 13 h 45, 19 h à 21 h - Fermeture le vendredi soir et le samedi à midi en b.s. - Menus : 50 à 180 F - Spécialités : tournedos aux morilles, magret aux kiwis, homard à l'américaine, filet de loup au pastis.*

Ce petit hôtel de campagne entouré de montagnes est dirigé par un jeune couple très accueillant. On vous propose une douzaine de chambres simples, confortables et tranquilles, donnant sur la verdure. La numéro 6 par exemple dispose d'une grande salle de bains bien équipée, agrémentée d'un carrelage aux teintes et aux motifs raffinés. Les petits déjeuners sont savoureux et la cuisine maison simple et soignée. Un charmant jardin ombragé, la piscine et le tennis permettent de se détendre, au retour d'une des nombreuses randonnées pédestres ou équestres qu'offre la région.

♦ *Itinéraire d'accès (voir carte n° 26) : à 30 km au sud de Grenoble par N 75 direction Sisteron jusqu'à La Cognelle, puis D 110 et D 110 C.*

Hôtel des Artistes★★★
8, rue Gaspard-André
69002 Lyon (Rhône)
Tél. 78.42.04.88 - Télex 375 664 - Fax 78.42.93.76 -

♦ *Ouverture toute l'année* ♦ *45 chambres avec tél., s.d.b., w.c. et t.v. - Prix des chambres doubles : 270 à 390 F - Petit déjeuner 40 F* ♦ *Cartes de crédit acceptées* ♦ *Chiens admis avec 20 F de supplément* ♦ *Pas de restaurant à l'hôtel.*

L'hôtel des Artistes se trouve dans cet agréable vieux quartier de Lyon situé entre les quais du Rhône et de la Saône, proche de la place Bellecour et du théâtre des Célestins. Les chambres ont toutes un mobilier moderne très simple, seuls changent les tons pastel de la décoration. Toutes sont bien insonorisées avec télévision et toutes ont un bon confort de base assuré. Cependant, certaines ont des bains au lieu des douches et sont climatisées. Les petits déjeuners sont soignés et l'ambiance de l'hôtel fort sympathique. Se renseigner sur les forfaits week-end proposés par l'hôtel.

♦ *Itinéraire d'accès (voir carte n° 26) : dans le centre ville près de la place des Célestins.*

Cour des Loges★★★★
6, rue du Bœuf
69005 Lyon (Rhône)
Tél. 78.42.75.75 - Télex 330 831 - Fax 72.40.93.61 - M. Piques

♦ *Ouverture toute l'année* ♦ *63 chambres climatisées avec tél.,
s.d.b., w.c., t.v., vidéo, minibar - Prix des chambres doubles :
1 000 à 1 500 F - Prix des suites : 1 800 à 2 800 F - Petit
déjeuner 85 F* ♦ *Cartes de crédit acceptées* ♦ *Chiens non admis -
Piscine, jacuzzi et sauna à l'hôtel* ♦ *Restaurant : Le Tapas des
Loges - service de 12 h à 2 h du matin - Carte.*

L'ouverture en 1987 de la Cour des Loges fut un événement : au
cœur même du vieux Lyon, quatre immeubles Renaissance ont été
réunis pour former 63 chambres et suites. La cour intérieure a été
préservée sous une verrière. C'est là que se trouve la réception et
c'est d'ici que part le labyrinthe d'escaliers conduisant vers les
galeries bordées d'arcades sur trois étages. Les chambres sont d'un
luxe fonctionnel : mobilier de Stark et de Cassina, toiles
contemporaines pour le décor, salles de bains très confortables et
très bien équipées, appareillage électrique et matériel hi-fi
sophistiqués dans toutes les chambres, même dans celles dites
"classiques". Un agréable bar à tapas sert en même temps que
quelques bons petits plats mijotés, une agréable sélection de vins au
verre ; on peut aussi y prendre un porto ou un xerès à l'heure de
l'apéritif. Tout a été conçu dans l'hôtel pour satisfaire les PDG
stressés et surmenés, mais ceux curieux de voir une intéressante
rénovation ne seront pas déçus (même si tout cela manque un peu de
chaleur).

♦ *Itinéraire d'accès (voir carte n° 26) : dans le centre ville.*

La Tour de Pacoret★★

73460 Grésy-sur-Isère (Savoie)
Tél. 79.37.91.59 - Fax 79.37.93.84 - Mme Vellat

♦ *Ouverture du 1er mars au 30 septembre - Fermeture le mardi à midi* ♦ *10 chambres avec tél. direct, s.d.b. ou douche, w.c. - Prix des chambres simples et doubles : 230 F, 250 à 350 F - Petit déjeuner 35 F, servi de 8 h à 9 h 30 - Prix de la demi-pension et de la pension : 260 à 320 F, 300 à 350 F (par pers., 3 j. min.)* ♦ *Carte bleue et Visa* ♦ *Chiens non admis* ♦ *Possibilités alentour : équitation, piscine, tennis, randonnées, excursions en Savoie* ♦ *Restaurant : service de 12 h 30 à 13 h 30, 19 h 30 à 20 h 30 - Fermeture le mardi à midi - Menus : 120 à 180 F - Carte - Spécialités : délices de Savoie, filet au poivre ; gâteau au chocolat.*

En pleine campagne, au sommet d'une colline et au pied des Alpes, cette belle et pure tour de guet du XIVe siècle a été transformée en hôtel intime et raffiné. Un chaleureux petit salon de lecture et de musique, une salle à manger aux boiseries de style "chalet", quelques aquarelles et dessins originaux, tout l'ensemble est harmonieux. Chaque chambre a son décor, le mobilier est très bien choisi et les sanitaires parfaits. Depuis les terrasses-jardins, la vue est splendide. Service bar à l'extérieur, à l'ombre de la glycine ou des parasols qui protègent les quelques tables. Endroit idéal pour contempler les Alpes enneigées ou la vallée traversée par l'Isère à vos pieds. Cuisine fraîcheur garantie par le jardin potager de l'hôtel. Propriétaires d'une très grande gentillesse.

♦ *Itinéraire d'accès (voir carte n° 27) : à 19 km au sud-ouest d'Albertville par N 90 direction Montmélian jusqu'à Pont-de-Grésy, puis D 222 et D 201 direction Montailleur.*

Les Châtaigniers

73110 La Rochette (Savoie)
Tél. 79.25.50.21 - Fax 79.25.79.97 - Mme Rey

♦ *Ouverture toute l'année sauf du 2 au 15 janvier* ♦ *5 chambres (2 à venir) avec tél. et s.d.b. (3 avec w.c.) - Prix des chambres doubles : 500 à 650 F - Prix des suites : 900 F (pour 4 pers.) - Petit déjeuner compris - Prix de la demi-pension : tarifs dégressifs à partir de 3 nuits* ♦ *Amex, Carte bleue et Visa* ♦ *Chiens non admis - Piscine privée, tennis attenant à l'hôtel* ♦ *Possibilités alentour : équitation, golf, deltaplane, randonnées, ski, pêche ; visite des châteaux* ♦ *Restaurant : service de 12 h à 13 h 30, 19 h 45 à 21 h 30 - Fermeture le dimanche soir et du 2 au 15 janvier - Menus : 150 F en semaine, 175 F à 250 F.*

Mieux vaut éviter les quelques châteaux-hôtels aux fastes passés, et séjourner dans un endroit qui a le charme des vallées et des montagnes qui l'entourent. Cette maison de famille propose un mode d'hébergement séduisant : la chambre d'hôte. A première vue, la maison est semblable à bien des demeures de notables du siècle dernier et la pierre paraît un peu triste. Mais une fois poussée la porte, on découvre tout l'agrément d'une confortable maison particulière qui tient parfaitement son rôle de petit hôtel. Dans l'entrée, au pied du grand escalier de bois qui mène aux étages, un petit bureau prend consciencieusement des allures de réception. Une salle à manger avec terrasse permet de prendre son petit déjeuner en surplombant le verdoyant jardin. L'Italie toute proche influence les habitudes gastronomiques de la maison, où se retrouvent aussi les origines nordiques de la maîtresse de maison.

♦ *Itinéraire d'accès (voir carte n° 27) : à 30 km au nord de Grenoble par A 41 sortie Poncharra puis D 925 , à La Rochette, direction Arvillard et Val Pelouse.*

435

Château de Collonges★★★

73310 Ruffieux (Savoie)
Tél. 79.54.27.38 - Télex 319 144 - M. Gérin

♦ *Ouverture de début mars à début janvier - Fermeture le lundi et le mardi à midi en b.s.* ♦ *17 chambres , dont 7 dans l'annexe, avec tél. direct, s.d.b., w.c. et t.v. - Prix des chambres doubles : 520 à 700 F - Prix des suites : 680 à 780 F - Petit déjeuner 55 F, servi de 7 h 30 à 11 h - Prix de la demi-pension : 480 à 610 F (par pers., 3 j. min.)* ♦ *Amex, Diners, Eurocard et Visa* ♦ *Chiens admis - Piscine chauffée, chevaux, bateaux, véhicule tout terrain à l'hôtel* ♦ *Possibilités alentour : tennis, golf, vol à voile, pêche ; lac du Bourget* ♦ *Restaurant : service de 12 h 30 à 14 h, 19 h 30 à 21 h 30 - Fermeture le lundi et le mardi à midi en b.s. - Menus : 180 à 400 F - Carte - Spécialités : escargots aux herbes croustillantes, féra à l'anis sauvage, pormenaise et son farcement.*

Depuis le village, à travers vignobles et jardins potagers, une petite route vous conduira jusqu'au portail de cette superbe propriété. Le château, dont la construction, commencée au XIVe siècle, s'est achevée vers le second Empire, a le charme d'une vieille maison de famille. Les salons sont confortables. Dans la salle à manger, aménagée dans les anciennes caves du château, monsieur Gérin vous propose une cuisine originale élaborée sur des thèmes régionaux. Les chambres qui ont toutes un joli mobilier ancien donnent soit sur le jardin, soit sur la vallée. Il est en effet important de signaler ce site incomparable : à vos pieds s'étend la plus grande plantation de peupliers d'Europe et en face de vous se dresse le Grand Colombier.

♦ *Itinéraire d'accès (voir carte n° 27) : à 18 km au nord d'Aix-les-Bains par D 991 ; à la sortie du village.*

L'Abbaye★★★★
15, chemin de l'Abbaye
74940 Annecy-le-Vieux (Haute-Savoie)
Tél. 50.23.61.08 - Fax 50.27.77.65 -

♦ *Ouverture toute l'année* ♦ *18 chambres avec tél. direct, s.d.b., w.c., t.v. et minibar - Prix des chambres doubles : 400 à 600 F - Prix des suites : 800 à 1 100 F - Petit déjeuner 40 F, servi de 6 h 45 à 12 h - Prix de la demi-pension et de la pension : 370 à 470 F, 500 à 700 F* ♦ *Cartes de crédit acceptées* ♦ *Chiens admis avec 35 F de supplément* ♦ *Possibilités alentour : tennis, golf, sports nautiques sur le lac, randonnées pédestres, ski* ♦ *Restaurant : service de 12 h à 14 h, 19 h 30 à 22 h - Fermeture le samedi à midi et le lundi - Menus : 150 à 300 F - Carte.*

Cette grande demeure du XVIe siècle en belles pierres et galeries de bois a une belle allure rustique qui laisse à peine présumer le raffinement qui règne à l'intérieur de l'hôtel. Les fresques et les voûtes de la salle à manger créent un beau décor que viennent enrichir l'argenterie et le cristal. En été, le service se fait à l'ombre des grands platanes sur la terrasse fleurie. Cuisine traditionnelle avec des recettes allégées et de très bonnes patisseries. Les chambres sont vastes, bien décorées et dotées de tout le confort ; l'insonorisation est parfaite. Le soir, un piano-bar crée une agréable atmosphère de détente. Service très attentif.

♦ *Itinéraire d'accès (voir carte n° 27) : A 43 sortie Annecy-nord ; près du musée de la Cloche.*

Marceau Hôtel★★★

115, chemin de la Chappelière - 74210 Doussard (Haute-Savoie)
Tél. 50.44.30.11 - Télex 309 346 - Fax 50.44.39.44
M. et Mme Sallaz

♦ *Ouverture du 15 janvier au 15 décembre - Fermeture le dimanche soir et le mercredi en b.s.* ♦ *16 chambres avec tél. direct, s.d.b. ou douche, w.c., (14 avec t.v.) - Prix des chambres doubles : 400 F - Prix des suites : 600 F (1 appart. : 780 F) - Petit déjeuner 42 F - Prix de la demi-pension et de la pension : 430 à 670 F, 470 à 735 F (par pers., 3 j. min.)* ♦ *Amex, Carte bleue, Diners, Eurocard et Visa* ♦ *Chiens admis avec supplément - Tennis à l'hôtel* ♦ *Possibilités alentour : piscine, équitation, golf, vol à voile, sports nautiques sur le lac d'Annecy* ♦ *Restaurant : service de 12 h à 14 h, 19 h 30 à 21 h - Fermeture le dimanche soir et le mercredi en b.s. - Menus : 120 à 320 F - Carte - Spécialités : longe de veau Marceau, féra du lac au Chignin.*

Dans l'une des régions les plus touristiques de France, comme c'est agréable de trouver un vrai coin de paix ! En pleine campagne, avec une vue très belle sur la vallée et le lac, raffiné et très confortable, cet hôtel possède une grande salle à manger où les tonalités de rose se mélangent à celles du bois, et de larges fenêtres vous permettent de contempler les environs d'une grande beauté. Lecture et télévision vous sont proposées dans un salon très bien aménagé, avec cheminée. Une fantastique terrasse vous attend à la belle saison parmi les fleurs et à côté du jardin potager. Les chambres sont décorées avec un grand soin, le mobilier bien choisi. Partout de beaux bouquets de fleurs du jardin. Et ce qui ne gâte rien, un accueil très chaleureux.

♦ *Itinéraire d'accès (voir carte n° 27) : à 20 km au sud d'Annecy par N 508 direction Albertville.*

Hôtel de la Croix Fry★★

Manigod - 74230 Thônes (Haute-Savoie)
Tél. 50.44.90.16 - Fax 50.44.94.87 - Mme Guelpa-Veyra

♦ *Ouverture du 15 juin au 15 septembre et du 15 décembre au 15 avril* ♦ *15 chambres avec tél., s.d.b et w.c - Prix des chambres doubles : 400 à 500 F - Prix des suites : 500 à 600 F - Petit déjeuner 45 F, servi de 8 h à 9 h 30 - Prix de la demi-pension et de la pension : 370 à 400 F, 400 à 430 F (par pers., 3 j. min.)* ♦ *Cartes de crédit acceptées* ♦ *Chiens admis avec supplément éventuel - Piscine, tennis à l'hôtel* ♦ *Possibilités alentour : équitation ; Talloire* ♦ *Restaurant : service de 12 h 15 à 13 h 30, 19 h 30 à 20 h 30 - Menus : 120 à 280 F - Carte - Spécialités : omelette au filet de bœuf aux bolets, jambon fumé cheminée, fromages du pays.*

Voici tout à fait ce que l'on souhaiterait trouver plus souvent dans nos Alpes françaises, sans pour autant ne fréquenter que des établissements haut de gamme. Cet hôtel est chaleureux et douillet. Ici les chambres aux noms de fleurs des alpages ont fait l'objet de soins au fil des ans, le bois des poutres et celui des vieux meubles savoyards leur donnent un charme et un caractère tout montagnard. Celles qui font face à la vallée jouissent d'une vue de toute splendeur et d'un ensoleillement optimum ; balcons, terrasses et mezzanines se répartissent équitablement et rattrapent l'exiguïté des salles de bains. Dans ce qui fut l'étable de la ferme familiale se trouve un bar aux banquettes chaudement revêtues de peau de mouton. Lui faisant suite, la salle de restaurant fait face au massif de la Tournette. Eté comme hiver, une bonne adresse dans la belle vallée de Manigod.

♦ *Itinéraire d'accès (voir carte n° 27) : à 27 km à l'est d'Annecy par D 909 jusqu'à Thônes, puis D 12 et D 16 jusqu'à Manigod.*

Hôtel Beau Site★★★

74290 Talloires (Haute-Savoie)
Tél. 50.60.71.04 - Fax 50.60.79.22 - M. Conan

♦ *Ouverture du 9 mai au 14 octobre* ♦ *29 chambres avec tél., s.d.b, w.c., (18 avec t.v.) - Prix des chambres simples et doubles : 250 F, 315 à 625 F - Prix des suites : 850 F - Petit déjeuner 45 F, servi de 7 h 30 à 10 h 30 - Prix de la demi-pension et de la pension : 340 à 600 F, 380 à 650 F (par pers., 2 j. min.)* ♦ *Access, Amex, Carte bleue, Diners, MasterCard et Visa* ♦ *Chiens admis dans les chambres - Tennis, plage privée à l'hôtel* ♦ *Possibilités alentour : golf 18 trous, promenades, sports nautiques* ♦ *Restaurant : service de 12 h 30 à 14 h, 19 h 30 à 21 h - Menus : 140 à 240 F - Carte - Spécialités : poisson du lac.*

Les Anglais qui semblent apprécier les lieux diraient de l'hôtel Beau Site qu'il est *old fashion*. Pour nous Français, cela peut sembler désuet, rétro mais pas sans charme. Cet hôtel des bords du lac d'Annecy a quelque chose de ses collègues des lacs italiens. Certes il ne s'agit pas d'un vieux palace mais d'une propriété familiale transformée en hôtel, à la fin du siècle dernier qui a su préserver un petit air d'autrefois. La salle à manger-véranda aux nappes empesées ainsi que le salon semblent d'une autre époque. Les chambres fraîches et confortables se prêtent aussi à ce jeu. Celles qui donnent sur le lac et le jardin auront sans doute votre préférence. Accueil d'une grande gentillesse de cette génération d'hôteliers à Talloires.

♦ *Itinéraire d'accès (voir carte n° 27) : à 13 km au sud d'Annecy par D 909a.*

R E S T A U R A N T S

ALSACE - LORRAINE

METZ (Moselle)

A la Ville de Lyon, 7, rue Piques, tél. 87 36 07 01 ; fermé dim. soir, lundi, 24 juil./20 août, vac. de fév. ; 100/200 F. Près de la cathédrale Saint-Etienne, dans une des ruelles du vieux Metz. Belle salle voûtée, cuisine régionale savoureuse.

DOMREMY-LA-PUCELLE (Moselle)

Le Relais de la Pucelle, tél. 29 06 95 72 ; fermé le lundi h.s. Sa situation en face de la maison de Jeanne d'Arc en fait une étape très touristique. On y sert un délicieux pâté lorrain.

NANCY (Meurthe-et-Moselle)

Le Capucin Gourmand, 31, rue Gambetta, tél. 83 37 42 20 ; fermé dim., lundi, 1er/24 août ; 200/400 F. Décor Art Nouveau, meubles et pâtes de verre de l'Ecole de Nancy. Très bonne recette de pigeon, une des spécialités de la maison - **L'Excelsior**, 50, rue H. Poincarré, tél. 83 35 24 57 ; 120 F. Service tardif dans un beau décor de Majorelle - **Café Foy**, 1, place Stanislas, tél. 83 32 21 44 ; fermé mer., janv. ; 150 F. Le grand café d'où l'on a une des plus belles vues sur la place. On peut se restaurer au premier étage de ce bel immeuble Régence.

STRASBOURG (Bas-Rhin)

Le Crocodile, 10, rue de l'Outre, tél. 88 32 13 02 ; fermé juil., 23 déc./1er janv. ; 300/700 F. Le restaurant le plus "étoilé" de Strasbourg - **L'Arsenal**, 11, rue de l'Abreuvoir, tél. 88 35 03 69 ; 160/300 F ; fermé sam. midi, 15 juil./15 août. Un classique de la cuisine régionale à Strasbourg. Atmosphère conviviale - **L'Alsace à table**, 8, rue des Francs-Bourgeois, tél. 88 32 50 62 ; 100/250 F. La vraie brasserie alsacienne avec choucroute, fruits de mer... Ambiance animée, on sert jusqu'à minuit.

QUELQUES WINSTUBE (BARS À VIN)

Chez Yvonne, S'burgerstreuvel, 10, rue du Sanglier, tél. 88 32 47 86 ; fermé dim. ; 150 F. Le bar à vin préféré des Strasbourgeois qui aiment le jambonneau en croûte et le riesling de la maison - **Au Saint-Sépulcre**, 15, rue des Orfèvres, tél. 88 32 39 97 ; fermé dim. et lundi ; 150 F. Décor alsacien pour une bonne cuisine régionale - **Le Clou**, 3, rue du Chaudron, tél. 88 32 11 76 ; fermé dim. ; 170 F - **Le Bar des Aviateurs**, 12, rue des Sœurs, tél. 88 36 52 69 ; fermé dim. On va y prendre le dernier verre.

ROUTE DES VINS

MARLENHEIM (Bas-Rhin)

Hostellerie du Cerf, 30, rue du Général-de-Gaulle, tél. 88 87 73 73 ; 300/400 F ; fermé mardi, mer., vac. de fév.

OTTROT (Bas-Rhin)

A l'Ami Fritz, tél. 88 95 80 81 ; 100/250 F ; fermé mer., 2 janv./2 fév.

MITTELBERGHEIM (Bas-Rhin)

Winstub Gilz, 1, route du Vin, tél. 88 08 91 37 ; 150/300 F ; fermé mardi soir, mer., 2/11 juil., 7 janv./6 fév.

ANDLAU (Bas-Rhin)

Au Boeuf Rouge, 6, rue du Dr Stoltz, tél. 88 08 96 26 ; 150/200 F ; fermé mer. soir, jeudi, 18/29 juin, janv.

SELESTAT (Bas-Rhin)

Edel, 7, rue des Serruriers, tél. 88 92 86 55 ; 150/350 F ; fermé dim. soir, mardi soir, mer., 1/15 août, 23 déc./3 janv.

BALDENHEIM (Haut-Rhin)

La Couronne, 45, rue de Sélestat, tél. 88 85 32 22 ; 150/350 F ; fermé dim. soir, lundi, 20/31 juil.

BERGHEIM (Haut-Rhin)

Winstub du Sommelier, tél. 89 73 69 99 ; 100/200 F ; fermé 10/20 juin, vac. de fév., lundi d'oct. à avril. De bons vins servis au verre accompagnent quelques spécialités comme le saucisson chaud au raifort.

RIBEAUVILLE (Haut-Rhin)

Zum Pfifferhüs, 14, Grand-Rue, tél. 89 73 62 28 ; fermé mer., jeudi h.s., du 14 fév. au 8 mars, 21 juin/5 juil. ; 100/200 F. Une agréable maison de charme classée.

RIQUEWIHR (Haut-Rhin)

Auberge du Shoenenbourg, 2, rue de la Piscine, tél. 89 47 92 28 ; 200/300 F ; fermé mer. soir d'oct. à fin juin, jeudi, mi-janv./mi-fév. Le menu de la semaine permet de goûter de vraies spécialités locales de ce village où fleurissent les restaurants pour touristes. **Au Petit Gourmet**, 5, rue de la 1re Armée, tél. 89 47 98 77 ; 150/300 F ; fermé lundi, mardi h.s., mi-janv. au 1er mars.

KAYSERSBERG (Haut-Rhin)

Chambard, 9, rue du Général-de-Gaulle, tél. 89 47 10 17 ; 200/350 F ; fermé lundi sauf fériés, mardi midi, mars, 22 déc./4 janv. Bonne maison qui s'est imposée dans le village qui vit naître Albert Schweitzer.

BOLLENBERG (Haut-Rhin)

Au Vieux Pressoir, hôtel Bollenberg, tél. 89 49 67 10 ; 150/300 F ; fermé 20 déc./5 janv. Bien situé dans la campagne, terrasse en été.

AMMERSCHWIHR (Haut-Rhin)

Aux Armes de France, 1, Grand'rue, tél. 89 47 10 12 ; 300/400 F ; fermé mer., jeudi midi, janv. Décor bourgeois pour une bonne cuisine régionale - **A l'Arbre Vert**, 7, rue des Cigognes, tél. 89 47 12 23 ; 150/250 F ; fermé mardi, mi-fév./mi-mars, 20 nov./10 déc. Tradition alsacienne à des prix plus abordables.

COLMAR (Haut-Rhin)

Schillinger, 16, rue Stanislas, tél. 89 41 43 17 ; 250/450 F ; fermé dim. soir et lundi sauf fériés, 10/31 juil. Considéré comme le meilleur restaurant de la ville - **Maison des Têtes**, 19, rue des Têtes, tél. 89 24 43 43 ; fermé dim. soir, lundi ; 100/300 F. Belle maison ancienne, restaurant d'atmosphère. Un très bon foie gras.

MUNSTER (Haut-Rhin)

De Colmar part la Route des Crêtes, une des plus belles routes pour explorer les Vosges. Col du Bonhomme, Col de la Schlucht, le Hohneck. Munster peut être votre étape avant le Petit-Ballon et le Grand-Ballon - **La Cigogne**, place du Marché, tél. 89 77 32 27 ; fermé dim. soir et lundi, 15/30 juin, 15 nov./15 déc. ; 80/200 F. Grande table d'hôtes conviviale.

ILLHAEUSERN (Haut-Rhin)

L'Auberge de l'Ill, rue de Collonges, tél. 89 71 83 23 ; fermé lundi soir, mardi, en fév., du 2 au 12 juil. ; 400/700 F. Tout y est plus que parfait, avec le charme en plus.

WESTHALTEN (Haut-Rhin)

Auberge du Cheval Blanc, 20, rue Routtade, tél. 89 47 00 16 ; 100/350 F ; fermé dim. soir, lundi, mi-janv./fin fév., fin juin/début juil.

WETTOLSHEIM (Haut-Rhin) à 4,5 km de Colmar

L'Auberge du Père Floranc, tél. 89 79 77 00 ; 100/350 F ; fermé dim. soir (h.s., lundi), 2/16 juil., 12 nov./15 déc.

MULHOUSE (Haut-Rhin)

Au Quai de la Cloche, 5, quai de la Cloche, tél. 89 43 07 81 ; fermé sam. midi, dim. soir, lundi, fin juil./mi-août. La bonne table de Mulhouse - **Aux Caves du Vieux Couvent**, 23, rue du Couvent, tél. 89 46 28 79 ; fermé 1/15 juil. ; 50/100 F - **Zum Sauwadela**, 13, rue de l'Arsenal, tél. 89 45 18 19 ; fermé le dim. ; 50/150 F - **Gamarinus**, 5, rue des Franciscains, tél. 89 66 18 65 ; fermé dim. midi. Brasserie.

FROENINGEN (Haut-Rhin)

Auberge de Froeningen, tél. 89 25 48 48 ; fermé dim. soir, lundi, du 7 au 21 août, janv. ; 100/300 F. L'abondance des géraniums rend d'emblée la maison accueillante ; cuisine régionale classique.

GERARDMER (Vosges)

Hostellerie des Bas-Rupts, tél. 29 63 09 25 ; bon hôtel, bon restaurant raffiné, accueil et service excellents.

ARDENNES ET NORD

DUNKERQUE (Nord)

Le Richelieu, place de la Gare ; tél. 28 66 52 13 ; fermé dim. soir et fériés ; 90/180 F ; le buffet de la gare, outre son bar et une brasserie classique, propose aussi une salle plus élégante qui sert entre autres un délicieux turbot à la hollandaise.

TETEGHEM (Nord) à 2 km au nord de Dunkerque.

La Meunerie, tél. 28 26 01 80 ; fermé du 22 déc. au 20 janv., dim. soir et lundi ; 200/450 F. Jean-Pierre Delbé prépare une cuisine aux saveurs très raffinées qui change en fonction des saisons.

LILLE (Nord)

A l'Huîtrière, 3, rue des Chats Bossus, tél. 20 55 43 41 ; fermé dim. soir, fériés, du 20 juil. au 1er sept. ; 300/400 F. Très belle carte de poissons, beau décor de céramiques 1900 - **Le Hochepot**, 6, rue du Nouveau-Siècle, tél. 20 54 17 59 ; 100/250 F. Cuisine régionale comme le hochepot de queue de boeuf, de bonnes bières et de bons genièvres de la région.

NEUVILLE (Nord) à 18 km de Lille

Au Lieu Perdu, Forêt de Phalempin, 1, rue du Général-de-Gaulle, tél. 20 86 57 59 ; fermé dim., lundi soir, mardi soir, mer. soir, août ; 100/150 F. Décor et ambiance rustiques, cuisine généreusement servie. Service en été dans le jardin en bordure de la forêt.

CALAIS (Pas-de-Calais)

Le Channel, 3 bd de la Résistance, tél. 21 34 42 30 ; fermé dim. soir, mardi, 1ère quinzaine de juin, 20 déc./20 janv. ; 80/250 F. Des spécialités de poissons bien préparées.

BOULOGNE (Pas-de-Calais)

La Matelote, 80, bd Ste-Beuve, tél. 21 30 17 97 ; fermé la 2e quinzaine de juin ; 150/350 F. Spécialités de la mer, délicieux desserts - **La Liégeoise**, 10, rue A. Mousigny, tél. 21 31 61 15 ; fermé dim. soir, mer., la 2e quinzaine de juil. Cuisine inventive qui change au gré des produits, des saisons, toujours soigneusement préparée.

SAINT-OMER (Pas-de-Calais)

Le Cygne, 8, rue Caventore, tél. 21 98 20 52 ; fermé sam. midi, mardi, 10 au 31 déc. ; 150/200 F. Dans la vieille ville, accueil très sympathique, très bons magrets de canard et délicieux fromages.

LE TOUQUET-PARIS-PLAGE (Pas-de-Calais)

Le Café des Arts, 80, rue de Paris, tél.21 05 21 55 ; fermé lundi et mardi, du 15 fév. au 15 mars ; 150/300 F. Cuisine raffinée et savoureuse dans un décor élégant - **Bistro de la Charlotte**, 36, rue Saint-Jean, tél. 21 05 32 11 ; fermé dim. soir, mer., du 15 au 30 janv., du 15 au 30 juin ; 100/150 F. Beaucoup d'ambiance, surtout en saison touristique. Cuisine très correcte - **Le Chalut**, 7, bd J. Pouget, tél. 21 05 22 55 ; fermé mardi, mer. midi, janv. ; 150/300 F. Spécialités de poissons servies face à la mer.

LAON (Aisne)

La Petite Auberge, 45, bd Brossolette, tél. 23 23 02 38 ; fermé sam. midi et dim. soir ; 100/200 F. Des prix encore abordables pour une cuisine qui devient gastronomique ; décor banal.

SAINT-QUENTIN (Aisne)

Au Petit Chef, 31, rue Emile-Zola, tél. 23 62 28 51 ; fermé dim., 20 déc./ 4 janv. et 24 juil./15 août ; 100/200 F. Brasserie.

AMIENS (Somme)

Les Marissons, 68, rue des Marissons, tél. 22 92 96 66 ; fermé sam. midi, dim. soir, du 31 déc. au 9 janv., du 16 juil. au 15 août ; 120/200 F. Installé dans un ancien atelier de bateaux ; on vous propose des menus fort abordables pour une cuisine très soignée - **Auberge du Vert Galant**, 57, chemin du Halage, tél. 22 91 31 66. Ouvert seulement pour le déjeuner, ce petit troquet au bord de l'eau sert du poisson de rivière et des spécialités picardes.

CHARLEVILLE-MEZIERES (Ardennes)

La Cigogne, 40, rue Dubois-Crancé, tél. 24 33 25 39 ; fermé dim. soir et lundi, du 1er au 6 août ; 100/200 F. Restaurant traditionnel, gibier en saison, foie gras et saumon maison.

MONTCY-NOTRE-DAME (Ardennes) à 2 km de Charleville-Mézières
Auberge de la Forest, tél. 24 33 37 55 ; fermé dim. soir et lundi ;
100/200 F. Charmant petit restaurant de campagne, cuisine traditionnelle.

AQUITAINE

LE PERIGORD VERT

BRANTOME (Dordogne)

Le Chabrol, 59, rue Gambetta, tél. 53 05 70 15 ; fermé dim. soir et lundi
h.s., 12/28 fév., 15 nov./10 déc. ; 120/170 F. Très bonne cuisine
bourgeoise dans un cadre traditionnel de bon hôtel de province. Terrasse
au bord de l'eau.

CHAMPAGNAC-DE-BELAIR (Dordogne)

Moulin du Roc, tél. 53 54 80 36, fermé mardi, mer. midi ; 200/300 F.
Très bonne table, nouvelle cuisine.

ST-JEAN-DE-COLE - THIVIERS (Dordogne)

L'Auberge du Col Rouge, tél. 53 62 32 71 ; 75/192 F. Très joli cadre
mais nourriture très moyenne, jolie terrasse et un ravissant village.

LA COQUILLE (Dordogne)

Les Voyageurs, 12, rue de la République, tél. 53 52 80 13 ; fermé dim.
soir, lundi midi, 1er nov./14 avril ; 100/250 F. Une bonne auberge à la
cuisine généreuse.

RIBERAC (Dordogne)

Hôtel de France, 3, rue M. Dupraisse, tél. 53 90 00 61 ; fermé 5/27 janv. ;
58/120 F. Bonne cuisine classique dans un cadre confortable ; petit jardin,
patio charmant.

VERTEILLAC (Dordogne)

L'Escalier, fermé le mer. ; 70/120 F. Sur la grande place du marché, ce
joli petit restaurant au décor naturel propose une cuisine simple mais
raffinée.

BOUTEILLES-SAINT-SÉBASTIEN (Dordogne), à 6 km de Verteillac

La Bouteille Ouverte, tél. 53 91 51 98 ; 75/100 F ; dans un ravissant
village, petit hôtel simple mais charmant, la terrasse l'été est très agréable.
Nourriture moyenne, accueil sympathique.

LUSIGNAC (Dordogne)

Restaurant Saint-Julien, menu jusqu'à 100 F. Dans un joli village
perché du Périgord, un restaurant tenu par un couple d'Anglais adeptes de
Terence Conran. Tout est charme, raffinement à l'intérieur comme à la
terrasse. Le bar est un lieu de rencontre très apprécié dans la région.
Cuisine simple et honnête faite par le patron.

LE PERIGORD NOIR

SARLAT-LA-CADENA (Dordogne)

Hostellerie de Meysset Argentouleau, route des Eyzies, tél. 53 59 08 29 ;
fermé mer. midi, 13 oct./26 avril ; 85/200 F. Jolie maison noyée dans la
vigne vierge, cuisine classique - **La Sanglière** aux Veyssières, à 6 km de
Sarlat, tél. 53 28 33 51 ; fermé d'oct. à Pâques ; 85/150 F. Dans les bois,
cuisine correcte, accueil souriant.

CAUDON DE VITRAC (Dordogne)

La Ferme, à 12 km de Sarlat, tél. 53 28 33 35 ; fermé lundi, oct., 19/26 déc. ; 65/136 F. Table d'hôtes, cuisine familiale.

TAMNIES (Dordogne)

Laborderie, tél. 53 29 68 59 ; fermé 1er nov./1er avril ; 90/230 F. Dans un joli cadre champêtre et un décor rustique, on se régale de spécialités périgourdines bien préparées.

LARDIN-SAINT-LAZARE (Dordogne)

Sautet, route de Montignac, tél. 53 51 27 22 ; fermé 20 déc./15 janv. ; tél. pour dim. et sam. h.s. ; 95/245 F. Accueil chaleureux, spécialités régionales, jolie terrasse.

LES EYZIES-DE-TAYAC (Dordogne)

Le Centenaire, tél. 53 06 97 18 ; fermé mardi midi, début avril/début nov. ; 200/400 F. Le restaurant gastronomique de la région, raffiné et luxueux. Cuisine et cave de grande qualité. **Le Vieux Moulin,** tel. 53 06 93 39 ; 120/200 F. Cuisine périgourdine.

LE BUGUE (Dordogne)

L'Albuca, Hôtel Royal Vézère ; fermé lundi midi, mardi midi, 27 avril/ 10 oct. ; 120/200 F. La carte est un peu chère mais les menus tout à fait abordables. Terrasse très agréable sur la Vézère.

LA ROQUE GAGEAC (Dordogne)

La Plume d'Oie, tél. 53 29 57 05 ; fermé sam. midi en été, lundi h.s., avril/fin nov. ; 78/220 F. On cuisine sous vos yeux de beaux produits très frais, on vous accueille très gentiment.

BEYNAC-ET-CAZENAC (Dordogne)

Taverne des Remparts, place du Château ; fermé 1er nov./1er mars. Bistrot-épicerie sympathique près du château, cuisine correcte.

LE PERIGORD BLANC

PERIGUEUX (Dordogne)

La Flambée, 2, rue Mortaigne, tél. 53 53 23 06 ; fermé dim. et fériés, 1er/15 juil. ; 200/300 F. Décor chaleureux, cuisine régionale fraîche et bien préparée.

MUSSIDAN-BEAUPOUYET (Dordogne)

Le Clos Joli, tél. 53 81 10 01 ; fermé dim. soir h. s. du 4 au 15 juin, du 3 au 14 sept. Le presbytère a été restauré avec goût, cuisine légère que l'on déguste dès les beaux jours sous la glycine de la tonnelle.

LE PERIGORD POURPRE

BERGERAC (Dordogne)

La Gourmandise, 10, bd Maine-de-Biran, tél. 53 27 20 95 ; fermé lundi, dim. et jeudi soir, vac. de fév., la Toussaint ; 70/180 F. Jolie salle à manger, un jardin agréable en été. Bonne cuisine sans prétention.

BORDEAUX, LA RÉGION DES CHÂTEAUX

BORDEAUX (Gironde)

Le Chapon Fin, 5, rue Montesquieu, tél. 56 79 10 10 ; fermé dim., lundi ; 400 F - **Le Bistro d'Edouard**, 16, place du Parlement, tél. 56 81 48 87 ;

fermé dim., lundi ; 23 déc./8 janv. ; 100/150 F - **Le Bistrot de Bordeaux**, 10, rue des Piliers-de-Tutelle, tél. 56 81 35 94 ; fermé sam., dim. midi - **Le Cailhau**, 3, place du Palais, tél. 56 81 79 91 ; fermé sam. midi, dim., 28 juil./20 août, 150/350 F - **La Ferme St-Michel**, 21, rue des Menuts, tél. 56 91 54 77, fermé sam. soir, dim., août - **Le Noailles**, 12, allées de Tourny, tél. 56 81 94 45 ; 150/200 F. Brasserie.

BOULIAC (Gironde) à 9 km de Bordeaux
St-James Amat, 3, place C. Hosteins, tél. 56 20 52 19 ; 200/400 F. Excellente et grande cuisine dans une architecture et un décor de Jean Nouvel.

ESCONAC-CAMBES (Gironde)
Hostellerie à la Varenne, tél. 56 21 31 15 ; fermé mer. soir, 1er mai/30 sept.

MARGAUX (Gironde)
Auberge Le Savoie, tél. 56 88 31 76 ; fermé dim., jours fériés, vac. de Noël ; 80/120 F. Très raffiné.

ARCINS (Gironde)
Le Lion d'Or, tél. 56 58 96 79 ; fermé dim. et fériés le soir, le lundi en hiver, du 9 au 31 juil., du 1er au 15 janv. ; 80/200 F.

PAUILLAC (Gironde)
Château Cordeillan Bazes, tél. 56 59 24 24 ; fermé dim. soir, lundi ; 150/220 F.

ST-EMILION (Gironde)
Hostellerie de Plaisance, place du Clocher, tél. 57 24 72 32 ; fermé janv. ; 110/230 F - **Auberge de la Monolith**, place du Marché, tél. 57 74 47 77 ; fermé le soir sauf sam., juil. et août.

SAUTERNES (Gironde)
Les Vignes, place de l'Eglise, tél. 56 63 60 06 ; fermé lundi, 15 janv./15 fév.

VAYRES (Gironde)
Le Vatel, tél. 57 74 80 79 ; fermé mardi soir, mer. ; 100/150 F.

VENDAYS-MONTALIVET (Gironde)
La Clef des Champs, tél. 56 41 71 11 ; fermé à midi en été, le soir h.s. ; 150/200 F.

PAYS ET COTE BASQUE

BAYONNE (Pyrénées-Atlantiques)
Cheval Blanc, 68, rue Bourgneuf, tél. 59 59 01 33 ; 120/230 F ; fermé dim. soir et lundi soir, 8 nov./29 janv. - **Beluga**, 15, rue des Tonneliers, tél. 59 25 52 13 ; fermé dim., janv. ; 200 F. Situé dans le Petit-Bayonne, la vieille ville, entre l'Adour et la Nive. Foie gras, aiguillettes de canard, soupe à l'orange et menthe fraîche délicieux - **Euzkalduna**, 61, rue Panneau, tél. 59 59 28 02 ; fermé dim. soir, lundi, 15 mai/début juin, 15 oct./début nov. Cuisine de marché, de saison ; spécialités basques.

URCUIT (Pyrénées-Atlantiques)
Restaurant du Halage, tél. 59 42 92 98 ; fermé lundi ; 68/150 F. Sur le chemin de halage, petit restaurant qui sert une cuisine fraîche.

URT (Pyrénées-Atlantiques)
Auberge de la Galupe, place du Port, tél. 59 56 21 84 ; fermé dim. soir, h.s., lundi, fév., vac. scolaires de la Toussaint. Décor rustique mais cuisine simple, généreuse ; accueil chaleureux.

VILLEFRANQUE (Pyrénées-Atlantiques)
Iduzki-Adle, tél. 59 44 94 09 ; fermé mer., vac. scolaires de fév. et de la Toussaint. Charme rustique de la maison, cuisine familiale.

ST-PEE-SUR-NIVELLE (Pyrénées-Atlantiques)
Le Fronton, quartier Ibarrou, tél. 59.54.10.12 ; 120/220 F ; fermé mardi h.s.. Décor conventionnel, l'été on sert en terrasse ; bonne cuisine.

AINHOA (Pyrénées-Atlantiques)
Le Relais du Labourd, route de Souvraïde, tél. 59 29 90 70 ; fermé dim. soir, mer., 15 janv./15 fév.

ST-JEAN-PIED-DE-PORT (Pyrénées-Atlantiques)
Les Pyrénées, 19, place du Général-de-Gaulle, tél. 59 37 01 01 ; fermé lundi soir h.s., mardi h.s., 5/28 janv., 20 nov./22 déc.

BIARRITZ (Pyrénées-Atlantiques)
Le Café de Paris, 5, place Bellevue, tél. 59 24 19 53 ; fermé lundi h.s., 1er nov./5 avril - **L'Auberge de la Négresse**, 10, bd de l'Aérodrome, tél. 59 23 15 83 ; fermé lundi, sept., oct. ; 50/150 F - **L'Alambic**, 5, place Bellevue, tél. 59 24 53 41 ; fermé lundi h.s., 1er avril/31 oct. ; 90 F - **La Tantina de Burgos**, place Beau Rivage - **Alta Mar**, 2, rue Gardères, tél. 59 24 13 00 ; 70/150 F ; fermé mer., h.s., nov./15 déc. - **Le Corsaire, La Casa Juan Pedro** : bars à *tapas* du port de pêcheurs.

ALOTZ (Pyrénées-Atlantiques)
Le Moulin d'Alotz, tél. 59 43 04 54 ; fermé mardi h.s., lundi, 15 janv./15 fév. ; 200/250 F.

BIDART (Pyrénées-Atlantiques)
Les Frères Ibarboure, chemin de Taliena, tél. 59 54 81 64. ; 150/300 F **L'Epicerie d'Ahetze**, place du Fronton, tél. 59 41 94 95 ; fermé mardi soir, mer., 15 nov./15 déc.

ST-JEAN-DE-LUZ (Pyrénées-Atlantiques)
Léonie, 6, rue Garat ; tél. 59.26.37.10 ; fermé dim. soir et lundi h.s. lundi soir en été, fév., fériés ; 100/180 F - **Auberge Kaïku**,17, rue de la République, tél. 59 26 13 20 ; 200 F - **Chez Pablo**, 5, rue Mlle Etcheto, tél. 59 26 37 81 ; fermé mer. ; 150 F - **La Vieille Auberge**, 22, rue Tourasse, tél. 59 26 19 61 ; 70/110 F ; fermé mardi midi en été, 15 nov./15 mars - **Le Petit Grill Basque**, 4, rue St-Jacques, tél. 59 26 80 76 ; fermé Noël/15 janv., 15/30 mai ; 100/130 F - **Ramuntcho**, 24, rue Garat, tél. 59 26 03 89 ; 70/130 F ; fermé lundi h.s. 15 nov./fév.

CIBOURE (Pyrénées-Atlantiques)
Chez Dominique, quai Maurice-Ravel, tél. 59 47 29 16 ; fermé dim. soir et lundi ; 150/350F - **Arrantzaleak**, avenue J. Poulon, tél. 59 47 10 75 ; 100/150 F - **Chez Matin**, 63, rue E. Baignol, tél. 59 47 19 52 ; 100/200 F.

URRUGNE SOCOA (Pyrénées-Atlantiques)
Chez Maïté, tél. 59 54 30 27 ; fermé dim.soir, lundi, 3/20 janv., 80/200 F.

PAU (Pyrénées-Atlantiques)

Pierre, 16, rue L. Barthou, tél. 59 27 76 86 ; fermé sam. midi, dim., 15 au 28 fév. ; 300 F. Vous avez le choix entre deux salles, toutes deux intimes et accueillantes. Un très bon cassoulet béarnais et le célèbre gâteau des Prélats - **La Gousse d'Ail**, 12, rue du Hédas, tél. 59 27 31 55 ; fermé sam. midi, dim. ; 100/220 F. Dans le vieux quartier de Hédas, au pied du château. Salle rustique et accueillante où un grand feu de cheminée brûle en hiver. Cuisine correcte, bons desserts, très fréquenté par les Palois - **Au Fin Gourmet**, 24, avenue Gaston-Lacoste, tél. 59 27 47 71 ; fermé lundi, 1 au 23 janv., du 15 au 30 juin ; 100/180 F. En face de la gare ; toute la famille Ithuriague est au travail pour vous faire apprécier quelques bonnes spécialités locales.

ARTIGUELOUVE (Pyrénées-Atlantiques) à 10 km de Pau

Alain Bayle, tél. 59 83 05 08 ; 130/250 F. Cette ancienne ferme béarnaise abrite aujourd'hui une bonne adresse de restaurant pour goûter une cuisine régionale, finement cuisinée.

EUGENIE-LES-BAINS (Landes)

Les Prés d'Eugénie, Michel Guérard, tél. 58 51 19 50 ; fermé du 3 déc. au 31 janv. ; 400/700 F. Le bon goût de Michel Guérard se retrouve partout et dans l'excellente cuisine dont la réputation a largement dépassé les frontières. La semaine minceur est un rêve.

AUVERGNE-LIMOUSIN

ABREST (Allier) à 4 km de Vichy

La Colombière, tél. 70 98 69 15 ; fermé dim. soir h.s., lundi, 15 janv. au 15 fév. ; 100/250 F. Un bon choix de menus, un charmant pigeonnier au bord de l'Allier.

CHAMALIERES (Puy-de-Dôme)

L'Européen, 50 bis, avenue de Royat, tél. 73 36 40 31 ; fermé dim. soir, août ; 100/150 F. Brasserie animée où vous rencontrerez peut-être VGE.

DURTOL (Puy-de-Dôme), à 5 km de Clermont-Ferrand

L'Aubergarade, route de la Baraque, tél. 73 37 84 64 ; fermé dim. soir, lundi, du 1er au 21 mars, du 1er au 21 sept. Auberge de campagne traditionnelle. Cuisine correcte.

ORCINES (Puy-de-Dôme)

Auberge des Gros Manaux, col de Ceyssat, tél. 73 62 15 11 ; fermé mardi soir, mer., vac. de fév., du 25 oct. au 10 nov. ; 100/200 F. Petite auberge de montagne chaleureuse au pied du Puy de Dôme.

LE PUY (Haute-Loire)

Le Bateau Ivre, 5, rue Portail d'Avignon, tél. 71 09 67 20 ; fermé dim., lundi, du 18 juin au 2 juil. Jolie maison du XIXᵉ, ambiance et cuisine rustiques.

LIMOGES (Haute-Vienne)

Le Trou Normand, 1, rue F. Chénieux, tél. 55 77 53 24 ; fermé dim. soir, lundi, 14 juil. au 14 août ; 250 F. Cuisine traditionnelle de qualité, poisson, fruits de mer - **Les Petits Ventres**, 20, rue de la Boucherie, tél. 55 33 34 02 ; 150 F. Spécialités régionales bien cuisinées (tripes, abats).

SEREILHAC (Haute-Vienne)
La Meule , tél. 55 39 10 08 ; fermé mardi h.s., janv. Auberge rustique et chaleureuse, clientèle bourgeoise, cuisine traditionnelle.

AURILLAC (Cantal)
A la Reine Margot, 19, rue G. de Veyre, tél. 71 48 26 46 ; fermé lundi ; 100/200 F. Cuisine régionale, bon accueil, bonne ambiance.

BOURGOGNE

LIGNY-LE-CHATEL (Yonne)
Auberge du Bief, 2, avenue de Chablis, tél. 86 47 43 42 ; 150/250 F ; fermé lundi soir, mardi, janv., 10 jours en août. La salle à manger est élégante mais on apprécie surtout le ravissant jardin au bord du Bief.

CHEVANNES (Yonne), Barbolière, à 8 km d'Auxerre
La Chamaille, 4 rue de Boiloup, tél. 86 41 24 80 ; fermé mardi, mer., fév., 1re semaine de sept., Noël ; 150/350 F. Maison de village charmante, cuisine raffinée, bons desserts, bonne cave.

ST-BRIS-LE-VINEUX (Yonne), à 8 km d'Auxerre
Le Saint-Bris, 13, rue de l'Eglise, tél. 86 53 84 56 ; fermé le soir h.s. sauf pour les week-ends, 15 jours en mars, 3 semaines en sept. ; 80/200 F. Cuisine généreuse de bistrot, ambiance conviviale.

VAUX (Yonne)
La Petite Auberge, 2, place du Passeur, tél. 86 53 80 08. Jolie maison de village avec une terrasse au bord de la rivière, cuisine traditionnelle.

SAINT-PERE-SOUS-VEZELAY (Yonne)
L'Espérance Marc Meneau, tél. 86 33 20 45 ; fermé mer. midi, mardi, janv. ; 280/600 F. Très bien noté par les critiques de métier, les professionnels et les gourmets.

AVALLON (Yonne)
Les Capucins, 6, avenue P. Doumer, tél. 86 34 06 52 ; fermé mardi soir h.s., mer. du 10 au 20 oct., du 15 déc. au 20 janv. ; 120/300 F. Décor agréable, cuisine classique.

SAINTE-MAGNANCE (Yonne) à 10 km d'Avallon
La Chènevotte, tél. 86 33 14 79 ; fermé jeudi ; 100/150 F., une charmante auberge de campagne, cuisine classique.

AUTUN (Saône-et-Loire)
Le Chalet Bleu, 3, rue Jeannin ; tél. 85 86 27 30 ; fermé lundi soir, mardi ; 150/250 F. Cuisine de saison raffinée dans un cadre provincial qui ne manque pas de charme - **Hostellerie du Vieux Moulin**, Porte d'Arroux, tél. 85 52 10 90 ; fermé dim. soir et lundi h.s. du 10 déc. au 1er mars ; 150/250 F. Cuisine généreusement servie dans un cadre rustique ou dans un joli jardin au bord de l'eau.

TOURNUS (Saône-et-Loire)
Greuze, 1, rue A. Thibaudet, tél. 85 51 13 52 ; fermé du 1er au 10 déc. ; 250/450 F. Un inégalable pâté en croûte "Alexandre Dumaine" et bien d'autres spécialités qui en font un des grands restaurants français. **Deux Terrasses**, 18, avenue du 23 Janv., tél. 85 51 10 74 ; fermé dim. soir,

lundi, janv., du 22 au 29 juin ; 130/180 F. Des prix raisonnables pour une cuisine goûteuse.

SOLUTRE (Saône-et-Loire)

Relais de Solutré, tél. 85 35 80 81 ; fermé du 30 déc. au 27 janv. ; 150/200 F. Sa roche l'a rendu célèbre ; spécialités régionales.

BEAUNE (Côte-d'Or)

Auberge Saint-Vincent, Place de la Halle, tél. 80 22 42 34 ; fermé le dim. soir, lundi ; 150/250 F. Cuisine de tradition bourguignonne dans un décor élégant - **Dame Tartine**, 3, rue N. Rolin, tél. 80 22 64 20 ; fermé du 20 nov. au 10 déc. ; 100/180 F. Une carte très variée, une cuisine soignée où l'on peut se régaler de spécialités de qualité.

GEVREY-CHAMBERTIN (Côte-d'Or)

Les Millésimes, 25, rue de l'Eglise, tél. 80 51 84 24 ; fermé mer. midi, mardi, janv. ; 190/300 F. Toute la famille est à l'œuvre pour satisfaire une clientèle venue, dans cette belle maison de vigneron, goûter une cuisine gastronomique.

QUEMIGNY-POINSOT (Côte d'Or) à 9 km de Gevrey-Chambertin

L'Orée du Bois, tél. 80 51 86 16 ; fermé lundi, janv., fév. ; 150 F., une charmante auberge de forêt. Cuisine simple mais de qualité, bons desserts.

DIJON (Côte-d'Or)

Le Chapeau Rouge, 5, rue Michelet, tél. 80 30 28 10 ; 200/350 F. Une institution qui ne vieillit pas tant elle a le don de se renouveler - **Le Petit Vatel**, 73, rue d'Auxonne, tél. 80 65 80 64 ; fermé sam. midi, dim., du 14 juil. au 15 août ; 100/200 F. Une cuisine simple mais goûteuse avec un menu qui change chaque semaine, bons vins servis au verre - **Ma Bourgogne**, 1, bd Paul Doumer, tél. 80 65 48 06 ; fermé dim. soir, lundi, du 22 au 31 mars, du 15 au 31 août ; 130/180 F. Simple mais élégant, bonne cuisine - **La Fringale**, 53, rue Jeannin, tél. 80 67 69 37 ; fermé du 5 au 11 fév., 1er au 15 août ; 80/150 F. Un bistrot simple qui sert des salades, un bon plat du jour.

BRETAGNE et PAYS-DE-LA-LOIRE

NANTES (Loire-Atlantique)

Les Maraîchers, 21, rue Fouré, tél. 40 47 06 51 ; fermé sam. midi, dim. ; 170/300 F. Le décor a du charme, la cuisine a de la fantaisie (pigeonneau au pain d'épices, parfait à la réglisse et à la banane poivrée) - **Margotte**, 2, rue Santeuil, tél. 40 73 27 40 ; fermé dim., août ; 150/250 F. Cuisine simple de bon bistrot.

PLOUHARNEL (Morbihan) à 3 km de Carnac

Auberge de Kérank, route de Quiberon, tél. 97 52 35 36 ; fermé dim. soir, lundi, janv., 15 nov. au 15 déc. ; 100/150 F. Décor breton dans une maison les pieds dans l'eau, grillades. Attention le soir, discothèque attenante.

QUIBERON (Morbihan)

La Goursen, 10, quai Océan à Port-Maria, tél. 97 50 07 94 ; fermé mer. midi, mardi midi en été ; 150/200 F. Le bistrot le plus charmant de la ville, convivial.

BELLE-ILE (Morbihan)

La Forge, route de Port-Goulphar, Bangor, tél. 97 31 51 76 ; fermé du 15 nov. au 15 mars ; 100/250 F. Joli décor rustique, spécialités de la mer - **Le Contre-Quai**, rue St Nicolas Sauzon, tél. 97 31 60 60 ; fermé du 1er janv. au 15 juin, du 20 sept. au 31 déc. ; 100/250 F. Charme d'une vieille maison du port, bon poisson. - **La Chaloupe**, tél. 97 31 88 27 ; fermé du 11 nov. au 1er avril ; 100/140 F. Grande variété de crêpes et de galettes.

QUIMPERLE (Finistère)

Le Relais du Roc, route du Pouldu Kerroch, tél. 98 96 12 97 ; fermé le dim. soir, lundi, du 15 déc. au 15 janv. ; 100/150 F. Poisson, ambiance chaleureuse - **Le Bistro de la Tour**, 2 rue D. Morice, tél. 98 39 29 58 ; fermé sam. midi et dim. soir h.s., lundi ; 100/150 F. Cuisine généreuse, de délicieux vins servis au verre - **Ty Gwechall**, 4 rue Mellac. Une vraie crêperie bretonne ; crêpes, cidre servis dans une chaleureuse ambiance.

PONT-AVEN (Finistère)

Moulin de Rosmadec, tél. 98 06 00 22 ; fermé dim. soir sauf été, mer., fév., du 15 au 31 oct. Très jolie maison bretonne, une terrasse de charme, une jolie et bonne étape. Cuisine régionale.

RIEC-SUR-BELON (Finistère)

Chez Mélanie, 2, place de l'Eglise, tél. 98 06 91 05 ; fermé lundi soir et mardi sauf été, du 15 nov. au 15 déc., du 15 fév. au 15 mars ; 100/250 F. De beaux meubles anciens cirés et patinés, des cuivres, donnent beaucoup d'atmosphère aux salles à manger. Spécialités de fruits de mer, coquilles St-Jacques.

CONCARNEAU (Finistère)

Le Gallion, 15, rue St Guenolé, la Ville Close, tél. 98 97 30 16 ; 150/350 F ; fermé dim. soir d'oct. à juin, lundi sauf le soir en été, 1er au 10 oct. Au cœur de la vieille ville, on dîne en hiver autour d'un vaste feu de cheminée - **La Coquille**, 1, rue du Moros au nouveau port, tél. 98 97 08 52 ; fermé dim. soir sauf été, mer., du 8 au 23 mai. Joli décor de meubles anciens avec vue sur les bateaux de pêche, bon poisson - **Noz Ha Deiz**, place St Guenolé, Ville Close. Chaleureuse crêperie, atmosphère.

DINAN (Côtes-d'Armor)

Chez la Mère Pourcel, 3, place des Merciers, tél. 96 39 03 80 ; fermé lundi, du 15 janv. au 15 fév. ; 150/200 F. Au cœur du vieux Dinan, une maison bretonne du XVe siècle pleine de charme qui sert une bonne cuisine soignée - **Le Relais des Corsaires**, sur le port, tél. 96 39 40 17 ; fermé dim. soir, lundi h.s. ; 100/200 F. Cadre chaleureux d'une vieille et belle maison en hiver, une terrasse abondamment fleurie en été.

SAINT-MALO (Ille-et-Vilaine)

Le Chalut, 8, rue de la Corne-du-Cerf, tél. 99 56 71 58 ; fermé dim. soir, lundi, mardi h.s., du 15 au 31 janv. et du 1er au 15 oct. ; 150/200 F. Bonnes spécialités de l'Océan - **Delaunay**, 6, rue Ste-Barbe, tél. 99 40 92 46 ; fermé dim. soir, lundi sauf fériés, du 5 au 22 mars, 5 au 29 nov. ; 200/250 F. Homard, turbot, spécialités normandes, cadre accueillant - **Restaurant de la Place**, 12, rue des Cordiers, tél. 99 40 85 74 ; 100/160 F. Un agréable petit bistrot breton qui sert des plats bien préparés.

CHAMPAGNE PICARDIE

REIMS (Marne)

Restaurants gastronomiques : **Boyer "Les Crayères"**, 64, bd Vasnier, tél. 26 82 80 80 ; 400/500 F ; fermé lundi, mardi midi, 23 déc. au 15 janv. Une des grandes tables françaises - **L'Assiette Champenoise**, 40, avenue Paul-Vaillant-Tinqueux, tél. 26 04 15 56 ; 250/400 F - **Le Florence**, 43, bd Foch, tél. 26 47 12 70 ; fermé dim. soir, 1er au 17 août, vac. de fév. ; 200/400 F - **Le Chardonnay**, 184, avenue Epernay, tél. 26 06 08 60 ; fermé sam. midi, dim., août ; 200/400 F.

Plus simple - **Le Vigneron**, place P. Jamot, tél. 26 47 00 71 ; fermé sam. midi, dim., du 24 juil. au 15 août, vac. de Noël ; 200 F. Restaurant voué à la gloire du champagne, bonne cuisine - **Les Spécialités Rémoises**, place du Cardinal-Luçon. Salon de thé, cafés et bien sûr dégustation de champagne devant la plus belle cathédrale du monde.

FERE-EN-TARDENOIS (Aisne)

Auberge du Connétable, tél. 23 82 24 25 ; fermé dim. soir, lundi, fév. ; 150/200 F. En bordure de la forêt, auberge sympathique et accueillante.

CHATEAU-THIERRY (Aisne)

Auberge Jean-de-la-Fontaine, 10, rue Filoirs, tél. 23.83.63.89 ; fermé dim. soir, lundi, 1er au 20 août, janv. ; 150/350 F. Une agréable étape si vous décidez de visiter le musée Jean de la Fontaine.

LA FERTE-SOUS-JOUARRE (Seine-et-Marne)

Auberge de Condé, 1, avenue de Montmirail, tél. 60 22 00 07 ; fermé lundi soir, mardi ; 250/400 F. Luxe bourgeois, cuisine très classique accompagnée d'un excellent choix de vins.

CENTRE - PAYS DE LA LOIRE

BOURGES (Cher)

Le Jardin Gourmand, 15 bis, bd E. Renan, tél. 48 21 35 91 ; fermé dim. soir et lundi, 15 déc. au 15 janv. Près de la cathédrale. Cuisine correcte.

CHARTRES (Eure-et-Loir)

Henry IV, 31, rue du Soleil d'or, tél. 37 36 01 55 ; 150/300 F ; fermé lundi soir, fév. Grande salle à manger bourgeoise et provinciale mais d'où l'on aperçoit la flèche nord de la cathédrale. Une bonne adresse pour goûter la terrine de Chartres - **La Blanquette**, 45, rue des Changes, tél. 37 21 99 36 ; 80/150 F. Ambiance bistrot, spécialités de blanquettes.

NOHANT-ST-CHARTIER (Indre)

La Petite Fadette, tél. 54 31 01 48 ; fermé mardi, janv., du 1er juil. au 15 déc. Les fans de George Sand trouveront ici de quoi se restaurer.

TOURS (Indre-et-Loire)

Jean Bardet, 57 rue Groison, tél. 47 41 41 11 ; fermé dim. soir et lundi h.s. ; 250 /400 F ; la grande table de Tours - **Les Tuffeaux**, 19, rue Lavoisier ; fermé dim. et lundi midi ; 150/200 F. Joli cadre rustique, bonne cuisine, service un peu guindé.

SACHE (Indre-et-Loire) à 5 kilomètres d'Azay-le-Rideau

Auberge du XIIᵉ siècle, tél. 47 26 86 58 ; fermé en fév. Dans le village où se trouve le château de Saché qui abrite le musée Balzac.

VILLANDRY (Indre-et-Loire)

Le Cheval Rouge, tél. 47 50 02 07 ; fermé lundi h.s., du 5 nov. au 1er mars - La meilleure adresse pour un déjeuner après la visite du château et de ses merveilleux jardins potagers.

LOCHES (Indre-et-Loire)

Le Colbert, rue des Lézards, tél. 47 91 50 50 ; fermé sam. midi, 20 déc/10 janv.100/200 F.

CHENONCEAUX (Indre-et-Loire)

Hôtel du Bon Laboureur et du Château, 6 rue du Docteur-Bretonneau, tél. 47 23 90 02. Restaurant simple et agréable, cuisine régionale - **Au Gâteau Breton**, 16 rue Bretonneau ; tél. 47 23 90 14. Au cœur du village, une petite auberge accueillante pour un dîner ou un thé.

CHINON (Indre-et-Loire)

Hostellerie Gargantua, 73 rue Haute-St-Maurice, tél. 47 93 04 71 ; fermé mer. h.s., du 1er déc. au 15 mars, 100/250 F - Cuisine très correcte, folklore tourangeau pendant le week-end..

BLOIS (Loir et Cher)

La Péniche, promenade du Mail, tél. 54 74 37 23 ; 150/300 F - Luxueux mais le décor est plus sympathique que celui trop cossu de certaines bonnes maisons.

TAVERS (Loiret)

La Tonnellerie, 12 rue des Eaux-Bleues ; tél. 38 44 68 15 ; fermé mardi soir, mer. et du 15 oct. au 12 avril.- 100/250 F. Vieille maison tourangelle, cuisine honnête ; un peu trop touristique.

ORLEANS (Loiret)

Les Antiquaires, 2 rue au Vin, tél. 38 53 52 35 ; fermé dim., lundi, fêtes de Noël, du 23 au 30 avril, du 1er au 20 août - 150/250 F. Cuisine généreuse classique.

SAINT-JEAN DE BRAYE (Loiret) à 3 km d'Orléans

La Grange, 205 Faubourg de Bourgogne, tél. 38 86 43 36 ; fermé dim. sauf fériés, lundi, août. Cuisine traditionnelle.

SAINT-SYLVAIN d'ANJOU (Maine-et-Loire) à 5 km d'Angers

Auberge d'Eventard, tél. 41 43 74 25, fermé dim. soir, lundi, et du 12 au 26 fév. - 150/300 F. Une des meilleures tables d'Anjou.

CHANGE (Sarthe) à 7 km d'Angers

Le Cheval Blanc, 25 place de l'Eglise, tél. 43 40 02 62 ; fermé mardi soir, mer., vac. scolaires, et août - 150/250 F. Maison accueillante, cuisine traditionnelle, une bonne étape.

FILLÉ (Sarthe)

Auberge du Rallye, tél. 43 87 14 08 ; fermé dim. soir, lundi, et fév. - 100/200 F. Bonne auberge de village.

CORSE

AJACCIO (Corse-du-Sud)

L'Amore Piattu, 8 place du Général-de-Gaulle, tél. 95 51 00 53. ; fermé dim. en juin - 200 F. Un menu unique élaboré par Marie-Louise Maestracci chaque jour en fonction du marché.

CUTTOLI-CORTICCHIATO (Corse-du-Sud) à 18 km d'Ajaccio

Chez Pascal, à Pied-Morella, tél. 95 25 65 73 - 150 F. Ouvert seulement le soir, menu corse, ambiance gaie et informelle.

VALLE-DI-MEZZANA (Corse-du-Sud) à 20 km d'Ajaccio

A Vignarella, tél. 95 25 69 95 ; fermé dim. soir h.s., mer. Vue superbe sur le golfe d'Ajaccio ; réservation souhaitable.

PORTICCIO (Corse-du-Sud)

Le Maquis, tél. 95 25 05 55 ; 250/300 F ; cuisine savoureuse, de délicieux poissons dans une belle salle à manger prolongée d'une très agréable terrasse sur la mer.

PISCIATELLO (Corse-du-Sud) à 7 km de Porticcio

Auberge du Prunelli, tél. 95 20 02 75 ; fermé le mardi, oct. et nov. ; 150 F. On vient depuis longtemps déguster la cuisine corse de cette agréable maison entourée de verdure ; menu unique.

BASTELICA (Corse-du-Sud)

Ú Castagnetu, tél. 95 28 70 71 ; fermé le mardi h. s. du 1er nov. au 15 déc. - 80/150 F. Dans une châtaignerie, hôtel restaurant rustique, figatelli, omelette au broccio et autres spécialités corses.

BONIFACIO (Corse-du-Sud)

La Caravelle, tél. 95 76 06 47 ; fermé d'oct. à mars - 150/300 F. Sur le port l'adresse classique de Bonifacio - **Stella d'Oro** "chez Jules", 7, place du Général-de-Gaulle, tél. 95 73 03 63 ; fermé vend., sam. et dim. h.s. 100/250 F. Restaurant pittoresque de Bonifacio.

PORTO-VECCHIO (Corse-du-Sud)

Lucullus, 17 rue du Général-de-Gaulle ; tél. 95 70 10 17 ; fermé dim. et lundi et du 15 janv. au 1er mars ; 90/250 f ; cuisine banale mais maison accueillante située dans la vieille ville.

CALA-ROSSA (Corse-du-Sud), à 10 km de Porto-Vecchio

Hôtel de Cala-Rossa, tél. 95 71 61 51 ; fermé du 15 nov. au 15 avril ; 200/400 F ; repas de charme sous les pins au milieu des lauriers roses et des plumbagos ; cuisine délicieuse. Incontournable si on est dans la région. **Le Rancho**, sur la plage de Cala-Rossa.

PROPRIANO (Corse-du-Sud)

Le Rescator, 11 avenue Napoléon, tél. 95 76 08 46 ; fermé d'oct. à avril ; 100 f ; cuisine fraîche ; très fréquenté en été.

SARTENE (Corse-du-Sud)

Auberge Santa Barbara, tél. 95 77 09 06 ; fermé du 15 oct. au 15 avril. Cuisine traditionnelle et cuisine plus sophistiquée.

BASTIA (Haute-Corse)

La Citadelle, 5 rue du Dragon, tél. 95 31 44 70.; fermé lundi - 150/250 F. Restaurant de charme dans la citadelle.

CENTURI (Haute-Corse)

U Pescadore, Vieux-Port, tél. 95 31 21 14 ; 200/250 F. Poissons, fruits de mer au bord de l'eau.

MURATO (Haute-Corse)

La Ferme de Campo di Monte, tél. 95 37 64 39 ; ouvert vend., sam. et dim. soir ; en juil. août tous les soirs ; 150 F. Belle ferme avec vue merveilleuse sur le golfe de Saint-Florent et l'église de San Michele, délicieux dîners corses.

CALVI (Haute-Corse)
La Signoria, route de l'aéroport, tél. 95.65.23.73. fermé du 1er nov. au 31 mars - 300 F . Dîner de charme sur une superbe terrasse sous une voûte de palmiers - **Chez Tao**, dans la Citadelle, restaurant très cher mais vue superbe sur la baie de Calvi et piano-bar génial.

L'ILE-ROUSSE (Haute-Corse)
La Bergerie, route de Monticello ; fermé du 15 nov. au 15 mars ; 200/250F. Grillades, poissons, dans une ambiance très conviviale.

SAINT-FLORENT (Haute-Corse)
Le Marinuccia, place de l'Ancienne-Poste, tél 95 37 04 36 ; fermé du 1er Nov. au 20 Mars ; 100/200 F ; jolie terrasse au bord de l'eau, poissons, fruits de mer - **A Lumaga**, tél. 95 37 00 35 ; fermé du 10 oct. au 1er mai, 100/250 F. Le restaurant chic de Saint-Florent, au bord de l'eau, bons poissons.

NONZA (Haute-Corse)
Auberge Patrizi, tél. 95 37 82 16 ; fermé du 31 oct. au 31 mars ; 100 F. Cuisine traditionnelle corse authentique.

OLETTA (Haute-Corse)
A Maggira, tél. 95 39 01 01 ; fermé le mardi ; cuisine correcte mais vue superbe sur le golfe de St-Florent.

ILE DE FRANCE

VERSAILLES (Yvelines)
Le Potager du Roy, 1, rue du Mal-Joffre, tél. 39 50 35 34 ; fermé dim. et lundi ; 100/350 F. On s'y presse pour goûter une cuisine classique mais toujours fraîche et bien faite - **Brasserie du Bœuf à la Mode**, 4, rue au Pain, tél. 39 50 31 99 ; 100/200 F. Décor bistrot, cuisine de brasserie.

RAMBOUILLET (Yvelines)
Le Cheval Rouge, 78, rue du Général-de-Gaulle, tél. 34 85 80 61 ; 100/250 F. Régulièrement un bon choix de poissons servis, dès que le temps le permet, dans un ravissant jardin.

GAZERAN (Yvelines), à 5 km de Rambouillet
Villa Marinette, 20, avenue du Général-de-Gaulle ; fermé mardi soir, mer., du 16 janv. au 1er fév., du 21 août au 6 sept. ; 70/150 F. Cuisine sympathique dans une auberge charmante qui sert en été dans le jardin.

LIZINES (Seine-et-Marne), à 11 km de Provins
Auberge Saint-Georges, 2, rue St-Georges, tél. 60 67 32 48 ; ouvert tous les jours à midi et le sam. soir ; 60/150 F. Sympathique auberge de village.

FONTAINEBLEAU (Seine-et-Marne)
François 1er, 3, rue Royale, tél. 64 22 24 68 ; fermé jeudi sauf été, du 10 janv. au 3 fév., du 2 au 11 août ; 150/300 F. Cuisine généreuse, gibier en saison, avec une superbe vue sur la Cour des Adieux - **La Route du Beaujolais**, 3, rue Montebello, tél. 64 22 27 98 ; fermé à Noël ; 100/150 F. Un bistrot bruyant et convivial.

BARBIZON (Seine-et-Marne)

Le Bas-Breau, 22, rue Grande, tél. 60 66 40 05 ; fermé du 2 janv. au 2 fév. ; 300/600 F. Très beau, très bon, très cher.

FONTAINE-CHAALIS (Oise) à 8 km de Senlis

Auberge de Fontaine, tél. 44 54 20 22 ; fermé mardi soir, mer., fév. 100/170 F. Adorable auberge de campagne, soignée comme la cuisine.

VER-SUR-LAUNETTE (Oise) à 12 km de Senlis

Le Rabelais, 3, place de l'Eglise, tél. 44 54 01 70 ; fermé lundi soir, mer., dim. soir h.s., août et fêtes de Noël ; 120/200 F., une jolie maison de village qui sert une cuisine très savoureuse.

VIEUX-MOULIN (Oise) à 9 km de Compiègne

Auberge du Daguet, tél. 44 85 60 72 ; fermé mardi h.s., mer. ; 150/170 F. Faisant face à l'église, dans un décor médiéval, vous goûterez en saison un très bon gibier ; spécialités de la région.

COYE-LA-FORET (Oise) à 8 km de Chantilly

Les Etangs, 1, rue du Clos des Vignes, tél. 44 58 60 15 ; fermé lundi soir, mardi, du 15 janv. au 15 fév. ; 150/250 F. Une auberge accueillante, au centre d'agréables promenades autour des étangs de la Reine Blanche.

BEAUVAIS (Oise)

A la Côtelette, 8, rue des Jacobins, tél. 44 45 04 42 ; fermé dim. sauf fériés 150/250 F . Près de la cathédrale, cuisine soignée, bons desserts.

LANGUEDOC-ROUSSILLON

TOULOUSE (Haute-Garonne)

Les grandes tables : **Les Jardins de l'Opéra**, 1, place du Capitole, tél. 61 23 07 76 - **Vanel**, 22, rue M. Fontoreille, tél. 61 21 51 82 - **Darroze**, 19, rue Castellane, tél. 61 62 34 70, 400 F.

Plus abordables, **Le Chaplin**, "Chez Yacine", 56, rue des Blanchets, tél. 61 22 82 25, ouvert pour le dîner, fermé le lundi, semaine du 15 août. Cuisine raffinée dans une ambiance sympathique - **La Bascule**, 14, avenue M. Hauriou, tél. 61 52 09 51 ; 100/200 F. Bistrot chaleureux, bonne cuisine - **La Comédie**, 1, rue Velane ; fermé le dim., vac. de Noël ; 150 F. Très fréquenté par les intellectuels et les artistes de la ville, salades, grillades - **Grand Café de l'Opéra**, 1, place du Capitole ; 150 F. Bonne cuisine et ambiance de brasserie - **Le Verjus**, 7, rue Tolosane ; 130/150 F. Clientèle d'antiquaires, de comédiens. Cuisine de marché.

ALBI (Tarn)

Le Jardin des Quatre Saisons, 19, bd de Strasbourg, tél. 63 60 77 76 ; 200/250 F ; fermé le lundi. Cuisine inventive, table et service raffinés **L'Esprit du Vin,** 11, quai Choiseul, tél. 6354 60 44 ; fermé sam. midi ; 80/150F. Bons produits, pâtisseries de chez Belin à Albi.

CASTRES (Tarn)

Au Chapon Fin, 8, quai Tourcandière, tél. 63 59 06 17 ; fermé lundi, fév., 70/180 F. Près de l'embarcadère de l'Agout, cette sympathique maison propose des menus bien savoureux, avec quelques bons poissons du jour bien préparés.

PERPIGNAN (Pyrénées-Orientales)

Le Festin de Pierre, 7, rue du Théâtre, tél. 68 51 28 74 ; fermé mardi soir, mer., fév. ; 150/250 F. Cuisine classique, poisson, bons desserts - **Zim-Zam Opera**, 5, cours Palmarde, 100/150 F. C'est le rendez-vous classique de la ville pour le déjeuner.

COLLIOURE (Pyrénées-Orientales)

La Bodega, 6, rue de la République, tél. 68 82 05 60 ; fermé lundi soir et mardi du 15 sept. au 30 déc. ; 90/180 F. Restaurant au charme vieillot, cuisine régionale authentique, poisson et délicieuse crème catalane - **Pra I Trago**, 1, rue Arago ; fermé mer. midi ; 150/200 F. Une agréable petite maison dans le vieux Collioure, qui sert une cuisine simple mais toujours fraîche. Ouvert du vend. au dim. en hiver.

CARCASSONNE (Aude)

Auberge du Pont-Levis, tél. 68 25 55 23 ; fermé dim. soir, lundi, du 15 sept. au 31 oct., fév. ; 180/250 F. A l'entrée de la Cité, près de la porte Narbonnais, au 1er étage d'une bâtisse aussi ancienne que les remparts ; bonne cuisine classique d'inspiration régionale que l'on sert dans la salle à manger de style Louis XIII ou mieux sur la terrasse fleurie. **La Marquière**, 13, rue Saint-Jean, tél. 68 25 22 17 ; fermé dim. soir h. s., lundi, fêtes de Noël et jour de l'an ; 150/250 F. Dans la cité, cuisine goûteuse, quelques bonnes spécialités de poisson - **La Crèmade**, 1, rue du Plô, tél. 68 25 16 64 ; fermé dim. soir et lundi h. s., janv. ; 100/200 F. Cuisine régionale, spécialités de canard ; dans la Cité avec vue sur les remparts et la cathédrale.

NARBONNE (Aude)

Le Réverbère, 4, place des Jacobins, tél. 68 32 29 18 ; fermé dim. soir et lundi sauf en été, de nov. au 15 janv. ; 250/500 F. Le restaurant gastronomique de la ville - **Le Petit Comptoir,** 4 bd du Mal- Joffre, tél. 68 42 30 35 ; fermé dim., lundi, du 3 au 18 juin, du 1er au 15 oct. ; 100/200 F. Cuisine fraîcheur.

COURSAN (Aude) à 7 km au nord-est de Perpignan

L'Amellier, 25, avenue de Toulouse, tél. 68 33 74 60 ; 100/150 F ; fermé mer., du 15 au 28 fév., du 15 au 30 nov., une chaleureuse maison qui sert entre autres de délicieux calamars.

MONTPELLIER (Hérault)

Le Chandelier, 3, rue Leenhardt, tél. 67 92 61 62 ; fermé lundi midi, dim. ; 200/400 F. Le classique de Montpellier, bon mais cher. Un menu intéressant en semaine à environ 150 F - **L'Olivier**, 12, rue A. Olivier, tél. 67 92 86 28 ; fermé dim., lundi, août ; 150/250 F. Cuisine de saison, cuisine de marché, bonne sélection de vins, bon accueil - **Le Ménestrel**, 2, impasse Perrier, tél. 67 60 62 51 ; fermé pour les fêtes de Noël et du jour de l'an ; 100 F. Grand buffet d'entrées, de plats et desserts dans un agréable décor ; terrasse en été - **Le Tire-Bouchon**, 2, place Jean-Jaurès, tél. 67 66 26 50. La terrasse de ce petit troquet est envahie dès les beaux jours ; salades, plat du jour.

SETE (Hérault)

La Palangrotte, 1, rampe Paul Valéry, tél. 67 74 80 35 ; fermé sam. midi, lundi, janv. Sur le quai de la Marine, la meilleure adresse pour déguster poissons et fruits de mer - **The Marcel**, 5, rue C. Carnot, tél. 67 74 20 89 ; fermé sam. midi, dim. Bons et frais produits de la mer ; bonne sélection de vins régionaux. C'est le restaurant mode de Sète qui se double d'une galerie d'art contemporaine : Beau Lézard Sud.

NIMES (Gard)

Le Caramel Mou, 5, rue J. Reboul, tél. 66 21 27 08 ; fermé lundi, mardi, août ; 150/200 F. Cuisine de marché, carte qui change souvent, ambiance sympathique et branchée - **Le Tango**, rue Thoumayne, tél. 66 21 92 28. Ambiance bodega, cuisine simple mais savoureuse - **Les Trois Maures**, 10, bd des Arènes, tél. 66 36 23 23. Grande brasserie en face des arènes, atmosphère conviviale - **Vintage Café**, 7, rue de Bernis, tél. 66 21 04 45. Petit bar à vins qui sert une cuisine de marché soignée, petite terrasse - **Le Quick**, 1, bd Amiral-Courbet. Fait partie de la nouvelle génération de fast-food qui s'offre des artistes pour renouveler leur look et leur standing ; ici Jean-Michel Wilmotte et Claude Viallat.

MIDI-PYRENEES

AUCH (Gers)

Daguin, 2 place de la Libération, tél. 62 05 00 44 ; fermé le dim. soir, lundi, janv. ; 300/600 F. Si on ne peut s'offrir cette grande table, on peut goûter de bons confits et cassoulets au bar Le IXe ouvert jusqu'à minuit ou sur la terrasse Côté Jardin, 150/200 F - **Claude Laffite**, 38, rue Dessoles, tél. 62 05 04 18 ; fermé dim. soir, lundi ; 200/400 F. Quelques bons menus à des prix raisonnables, la carte propose aussi du foie gras, des magrets et autres savoureuses recettes gasconnes.

L'ISLE-DE-NOE (Gers)

Auberge de Gascogne, tél. 62 64 17 05 ; fermé le mardi soir, mer. ; 100/200 F. En semaine, vous pourrez goûter cette authentique cuisine pour des prix raisonnables.

EAUZE (Gers), à 5 km sur la route d'Escagnan

Chez ma Mère l'Oie, tél. 62 09 96 89 ; fermé dim. soir, lundi, mardi et mer. h.s., du 15 fév. au 1er mars, du 15 au 31 déc. ; 80/200 F. Très bonne cuisine maison, vin à volonté ; ne manquez pas de finir sur un armagnac.

LOURDES (Hautes-Pyrénées)

Le Relais de Saux, Saux, tél. 62 94 29 61 ; 150/300 F. Déjà dans notre sélection d'hôtels mais c'est aussi la meilleure adresse pour se restaurer, avec un premier menu à un prix intéressant - **L'Ermitage**, bd de la Grotte et place Monseigneur-Laurence, tél. 62 94 08 42 ; fermé du 15 oct. au 1er mai ; 120/200 F. Décor anglais, cuisine agréable.

CAUTERETS (Hautes-Pyrénées)

Hostellerie La Fruitière, La Fruitière 6 km, tél. 62 92 52 04 ; fermé dim. soir en été. Bonne cuisine avec quelques plats régionaux (confits, champignons de la forêt voisine), bel environnement, le parc national des Pyrénées n'est pas loin.

UNAC (Ariège), à 13 km d'Ax-les-Thermes

L'Oustal, tél. 61 64 48 44 ; fermé lundi h. s. du 15 nov. au 5 fév. ; 150/250 F. Un ravissant village surplombant un cadre grandiose. Très bonne cuisine du terroir.

NORMANDIE

ROUEN (Seine-Maritime)

Grill, 60, rue St-Nicolas, tél. 35 71 16 14 - **Bertrand Warin**, 9 rue Pic, tél. 35 89 26 69 - **La Couronne**, 31, place du Vieux Marché, tél. 35 71 40 90 - **Le Beffroi**, tél. 35 71 55 27 - **Pascal Saunier**, 12, rue Belvédère à Mont-St-Aignan, tél. 35 71 61 06, sont les meilleures et les grandes adresses de Rouen ; 250 et 400 F - **Les P'tits Parapluies**, 46, rue du Bourg-L'Abbé, tél. 35 88 55 26, fermé lundi midi, dim., vac. de fév., du 10 au 18 août ; 150/250 F. Décor agréable, cuisine simple, très bonnes spécialités normandes et de poisson à des prix raisonnables.

ST-WANDRILLE-RANCON (Seine-Maritime)

Auberge Deux Couronnes, tél. 35 96 11 44 ; fermé dim. soir, lundi, du 9 au 27 sept., du 1er au 15 fév. ; 100/150 F. Fréquentée surtout par ceux qui viennent visiter l'abbaye et assister aux concerts de chants grégoriens, cette belle et ancienne maison sert de délicieuses spécialités normandes, crêpes flambées au Calvados, ambiance chaleureuse.

LE HAVRE (Seine-Maritime)

La Petite Auberge, 32, rue Sainte-Adresse, tél. 35 46 27 32 ; fermé dim. soir, lundi, du 4 au 13 fév., du 6 au 28 août ; 100/150 F. Bonne cuisine normande, atmosphère accueillante - **La Marine Marchande**, 27, bd de l'Amiral-Mouchez, tél. 35 25 11 77 ; fermé sam., dim., août ; 100/200 F. Bistrot qui sert une cuisine soignée, ambiance gaie et sympathique.

DIEPPE (Seine-Maritime)

La Mélie, 2, Grande-Rue-du-Pollet, tél. 35 84 21 19 ; fermé dim. soir, lundi ; 200/250 F. On y mange la meilleure marmite polletaise de la ville - **A la Marmite Dieppoise**, 8, rue St-Jean, tél. 35 84 24 26 ; fermé jeudi soir h.s., dim. soir, lundi. Le Tout-Dieppe se retrouve ici le soir pour déguster la spécialité de la maison qui lui a donné son nom.

ORBEC (Calvados)

Au Caneton, 32, rue Grande ; fermé lundi soir, mardi, vac. de fév. ; 200/350 F. On vient de Paris et des environs pour déguster la délicieuse cuisine normande dans un décor intime et feutré.

CAEN (Calvados)

La Bourride, 15, rue du Vaugrieux, tél. 31 93 50 76 ; fermé dim., lundi, janv. ; 200/400 F. Le restaurant gastronomique de la ville - **Le Gastronome**, 43, rue St-Sauveur, tél. 31 86 57 75 ; fermé dim. soir, lundi, vac. de fév., 1er au 10 août. Dans le centre ville, un restaurant élégant, cuisine classique - **L'Ecaille**, 13, rue de Géole, tél. 31 86 49 10, fermé sam. midi ; 150/200 F. Fruits de mer, poisson.

BAYEUX (Calvados)

Le Lion d'Or, 71, avenue St-Jean, tél. 31 92 06 90 ; fermé du 20 déc. au 20 janv. ; 150/250 F. Décor accueillant, cuisine généreuse.

CABOURG-DIVES-SUR-MER (Calvados)

Guillaume le Conquérant, 2, rue Hastings, tél. 31 91 07 26 ; fermé lundi h.s., du 10 au 26 déc. Cet ancien relais de poste du XVIe accueillit Madame de Sévigné, Alexandre Dumas et bien d'autres. Salle rustique mais raffinée, de bonnes spécialités de la mer.

MERVILLE-FRANCEVILLE-PLAGE (Calvados) à 6 km de Cabourg

Chez Marion,, 10, place de la Plage, tél. 31 24 23 39 ; fermé lundi soir, mardi, janv. ; 100/280 F. Beaux plateaux de coquillages, poisson très frais.

DEAUVILLE (Calvados)

Le Ciro's, bd de la Mer, tél. 31 88 18 10 ; 200/350 F. Une des institutions des "planches" à Deauville - **Augusto**, 27, rue Désiré-Le-Hoc, tél. 31 88 34 49 ; fermé mardi et mer. h.s. ; 200/350 F. Bistrot intime et accueillant, bien fréquenté le soir pour dîner.

TOUQUES, à 3 km de Deauville

Aux Landiers, 90, rue Louves-et-Brières, tél. 31 88 00 39 ; fermé mardi soir, mer., 60/150 F. Cuisine très correcte, décor kitsch, clientèle branchée.

TROUVILLE (Calvados)

Les Vapeurs, 160, bd F. Moureaux, tél. 31 88 15 24 ; fermé mardi soir et mer. h.s., du 5 janv. au 5 fév. Brasserie Art-Déco, une institution à Trouville, incontournable - **La Petite Auberge**, 7, rue Carnot, tél. 31 88 11 07 ; fermé mardi et mer. h.s., du 15 nov. au 15 janv. ; 100/150 F. Bistrot normand sympathique qui sert une bonne soupe de poisson - **Les Roches Noires**, 16, bd Louis-Bréguet, tél. 31 88 12 19 ; fermé mer., lundi et mardi h.s., du 15 fév. au 15 mars. Agréable terrasse sur la mer, belle vue, cuisine très fraîche.

HONFLEUR (Calvados)

La Ferme Saint-Siméon, rue A. Marais, tél. 31 89 23 61 ; 250/450 F. Une vieille ferme pleine de charme, élégance, raffinement, cuisine à l'unisson - **Hostellerie Lechat**, place Ste-Catherine, tél. 31 89 23 85 ; fermé jeudi midi, mer., janv. ; 150/250 F. Ambiance rustique et informelle, terrasse agréable, cuisine bien maîtrisée malgré le succès - **La Tortue**, 39, rue de l'Homme-de-Bois, tél. 31 89 04 94 ; fermé mardi soir, mer. sauf été, fév. Dans la vieille ville, un joli décor, menus simples mais appétissants, plateaux de fruits de mer.

CHERBOURG (Manche)

Le Plouc ou **Chez Pain**, 59, rue du Blé, tél. 33 53 67 64 ; fermé sam. midi, dim. ; 100/200 F. Dans la vieille ville, ambiance désuète, cuisine fine et raffinée. Une des meilleures tables de la région - **Le Faitout**, rue Tour Carrée, tél. 33 04 25 04 ; fermé dim. midi et lundi ; 100/150 F - Même direction que Chez Pain, bonne cuisine traditionnelle - **Café du Théâtre**, place Général de Gaulle, tél. 33 43 01 49. Une agréable brasserie qui sert en outre de grands plateaux de fruits de mer.

MONT-SAINT-MICHEL (Manche)

La Mère Poularde, tél. 33 60 14 01 ; 300/500 F. Pour goûter la légendaire omelette devenue bien chère - **Mouton Blanc**, tél. 33 60 14 08 ; fermé mer. sauf été, du 15 nov. au 15 fév. Belle maison classée, intérieur rustique, terrasse agréable avec vue sur la mer. Omelette aux fruits de mer, la spécialité locale.

PROVENCE - COTE D'AZUR

MARSEILLE (Bouches-du-Rhône)

Calypso, 3, rue des Catalans (7e), tél. 91 52 64 00. Bonnes bouillabaisses, poisson - **Le Chaudron Provençal**, 48, rue Caisserie (2e), tél. 91 91 02 37 ; fermé sam. midi, dim., 1er/27 août. Bonnes bouillabaisses, daurade au sel, poisson - **Les Arcenaulx**, 25, cours d'Estiennes-d'Orves (1er), fermé dim. et lundi soir. Simone Laffitte dirige avec beaucoup de charme et de professionnalisme cet agréable restaurant qui jouxte la librairie familiale - **New-York**, 7, quai des Belges (1er), tél. 91 33 60 98. La brasserie qui reçoit les personnalités et la bourgeoisie de la ville. Carte agréable et variée - **Le Mas**, rue Lulli (1er), tél. 91 33 25 90 ; 150/200 F. Ouvert toute la nuit, cuisine italienne et traditionnelle - **Chez Etienne Cassaro**, 43 rue de Lorette (2e) ; fermé dim., août ; 150 F ; bonne pizzeria populaire et branchée - **Le Lunch**, calanque de Sormiou, tél. 91 25 05 37 ; 300 F. Le site vaut de se donner du mal pour trouver la route de cette calanque, inaccessible en voiture en été, à moins que vous ne réserviez . Poisson, accueil qui quelquefois se laisse un peu dépasser par le succès.

AIX-EN-PROVENCE (Bouches-du-Rhône)

Le Clos de la Violette, 10, avenue de la Violette, tél. 42 23 30 71 ; 170/400 F ; fermé lundi midi, dim. Restaurant des gastronomes d'Aix-en-Provence - **Chez Gu et Fils**, 3, rue Frédéric-Mistral, tél. 42 26 75 12 ; fermé sam. midi, dim., août, service jusqu'à 24 h ; 100/250 F. Atmosphère agréable, accueil sympathique, service attentif et efficace, viandes délicieuses, très bonnes pâtes maison - **Le Bistro Latin**, 18, rue de la Couronne, tél. 42 38 22 88 ; 100/250 F. Le gigot à la crème d'ail est délicieux mais vous y trouverez bien d'autres spécialités cuisinées avec imagination - **La Vieille Auberge**, 63, rue Espariat, tél. 42 27 17 41 ; fermé mer., jeudi midi ; 150/250 F. Bonne cuisine provençale - **Les Deux Garçons**, 53, cours Mirabeau. Beau café Napoléon III, fréquenté par les étudiants. Agréable terrasse sur le cours.

LES ALPILLES, ARLES ET LA CAMARGUE

ARLES (Bouches-du-Rhône)

Le Vaccarès, place du Forum, 9, rue Favorin (1er étage), tél. 90 96 06 17 ; fermé dim. soir, lundi sauf en été, janv. ; 150/250 F. Saveurs provençales nouvelles mais aussi recettes traditionnelles. Bonne cave de vins de la vallée du Rhône - **L'Olivier**, 1 bis, rue Réattu, tél. 90 49 64 88 ; fermé lundi midi, dim. sauf juil., vac. de fév., 1er/15nov. ; 150/200 F. Décor arlésien charmant pour une cuisine raffinée - **L'Hostellerie des Arènes**, 62, rue du Refuge, tél. 90 96 13 05 ; fermé mardi soir et mer., du 20/30 juin, 1er déc. au 1er fév. ; 100 F. Un menu pas très cher dans une ambiance agréable ; terrasse en été.

FONTVIEILLE (Bouches-du-Rhône)

La Cuisine au Planet, 144, Grand-rue, tél. 90 54 63 97 ; fermé dim. soir h.s., le lundi du 18 mars au 1er avril et du 1er au 13 nov. ; 150/250 F. Poutres et tommettes en hiver, jolie terrasse en été ; cuisine soignée.

LES BAUX (Bouches-du-Rhône)

L'Oustau de Baumanière, Val d'Enfer, tél. 90 54 33 07 ; fermé jeudi midi et mer. h.s., du 14 janv. au 2 mars ; 500/700 F. Excellente cuisine de M. Thuilier dans son *oustau* qui fait partie à présent de l'histoire des Baux-

Mas d'Aigret, départementale 27 A, tél. 90 54 33 54 ; 150/300 F. Joli décor pour savourer une cuisine fine et parfumée, excellents desserts à des prix encore très raisonnables - **Bérangère**, rue du Trencat, tél. 90 54 35 63 ; fermé mardi soir, mer., du 15 nov. au 1er déc. Tout en haut du village, cuisine personnelle. Décor et service agréables.

SAINT-REMY-DE-PROVENCE (Bouches-du-Rhône)

Le Jardin de Frédéric, 8, bd Gambetta, tél. 90 92 27 76 ; fermé le mer. et du 6 nov. au 3 déc. ; 100/200 F. Une petite villa agréable, en été on déjeune sur la terrasse en face de la maison. Bonne cuisine - **Le Café des Arts**, 30, bd Victor-Hugo, tél. 90 92 08 50 ; fermé le mer., fév., et du 1er au 12 nov. ; 70/150 F. La salle de restaurant se trouve entre le bar et la terrasse. Décor rustique, fréquenté par les artistes et les intellectuels de la région - **Le Bistrot des Alpilles**, 15, bd Mirabeau, tél. 90 92 09 17 ; 60/150 F. Cuisine brasserie, service en été sur la sympathique terrasse le long du boulevard.

MAILLANE (Bouches-du-Rhône)

L'Oustalet Maïanen, tél. 90 95 74 60 ; fermé dim. soir et lundi, du 1er nov. au 1er mars ; 100/150 F. Cuisine à l'ancienne, savoureuse.

MAS-BLANC-DES-ALPILLES (Bouches-du-Rhône)

La Rhode, tél. 90 49 07 21 ; fermé dim. soir et lundi h. s. 15/25 nov., du 15 janv. au 15 fév. ; 100/150 F.

EYGALIERES (Bouches-du-Rhône)

Auberge Provençale, tél. 90 95 91 00 ; fermé le mer., fév., nov. ; 150 F. Cuisine de marché avec quelques spécialités du Sud-Ouest.

VERQUIERES (Bouches-du-Rhône)

Croque Chou, place de l'Eglise, tél. 90 95 18 55 ; fermé lundi et mardi sauf jours fériés ; 150/250 F, réservation. Le gigot d'agneau ou le lapin à la sauge méritent qu'on s'y arrête. La terrasse sur la place de l'église à l'ombre du platane est délicieuse en été.

SAINTES-MARIES-DE-LA-MER (Bouches-du-Rhône)

Pont-de-Gau, à 5 km, tél. 90 97 81 53 ; fermé mer. h. s. du 6 janv. au 20 fév. ; 100/250 F.

AIGUES-MORTES (Gard)

Les Arcades, 23, bd Gambetta, tél. 66 33 81 13 ; fermé lundi du 1er sept. au 30 juin et février. Agréable salle avec poutres et pierres apparentes, fraîche en été - **Hostellerie des Remparts**, 6, place Anatole France, tél. 66 53 82 77 ; fermé le lundi h.s., de nov. à mars ; 110/180 F. Au pied de la Tour de Constance.

VILLENEUVE ROMIEU (Bouches-du-Rhône), à 16 km d'Arles

Chez Bob, tél. 90 97 00 29 ; 130/150 F. Décor et cuisine authentiques, menu unique de spécialités locales, réservation plusieurs jours à l'avance.

AVIGNON ET LE LUBERON

AVIGNON (Vaucluse)

La Vieille Fontaine, 12, place Crillon, tél. 90 82 66 92 ; 160/300 F. Décor ancien, élégant et distingué, spécialités raffinées - **La Fourchette**, 7, rue Racine, tél. 90 82 56 01 ; fermé sam., dim., 15 juin/15 juil. ;

100/150 F. Cuisine inventive et légère - **Le Café des Artistes**, place Crillon, tél. 90 82 63 16: fermé du 1er au 15 janv. Fréquenté par les intellectuels de la ville. Bonne cuisine - **Entrée des Artistes**, 1, place des Carmes, tél. 90 82 46 90 ; fermé le dim., du 15 août au 1er sept. ; 95 F. Menu alléchant pour un prix très raisonnable - **Simple Simon**, 27, rue de la Petite-Fusterie, tél. 90 86 62 70. Brunch, scones, apple-pie, un agréable salon de thé très anglais ouvert jusqu'à 19 h.

VILLENEUVE-LES-AVIGNON (Gard)

La Magnaneraie, 37, rue Camp-de-Bataille, tél. 90 25 11 11 ; 200/300 F. Cuisine raffinée de Gérard Prayal dans la nouvelle et luxueuse salle à manger de la Magnaneraie. En été, grill près de la piscine - **Le Saint-André**, 4, bis, Montée du Phare, tél. 90 25 63 24 ; fermé le lundi. Cuisine traditionnelle - **La Maison**, place Jean Jaurès, tél. 90 25 20 81 ; fermé sam. midi, mer. Cuisine traditionnelle.

NOVES (Bouches-du-Rhône)

Auberge de Noves, tél. 90 94 19 21 ; fermé mer. midi, janv., fév. ; 250/400 F. Bonne maison qui vient de changer de chef mais qui ne va rien négliger pour garder sa réputation dans la région.

L'ISLE-SUR-SORGUE (Vaucluse)

La Guinguette, **Le Partage des Eaux**, on déjeune au bord de la Sorgue, sous les platanes. Charme - **C et F**, 6, place Ferdinand-Buisson. Salon de thé de style anglais, près de la place de l'église - **Le Diable Vert** : grand buffet, plat du jour, au centre du marché de la gare.

CABRIERES D'AVIGNON (Vaucluse)

Le Bistrot à Michel, tél. 90 76 82 08 ; 100/200 F. Bistrot sympathique très connu dans la région, jolie terrasse, cuisine de marché, bons desserts.

GORDES (Vaucluse)

Comptoir du Victuailler, place du Château, tél. 90 72 01 31 ; fermé mardi h. s. mer., du 15 nov. au 15 déc., du 15 janv. au 15 mars ; réservation ; 300 F. Cuisine généreuse parfumée - **Le Mas Tourtenon** - Les Imbert, tél. 90 72 00 16 ; fermé dim. soir, lundi, du 9 au 30 janv. ; 200/250 F. Cuisine de saison, servie en été dans un adorable jardin - **Mayanelle**, rue de la Combe, tél. 90 72 00 28 ; fermé mardi, janv., fév. ; 200 F. De la terrasse où l'on prend ses repas en été on a une vue superbe sur le Lubéron. Cuisine simple et goûteuse.

GAULT (Vaucluse)

Le Tonneau, place de l'ancienne mairie.

ROUSSILLON (Vaucluse)

La Tarasque, rue R. Casteau, tél. 90 05 63 86 ; fermé mer. soir h.s., 5 janv./15 fév. ; 150/250 F ; réservation. Quelques spécialités savoureuses que l'on déguste dans une salle à manger avec vue panoramique sur le Lubéron - **Le Val des Fées**, rue R. Casteau, tél. 90 05 64 99 ; fermé le mer. soir h.s., jeudi, du 5 janv. au 15 fév. ; 130/190 F. Cuisine provençale .

BUOUX (Vaucluse)

Auberge de la Loube, tél. 90 74 19 58 ; fermé jeudi, du 2 janv. au 2 fév. ; 130/150 F. Grand buffet de hors-d'œuvre, gigots, desserts maison dans une ferme sympathique.

CARPENTRAS (Vaucluse)

L'Orangerie, 26, rue Duplessis, tél. 90 67 27 23 ; 80/200 F. Une bonne adresse, avec un joli jardin où l'on sert en été.

MONTEUX (Vaucluse)

Le Saule Pleureur, route d'Avignon, tél. 90 62 01 35 ; fermé dim. soir, mardi soir sauf en été, mer., du 20 mars au 10 avril, 15/31 oct. ; 170/300 F. Bon en toute saison mais à ne pas manquer à la saison des truffes.

CUERS-SOLLIES-TOUCA (Var)

Le Lingousto, route de Pierrefeu, tél. 94 28 69 10 ; fermé dim. soir, lundi sauf en été, du 20 janv. au 1er mars ; 150/350 F. Saveurs provençales réinventées par un ancien élève de Georges Blanc et Roger Vergé dans cette maison qui fut jadis celle du grand Garin.

SOLLIES-VILLE (Var)

Le Tournebride, tél. 94 33 74 04, fermé le mer. soir, lundi ; 140/300 F. Gibier, confit que l'on déguste en hiver devant un grand feu de cheminée.

MEOUNES-LES-MONTRIEUX (Var)

Auberge de la Source, route de Brignoles, tél. 94 33 98 08 ; 150/180 F. Terrine de lapin, écrevisses, desserts maison. Olympe reprend l'hostellerie familiale avec le même talent.

TOURTOUR (Var)

Les Chênes Verts, route de Villecroze, tél. 94 70 55 06, fermé mardi soir, mer., du 1er janv. au 15 fév. ; 200/350 F. A la saison des truffes, Paul Bajade sert de délicieux menus autour du champignon. En toute saison une très bonne cuisine.

LORGUES (Var)

Bruno, campagne Mariette, tél. 94 73 92 19 ; fermé lundi ; 250 F. Repas de charme l'été sous les muriers, l'hiver au coin du feu ; bonne cuisine de saison d'inspiration provençale.

MOUSTIERS-SAINTE-MARIE (Alpes-de-Haute-Provence)

Les Santons, place de l'Eglise, tél. 92 74 66 48 ; fermé lundi soir h.s. mardi, 15 nov./15 fév. ; 150/300 F ; réservation. Vous goûterez la délicieuse truite farcie en croûte à la fleur de thym dans une des jolies petites salles de cette belle maison ancienne ou sous la treille de la terrasse.

ST-TROPEZ (Var)

Chez Madeleine, route de Tahiti, tél. 94 97 33 33 ; fermé du 11 nov. au 20 déc. et du 4 janv. au 20 mars. Spécialités de poissons dans une petite maison située dans les vignes et les oliviers - **L'Echalote**, 35, rue du Général-Allard, tél. 94 54 83 26 ; fermé du 15 nov. au 15 déc. ; 150/250 F. Très bon bœuf grillé à l'échalote - **Lei' Mouscardins**, rue Portalet, tél. 94 97 01 53 ; fermé du 1er nov. au 1er fév. ; 350/400 F. La terrasse au-dessus du port la plus fréquentée. Spécialités de la mer - **Café des Arts**, place des Lices. On joue aux boules sur l'esplanade, on prend l'apéritif au bar et on déjeune dans l'arrière-salle (si on est un vrai Tropézien) - **La Romana**, chemin des Conquettes, tél. 94 97 15 50 ; fermé du 30 sept. au 1er avril. Pâtes fraîches, cuisine italienne, service en été dans un joli jardin. Un classique de St-Tropez - **Le Gorille**, sur le port. Pour son steak tartare - **Sénéquier**, sur le port. Ses tables, ses chaises et ses tabourets en bois rouge font partie du décor du port de St-Tropez. Délicieux cafés liégeois.

COLLOBRIERES (Var)

La Petite Fontaine, 1, place de la République, tél. 94 48 00 12 ; fermé le dim. soir, ouvert pour le déjeuner du 1er déc. au 1er avril. Cuisine mijotée dans un authentique bistrot où l'on ne sert que le vin de la coopérative.

LA MOLE (Var)

Auberge de la Mole, tél. 94 49 57 01 ; 150/300 F. Cuisine simple faite avec des produits maison, plat du jour, menu savoureux, bonne cave.

CANNES (Alpes-Maritimes)

Vous trouverez les restaurants gastronomiques dans les grands hôtels de la ville, au Carlton **La Belle Otero**, **La Palme d'Or** au Martinez, le **Royal Gray** au Gray d'Albion - **Le Festival**, 55, de la Croisette, tél. 93 38 04 81 ; fermé du 19 nov. au 27 déc. ; 200 F. Personnalités, starlettes s'y côtoient - **La Mère Besson**, 13, rue des Frères-Pradignac, tél. 93 39 59 24 ; fermé dim. sauf en été et fériés ; 200/250 F. Cuisine provençale, spécialités niçoises - **La Flamèche**, 22, rue Victor-Cousin ; 120/150 F. Ambiance sympathique de ce petit restaurant qui sert jusqu'à minuit ; cuisine cuite au feu de bois.

MOUGINS (Alpes-Maritimes)

Le Moulin de Mougins, tél. 93 75 78 24 ; fermé jeudi midi, lundi, fin janv. à début avril ; 600/1000 F. Un des grands restaurants français - **Le Feu Follet**, place de la Mairie, tél. 93 90 15 78 ; fermé dim. soir, du 5/27 nov., du 5/20 mars ; 100/200 F. Toujours très fréquenté, réservation conseillée - **Le Bistrot de Mougins**, place du village, tél. 93 75 78 34 ; fermé mardi et mer. h.s., du 4 déc. au 19 janv. Le menu unique autour de 150 F a toujours beaucoup de succès.

GOLFE-JUAN (Alpes-Maritimes)

Chez Tetou, à la plage, avenue des Frères-Roustand, tél. 93 63 71 16 ; fermé le soir en hiver, du 15 oct. au 20 déc., du 1er au 20 mars ; 350 F. Bouillabaisse, poissons.

ANTIBES (Alpes-Maritimes)

Les Vieux Murs, avenue de l'Amiral-de-Grasse, tél. 93 34 06 73 ; fermé mardi sauf juil.-août, du 12 nov. au 20 déc. ; 200 F. Sur les remparts, bons poissons - **La Jarre**, 14, rue Saint-Esprit, tél. 93 34 50 12 ; 300 F. A quelques pas du Musée Picasso, dans la vieille ville, on dine le soir dans un ravissant jardin clos sous une tonnelle.

VENCE (Alpes Maritimes)

Auberge des Templiers, route de Grasse, tél. 93 58 70 24 ; fermé dim. soir, du 12 oct. au 12 fév. ; 150/250 F. Cuisine simple servie en été dans un joli jardin.

LA GAUDE (Alpes-Maritimes) à 9 km de Vence.

La Seguinière, tél. 93 24 42 92, fermé le mardi. Agréable en toute saison, l'hiver près du feu de bois, l'été sur la terrasse, jazz le sam., bonne cuisine.

ST-PAUL-DE-VENCE (Alpes-Maritimes)

La Colombe d'Or, place du Général de Gaulle, tél. 93 32 80 02 ; fermé du 15 nov. au 20 déc. ; 300/350 F. Charme unique du jardin survolé par les colombes, très belle salle-musée - **La Brouette**, 830, route de Cagnes, tél. 93 58 67 16 ; fermé mardi, nov., ouvert seulement le soir. On s'y bouscule pour goûter les spécialités scandinaves de Birgitte.

BIOT (Alpes-Maritimes)

Les Terraillers, tél. 93 65 01 59 ; fermé jeudi midi en été, mer., du 30 oct. au 28 nov. ; 150/300 F. Installé dans une ancienne poterie du XVIe, le décor est beau, terrasse agréable en été, cuisine raffinée, ambiance chic - **Galerie des Arcades**, 16, place des Arcades, tél. 93 65 01 04 ; fermé en nov. Petit restaurant d'atmosphère, cuisine méridionale simple.

NICE (Alpes-Maritimes)

Don Camillo, 5, rue des Ponchettes, tél. 93 85 67 95 ; fermé dim. et jours fériés ; 250/300F. Franck Ceretti, qui a travaillé à Florence à la fameuse Enoteca Pincchiori, fait maintenant à Nice de délicieuses spécialités régionales "nouvellement" cuisinées ; très bons desserts aussi. Ambiance un peu trop formelle - **Coco Beach**, 2, avenue J. Lorrain, tél. 93 89 39 26 ; fermé dim. et lundi, le soir seulement en été ; 350/500 F. Poisson, fruits de mer, très belle vue sur la mer - **La Mérenda**, 4, rue de la Terrasse ; fermé le sam. soir, dim., lundi, fév., août ; 150/180 F. Le temple de la cuisine italo-niçoise. Attention, il n'y a pas de téléphone donc pas de réservation possible - **Rolando**. Sans prétention ; on y mange de bonnes pâtes - **Le Safari**, 1, cours Saleya. Terrasse ensoleillée prise d'assaut toute l'année ; salades, pizzas, plateaux de coquillages en hiver.

VILLEFRANCHE/SUR MER (Alpes-Maritimes)

La Mère Germaine, quai Courbet, tél. 93 01 71 39 ; fermé mer. du 1er oct. au 1er mai, du 18 nov. au 31 déc. ; 200/250 F - **La Trinquette**, Port de la Darse, tél. 93 01 71 41 ; fermé mer., du 26 nov. au 27 janv. ; 150/250 F. Poisson.

ST-JEAN-CAP-FERRAT (Alpes-Maritimes)

La Voile d'Or, Port de Plaisance, tél. 93 01 13 13 ; fermé du 30 oct. au 9 mars ; 300/600 F. Chic, cher, luxueux. Très bonnes spécialités de poissons - **Le Provençal**, avenue D. Séméria, tél. 93 76 03 97 ; fermé dim. soir et lundi h. s. fév. ; 250 F. Perché en haut du village, ce petit restaurant de style provençal propose une agréable cuisine aux saveurs régionales - **Le Sloop**, Port de Plaisance, tél. 93 01 48 63 ; fermé mer. h.s., du 15 nov. au 20 déc. ; 160/300 F. Le menu proposé est bon, la terrasse devant les bateaux très agréable.

BEAULIEU (Alpes-Maritimes)

African Queen, Port de Plaisance, tél. 93 01 10 85 ; fermé du 15 nov. au 15 déc. ; 150/300 F. Murs couverts de posters faisant référence aux vedettes du film, ce grand paquebot très fréquenté est sympathique. Poisson, bouillabaisse et bourride le mardi et le jeudi soir - **La Pignatelle**, 10, rue de Quincenet, tél. 93 01 03 37 ; fermé le mer., 15 oct./15 nov. ; 100/200 F. Petit bistrot souvent bondé, spécialités niçoises, poisson.

EZE (Alpes-Maritimes)

Château de la Chèvre d'Or, Moyenne Corniche, tél. 93 41 12 12 ; fermé le mer., du 30 nov. au 1er mars ; 350/600 F. Environnement et vue superbes, cuisine de qualité, accueil très stylé. Clientèle surtout américaine **Le Grill du Château, la Taverne,** rue du Bain, tél. 93 41 00 17 ; fermé le lundi, du 6 nov. au 16 mars ; 150/250 F. Cette annexe du Château a aussi beaucoup de charme, la cuisine est plus simple mais délicieuse.

RHONE-ALPES

LYON (Rhône)

Quelques-unes des tables qui méritent un pèlerinage :
Léon de Lyon, 1 rue Pleney (1er), tél. 78 28 11 33 ; fermé lundi midi, dim., du 6 au 21 août ; 300/450 F - **La Mère Brazier,** 12 rue Royale (1er), tél. 78 28 15 49 ; fermé sam. midi, dim., du 28 juil. au 27 août ; 300/350 F - **Nandron,** 26, quai Jean-Moulin (2e) , tél. 78 42 10 26 - **La Tour Rose** 22 rue du Boeuf (6e), tél. 78.37.25.90 ; fermé dim., du 5 au 20 août - 400/600 F - Collonges-au-Mont-d'Or (Rhône) à 9 km de Lyon, **Paul Bocuse,** 50 quai de la Plage, tél. 78 20 01 40 ; 400/600 F. Le plus grand - Mionnay (Ain) à 19 km de Lyon, **Alain Chapel,** tél. 78 91 82 02 ; fermé mardi midi, lundi sauf fêtes, et janv. 400/500 F. Restaurant gastronomique de grande tradition.

BOUCHONS ET MACHONS LYONNAIS
La Tassée, 20 rue de la Charité (2e), tél. 78 37 02 35 ; fermé dim., lundi, jours de fête, du 4 au 13 fév., août - 150/250F. Saucisson chaud renommé - **Le Bouchon aux vins,** 62 rue Mercière (2e), tél. 78 42 88 90 ; fermé dim. ; 80/150F. Délicieux plats du jour avec un grand choix de vins servis au verre - **Le Garet,** 7, rue du Garet, tél. 78.28.16.94 ; 100/150F. Un vieux bouchon où l'on sert des andouillettes sauce moutarde et autres lyonnaiseries - **Chez Sylvain,** 4 rue Tupin (2e), tél. 78.42.11.98, 150/180F. Très bonnes quenelles, cuisine traditionnelle - **La Mère Jean,** 5 rue des Marronniers (2e), tél. 78 37 81 27 - Un vieux bouchon derrière une épicerie où l'on déguste de délicieuses andouillettes et de bons fromages - **Tante Alice,** 22 rue Remparts-d'Ainay, tél. 78 37 49 83 ; fermé mer. soir, sam., et août ; 100/150F. Un bar vieillot avec une arrière-salle où l'on déguste les traditionnelles quenelles de brochet.

ROANNE (Loire)

Troisgros, place de la Gare, tél. 77 71 66 97 ; fermé mer. midi, mardi, janv. - 400/500 F. Un autre temple de la gastronomie française.

COTEAU (Loire) à 3 km de Roanne

Le Relais Fleuri, quai P.-Semard, tél. 77.67 18 62 ; fermé mardi ; 100/250 F. Très agréable quand on peut manger sous la tonnelle, bonne cuisine.

HOPITAL-SUR-RHINS (Loire) à 10 km de Roanne

Le Favières, tél. 77 64 80 30 ; fermé dim. soir et lundi ; 100/180 F. Une bonne étape sur la N7 ; cuisine régionale et terrasse agréable.

SAINT-SYMPHORIEN-DE-LAY (Loire) à 17 km de Roanne

Auberge des Terrasses, tél. 77 64 72 87 ; fermé dim. soir, lundi du 8 janv. au 1er fév., du 6 au 15 août ; 90/130F. Jolie auberge de campagne avec une agréable terrasse, bonne cuisine.

VALENCE (Drôme)

Pic, 285 avenue Victor-Hugo, tél. 75 44 15 32 ; fermé dim. soir, mer., vac. fév., août. Un des restaurants français les plus "étoilés" - **L'Epicerie**, 18 place Belat, tél. 75 43 73 01 ; fermé dim. ; 100/200 F. Ravioles de Royans, pogne de Romans..

MONTMEYRAN (Drôme)

La Vieille Ferme, Les Dorelons, tél. 75 59 31 64 ; fermé mardi soir, dim. et lundi, août ; 150/250 F. On a bien restauré cette vieille ferme du Vercors ; cuisine classique mais bien faite.

CHARMES-SUR-RHONE (Ardèche)

La Vieille Auberge, tél. 75 60 80 10 ; fermé dim. soir, mer. ; 100/250 F. Le village est pittoresque, la cuisine savoureuse avec un bon choix de fromages de chèvre arrosés de quelques bons Côtes-du-Rhône.

MORZINE (Savoie)

La Chamade tél. 50 79 13 91 ; décor baroque pour une cuisine gastronomique - Le Pleney, **Le Cherche Midi**, route des Gets, tél. 50.79.05.85 - Lindarets Montriond, **La Crémaillère**, tél. 50 74 11 68, spécialités savoyardes.

SAINT-PAUL-EN-CHABLAIS (Haute-Savoie) à 14 km d'Evian,

Bois Joli, tél. 50 73 60 11 ; fermé mer. sauf en été ; 90/150 F. La salle panoramique permet de profiter du panorama sur le lac et les montagnes.

CHAMONIX (Haute-Savoie)

Aux Mousoux, **Le Bois Prin** tél. 50 53 33 51 ; le restaurant chic de Chamonix - A Argentière, **Le Dahu** tél. 50 54 01 55., truite, grillade, raclette - **Marti**, pour le thé.

MEGEVE (Haute-Savoie)

Saint-Nicolas, route de Rochebrune, tél. 50 21 04 94 ; bonne cuisine dans un joli chalet - **Les Griottes**, route de Megève, tél. 50 93 05 94 ; cuisine amusante servie dans le jardin ou près de la cheminée - **Cote 2 000,** tél. 50 21 31 84 ; la sortie indispensable d'un séjour megévan - **La Sapinière,** tél. 50 93 03 42 ; un des plus vieux restaurants de la station, salon de thé - **La Taverne du Mont-d'Arbois**, route du Mont-d'Arbois, tél. 50 21 03 53 ; ambiance rustique pour une clientèle chic et très branchée - **Les Enfants Terribles**, dans l'hôtel du Mont-Blanc, place de l'Eglise, tél. 50 21 20 02 ; les fresques de Jean Cocteau ont donné son nom à ce bar, le rendez-vous des Megévans à l'heure de l'apéritif.

TALLOIRES (Haute-Savoie)

Le Père Bise, tél. 50 60 72 01 ; fermé de déc. au 15 fév. ; 400/700 F. Au bord du lac, une grande table de la tradition culinaire française.

GRENOBLE (Isère)

L'Escalier, 6, Place de Lavalette, tél. 76 54 66 16 ; fermé sam. midi, dim. ; 100/250 F. Des spécialités "minceur", des plats "gourmands", carte alléchante qui a conquis les Grenoblois - **Le Berlioz**, 4, rue de Strasbourg, tél. 76 56 22 39 ; fermé sam. midi, dim., 1ère semaine de mai, août ; 100/250 F. Cuisine de marché et chaque mois un menu régional - **A Ma Table**, 92, cours Jean-Jaurès, tél. 76 96 77 04. ; fermé sam. midi, dim., lundi, août ; 250 F . Bonne cuisine dans une ambiance intime ; il est vrai qu'il n'y a que 6 tables.

I N D E X

W

Nous remercions la société Eliophot, Les Milles-Aix-en-Provence, pour le prêt de certaines photographies.

LES GUIDES
DE CHARME
RIVAGES

FRANCE
auberges et hôtels

Parution : 02.91
Prix : 99 F

ITALIE
auberges et hôtels

Parution : 02.91
Prix : 99 F

MONTAGNE
France - Italie
Suisse - Autriche
auberges et hôtels

Parution : 01.91
Prix : 99 F

FRANCE
s d'hôtes

: 01.91
: 99 F